한글의 최전선, **지구촌**
한글학교
스토리

한글의 최전선, 지구촌 한글학교 스토리

박인기 · 김봉섭 엮음

푸른사상
PRUNSASANG

지구촌 곳곳 한글학교와 한국어의
무한 도전을 소망하며

1

대한민국 안에서 살아가는 이 시대의 한국인은 한글과 한국어를 마치 물과 공기를 쓰듯 사용합니다. 일상의 온갖 소통, 개인의 경제 활동과 문화 활동에서부터 SNS로 소통하는 일에 이르기까지 한글과 한국어를 기능적으로 잘 사용합니다. 여기서 '기능적으로 사용한다'라는 말은 특별히 '이념적 각성'을 하면서까지 한글과 한국어를 쓰지는 않는다는 뜻입니다.

이념적 각성이라고 해서 무슨 특별한 관점에 선다는 뜻은 아닙니다. 한글과 한국어에 대해서 그 가치를 늘 소중하게 여기는 정신을 품었다면 그것이 곧 '이념적 각성'입니다. 한글과 한국어가 나의 이웃과 공동체에 어떤 의미를 갖는지를 한 번 더 생각해보려는 마음도 포함됩니다. 더 나아가 다음 세대에게 한글과 한국어를 잘 가르쳐, 우리의 문화적 정체성을 글로벌하게 발전시키겠다고 마음을 먹는 일 등이 곧 이념적 각성이라 할 수 있습니다.

한국 내에서 한글과 한국어를 기능적으로 사용할 때는 이념적 각성이 끼어들 필요가 없을지도 모르겠습니다. 한국 내에서 사용하는 한글 · 한국어는 그 존재가 너무도 당연하고 절대적이고 독점적이어서, 그 어떤 것에도 방해를 받지 않습니다. 아무런 어려움이 없으니, 특별히 그 의의나 가치를 고민해야 할 필요를 못 느낄 수도 있습니다. 물과 공기처럼 말입니다. 그만큼 한글·한국어의 힘이 보편화되었다고나 할까요. 물론 한국 내에서는 그러하단 말입니다.

그러나 한국 밖 글로벌의 세계로 나오는 순간, 한글과 한국어는 온갖 외풍과 차별과 시련에 직면합니다. 한글·한국어의 고난은 한국을 떠나 한국 밖에서 살아가는 750만 재외동포, 즉 코리안 디아스포라의 고난과 시련에 맞닿아 있습니다. 이는 19세기 중엽 한인의 한반도 밖 이산과 이주가 일어나면서 직면한 시련입니다. 지구촌 각지에서 고단한 개척의 삶을 사는 수많은 한인 공동체의 소통과 문화의 뿌리를 한글·한국어가 제공한다는 것을 그때까지는 미처 경험하지 못했습니다. 코리안 디아스포라 공동체의 자기 긍정과 상호 협력의 플랫폼을 한글·한국어가 만들어준다는 것을 비로소 절절하게 각성하게 됩니다. 그들을 '한국인다운 정체성'으로 결집하게 하고, 그것을 다음 세대에 이어가게 하는 중심에 한글·한국어가 있었습니다.

생각해보면, 지나간 시대, 나라를 잃었을 때, 우리 한글·한국어는 시련과 차별과 억압과 멸절의 위협을 받았던 때가 있었습니다. 우리는 한글·한국어가 고난에 처할수록 끝없는 감사와 사랑으로 그 가치를 인정하고 이를 보전하려고 했습니다. 그야말로 한글·한국어에 대한 우리 민족의 '이념적 각성'이 넘쳐났던 때였습니다.

상황과 시대는 다르지만, 오늘날 지구촌 글로벌 공간에서 750만 재외동포들이 자신들의 지역 커뮤니티에서 지키고 보전하여 이어가려는 한글·한국어 또한 온갖 시련과 도전의 험한 길을 걸어왔습니다. 지구촌 곳곳 한인 사회에서 뜻있는 한인 지도자들이 한글학교(한국학교)를 세우고, 우리의 언어와 역사와 문화를 가르치는 일에 진력해오고 있습니다.

열악한 여건과 힘겨운 환경에서도 좌절하지 않고 학교의 깃발을 세워 일으킨 이들은 제가 보기에는 한 사람 한 사람이 모두 '작은 영웅'들입니다. 지구촌 끝자리에서 한글의 최전선을 지키는 전사와도 같은 삶을 살아 온 영웅들입니다. 이들의 노고와 공덕에 힘입어 지구촌 수많은 한인 공동체는 그 정신적 문화적 정체성을 이어가며, 그 바탕 위에서 세계 시민의 성숙한 역량을 발휘하고 있습니다.

2

이 책은 지구촌 각지에서 한글학교를 위해 헌신한 분들이 각기 다양한 체험의 언어로 한글학교를 증언하는 책입니다. 이민 사회 그 불모의 자리에서 한글학교를 일으켜 세운 사람들, 한글학교의 숱한 위기를 극복한 사람들, 한인 공동체의 중심 자리로 한글학교를 이끈 사람들, 한글학교 간의 연대와 협력의 길을 개척한 사람들, 한글학교와 현지 교육 사회의 협치를 이루어 낸 사람들, 한글학교의 교육과정을 혁신한 사람들, 한글학교 선생님들의 전문성 개발에 진력한 사람들, 그 증언과 고백들이 이 책에 모여 있습니다.

한글학교를 체험으로 증언하는 일은 여러 가지 의미 있는 울림을 동반합니다. 무엇보다도 코리안 디아스포라의 역사적 궤적을 고스란히 비추어보게 합니다. 이 책을 읽노라면, 지구촌 곳곳의 우리 한인 커뮤니티 역사에 담긴 우리 동포들의 도전과 응전이 자연스럽게 소환될 것입니다. 고단한 생업의 과정에서도 민족 정체성을 기르는 '동포의 학교'를 먼저 세우겠다고 한 분들입니다. 이분들의 체험 담론은 문맥의 행간마다 눈시울 붉히게 합니다.

한글학교와 더불어 점철되었던 희비애락의 사연과 감동의 전언(傳言)들이 다양한 표정으로 여기에 모였습니다.

한글학교는 그냥 가르치고 배우는 학교의 의미를 넘어섭니다. 한글학교는 지구 저편 아득한 곳에서 외로운 소수(minority)로 살아가는 우리 한인 동포들의 마음이 결집하는 공간입니다. 비록 건물을 빌려 쓰던 시절에도 그 의지의 표상은 언제나 푸른 깃발이 되어 그들 마음 안에서 펄럭거렸습니다. 한글학교는 그냥 두면 잊혀질 우리의 언어와 역사와 문화를 다음 세대에게 가르칩니다. 그래서 오로지 미래를 향한 에너지로, 그 소망의 힘으로 좌절을 이겨온 학교입니다. 한글학교는 민족의 정체성을 가치와 태도로 심어 내는 정신의 도량(道場)입니다.

미래의 한글학교는 각자의 거주국에서 세계 시민으로 나아가야 할 미래의 한인들에게 전진 기지가 됩니다. 한글학교는 나의 나다움으로 남의 남다움을 이해하고 익히는 곳으로 성장해 왔고, 앞으로도 부단히 도약할 것입니다. 근래에는 한국의 국제적 위상이 높아짐에 따라 한국어를 배우기 위해 한글학교의 문을 두드리는 외국인도 늘어나고 있습니다. 한글학교의 미래 위상을 새로운 비전으로 품어야 할 것입니다. 그런 위상에 부응하는 한글학교 지도자들이 계속해서 나오리라 믿습니다.

이 책은 한글학교에 대한 체험적 보고서이기도 합니다. 겉으로는 한글학교 교육자들이 써낸 산문집의 형식을 취하고 있지만, 그 어떤 계량적 통계로도 집어낼 수 없는 지구촌 한글학교에 대한 현상들을 잘 보여주는 '질적(qualitative) 보고서'라 할 수 있습니다. 질적 면모를 보인다는 것은 다음 두 가지 특징에서 연유합니다. 하나는 체험 진술을 진솔하고도 자유로운(informal) 방식으로 추구한 점에서 그러합니다. 다른 하나는 한글학교를 단일한 관점에서 논리 중심으로 설명하기보다는 한글학교가 지닌 다양하고 풍성한 맥락 위에서 한글학교를 내러티브 중심으로 설명하기 때문에 질적 보고의 자질을 발휘합니다.

이 책은 지구촌 한인 재외동포에 대한 대한민국 국민의 이해를 높이기 위한 목적으로 기획된 면도 있습니다. 지구촌 한인 동포를 이해하는 국내 일반인의 이해 수준은 의외로 단편적이고 임의적인 경우가 많습니다. 사회 각층의 지도급 인사들도 크게 다르지 않습니다. 왜곡된 인식도 적지 않습니다. 750만 재외동포의 분포와 역사가 참으로 다양하고 다채로워서 이를 총체적으로 이해한다는 것이 쉽지는 않습니다.

지금 이 시점 기준으로도 '재외동포 현상'은 참으로 역동적입니다. 그들이 안으로 품고 있는 잠재적 에너지는 날로 증대할 것입니다. 그런 만큼 미래 통일 한국의 큰 비전을 향해 나아가는 데는 나라 밖 재외동포들의 힘과 그들의 국제사회적 역할이 더욱 중요해질 것입니다. '재외동포 현상'을 총체적으로 이해하는 통로로 '한글학교'를 주목해보았습니다. 이 책이 그런 기대에 부응하는 역할을 하기를 기대합니다.

3

이 책을 내면서 지구촌 한인 사회와 한글학교를 지원하는 재외동포재단의 역할과 기여를 좀더 의미 있게 깨달을 수 있었습니다. 저에게 이 책의 기획 동기를 일깨운 것도 제가 재단의 자문위원으로 일하는 동안 재단이 끼친 선한 영향력에서 비롯되었음을 감사하게 생각합니다. 이 책의 공편자로 수고해주신 긴봉선 박사이 도움이 없었으면 그 어떤 출발도 어려웠을 겁니다. 감사하게 생각합니다.

그리고 무엇보다도 이러한 편집 기획에 흔연히 필자로 참여해주셔서, 저의 까다로운 집필 통제에 기꺼이 호응해주신 집필자들에게 존경과 감사의 마음을 전합니다. 여러 번에 걸친 줌(Zoom) 회의에 지구촌 저편에서 새벽잠을 물리쳐가며 화면으로 머리를 맞대던 장면도 주마등처럼 스쳐 갑니다. 필자로서도 참여하시면서, 이 작업의 어려움을 헤아려주시고 물심양면으로 도움을 주신 노영혜 종이문화재단 이사장님께 각별한 감사의 말씀을 드립니다. 또 우리 필진들의 포부와 소망을 한 차원 높게 고양해주시며 특별기고를 해주신 정재찬 교수님께 큰 고마움을 전합니다.

이 책의 편집 과정에서 원고를 함께 챙겨가며 시종일관 수고를 해주신 남아프리카공화국 요하네스버그 한글학교 조운정 선생님의 촘촘한 수고와 프랑스 디종 한글학교 노선주 선생님의 정성도 잊을 수 없습니다. 경인교육대학교 손수민 양의 초고 교정 손길도 참으로 정성스러웠습니다. 어려운 출판 사정에도 흔쾌히 출판을 맡아주신 푸른사상사 한봉숙 사장님께 감사의 마음을 전합니다. 이렇게 훌륭한 책이 되도록 정밀하게 수고를 해주신 편집부에도 고마움을 전합니다.

지금도 지구촌 수많은 한글학교에 교단에 서 있을 선생님들에게 감사의 하트를 보냅니다. 그리고 그 한글학교 지붕 위에서 휘날릴 깃발을 향해 경례를 올려봅니다.

2022년 7월 초복 무렵,
서울 방이동 석영재(昔影齋)에서
박인기 쓰다.

책머리에   지구촌 곳곳 한글학교와 한국어의 무한 도전을 소망하며   5

제1부 한글의 최전선, 세계시민의 길

서지연 러시아 바로네즈   전쟁의 소용돌이에서도   17

노선주 프랑스 디종   딥키스는 해야 연애지요?   24

김태진 미국 뉴욕   가슴속 한 조각 꺼지지 않는 불씨   31

이은숙 일본 오사카   나의 작은 내딛음   37

이하늘 독일 비스바덴   노인 체험학습   46

장혜란 멕시코 멕시코시티   고민을 사랑하는 학교입니다   55

김수진 미국 뉴욕   It's NOT Columbus Day, It's Indigenous People's Day   64

제2부 지구촌 한글 교사의 초상화

조운정 남아공 요하네스버그   다이어리, 2017과 2018 사이에서   71

최윤정 네덜란드 로테르담   나는 애국자가 아니다   84

고정미 뉴질랜드 와이카토   설움을 딛고 선 와이카토 한글학교   93

김태진 미국 뉴욕   사랑으로 품게 하소서   100

남 일 미국 보스턴   디아스포라 기항 일지 속의 한글학교   111

원혜경 미국 뉴저지   세종을 품다   121

쏭일녕 베트남 호지민   호지민 한글학교 학부모반 스토리   127

제3부 한글학교는 무엇으로 사는가

고정미 뉴질랜드 와이카토   관계의 은혜, 은혜의 관계   135

김성민 브라질 상파울루   내 운명의 끈, 남미의 한글학교   143

남 일 미국 보스턴   온고이지신(溫故而知新)과 한글학교의 길   158

이하늘 독일 비스바덴   나의 북극성이어라   164

장혜란 멕시코 멕시코시티   멕시코 한글학교와 중미카리브한글학교협의회   172

최수연 캐나다 토론토   낡은 책들이 울고 웃는다   181

김한권 중국 쿤밍   잘 먹는 학교, 곤명한글학교 이야기   185

제4부 디아스포라 한국인의 재발견

김성민 브라질 상파울루   최공필 선생님을 모르십니까   197

노선주 프랑스 디종   나는 정말 행복했을까   208

최윤정 네덜란드 로테르담   오! 필승 코리아, 나는 한국인입니다   215

송성분 캐나다 밴쿠버   다시 한국으로 돌아가기 싫어!   225

최수연 캐나다 토론토   한국어를 알고서, 캐나다에서 살아간다는 것   234

김택수 한국 인천   선생님, 재외동포가 뭐예요?   240

노영혜 한국 서울   K-종이접기 세계화로 새 한류 창조하기   247

제5부 세계에 펼쳐지는 한글학교의 풍경

김태균 탄자니아 다레살람   탄자니아 한글학교 이야기   261

서지연 러시아 바로네즈   바로네즈의 사계   267

신영숙 미국 LA   나에겐 두 개의 텃밭이 있어요   275

오재청 영국 코벤트리   선물   281

이은경 호주 시드니   기다려지는 5월 가족운동회   286

정해경 아랍에미리트 두바이   한글학교가 있는 두바이 풍경   292

이승환 오만 무스카트   신밧드의 고향   302

제6부 가르치며 배우고 깨달으며

김한권 중국 쿤밍   땅콩이라구요?   313

송성분 캐나다 밴쿠버   더 큰 원을 그려라   322

신영숙 미국 LA   아이들 해바라기   328

원혜경 미국 뉴저지   그의 눈빛에서 미래가 보였다   332

이은경 호주 시드니   호주 다문화사회를 감당하며   337

김수진 미국 뉴욕   H 선생님의 방송 무대 이야기   344

특별 기고   시를 잊지 않은 그대에게   정재찬   351
발문   몸으로 쓴 지구촌 한글학교 보고서   김봉섭   363
참여한 필자들   371

일러두기

- 지구촌 각지의 한인 동포 사회에서 차세대에게 우리 한국의 언어와 역사와 문화를 가르치는 학교의 이름을 '한글학교'로 통일하여 사용하였다. 그러나 구체적 고유명사로 학교명을 적시하거나, 문맥상의 자연스러운 흐름을 위해 필요할 때는 '한국학교'라는 이름도 함께 사용하였다.

- 이 책에서는 인명, 지명 등 고유명사는 외국어 한글 표기법 규범에 따라 표기하는 것을 원칙으로 하였다. 그러나 해당 지역 동포 사회의 발음 관습에 따라 널리 일반화된 것들은 그것대로 존중하여 표기에 반영하였다.

제 1 부

한글의 최전선,
세계시민의 길

나의 모국어로
이 지구의 변경을 일구어 가게 하시고
일찍이 내 민족을 사랑하던 그 마음으로
어디에서든 세계의 시민들과 우리의 언어를 나누어
서로 베풀게 하시니

지금 여기
내가 가르치는 한국어와 더불어 서 있는
지구촌 이 자리
한글의 최전선임을 깨닫나니

가, 나, 다, 라, 마,
음절 하나하나마다
깃발 펄럭이게 하소서

— 「모국어를 위한 기도」(박인기)

전쟁의 소용돌이에서도

서 지 연

(현) 러시아 바로네즈 한글학교 교장
(전) 러시아한글학교협의회 회장

빅토리아, 어디에 있는 거니?

2022년 2월 중순부터 우크라이나와 러시아의 접경 도시 바로네즈(표준 표기는 보로네시, 현지 동포사회의 관습에 따라 여기서는 바로네즈로 표기)에는 전운이 감돌았다. 불안한 일상을 살던 중 2월 24일 오전 11시 37분 바로네즈 한글학교 학생 빅토리아에게 휴대폰 문자가 왔다.

"선생님, 우리나라 전쟁이 시작됐어요!!"

그리고 빅토리아는 나에게 당부한다.

"선생님, 몸조심하세요."

자세한 상황을 물었더니 우크라이나어로 쓰여진 공문을 보내왔는데, 러시아어와 어찌나 비슷한지 내용을 대략 이해할 수 있었다. 계속되는 코로나 여파로 바로네즈 한글학교의 수업이 80퍼센트 이상 온라인으로 전환되면서, 바로네즈가 아닌 먼 지역 학생들이 등록하기 시작했는데, 빅토리아도 그중 한 명이다. 빅토리아는 바로네즈 한글학교에서 3년째 공부하고 있는 소녀의 친척으로 한국에 대해서 많은 것을 알고 있다.

빅토리아는 한마디로 열정의 사람이다. 두 아이의 엄마이자 우크라이나 공립학교에서 유도를 가르치는 교사로 일하면서도 지난 5개월 동안 한국어 공부의 끈을 놓지 않았다. 교사는 러시아에서 학생들은 우크라이나에서 줌(Zoom)을 통해 온라인으로 열심히 공부했다. 인터넷에 문제가 생기기 시작한 것은 2월 초부터다. 2022년 2월 12일 마지막 인터넷 수업 시간에 내게 이런 말을 했다. 한국어를 더 자주 사용할 수 있는 방법을 찾다가 우크라이나 수도 키이우 시내에 있는 한국 식당에서 매니저를 구한다는 소식을 들었단다. 한번 지원해보려고 한다며, 거기서 일하게 되면 선생님 여름에 꼭 키이우에 오시라, 맛있는 거 대접하겠다고 해서 함께 크게 웃었다.

빅토리아에게 안부를 묻고 있으나 2월 24일 21시 55분 이후 연락이 닿지 않는다. 오늘 수업 시간에 소냐는 빅토리아 안부를 오히려 나에게 묻는다. 가까운 사람들이 전쟁 속에 있다. 그리고 또 다른 땅의 사람들은 그들 걱정에 불안한 일상을 살고 있다. 러시아 바로네즈의 2월 풍경은 온종일 쏟아지는 눈비처럼 슬프고 서럽다.

나는 빅토리아를 염려한다. 30대 중반의 빅토리아에게 한국어 그룹 공부는 부담이 컸다. 늦깎이 공부를 배려해 주말 밤 9시에 빅토리아에게 개인 수업을 했다. 빅토리아는 단어장을 스스로 만들어 열심히 외우고 있다고 자랑삼아 내게 보내주곤 했다. 단어장은 한국어와 우크라이나어를 한 쌍으로 묶어 만든 것이다. 빅토리아의 단어장 안에 적힌 우크라이나어는 러시아어와 매우 닮았다. 지난 추석과 올해 설날도 잊지 않고 축하해주었다. 우크라이나인인 빅토리아의 정서는 왠지 한국인과 많이 닮았다. 바로네즈 한글학교는 러시아에 있지만, 우크라이나에 대한 독특한 정서가 있다.

전쟁을 피해 바로네즈에 온 돈바스 주민들

모스크바에서 남쪽으로 530킬로미터에 있는 바로네즈는 우크라이나와 국경을 접하고 있는 러시아 도시 중 하나이다. 한국 대사관을 통해 전달받은 공문에 의하면 돈바스 지역과 국경을 접하고 있는 러시아 도시는 로스토프나도누, 벨고로드, 바로네즈, 쿠르스크, 브랸스크이다. 현재 이 지역에 거주하는 한국인은 총 11명이며, 외교부는 2022년 2월 24일 오후 국민안전대책의 목적으로 본 접경 지역에 대해 여행경보 3단계(출국 권고)를 발령했다. 한국인들은 상황을 지켜보며 아직 삶의 자리를 지키고 있지만, 전쟁이 현실이 된 우크라이나 돈바스 지역 주민들의 피난은 이미 시작되었다.

내가 사는 이곳 바로네즈 중앙 기차역으로 전쟁을 피해 오는 사람들을 태운 기차가 도착하고 있다. 현재까지 바로네즈에 온 돈바스 주민은 약 4천 명으로 추산된다. 2월 21일, 어린이 358명을 포함해 910명의 승객을 태운 첫 열차가 오전 9시경 바로네즈 중앙역 첫 선로에 도착했다. 성인 남자들의 모습은 전혀 보이지 않았다. 이들을 기다리고 있던 긴급 상황부 직원들이 각 열차 칸으로 흩어져 도착한 사람들 명단 목록을 작성했다. 플랫폼에는 바로네즈에 도착한 돈바스 주민들이 지인들에게 연락을 취할 수 있도록 무료 충전 카드를 든 자원봉사자들과 이동통신사 직원들이 배치되었다. 혼선을 피하고자 열차의 문들이 차례로 열렸다. 주로 여성, 어린이, 노인들이었다.

현재 우크라이나 정부는 18세에서 60세까지의 남성의 출국을 금지하고 있다. 바로네즈 뉴스는 열차 창문을 통해 남편과 아빠 그리고 아들, 할아버지께 손을 흔드는 아이들과 여성들의 모습을 연신 비추고 있다. 전쟁을 피해 러시아 바로네즈에 도착한 우크라이나 돈바스 주민들의 상황은 아이러니하다. 그러나 누구도 이 부분에 대해 언급하지 않는다. 뉴스는 70세 라이사 포노바예바 할머니와의 인터뷰를 보도한다. 이분은 지난 2년 동안 남편과 두 아들을 잃었다. 계속되는 분쟁 지역 주민들의 고단한 삶이며 현실이다. "우리를 받아줘서 고맙다"는 한마디가 아프게 다가왔다. 그리고 할머니는 한마디를 덧붙였다. 그래도 여기 온 사람들은 '살았다'라고.

낯선 땅에서 기약 없는 피난 삶을 시작한 돈바스 주민들을 위한 터전이 바로네즈 다양한 지역에 분포되었다. 바로네즈 시내 중심에 위치한 고리키 휴양소가 대표적이다. 고리키 휴양소는 1973년 소련 시대에 세워진 시설로, 한 번에 약 400명을 수용할 수 있다. 이곳 외에도 바로네즈 시내를 벗어나 외곽지역 작은 도시들의 호텔 및 기숙사 등에서 돈바스 주민들을 맞고 있다.

죽음으로부터 탈출했으나 이제는 생존을 위한 삶을 살아가야 하는 돈바스 주민들에게 바로네즈 다민족 공동체들의 인도적 온정의 손길이 계속되고 있다. 러시아 바로네즈에는 약 100여 개의 크고 작은 민족이 거주하고 있다. 해마다 바로네즈시의 후원과 다민족 협의회 주최로 '바로네즈 다민족 문화 축제'가 열린다. 이 축제를 통해 바로네즈에 거주하는 다양한 민족들의 삶과 문화를 엿볼 수 있으며, 서로 다르지만 함께 공존하고 존중하는 모습을 경험할 수 있다. 우크라이나 민족은 바로네즈에 거주하는 큰 민족 중 하나이며, 고려인은 소수에 속하는 민족이다. 1937년 스탈린 강제 이주 정책으로 '움직이는 지옥도'라 불린 이주 열차를 타고 죽음의 경계를 넘어 중앙아시아에 정착한 17만 명의 고려인 역사가, 열차를 타고 전쟁을 피해 바로네즈에 도착한 돈바스 주민들의 모습과 겹쳐졌다.

전쟁 속에서도 자라는 한국어의 생명력

고려인 역사에서 가장 암울한 시간이었던 1937년 9월 강제 이주 역사를 나에게 생생하게 알려주신 분은 바로네즈에서 약 30킬로미터 떨어진 다차

지역에 사셨던 김라이사 할머니다. 작년(2021년) 9월 22일, 90세 생신을 한 달 앞두고 하늘나라로 가신 김라이사 할머니는 이 강제 이주를 일곱 살 때 직접 경험한 분이다. 일곱 살 어린 기억이었으나 중앙아시아 우즈베키스탄 도착 직후 콜호즈에 살면서 한국어를 배우고, 어르신들에게 계속 들어왔던 고난의 역사였기에 할머니의 강제 이주 기억은 그 어느 책보다 생생했다.

할머니는 놀랄 정도로 기억력이 좋은 분이셨다. 80세가 넘으면서 더 분명하게 과거의 기억을 쏟아내셨다. 할머니는 연도와 날짜까지 정확히 기억해내셨다. 건강하실 때는 바로네즈 한글학교의 각종 행사에 참석하셨는데, 할머니 존재 자체가 살아 있는 역사였다.

김라이사 할머니께 직접 들은 감동적인 일화가 있다. 그것은 1937년 9월 초에 연해주를 출발해서 겨울이 다 되어서야 도착한 중앙아시아에서의 첫 정착 모습을 회고해주신 역사 이야기이다. 겨우 살아남은 고려인들은 도착한 곳에서 땅을 파고 움집 같은 곳에서 살았다. 버려진 포대를 주워서 바람과 추위를 막고, 땅속에서 풀뿌리를 캐 먹으며 그렇게 그 겨울을 견뎠다.

할머니가 정확하게 기억하는 기적의 날이 왔다. 어느 날 아침, 배고픔에 눈을 떴는데, 낯선 우즈벡 사람이 감자와 몇 가지 음식을 가지고 땅굴 앞에 서 있었다. 할머니는 돌아가실 때까지 감자를 참 좋아했다. 그 감자는 단순한 양식이 아니라 생명이었다. 그 후로도 우즈벡 사람들의 도움은 계속되었고, 그들의 도움으로 고려인들은 그 땅에서 농사를 지으며 정착할 수 있었다.

김라이사 할머니의 실제 경험 외에도, 고려인들의 아름다운 이야기를 2019년 4월에 실린 신문 기사에서 읽었다. 김부섭 현대병원장이 고려인 정착을 도운 카자흐스탄 사람들을 의술로 돕고자 10년째 의료 섬김을 하고 있다는 내용이다. 김라이사 할머니 가족이 버려진 우즈베키스탄뿐만 아니라 더 추운 지역인 카자흐스탄 사람들도 고려인들을 도왔다. 그 외에도 많은 지역 사람들이 단지 인도적 차원에서 이 낯선 사람들에게 온정을 베풀었다. 그리고 그 온정이 고려인들 생명을 살렸다.

현 바로네즈 고려인 협의회 회장인 안알렉과 안아이다는 강제 이주 고려인 2세다. 돈바스 주민들이 첫 열차로 바로네즈 중앙역에 도착한 이후로 오늘까지 고려인 협의회와 일부 다민족 협회 회원들은 이들을 따뜻하게 보듬고 있다. 이 글을 쓰면서 안아이다에게 연락해서 물었다.

"오늘도 수고하셨습니다. 힘들지 않아요?"

"몸은 많이 힘이 듭니다. 그러나 누군가는 이분들을 꼭 도와야 합니다."

전쟁을 피해 온 돈바스 주민들을 향한 고려인 협의회의 온정의 손길, 그 이유는 단지 이것뿐이다. 누군가는 이분들을 도와야 한다는 것이다. 마치 1937년 겨울, 극동에서 강제로 실려 와 이곳에 버려지다시피 했던 고려인들을 누군가는 도왔듯이 말이다.

2022년 2월 22일부터 안알렉 회장과 안아이다 부회장이 이끄는 바로네즈 고려인 협의회는 바로네즈시의 후원과 요청으로 돈바스 지역에서 온 주민들에게 인도적 차원의 지원을 제공하기 시작했다. 고려인 협의회는 회원들에게 지원금을 모으고 여러 단체를 통해 후원금을 모았다. 아르메니아 디아스포라 협회와 베트남 협의회, 아제르바이잔과 키르기스스탄 디아스포라 협의회가 고려인 협의회를 돕고 있다. 이들은 차량을 제공했고 주민들에게 전달할 물건들 배송을 도왔다.

고려인 협의회는 휴양소 98개 객실에 침대보를 제공했고, 담요, 베개, 침구 및 필요한 음식을 제공했다. 러시아 겨울에 필수품인, 전기를 이용해 더운물을 끓일 수 있는 도구 수백 개를 사 돈바스 주민들에게 전달했다. 이들의 온정의 손길은 현재 더 많은 사람에게 알려져 더 많은 도움의 손길로 이어지고 있다는 소식이다. 다만, 이 상황이 언제까지 계속되어야 하는지 누구도 대답할 수 없다. 사람이기에 지칠 수 있다.

봄이 오는 듯 보였던 바로네즈에는 다시 꽃샘추위가 찾아왔고 눈 섞인 비가 종일 내렸다. 집 떠난 사람들에게 추위와 배고픔은 고통이다. 코로나만으로도 삶이 고달픈 시국에 전쟁으로 생존을 위협받는 주민들의 현실이 부디 오래가지 않기를 모두가 한마음으로 간절히 바라고 있다.

드디어 빅토리아와 연락이 닿았다. 간헐적으로 인터넷이 연결된다. 도시에서 탈출해 시골 대피소에 머물고 있다. 하루하루 폭격으로 무섭다. 선생님도 몸조심하시라. 늘 긍정적인 빅토리아는 마지막에 이렇게 썼다.

"우리 다시 건강하게 만나요. 다시 만나면 한국어 공부 더 열심히 할게요."

우크라이나 키이우에서 제일 크고 맛있다는 한국 식당에서 빅토리아와 식사 한 끼 할 그 평범한 일상, 그날이 꼭 오기를 신께 간절히 빌어본다.

딥키스는 해야 연애지요?

노 선 주

(현) 프랑스 디종 한글학교 교장
(현) 한불교육교류협회 대표

"선생님, 연애는 어디서부터예요?"

한글학교 선생님을 하면서 이런 질문을 받으리라고는 상상도 하지 못했다. 내가 지도한 학생들은 14세부터 17세까지 호기심 넘치는 재외동포 청소년들이 모여 있는 반이다. 2018년 초 한국의 '디지털리터러시협회'와 협약을 맺고 한·불 청소년들이 화상으로 토론하는 프로그램을 운영해보았다. 10여 차례에 걸쳐 수업 시간 동안 한국과 프랑스의 청소년들이 화상을 통해 한 가지 주제를 두고 격의 없이 토론하는 시간을 가졌다. 'CDL디지털리터러시교육협회'가 주최한 행사로, 한국에서는 시흥시 꿈의학교 유니온합창단 단원 6명이, 프랑스에서는 프랑스 디종 한글학교 학생 10명이 참여했다.

이 토론 교육 프로그램은 학생들이 문화 차이로 인한 다름을 서로 깨달아 이해하는 데에 이르게 하고, 이를 바탕으로 '세계 시민성'을 기르기 위한 목적으로 기획하였다. 이런 교육목표를 이루기 위해 학생들은 다양한 주제를 두고 토론을 했다. 첫 번째 주제는 '한·불 간 대학입시제도의 차이'이었고, 두 번째 주제는 '4차 산업혁명 시대에 인간은 어떻게 살아야 할 것인가'였다. 세 번째 토론회 주제가 흥미로웠다. '연애, 몇 살부터 어떻게 하는 것이 적절한가?'였다. 주제가 흥미로운 만큼 토론에서도 톡톡 튀는 생각과 예상을 뛰어넘는 이야기가 오고 갔다.

토론의 진행을 맡은 CDL디지털리터러시교육협회의 박일준 공동대표는 먼저 '연애'의 정의를 설명했다. 프랑스 재외동포 학생들에게 한국어로 토론을 할 수 있도록 연애의 개념을 사전적으로 정의하며 설명해주었다. "연애란 인간의 육체적 기초 위에 꽃피는 자연스러운 애정으로, 아무리 정신적인 애정이라 하더라도 정신만으로는 연애 감정이 생기지 않는다."라며, "정신세계에서의 인간의 애정을 우정이라고 한다면, 연애와 우정은 근본적으로 다르다."라고 연애의 개념을 설명했다.

어떤 학생들은 부끄러워하기도 했지만, 여러 차례 웃음이 오가면서 학생들은 매우 진지하게 토론 분위기에 빠져들어갔다. 토론을 통해 생각의 공통분모도 찾기도 했지만, 생각의 차이도 발견되었다. 정신적인 애정 면에서는 양국 학생들이 비슷한 관점을 갖고 있었으나, 육체적인 애정에 대해서는 생각의 차이를 보였다. 학생으로서 적절한 수위의 육체적 애정 관계가 어느 정도일까를 물었다. 그리고 남자친구 혹은 여자친구가 있느냐는 질문에 한국의 학생 대다수가 '있다'라는 답을 했다. 그러자 프랑스 학생들은 모두 놀라며 수군거리기 시작했다.

"선생님, 정말 한국 친구들이 모두 애인이 있는 건가요?"

"그렇다는데요."

그러자 장난기 많은 마테가 눈을 잔뜩 찌푸리며 살짝 나를 부른다.

"선생님, 애인은 혀로 키스할 때부터인 거죠?"

나는 통역을 하다 말고 폭소를 터뜨렸다. 너무도 진지한 표정으로 묻는 마테에게 뭐라고 대답을 해줘야 하나 생각할 겨를도 없이, 그 이야기를 들은 프랑스 학생들이 따라 웃기 시작했다. 인터넷 너머 화상으로 참여하고 있는 한국 친구들도 상황을 파악하고 웃기 시작했다. 토론장은 마테 덕분에 한바탕 웃음바다가 되었다.

연애의 시작이 한국 학생들은 '손잡는 것'이라고 말했지만, 프랑스 학생들은 딥키스라고 답하여 두 나라 간 문화적 차이를 확인할 수 있었다. 오죽하면 프렌치 키스(French Kiss)라는 말이 있을까. 이어 연애를 경험하고 시작하기에 적절한 나이가 몇 살이라고 보는지 묻자, 한국 학생들은 평균적으로 14세를 말하고, 프랑스 학생들은 16세가 적절하다고 말한다. 학생으로서 자신들에게 적절한 연애 나이를 프랑스 학생들이 한국 학생보다 더 늦은 나이를 꼽는다. 그 이유는 프랑스의 육체적 애정 관계의 수위가 한국보다 높았기 때문이리라.

이러한 기준의 차이는 연애 경험 여부에도 반영되었다. 토론에 참여한 한국 학생 중 4명이 연애 경험이 있었지만, 프랑스는 참여 학생 전원이 연애 경험이 없었다. 프랑스에서는 실제 연애를 하게 되면 성관계까지 이어질 수 있다. 일종의 연애 문화라 할 수 있다. 그런 풍토이므로 실제로 임신을 우려하여 학생들이 연애를 쉽게 하지 못하는 분위기라는 이야기가 나왔다. 이에 대해 한국 학생들은 매우 놀라는 반응을 보였다. 한국에서도 육체적인 애정 관계를 '손잡는 수준'으로 정의하기는 했지만 실제로는 뽀뽀 수준까지는 진도가 나간다고 했다.

이어 낙태에 관한 질문으로까지 토론은 확대되었다. 한국의 경우 낙태가 원칙적으로 불법이고 제한된 경우에만 허용된다. 하지만, 프랑스에서는 임신 3개월까지는 낙태가 법적으로 허용된다. 그런 차이도 토론을 통해 알게 되었다. 특히 프랑스는 낙태를 법으로 허용하다 보니 불법적인 낙태 시술이 거의 발생하지 않는다. 이에 비해서 한국은 암암리에 불법적으로 낙태가 많이 이루어지고 있고, 적발 시 의사와 여성만 처벌을 받고 남성은 처벌을 받지 않아, 이로 인해 사회의 부조리함도 생기게 됨을 학생들은 이야기하였다.

사랑과 결혼은 내 돈으로

　학생들의 토론을 보며 남녀 성평등에 대한 가치의 차이를 발견할 수 있었다. 그리고 사랑과 결혼에 대한 여러 가지 태도와 다양한 생각을 엿볼 수 있었다. 한국은 이미 저출산 국가다. OECD 국가 중 가장 낮은 출산율을 보인다. 한국의 미래를 걱정할 수밖에 없는 대표적 고민거리이다. 프랑스 학생들이 토론에서 한국 학생들의 발언 중 가장 놀랐던 내용은, "비용이 많이 들어 남자친구나 여자친구를 사귀는 것이 힘들다"라는 발언 내용이었다. 한국 남학생들이 여자친구에게 기념 선물을 사주기 위해 용돈을 모으고, 레스토랑과 카페에 가기 위해서는 많은 돈이 필요하다고 이야기를 했다.

　그러자 야스민과 아야는, "그건 공평하지 않아. 왜 남자에게 그런 걸 받지?"라고 의문을 나타내었다. 평등한 관계가 되기 위해서는 각자 독립적인 경제권을 가져야 한다. 연애 관계에서도 경제적인 의존을 하는 순간 종속관계가 된다는 것이다. 물론 생일선물이나 기념일 선물을 작게 사줄 수 있겠지만, 매번 여자이기 때문에 '무료' 식사를 하는 것은 이해할 수 없다고 했다. 한국에서 청년들이 결혼을 꺼리고 출산이 힘든 이유가 무엇일까? 순수하게 한 인간을 사랑하고, 있는 그대로 상대방을 바라보면서, 한 인간으로 맞아들여 결혼하는 것이 힘든 이유가 무엇일까? 학생들의 생각은 꼬리에 꼬리를 물었다. 한국 드라마를 즐겨 보는 프랑스 학생들은 '백마 탄 왕자와 신데렐라' 이야기가 많은 한국 드라마를 이야기하며, 바로 이것이 성차별적이고 인간 평등에 위배 되는 일이 아니냐고 한국 학생들에게 질문했다.

　아이들의 토론을 통해, 다시 생각해본다. 연애가 무엇인가? 진정한 사랑이 무엇인가? 프랑스에서는 순수한 정서적 교감과 육체적 사랑이 함께 온전히 합일하여 일체를 이루는 정점이 결혼이라고 인식한다. 그 누구도 당사자의 결혼이나 그의 배우자에 대해 반대하지 못한다. 물론 불만을 토로하거나 뒤에서 궁시렁거릴 수는 있을 것이다. 그러나 젊은 세대로 올수록 사랑과 결혼은 철저히 '개인의 독립'을 전제로 한다. 또한 그런 만큼 육체적 행위에 대한 책임을 수반한다. 나의 몸과 타인의 몸에 대한 책임을 아주 어린 나이인 세 살 때부터 가르친다. 철저한 성교육과 올바른 성관계를 가르치는 것에서부터 시민교육이 시작한다. 몰래카메라를 찍는 행위 등은 최악의 범죄라 생각한다. 타인의 육체와 정신을 존중하지 않는 사람은 공동체의 시민으로서 함께 살 자격이 없음을 배운다.

세 시간이 다 되도록 학생들의 토론은 계속된다. 토론이 이어지는 동안 한국과 프랑스의 청소년들에게 언어는 더 이상의 장애가 아니었다. 어느 순간 나도 가끔 하던 통역도 그만두고 학생들이 하는 말을 듣고 있었다. 서로 같은 나이로 동시대를 사는 청소년들이다. 그들은 신기해했다. 이토록 교육 환경에 따라 다른 생각을 한다는 것에 신기해했다.

"왜 그렇게 생각하니?" 계속 묻는 프랑스 학생들에게 더듬더듬 영어나 한국어로 대답을 하는 한국 청소년들의 표정이 다채로워졌다. 놀랐다가 웃었다가 슬픈 표정이 되었다가 탄식을 했다. 이건 프랑스 학생들도 마찬가지였다. 서로의 다름이 처음엔 신기했다가, 무언가 어떤 의미의 무늬가 학생들의 가슴에 한 뼘씩 자리 잡는 것을 느꼈다. '아, 너도 그런 고민이 있었구나.' 그들은 말이 통하지 않아도 눈빛으로 서로에게 손을 내밀고 있었다.

"밖에서 키스는 안 돼"

결혼 초였다. 프랑스인 남편과 크게 다투었다. "안 된다니까. 밖에서 키스는 안 돼."

한국 지인분들과 처음으로 만나는 자리였다. 남편은 한국말도 잘 이해하지 못하고 자리가 어색할 법도 한데, 식탁에 와인을 준비하며 즐거워했다. 분위기가 무르익고 남편은 자연스럽게 손을 내 허리에 감고 키스를 하려고 했다. 나는 화들짝 놀라며 남편을 밀쳤다. 남편은 난데없는 나의 반응에 깜짝 놀랐지만, 손님들이 계셔서 아무 말을 하지 않았다.

손님들이 다 떠나고 난 후, 나는 다시는 사람들 앞에서 키스를 시도하려 하지 말 것과 특히 한국분들 앞에서는 안 된다고 단호히 이야기했다. 남편은 자신의 애정 표현도 자유롭게 못 하도록 한다면서, "당신, 사랑이 식은 것이 아니냐?" 하고 물었다. 나는 그런 게 아니라고 말하며, 한국에서든 프랑스에서든 우리의 애정 표현은 사적인 일이며, 우리 두 사람 안에서 이루어졌으면 하는 마음을 전했다. 그러나 여전히 남편은 불만이 컸다. 시부모님도 그러하셨다. 그분들도 며느리까지 있는 식사 자리에서 시시때때로 애정 표현을 하셨다. '아, 보고 자란 게 이렇게 중요하구나.' 나는 내심 불만이었다. 나는 아무리 해도 그게 친숙해지지 않았다.

결혼한 지 20년을 넘어선다. 어느 날, 다 자란 안느가 우리 부부와 함께 있는 자리에서 묻는다. "엄마, 엄마는 왜 아빠를 밀쳐?" 시댁과 크리스마스 파티를 하던 중, 남편은 와인 잔을 채우며 다시 나를 껴안으려고 했다. 아무리 말을 해도 안 되는 사랑꾼 본능이다. 나도 모르게 반사적으로 밀쳤다. 안느는 그 모습이 의아했는지 묻는 것이다. "엄마는 한국 사람이라 안 된대." 남편은 지원군이라도 만난 듯 시시콜콜 그동안 있었던 일을 딸에게 고자질했다.

안느가 자기 생각을 이야기한다. "엄마는 프랑스에서 살면서 프랑스 남편과 있는데 왜 그래? 표현의 자유인데. 그리고 엄마랑 아빠가 키스하는 것에 아무도 관심 없어. 내 양파가 아니야." 아 그래. '내 양파'가 아니지. 프랑스어의 관용 표현에 '내 양파가 아니다'라는 말이 있다. 내가 관여할 일이 아니라는 표현이다. 이 표현에는 프랑스인들 사이의 개인적 존중과 표현의 자유, 그리고 서로 간의 거리를 함축하는 다양한 의미가 들어 있다. "내 양파는 아니지. 그런데 나 때문에 불편한 사람이 있지 않을까. 한국분들은 그럴 수 있어."

수업이 끝나자 마테가 묻는다.

"선생님, 한국에 우리 언제 가요?"

"내년 여름에 모두 함께!"

마테의 눈이 빛난다.

"그럼, 영지도 만날 수 있지요?"

수업 시간 내내 화상으로 본 예쁜 영지에게 꽂힌 마테이다.

한글학교 온라인 화상 토론은 이렇게 너의 불을 켜는 '온(on)'라인의 시간이 되었다. 온전히 나의 밖으로 향하면서, 나와 너의 이야기가 함께하는 시간이었다. 서로의 생각을 존중하며 다름을 인정하고, 더 나은 세상을 모색해가는 이들 한·불 청소년들의 모습에서 새로운 세대의 도래를 본다. 딥키스를 하든 뽀뽀를 하든 우리 아이들의 세상은, 그들 시대의 문화와 감수성으로 사랑이 넘칠 것이다. 그런 낙관의 확신이 생겼다.

아! 누가 말려. 우리 마테를.

가슴속 한 조각 꺼지지 않는 불씨

김 태 진

(현) 삼육보건대학교 연구교수
(전) 뉴욕 맨해튼 한국학교 교장

나는 보라색을 참 좋아한다. 장기간 보라색을 좋아하면 정신적으로 문제가 있다는 소리에도 아랑곳하지 않고 그 빛깔이 뿜어내는 매력적인 분위기에 오랜 시간 빠져 있다. 『나의 문화유산답사기』에서 청도 운문사 입구에 '보라색' 도라지꽃이 깔려 있다는 글을 읽고 그곳으로 달려간 적도 있고, 보라색 넥타이를 했다는 이유만으로 선을 본 남자에게 호감을 느꼈는가 하면, 대학 시절 미술 동아리에서 가을 풍경을 온통 보랏빛으로 그려낼 정도로 나의 보라색 사랑은 집요하기까지 하다.

내가 보랏빛에서 느끼는 분위기는 참으로 다채롭다. 때로는 왕좌에서 뿜어내는 위엄이 느껴지고, 때로는 낙엽이 떨구고 간 허무와 절망이 번지기도 한다. 또 마술이 펼쳐질 때마다 번쩍번쩍 비치는 기묘함 같은 것이 있는가 하면, 고급 와인의 깊은 맛 뒤에 배어 나오는 중후한 여운 같기도 하다. 이렇듯 보라색은 딱히 어떤 느낌을 준다고 단정 짓기 어려운 참 오묘한 색깔이다.

그런데 아주 재미있는 사실은 그 신비하기 그지없는 보라색을 만들어 낸 원형이 빨강과 파랑이라는 거다. 원색의 특성이 강한 두 색깔이 만나, 묘하고도 다양한 얼굴을 가진 보랏빛을 만들어내다니! 어떤 면에서 보라의 '불분명한 묘함'은 어디에도 어울리지 못하는 천덕꾸러기 색이 될 수도 있고, 어떤 면에서 보라는 그 독특함으로 인해 '모든 색채의 권좌'에 오르기도 한다.

이미 음악이나 음식 등의 여러 분야에서는, 뒤섞임과 어울림의 효과를 새로운 매력으로 만들어내고 있다. 즉 서로 다른 특성을 가진 요소들이 만나 크로스오버(Crossover)나 퓨전(Fusion)을 하면서, 새로운 맛이나 멋을 연출하여 그야말로 새로운 경지를 열어 보인다. 마치 다니엘 헤니가 어렸을 적에는 혼혈이라 놀림을 받았지만, 세월이 변하니 그 개성이 빛을 발하는 것처럼 말이다. 그러고 보면 정말 세상은 오래 살고 볼 일이다.

세상은 더욱 복잡해지고, 세계화라는 시대 조류에 따라 빨강이나 파랑의 원색 영역을 넘어선 '보라의 영역'이 대두한다. 그 '조화의 영역'에 대한 이해와 연구, 그리고 그 '조화의 영역'은 새로운 가능성과 함께 아주 큰 시장이 되고 있다. 그리고 그 넓고 다양한 세상에 대한 이해의 눈이야말로 앞으로 우리가 가져야 할 또 하나의 미래적 감식력이 아닐까 싶다.

어느 때부터인가 나는 전체 학부모와 학생에게 '코리안 아메리칸(Korean-American)'이라는 말을 쓰면서, 멈칫멈칫하기 시작했다. 우리 학교 아이들 모두가 한국계 부모를 둔 단순한 '코리안 아메리칸'만은 아니기 때문이다. 국제결혼을 한 부부가 증가하면서 학기를 거듭할수록 혼혈 학생의 숫자가 증가하여, 2000년대 초만 해도 5퍼센트에 불과하던 숫자가 5, 6년 사이 25퍼센트까지 늘어났다. 한국계 외의 아버지, 혹은 어머니를 둔 아이들의 정체성에 대해서도 배려를 해야 할 때가 온 것이다.

이제 '우리의 모국, 한국'만을 단순히 강조하는 것은 국수주의적 사고로 여겨질 만큼 세상은 열린 변화를 겪었고, 그 물결은 '한글학교'까지 밀려온 것이다. 게다가 한인의 미국 이민 역사도 100년을 넘으면서 후손이 3세, 4세에 이르다 보니 그 혈연이 단순할 수만은 없게 되고, 혼혈에 혼혈로 이어지는 그야말로 모호하고 복잡한 정체성까지 등장하게 되었다.

미국은 이민자의 나라인 데다 그 역사가 200년을 넘다 보니, 이런 복잡한 정체성을 '혼성적 정체성(Hybrid-Identity)'이라 칭하며 이에 대한 꽤 활발한 연구가 진전되었다. 하지만 혈연적 가족주의가 강한 한국인은 문화의 '퓨전'에 대해서는 개방적이지만, 혈연에 대해선 상대적으로 경직성이 강하다. 어쨌든 이 혼성적 정체성의 대두는 한인 3세, 4세의 '정체성 교육'에 대한 새로운 과제를 던져주었다.

우리 한글학교에 독특한 혈육을 가진 알버트와 올리비아 남매가 입학했다. 최초의 흑인계 학생이다. 미국계나 아랍계보다 더욱 눈에 띄고, 처음 있는 일이다 보니 다들 낯선 시선과 호기심으로 바라본다. 구레나룻을 기른 알버트 아버님은 부리부리한 눈매에, 윤기 나는 검은 피부가 건장한 체구와 맞물려 강한 인상을 준다. 큰 조각상이 성큼 다가온 느낌이다. 어머니 또한 한국인이라고 하기에는 48퍼센트 부족한, 백인 인상이 섞여 있는 것 같으면서도 아메리칸 인디언의 모습도 언뜻 보이는 인상이었다.

알버트는 열 살, 올리비아는 여덟 살, 나이로 치면 각각 4단계와 5단계 반으로 들어가야 하지만 한국어는 들어본 적도 없는 초보이기에 다섯 살 동생들과 함께 공부하는 기초 2단계에 들어가야 했다. 이런 일이 있을 때마다 담임교사에겐 송구하기 그지없다. 같은 또래의 아이들만 가르치는 것도 힘이 드는데 나이 차가 많이 나는 학생이 함께 있으면 얼마나 힘든가를 경험한 나로선 더욱 미안하다.

그렇지만 어쩌랴. 소수의 특수한 여건의 학생을 위해 새로운 반을 만들 형편이 못 되다 보니, 모든 부담과 역할은 선생님들 몫이다. 한글학교에만 있는, 한글학교 교사의 애환 중 하나가 아닐까 싶다. 나이 차가 5~6세 되는 아이들을 모아놓고, 그들과 한 반에서 사투(?)를 벌이는 것 또한 '보라'의 영역에 해당하지 않을까? 어쨌든 이런 복잡미묘하고 힘든 상황을 불평 하나 없이 흔쾌히 받아들이고, 높은 순발력을 발휘하는 선생님들의 능력과 희생에 감사하지 않을 수 없다.

알버트 남매를 맡은 곽 선생님은 약학대학을 다니다 교사가 되고 싶어 다시 공부할 정도로 교육에 대한 열정이 남다른 분이기에 더욱 안심하며 아이들을 맡겨본다. 친밀감을 보여주는 선생님이 두 팔 벌려 반기니, 낯선 사람들 틈에서 어색해하던 알버트와 올리비아의 얼굴에 웃음꽃이 환하게 피어오르고, 내 마음도 가볍게 날아오른다. 이렇게 새 학기, 첫날의 문은 또 다른 세계의 아이들을 맞으며 더욱 활짝 열렸다.

"우리는 '한국의 자손'이기 때문입니다. 우리 외할아버지의 성함은 박영준(가명)이고, 그분은 한국전의 참전용사였습니다."

첫 수업을 마치고 교무실로 내려온 곽 선생님이 가슴 안에 넣어놓기가 벅찬 표정을 지으며 한 말이다.

"제가 왜 한국학교에 왔냐고 물으니까 알버트가 이렇게 대답하는 거예요. 큰 소리로 어찌나 씩씩하게 말을 하는지 그 감격과 흥분이 가시질 않아요."

순간 내 마음은 찌르르한 울림에 감전되고 만다. 6·25전쟁 때 참전한 한 한국인이 미국으로 건너와서 외국인 여자와 결혼하여 아이를 낳고, 그 아이가 성장하고 결혼해서 자녀를 낳고, 그 아이들이 조상을 알기 위해 모두 쉬는 주말에 한글학교에 왔다. 그 아이 입에서 나온 첫 마디가 "우리는 한국의 자손입니다"이다.

알버트 어머님은 한국인 아버지와 러시아계 어머니 사이에서 태어났다. 그리고 그녀는 흑인계 남편을 만나 알버트와 올리비아를 낳은 것이다. 그래서 아이들은 아버지의 초콜릿 색 피부와 어머니의 하얀 피부의 중간인 구릿빛 피부를 갖게 되었고, 이목구비는 아버지의 유전인자를 더 물려받아 두툼

한 입술에, 크지만 그리 높지 않은 코를 갖고 있다. 170센티미터를 넘는 큰 키의 어머님은 한국계의 은은함과 러시아계의 분명함이 조화된 온화한 매력을 풍기는 미인이다. 그렇다면 이 아이들은 그 정체성을 어떻게 확립해야 하나? 내 생각엔, 부계를 따르고 외모도 흑인에 속하니 '아프리칸 아메리칸(African-American)'으로 하는 것이 맞을 듯싶다. 그러나 그렇게 단순하게 규정지을 수 없는 또 다른 혈연이 분명 존재한다.

그렇기에 그들의 어머니는 아이들의 부계뿐만 아니라 모계 쪽 조상에 관한 이야기를 들려주며 그들의 계보를 확실히, 상세하게 알려주었을 것이다. '엄마의 조상은 한국인이라고, 그리고 그런 엄마에게서 태어난 너희들이니까 비록 반쪽의 반이지만 너희 안에는 한국인의 피도 흐르고 있다고.' 그래서 알버트 남매는 그의 '조상'이 한국인이라고 당당하게 말했고, 외할아버지의 나라인 한국에 대해 배우러 온 것이다.

미국은 이민자의 나라라 그런지 조상에 대한 교육이 투철함을 느낀다. 미국인들이 독일, 아일랜드, 폴란드 등 본인의 선조가 유럽의 어느 계열인지를 상세히 알고 있는 것과 같이 알버트 어머니도 조상의 계보에 대해 확실한 교육을 했다는 생각이 든다. 그리고 가슴 안에 한 조각 꺼지지 않는 불씨처럼 간직해온 '한국'을 자녀들에게 피워주고자 한글학교의 문을 두드린 것이다. 한국 사람을 만나고 드디어 그 커뮤니티에 입성한 감격 때문인지, 마음 안에만 있던 '한국'이 오랜 외사랑에 지친 듯 마구 쏟아져 나온다.

"아버지는 우리에게 한국말은 못 가르치셨지만, 한국계라는 것은 항상 일러주시고, 한국 이야기를 많이 해주셨어요. 그러면서 저에겐 한국에 대한 동경, 그리움이 생겼지요. 그러나 한국을 경험할 수 있는 그 어떤 환경도 제겐 주어지지 않았어요. 그래서 그런지 저는 우리 아이들이 크면 제가 배우지 못한 한국어를 꼭 배우게 하고 싶었어요. 그러나 아는 한국 사람도 없고, 아이들이 나이는 자꾸 먹어가는데, 여기저기 알아보다 맨해튼에 한글학교가 있다는 것을 알고 얼마나 기뻤는지 몰라요. 뉴저지에 살고 계신 아버지도 제가 아이들을 한글학교에 보낸다고 하니 참 좋아하셨어요. 오래전부터 올리비아, 알버트 모두 태권도를 배우고 있어요. 아버지는 항상 한국의 태권도를 자랑하셨거든요. 현재 알버트는 검은 띠예요."

흥분된 어조로 아버지와 한국에 관계된 이야기를 쉼 없이 쏟아내는 그녀의 눈이 반짝반짝 빛을 낸다. 마치 오래 고립되어 있다 자신의 세상에 돌아온 기쁨을 토로하는 듯했다. 그 이야기를 통해 복잡한 자신의 정체성 또한 확인하고 싶었는지도 모르겠다. 알버트 남매의 등장은 '뿌리 교육, 조국에 대한 자긍심'을 우리 앞에 다시금 소환했다. 외가로 거슬러 올라가야 간신히 만날 수 있는 한국인 조상임에도 불구하고 알버트 가족이 보여준 한국에 대한 사랑은 외국에서 사는 '100퍼센트 한국인'인 우리에게 좋은 자극제가 된 것이다. 우리의 뿌리에 대한 인식과 자긍심은 어떠한가. 또 아이들에게 우리의 조상과 뿌리에 대해 어떻게 가르치고 무엇을 심어주었는가. 새삼 우리의 모습을 되돌아보게 했다.

한 학기를 마치는 종업식 날이다. 이날은 학습 발표회도 함께 열린다. 태권도 발표에는 너댓 살 어린 꼬마들이 진지하게 시범을 보인다. 작은 몸을 열심히 뻗으며 발차기를 하는 모습이 귀여우면서 대견스럽다. 그 기특함에 한껏 미소를 머금고 어린 재롱에 빠져든다. 이어 한 소년이 '위풍당당' 등장하자 긴장과 호기심이 더해지는 듯하다. 태극 마크가 분명한 흰 도복에, '검은 띠'를 한 '알버트'다. "태·권!" 절도 있게 허공을 가르고 찌르는 모습이 날카롭게 빛난다. 몸을 날려 격파하는 모습은 관중의 탄성을 자아낸다. 연이어 울려 퍼지는 함성 같은 박수, 그 소리는 외할아버지의 나라에 대해 배우고자 하는 '반의 반쪽의 한국인 3세'에 대한 격려임과 동시에 우리의 '뿌리 교육'에 관한 자성과 고무의 목소리가 되어 강당 안을 더욱 뜨겁게 달구었다.

나의 작은 내딛음

이은숙

(현) 일본 오사카 온누리한글학교 교장
(현) 재일본 한글학교 관서협의회 회장

한민족이 일본으로 이주한 역사와 배경은 다른 나라들과는 다른 점이 많다. 한반도에서 일본으로 이주해 가난과 차별이라는 역경과 고난의 삶을 견디며, 자손들에게 조금은 더 나은 삶의 환경을 마련해주고자 고생하신 분들에게 늘 감사하다. 그분들의 희생과 배려로 지금의 내가 있음을 잘 알고 있기 때문이다. 특히, 한국과 일본 모두에게 환영받지 못한 시대를 살아왔고, 지금도 그렇게 살아가고 있는 그분들의 삶을 마주할 때마다 나와 내 가족의 삶을 바라보게 된다.

현재 일본에서는 마음만 먹으면 쉽게 한국어를 접할 수 있는 환경이 조성되어 있고, 한류의 열풍으로 인해 한국을 좋아하고 동경하는 일본인들이 많이 있다. 하지만, 재일동포 중 아직도 본인이 한민족임을 당당하게 알리기에는 많은 용기가 필요한 이들도 있다. 특히, 악화되는 한국과 일본의 충돌과 대립은 일본에서 어렵게 살아가고 있는 재일동포들의 삶을 더 힘들게 하고 있다.

나는 대학에서 한국어와 한국 문화를 일본 학생들에게 가르치고 있다. 그리고 주말에는 한글학교로 달려가 재일동포 아이들을 대면하고 있다. 한글학교에 실질적인 도움이 되었으면 하는 마음으로 2016년에 창립된 재일본한글학교 관서협의회의 회장으로서 한글학교의 중요성을 일본 사회와 재일동포 사회에 알리는 활동도 하고 있다.

내가 마주하고 살아가고 있는 일본에서 한국의 언어와 문화에 대한 일본인들의 인식 변화를 바라보면 흐뭇하다. 하지만 한국의 언어와 문화를 자녀들에게 접하게 하면서도 한민족임을 쉽게 밝히지 못하는 학부모님들을 종종 바라보면 그 삶의 과정과 환경을 너무나 잘 알고 있는 나로서는 마음이 아프다.

외할아버지와의 만남 그리고 올드커머

1990년에 내가 사랑하고 존경하는 아버지가 태어나신 일본 땅을 처음 밟았다. 아버지의 가족과 친척들은 일제강점기 때 일본으로 이주하였고 해방이 되자 아버지의 가족은 귀국하고 친척들은 일본에 남게 되었다. 이러한 배경으로 일본을 자연스럽게 접하게 된 나에게 일본은 어렸을 때부터 친숙한 나라였다.

친척들이 살고 아버지가 태어나신 오사카에서 유학 생활을 시작한 지 얼마 지나지 않아, 엄마의 부탁으로 일본에 살고 계시는 외할아버지의 행방을 찾았다. 수소문 끝에 외할아버지와 겨우 연락이 닿아 난생처음으로 만나뵐 기회가 만들어졌다. 드디어 오사카역에서 만나기로 한 날, 야마구치현에서 이른 새벽 신칸센을 타고 오시는 외할아버지의 얼굴을 상상하며 오사카 신칸센역으로 달려가 기다리고 있었다. 마침 회색 안갯속을 천천히 걸어오는 중절모의 키 작은 할아버지, 누군가를 찾는 듯 두리번거리셨다. 나는 그분이 외할아버지라는 것을 금세 알아차렸다. 왜냐하면 마치 엄마가 외할아버지로 분장한 듯한 얼굴이었기 때문이었다. 유전자의 신비성에 감탄하는 것도 잠시, 곧 외할아버지께 인사를 드렸다. 한국말을 거의 다 잊어버리셨는지 일본어로 말씀하셔서 나는 그 당시 나의 서툰 일본어로 대화를 이어갔다.

외할아버지는 일제강점기 때 오사카에 유학을 오셨고 해방이 되자 최선을 다해 귀국하려 노력하였지만 야마구치현 부근에서 여러 사연으로 발이 묶여버렸다. 외할머니는 엄마를 임신한 몸으로 외할아버지를 만나러 오사카에 왔지만 만날 수가 없었다. 길이 엇갈린 외할아버지와 외할머니는 처절하게도 이산가족이 되어버리는 운명을 맞이한다. 한국과 일본에서 각각 소식이 두절된 채 49년이라는 세월이 흘렀다. 태어나 아버지의 얼굴도 모르고 자란 엄마는 외할머니의 재혼으로 새아버지를 맞이하지만, 가슴속에 지워지지 않는 외로움의 상처는 고스란히 남아 있었다고 한다.

외할아버지는 40대 후반 늦은 나이에 귀국을 포기하고 새 가정을 가지게 되었다. 우여곡절 끝에 만난 외할아버지를 모시고 엄마와 외할머니가 계시는 부산으로 향했다. 한때 부부였던 할머니와 할아버지, 그리고 처음 만난 아버지와 딸, 서로 말이 잘 통하지 않아 서먹서먹한 분위기에서 그동안 맺혀 있던 한의 울음소리가 조용히 터져 나왔고, 그 울음은 나의 마음도 적셨다.

일본에는 이러한 역사를 가진, 그 당시 한국에 돌아갈 수 없었던 올드커머들(old comers)이 많다. 올드커머는 일제강점기 때 다양한 이유로 일본으로 건너온 세대들을 가리키며, 1965년 한일협정 수교 이후 일본에 온 뉴커머(new comers)와 구별해서 사용되고 있다. 대부분의 올드커머들은 일본 사회, 일본인으로부터의 차별과 생활고로 힘들고 고달픈 삶을 이어갔다. 생활의 기반이 일본에 있기에 쉽게 조국으로 돌아갈 수도 없어 일본에 정착하게 된다.

오사카는 일본에서 재일동포들이 가장 많이 사는 곳이다. 특히 이쿠노쿠 (生野區) 지역에 가면 코리안타운과 쓰루하시(鶴橋)라는 재래시장이 있다. 이곳은 타국 땅에 와서 가난과 차별로 어렵게 살아온 동포들의 삶이 엿보이는 곳이다. 민족교육에 대한 법적·행정적인 제약으로 한국어를 배울 기회를 놓쳐버리고 가난으로 먹고살기에 바쁘다 보니 자식들의 교육은 물론 우리말을 가르칠 수 있는 여유도 없었다. 올드커머의 자손들은 일본 사회에 동화되어 살아갈 수밖에 없었지만, 일본인으로 귀화를 하지 않고 한국 국적을 유지하며 일본 안의 특수한 소수자로 살아가는 이도 적지 않다.

할아버지와 할머니, 아버지와 어머니의 삶을 통해 올드커머들의 아픔과 희생을 엿볼 수 있었다. 나에겐 항상 좋은 것으로만 채워주신 아버지와 어머니. 일본에서의 차별과 어려움을 꿋꿋이 이겨내신 할아버지와 할머니. 그분들의 삶이 있었기에 오늘의 나의 삶이 있고 아들의 내일이 있음에 감사드린다.

새로운 변화의 바람, 한류 열풍

1998년 한일 정상회담 이후 양국의 문화교류가 점차 개방되면서 한국 드라마가 처음으로 일본의 TV에서 방영이 되기 시작한다. 2003년 욘사마 열풍으로 인해 그동안 얼어 있었던 한일 관계가 봇물 터지듯 한다. 기존 역사에 없었던 한류 붐이 형성되었고 한국어를 배우려는 일본인들이 급격히 늘어난다.

당시 오사카 한국문화원 세종학당의 전신인 어학당이 창립되어 나는 그곳에서 한국어 강사로 일하게 되었는데, 욘사마 열풍으로 어학당에 모여든 20대~80대 한국어 학습자가 500여 명이나 되었다. 교실 빽빽이 오손도손 앉아 90분 수업 두 번, 무려 한국어 수업을 3시간 동안이나 하는데도 수험생 못지않은 열정으로 듣는다. 드라마에 감동해서 그 나라의 언어를 배우려고 몰려든 중년층들의 수업에 대한 열정. 우리나라에서는 상상도 못 할 신기한 풍경이다.

학습자의 대다수가 일본인이지만, 다양한 이유로 자신이 재일동포라고 밝히지 않은 사람도 있다. 반면에 당당히 자이니치(재일한국인)라고 처음으로 밝힌다는 사람들도 있었다. 욘사마 붐으로 인해 동포들의 자존감도 올라간 듯하다. 차별을 받는 것이 싫어서, 군이 자이니치라고 말할 필요는 없다고 하는 동포도 있다. 하지만 자이니치라고 밝히든 감추든 우리말을 배우려고 오는 것이 얼마나 다행스러운 일인가? 언어와 정체성은 밀접한 관계가 있어서 한국어를 배우다 보면 정체성의 변화도 생길 수가 있다.

문화원 어학당 이외에도 한국어를 배우려고 학교나 학원을 찾다 한글학교에 가는 일본인 학습자들이 급격히 증가했다. 한글학교는 해외동포 자녀에게 한국어와 한국 문화를 가르침으로써 민족 정체성을 함양하는 것이 교육 목적이지만, 일본의 한글학교는 한류 영향으로 인해 다른 나라의 한글학교와 달리 성인 학습자가 대부분을 차지하고 동포보다 일본인이 많다. 이들 일본인 중에는 귀화한 올드커머들이 있을지도 모른다. 아무려면 어떤가? 일본인과 재일동포가 더불어 한국어를 배운다는 것은 그동안 차별만 받아왔던 동포들에게는 자긍심을 심어주는 계기가 될 수 있다. 일본 사회에서는 소수자로 살고 있지만, 한글학교 안에서는 소수자라기보다 조국의 언어와 문화를 당당하게 마음껏 접하고 표출할 수 있으니, 한글학교는 이러한 욕망을 충족할 수 있는 장소인 것이다. 한글학교는 동포들에게 민족 정체성을 강요하는 곳이 아니라, 한일 두 문화를 가지는 그들만의 특수한 정체성에 자긍심을 불어 넣는 곳이기도 하다.

한글학교를 찾는 학습자들에게 마음의 변화를 가져오고 자긍심을 불어 넣는 곳이 될 수 있도록 최선을 다하는 한글학교 선생님들, 그리고 어려운 여건을 이겨내고 학교를 운영하고 계시는 동료 교장 선생님들에게도 깊은 감사를 드린다.

한글학교의 뉴커머 아이들

"난 일본 사람인데 한국어를 왜 배워야 돼요? 차라리 영어를 가르쳐주지……." 한국인 아빠와 일본인 엄마의 손에 끌려와 앉아 있는 초등 5학년 사토시가 미간을 찌푸리고 입술을 불쑥 내밀며 일본어로 중얼거린다. 나의 한글학교 수업의 시작은 사토시의 불만을 들으며 시작되었다.

2013년, 섬기는 교회에 한글학교가 설립되어 한글학교와의 인연을 맺게 되었다. 한글학교에 오는 아이들은 국제결혼 가정의 자녀이거나 뉴커머 한국인 부모의 자녀이다. 뉴커머는 1965년 한일협정 수교 이후 유학, 국제결혼, 취업 등으로 일본에 건너온 사람들을 가리킨다. 학부모는 한국에서 고등교육을 거의 마친 사람들이 대다수이기에 한국어가 제1언어임에도 불구하고 그들의 자녀들은 한국어를 잘 구사하지 못한다. 왜냐하면 아이들 대다수가 일본 학교에 다니고 있어 한국어는 가정의 언어, 또는 부모의 언어라고 생각하고, 부모와는 일본어로도 소통이 되기 때문에 굳이 배우려는 동기나 의식이 없다. 그리고 학부모가 계승어(heritage language, 한국어) 교육의 중요성에 대한 지식을 보유하지 못하는 경우가 많다.

수업 중에 집중 못 하고 늘 뒹구는 류타에게 어느 날 일본어로 물었다. "류타, 한국어 공부 안 할 거니?", "전 일본인이에요." 이 대답에 나는 다시 묻는다. "류타는 엄마가 한국인인데 왜 일본인이야?"라고 물으니까, "전 한국에 가본 적도 없고 한국말도 모르니까 일본 사람이고요, 누난 세 살 때 일본에 왔고 한국말도 아니까 한국 사람이고요……." 한국어를 모르면 일본 사람이라는 것이다. 사춘기를 맞으면 자신이 왜 한국어도 모르는 한국인이

지?라는 정체성의 혼란을 겪을 수도 있다.

준호는 엄마한테 학교에 오지 말라고 한다. 엄마가 준호한테 한국말을 하는 걸 학교 친구들에게 보이고 싶지 않은 것이다. 집에서는 엄마라고 부르면서 밖에서는 일본어로 '마마'라고 부른다. '한국말 하는 아이'라는 특별한 소수자의 입장이 싫은 것이다. 다수자 그룹에 속하고 싶어 하는 아이들의 심리라고 할까?

한국인과 일본인은 외모가 서양인처럼 확연히 다르지 않아 말로 표현하지 않으면 일본인인지 한국인인지 구별을 할 수가 없다. 그래서 소수자에 대한 차별을 받기 싫어하는 준호처럼 상황에 따라 일본인처럼 행동하는 아이도 있다. 그러나 한국 이름 때문에 한국인임을 감출 수가 없다는 지연이는 한국 이름이 싫다고 한다. 일본 이름을 갖고 싶지만, 부모님이 한국인이라 어쩔 수 없다고 한다.

한글학교에 가고 싶어 하는 유치원생과 아빠의 대화를 본의 아니게 엿듣게 되었다. 아이가 한국말을 배우고 싶다는데, 아빠는 일본에서 사니까 안 배워도 된다고 한다. 안타깝다. 이외에도 사립 중학교 입시를 위해 주말에 학원을 보내야 하니 한글학교를 그만두는 학부모, 아이들이 배우고 싶으면 나중에 알아서 배우겠지 하고 안이한 생각을 하는 학부모가 많다. 그들의 사정을 이해는 하지만, 아이들이 자라면 더욱더 배우기 싫어할 테니 어릴 때, 말을 잘 들을 때 배우게 하는 것이 중요하다고 나는 열심히 설명하기도 한다.

계승어(한국어) 교육에서 학부모들의 의식이 가장 중요하다. 매년 학부모 간담회를 열어 한국어 배우기의 중요성을 강조한다. 여기에 참석한 학부모는 자녀들이 이국땅에서 한국어와 한국 문화를 배우는 의의를 이해했기에 그들은 절대로 한글학교를 그만두지 않는다

한글학교로 고고씽!

일본에는 민족학교라고 불리는 한국계 학교가 네 개 있는데, 그중 세 개가 오사카를 중심으로 하는 관서지역에 있다. 네 학교의 재학생 수가 2,500명 정도인데 모든 학생이 전부 재일동포이지는 않다. 내가 들은 바에 따르면 재일동포 자녀가 10만 명이 넘는다고 한다. 그렇다면 민족학교에 다니지 않는 동포 자녀들은 정체성 교육을 어디에서 해야 할까? 당연히 한글학교에서 이루어져야 한다.

오사카에는 일본 공립학교에 민족학급이 있지만, 거기에도 참여하지 않는 아동들이 있고, 공립학교에 다니지 않고 사립학교에 다니는 자녀들도 많다. 이런 아동들을 그냥 두면 일본인으로 자라나는 것이다. 일본 공립학교에서는 외국인 아동에 대한 동화정책이 저변에 깔려 있다. 그래서 동포 자녀들을 한글학교에 불러와서 민족 정체성 교육을 해야 하는데, 현재 이런 부분이 진행되고 있지 않아 미래를 바라볼 때 심각하다고 할 수 있다.

한국은 국가 차원에서 다문화가정을 지원하지만, 일본은 소수자 가정에 계승어 교육을 장려하는 국가적 지원이 없다. 그런 걸 보면 한국의 재외동포 정책, 특히 한글학교는 우리 동포들에게 있어 너무나 감사하고 따뜻한 배려이다. 그러니, 한글학교를 모르는 우리 동포 자녀들을 한글학교에 다 불러와서 그들에게 한국어와 한국 문화를 가르치고 자긍심을 키워줘야 한다.

소수자인 것이 부끄럽지 않은 곳, 한국말을 마음껏 해도 되고 배울 수 있는 곳, 같은 환경의 친구들이 모여 마음을 터놓고 지낼 수 있는 곳, 격려와 위로가 있는 곳, 한글학교는 이러한 곳이라고 아이들에게 알려주고 싶다. 그래서 나는 아이들이 한글학교에 오면 친구들이랑 놀게 해주려고 호떡, 송편도 같이 만들게 하고 딱지치기도 하게 한다. 그러니까 아이들이 즐거워한다. 거북선 이야기도 해주며 자연스럽게 문화 수업을 해보니 점점 관심을 보이며, 한글학교 입소문이 나면서 아이들이 늘어갔다. 수업 내내 고개 숙이며 앉아 있다 가는 아쓰미가 한국어 공부에도 관심을 보인다. 한글학교가 자기와 같이 한국에 뿌리가 있는 친구들이 함께 모이는 휴식의 공간이라는 것을 아이들에게 느끼게 해주고 싶다.

대학에서 가끔 동포 학생들이 나에게만 살짝 말한다. "주위 친구들한테는 비밀인데요, 저 사실 동포예요." 대학 안에서도 차별을 받을까 두려워 말을 하지 않는 우리 학생들. 이렇게 고백을 받으면 반가워하는 마음을 전하지만 마음 한구석은 애달프다.

아이에게 어릴 때부터 정체성 교육을 하지 않으면, 올드커머의 자손처럼 한국의 뿌리를 가진 일본인으로 살아가는 환경을 만들어주는 것이다. 올드커머 시대에는 배울 수 있는 장소가 없었지만, 지금은 한글학교가 있다. 그 당시는 한국어를 하면 무시당했지만, 지금은 무시당하는 시대가 아니라 오히려 부러움의 대상이 된다. 한일 관계가 정치적으로 민감하지만, 일반 사회에서는 대학 내에서 한국어가 외국어 선택과목으로 가장 인기가 많고 한국을 동경하고 좋아하고 한국어를 공부하는 일본인들이 참 많다. 앞으로도 한국어를 하는 일본인이 더욱더 많아지면 좋겠다.

동포 아이들을 한국어와 일본어 두 언어를 구사할 수 있도록 성장시켜, 한일 관계의 가교역할을 하는 인재를 양성한다면 개인적으로나 국가적으로 큰 자산이 된다. 이러한 동기부여를 시켜주는 곳이 한글학교이다.

대학에서 나의 수업을 듣는 일본인들 사이의 동포 학생들, 그리고 한글학교의 우리 아이들에게 나는 늘 말한다. 너희는 하프가 아니라 더블이라고, 그러니 자신감을 갖고 당당해지라고. 이번 주에도 쉬고 싶은 주말을 잊어버리고 아이들을 만나러 한글학교에 간다. 미래의 한일 가교 역할을 할 우리 아이들에게 한국어와 한국 문화를 그들의 마음속에 차곡히 쌓아주려고.

노인 체험학습

이 하 늘

(현) 독일 비스바덴 한글학교 교장
(현) 유럽한글학교협의회 회장

모든 사람을 위한 설계

비스바덴 한글학교와 학생들은 몸이 쇠약한 노인들이나, 몸이 불편한 장애인 시설 장비를 갖춘 곳에서 '노인 체험학습'을 하고 있다. 노인들을 위한 '현장 견학 학습'의 기회를 마련하였다. 2017년에 이어 두 번째 노인 체험학습이다.

독일에서의 '장애'의 정의는 우리보다 더 포괄적이다. 그 개념을 정하는 것을 보면, 상당히 넓은 의미에서 접근한다. 즉, 지체장애와 지적장애가 있는 사람뿐만 아니라, 사회적 약자들 그중 노인과 어린이까지도 포함한다는 것이다. 그래서 모두가 편리함을 누리며 생활할 수 있는 미래형 환경을 만들어가기 위해 만든 모델이 되는 하우스가 'barrierefreie Wohnung(바리에레프라이어 보눙)'이다.

사회적 불편을 느끼는 계층과 연령층 모두를 위해 그들이 편리한 환경을 가질 수 있도록 집을 설계하는 것을 두고, '모든 사람을 위한 설계' 또는 '유니버설 디자인'이라고 한다. 'barrierefreies Wohnen'란 직역하면, '막힌 곳이 없는 아파트'인데, 이는 독일 비스바덴시에서 노인이나 장애인에게 제공하는, 불편함이 없는 미래형 아파트를 일컫는 것으로, 장애에 대한 시민들의 인식을 높이고자 마련한 일종의 모델하우스라 할 수 있다. 이 모델하우스는 내가 일하고 있는 교회의 건너편에 있다.

나는 독일 비스바덴에 있는 Erlöser Kirche(에어뢰저 키르헤)라 불리는 교회에서 2020년 12월 1일부터 Kantorin(칸토린)으로 일하고 있다. Kantorin이란 교회와 지역 사회의 음악 또는 음악과 관련된 일을 하는 직업이다. 처음 이 교회에 왔을 때는 내가 해야 할 역할 이외에 교회가 무슨 일들을 하는지 충분히 알 수가 없었다. 그런데 막상 일을 시작해보니, 이 교회는 사회 복지를 위해 헤센주에서도 매우 오래전부터 모범적으로 활동을 하고 있던 교회였음을 알게 되었다. 처음 일을 시작했을 때는 적응하느라 정신이 없기도 했었고, 사회복지와 내가 하는 일 사이의 공통되는 부분을 잘 찾지 못했다.

그러거나 말거나, 내 코가 석 자이니 내 일이나 제대로 잘하자 하는 마음이었다. 이제는 이 교회에서 20년을 함께 일을 하였다. 나 또한 자연스럽게 교회가 사회와 지역을 위해서 하고 있는 일들을 알게 되었고 자연스럽게 동참하며 많은 아이디어를 나누며 배우고 있다.

우리 동네 풍경은 대략 이러하다. 한 마을의 중심에 햇볕이 잘 드는 광장이 있는데, 광장에는 차가 다니지 않는다. 서로 도란도란 이야기를 나눌 수 있는 벤치도 있다. 어린이들은 자전거나 퀵보드를 타며 놀거나 광장 바닥에 분필로 그림을 그리며 놀고 있다. 그 광장 앞에 다섯 개의 건물이 디귿 자 모양으로 있다. 교회가 있고, 교회와 수평으로 나란히 위치한 시립 유치원이 있고, 유치원의 오른쪽에 학교가 있다.

학교의 뒤쪽에는 교회에서 운영하는 유치원이 있다. 시립 유치원과 교회 유치원의 거리는 약 300미터로 매우 가깝지만, 두 유치원의 기능 개념은 다르다. 동네의 아래쪽에 있는 발도르프 유치원과도 함께 잘 소통하며 늘 의견을 나눈다. 세 개의 유치원은 상호 보완하며 행사도 같이 한다. 방학 때 일하는 부모님들을 위해 방학도 다르게 하여 아이들을 돌아가며 서로 돌본다.

학교 오른쪽에는 같은 높이의 건물들이 있다. 이 건물은 학교와 유치원을 지은 건축회사의 건물이다. 이 건물의 3, 4층과 유치원의 3, 4층에는 일반 주민이 거주한다. 이 건물의 2층엔 건축회사에서 매달 100유로라는, 말도 안 되게 저렴한 가격으로 빌려주는 교회 사무실이 있다. 1층에 있는 공간 중에서 미용실과 채소 가게는 유상 임대이다. 무상 임대하는 1층의 세 공간 중 두 공간은, 건축회사에서 교회에 무상으로 지원해주는 '시민을 위한 공간'이다. 이 공간에서는 지역 주민들을 위한 다양한 프로그램이 진행된다. 그리고 1층에 건축회사가 비스바덴시에 무상으로 빌려주는 공간에 '모든 사람을 위한 설계'에 따라 지은 모델하우스가 있다.

현장 체험수업

비스바덴 한글학교는 매주 금요일에 독일 직업학교 kerschensteiner Schule(케르센슈타이너 슐레)를 임대하여 수업한다. 그러나 1주일에 한 번, 3교시의 수업만으로는 한국의 정체성과 정서를 배우기에는 시간이 매우 부족하기에 다양한 체험학습과 역사 캠프 등을 통하여 우리 민족을 알고 배우려는 노력을 강화한다.

이번 2019년의 노인 체험학습은 이미 두 번째이다. 첫 번째는 2017년에 중·고등반 학생들을 대상으로 했었다. 그 당시 노인 체험학습을 계획하게 된 배경은 이렇다.

사춘기에 접어들면서 양처럼 순하고, 반짝이는 눈망울에 천사 같은 미소를 가졌던 학생들의 태도가 변한다. 한마디로 질풍노도기이다. 부모님에 대한 태도도 다분히 '반항적'이다. 부모보다는 친구가 우선이다. 그래서 친구가 한글학교에 가야 하는 시간에 만나자고 하면, 한글학교는 빼먹고 친구를 따라 놀러 간다.

"다들 독일어만 하는데, 내가 언제 써먹는다고 한국어를 배우냐? 주말에 다른 친구들은 놀러 나가는데, 왜 나는 한글학교에 와야 하나? 한 주 수업 빼먹는다고 뭐 그리 문제가 되겠는가?" 이렇게 말하는 경우가 많다.

이런 마음을 가진 학생이라면 한글학교는 고사하고 일반 학교 공부도 힘들다면서 고등학교 졸업까지도 못하고 중도에 포기하게 된다.

한글학교 교사들에게 꿈이 있다면, 한글학교에 입학한 학생들이 유치반에서부터 사춘기를 거치도록 계속 꾸준히 다녀서 성공적으로 졸업하는 것이다. 그리고 이들이 한글학교 졸업 후 한글학교의 교사가 된다면 얼마나 좋을까 하고 생각한다. 또 더 나아가서는 이들이 사회를 이끌어갈 영향력 있는 인물로 자라는 것을 꿈꾼다. 그래서 각자가 속한 사회와 국가와 지역에서 학생들이 자존감과 사명을 가지고, 정체성을 잃지 않고 각자의 역할을 해나가기를 간절히 소망한다. 그런데 중도에 그만두는 학생들을 보면 참 마음이 안타깝다.

이런 마음으로 학부모님들과 상담을 하던 중에, 그럴수록 우리나라의 아름다운 전통인 '충·효·예'를 가르쳐야 하는 것이 아닌가 하는 생각이 떠올랐다. 이런 내 의견에 교사와 학부모님이 이구동성으로 말씀을 하신다.

"교장 선생님, 한글도 겨우겨우 배우는 애들한테 한자를 가르치려 하세요?"

한자를 가르치려는 것이 아닌데……. 외국에서 태어나 살면서 우리나라의 전통을 배우는 것이 어렵기만 한 일인가. 그렇지 않다. 이곳 현지의 우리 생활 주변에서 자녀들의 문제를 발견하여, 그 문제들을 피부로 느끼면서 배울 수만 있다면 이 학생들의 태도가 달라질 것이다. 나는 이런 생각으로 '노인 체험학습'을 중·고등반 학생을 대상으로 시도해보았다. 반응은 예상했던 것보다 훨씬 더 좋았다. 학생들의 태도가 완전히 달라졌기 때문이다.

선생님과 학부모님께서 이 일을 함께 경험하면서, 초등 고학년 반부터는 '노인 체험수업'을 할 수 있었으면 좋겠다는 건의가 쏟아져 다시 한번 기회를 마련하였다. 한글학교에서 할 수 있는 여러 가지 체험학습이 있겠으나, 나는 학교와 현지 지역 커뮤니티가 서로 도움을 주고 받으면서 우리의 정체성을 함양하는 교육을 빼놓지 않고 있다.

지난 2019년 10월 25일 비스바덴 한글학교 체험학습에서 어린 유치부 개나리반 학생들은 Huber Gemüse(후버 게뮈제) 농장에 가서 농장 체험학습을 하였다. 그리고 장미반, 무궁화반, 소나무반, 대나무반 학생은 학부모, 교사들과 함께 모두 '노인 체험학습'을 하였다. 농장 체험학습에서는 함께 농장으로 걸어가서 농장에서 재배하는 채소와 과일들을 돌아보며 그 종류와 이름을 알아보고, 원하는 채소와 과일을 구입하는 활동을 하였다. 마치 피크닉을 가서 신나는 놀이를 하는 기분으로 농장 체험학습을 운영한 것이다.

노인 체험과 장애 보조 시설

노인 체험학습은 이렇게 하였다. 우선 노인들의 생활 조건과 실태를 간단히 소개받는다. 이때 노인을 전문적으로 돌보시는 관계자분들이 먼저 노인들의 거주 장소에 관한 설명을 하였다. 그러면 학생들은 장애인 또는 노인들을 위해서 집을 만들거나 보수공사를 할 때 몸이 불편한 사람들을 위해서 어떤 장애 보조 시설이나 기계가 필요한지 상담을 한다. 그리고는 집 안에서 노인이나 몸이 불편한 사람들이 편리하게 사용할 수 있는 장애 보조 시설을 설치하는 활동 등을 하였다.

다음 순서로 체험 현장 관계자는 학생들에게 장애 보조 시설과 기계 등을 하나하나 설명하며 학생들이 모두 체험할 수 있게 진행하였다. 첫 번째로 'einfache Montage(아인파레 몽타주)', 즉 간단한 보조 기계 설명을 듣고 직접 체험을 해보는 활동이다. 층계를 오르고 내리기가 불편한 사람들을 위해 벽에 보조 장치를 설치해두었는데, 학생들이 노인이나 몸이 불편한 사람의 입장이 되어서 그걸 붙잡고 층계를 올라갈 수 있는 체험을 하였다.

다음으로는 걸어서 계단에 오르기 힘든 이들을 위한 'Sitzlift(지트리프터)'를 체험하는 단계이다. 지트리프터란 앉아서 이동하는 에스컬레이터이다. 일종의 계단식 에스컬레이터로서, 이를 타고 쉽게 계단을 오를 수 있는 장비이다. 이것 또한 학생들이 체험할 수 있게 진행하였다. 학생들이 관심 있게 보는 장비로는 'Deckenlift(덱켄리프터)'라는 것이 있다. 침대에 누워 있으면서 거동하기가 아주 힘든 사람들을 위한 장애 보조 기계이다. 이 기계를 이용하여 침대에서 욕조, 어떤 곳에서 다른 곳으로 이동할 수 있는 기계다.

그다음으로 학생들이 관심 있었던 체험은 '안경 체험'이었다. 눈이 잘 안보이게 만드는 특수 안경을 쓰고 나면, 학생들은 마치 자신의 눈이 침침하거나 흐릿해졌다고 느끼게 된다. 학생들은 이 안경들을 써보면서 노인들이 되었을 때 그들이 얼마나 불편한 몸으로, 불편한 눈으로 생활해야 하는지 몸소 느끼며 노인을 더 이해하게 되었다.

독거노인이 되어서 주방기계를 작동하는 체험, 원격 제어장치로 전등을 켜고 끄는 체험, 또는 헤드셋을 착용하여 귀가 잘 안 들리는 상태를 느껴보는 체험, 휠체어를 타고 생활해보는 체험, 몸에 무거운 장치를 달아 허리가 굽고 다리와 팔에 힘이 없는 노인의 몸 상태를 겪어보는 체험 등을 하였다. 학생들은 장애를 보조하는 기계 등을 체험하면서 놀라움과 흥미진진한 태도를 보였다. 그런 보조 기계들은 통하여 학생들은 장애인이나 노인들의 불편과 고통을 한결 더 심층적으로 이해하였다. 몸이 불편한 노인들을 위한 최

첨단 장비의 필요성을 실감하며 발명의 의욕을 키우는 학생도 있었으리라.

손편지

학생들은 이 체험을 통해서 노인이 되면 몸이 얼마나 불편한 생활을 해야 하는지를 다시 한번 느끼게 되었다. 이러한 첨단장비가 보편화된 것은 아니다. 우리 학생들이 어른이 되어 보다 더 연구하고 발전시켜서 더 좋은 첨단 장비들이 나오기를 기대한다. 그래서 전 세계의 장애인과 노인들이 편리한 시설에서 모두 생활할 수 있는 데에 우리 학생들이 기여하기를 바란다. 또한 그런 연구를 하겠다고 다짐하는 학생들이 많이 나오기를 바란다.

그럼 한국에 계신 우리 할머니 할아버지는 어떠실까? 여기까지 생각이 미치자 나는 이 체험 활동을 어떻게 인성교육으로 이끌어갔으면 좋을지를 고민했다. 나는 이 체험학습의 다음 단계를 손편지 쓰기 활동으로 이어가기로 했다. 체험학습이 끝나고 우리 한글학교 학생들끼리 모두 모여 한국에 계신, 또는 독일에 계신, 미국에 계신 할머니, 할아버지들께 손편지를 쓴다. 학생들의 손편지에는 노인 체험학습의 내용이 자연스럽게 들어간다.

할아버지 할머니의 불편을 구체적으로 이해했으므로 아이들은 손편지에 '건강하게 사시기를 빌어요', '도와주는 분들이 주위에 많기를!' 하는 구절들이 들어간다. 불편한 집안 구조를 이렇게 개선하면 좋겠다며 설계도도 그린다. 한국어가 서툰 어떤 학생이 이런 표현을 한 것도 눈에 띈다.

"할머니 죽지 마. 그러면 나 울어."

"내가 커서 나중에 이런 집 꼭 만들어줄게, 할아버지 오래 살아야 해요."

여러 가지 최첨단 기기들을 체험해보며 웃고 떠들던 분위기는 어느 순간에 진지하고 숙연한 분위가 되었다. 손편지까지 작성한 학생들은 오늘의 체험을 정말 의미 있게 마무리한다. 각자 작성한 손편지들이 어른들께 잘 도착하기를 비는 마음으로 마무리를 하였다.

며칠이 지나고 나서 학부모들의 다양한 반응이 전해져 왔다. 서희 엄마가 전해주신 이야기이다. 어느 날 아침 안개가 많이 낀 날씨였는데 딸 서희가 창문 앞에 가만히 서 있었다고 한다. 그런 서희에게 등교 준비를 재촉했더니, 서희는 "할머니 눈은 매일 이렇게 보이겠구나, 안개 낀 날씨처럼."이라는 말을 했다고 한다.

하루는 한글학교 수업 도중에 관리인이 찾아왔다.

"모르는 글씨로 학교 앞으로 편지가 왔는데, 아무래도 한글학교 것인 것 같아요."

우리가 노인 체험학습 후 써서 보낸 편지를 보고 그 학생의 할머니가 학교 주소로 편지를 보내신 것이다. 우리 한글학교는 일주일에 한 번만 가는 주말 학교이다. 더욱이 주소만 독일 주소이지 받는 사람 이름을 한글로 써서 받을 수가 없는 상황이었는데, 친절한 관리인 아저씨의 도움으로 지안이는 할머니의 편지를 받게 되었다. 할머니 편지는 이렇게 적혀 있었다.

"지안아, 고마워. 지안이가 벌써 이렇게 커서 한글로 할머니에게 편지도 쓰고, 할머니 걱정도 하는구나. 지안이가 걱정하지 않도록 할머니도 건강 유의할게. 고맙다. 사랑한다."

이 밖에도 학생들이 보낸 편지를 받고 많이 우셨다는 이야기, 노인정에 가서 자랑하셨다는 이야기, 냉장고에 붙여놓고 매일 보신다는 이야기, 한글로 쓴 편지를 받아 이해하지 못했지만 크게 감동했다는 독일 할머니 등의 이야기가 들려왔다. 아이들의 할머니 중에는 독일인 할머니도 있다. 이메일과 SNS 문자, 영상 편지도 물론 감동적이지만, 독일에서 태어나 자란 학생들이 손글씨로 할머니, 할아버지께 직접 마음을 전하는 편지를 쓰는 데서 받는 감동을 대신할 수는 없을 것 같다. 이렇듯 스스로 체험한 우리 문화는 이렇듯 소중하고 아름답게 학생들과 한글학교 교사들의 가슴속에 남는다.

또한, 우리 비스바덴 한글학교의 두 번에 걸친 노인 체험학습으로 비스바덴시의 노인 복지 담당자로부터 이런 제안을 받았다.

언제든지, 이 공간을 이용하려면 (가령 교사회의를 한다든지, 특별활동반을 한다든지) 언제든지 사용할 수 있도록 열쇠를 드리겠습니다. 가볍게 차나 커피를 마시거나 다과를 나누어도 좋을 것 같습니다. 이 공간은 비스바덴 시민들에게 노인과 장애인을 향한 관심을 두게 하려고 만들었는데, 어린이들까지도 체험할 수 있는 줄 몰랐습니다. 이 공간을 잘 활용해주셔서 감사합니다.

나, 너, 우리, 우리나라!
세계가 함께 공존하고 세계와 함께 공존하는 한글학교이다.

고민을 사랑하는 학교입니다

장 혜 란

(현) 멕시코 한글학교 중등부 교사
(전) 중미카리브한글학교협의회 회장

"어머니, 여기에 주차하시면 안 됩니다"

멕시코시티는 멕시코의 수도이며 중남미 대륙의 거점도시이다. 2016년에 인천공항과 멕시코시티 사이에 멕시코항공이 운항하는 직항편이 생겼다. 한국에서 출발한 비행기를 탔을 때, 미국을 거치지 않고 멕시코시티로 갈 수 있고, 또 여기를 거쳐서 중남미의 다른 나라를 갈 수가 있어 많이 편리해졌다. 멕시코시티의 상징인 천사탑(토레 앙헬)은 서울의 광화문에 해당하는 레포르마(개혁) 거리에 있으며, 축구 경기에서 이기면 시민들이 모여서 자축 행사를 하는 곳이다.

레포르마 거리와 가까운 곳에 멕시코시티 유일의 한글학교(재멕시코 한글학교)가 있다. 1991년에 대사관의 지하 강당에서 시작한 학교이다. 그동안 여러 현지 학교 건물을 빌려 수업을 하다가 드디어 2010년 독자 건물을 갖게 되었다. 한 독지가의 성금이 불씨가 되어서 멕시코 전 재외국민, 멕시코 주재 지상사, 대사관, 재외동포재단이 후원으로 한글학교 및 한인회관 건물을 가질 수 있게 되었다. 이제 더는 쫓겨나서 여기저기 이사 다니지 않아도 된다. 학생들의 작품을 벽에 걸어놓을 수 있고, 책을 빌려 볼 수 있는 도서관이 있는 우리 학교 건물이 생긴 것이다.

건물이 생겨서 학교가 안정되니 한글학교 교사의 질을 높이려고 더욱 힘쓰고, 학생들도 더불어 많이 늘었다. 한글학교에 보내면 한글을 모르던 유치원생도 글을 깨우치더라, 한글학교에서 한글뿐만 아니라 집에서 배울 수 없는 한국 문화, 한국 명절과 풍속 등 다양한 수업으로 아이들을 가르치더라, 이런 소문이 나기 시작하자 180명 남짓이었던 학생들이 280명 이상이 되어 별관 건물을 지어도 교실이 모자라는 상황이 되었다.

멕시코 한글학교 등하교 시간에는 기본적으로 운영하는 통학버스 외에 개인적으로 픽업하는 학부모님들의 차가 있어 하교 지도에 어려움이 많다. 그중에 가장 큰 문제는 이중주차이다. 학교 앞 도로는 양쪽에 동전을 넣어 주차하는 거리의 주차 자리(물론 주말은 제외)를 제외하면 차 두 대가 겨우 지나갈 정도의 폭밖에 되지 않는다. 학교 공지사항에도 여러 번 올렸으나 혼잡이 그치지 않는다. 이중주차를 하고 학교 안으로 들어가서 학생을 데려오는 분, 학교에 가서 학비를 내고 나오시는 분 등등, 이런 분들의 차량 때문에 다른 차들이 빠져나가지 못하고 멈춰서 기다리는 경우가 많다. 그 뒤에 차들이 계속해서 이중주차를 하게 되면 큰 버스는 지나가지 못하고 멈추게 된다. 그렇게 되면 그 뒤엔 꽉 막혀서 꼼짝을 못 하게 된다.

교장인 내가 주차 담당 교사를 도우러 나가서 같이 이야기를 하면 차에 타고 계시는 분은 바로 차를 빼주신다. 그렇지만 문제는 이중주차를 한 후 차를 그냥 두고 학교 건물 안으로 들어가버린 경우이다. 학교 건물 안에서 차 주인을 찾는 데 시간이 한참 걸린다. 이럴 때 나는 이중주차한 차의 번호판을 찍어둔다. 여러 번 공지했는데도 잘 지켜지지 않는 부분이니 누구인지 궁금했다. 한번은 번호판을 사진 찍는 것을 보고 화를 내면서 왜 찍냐고 물어보는 분이 있었다.

"어머니, 여기서 이중주차를 하시면 안 됩니다. 어머니 차 뒤에 보이시죠? 그 뒤로 차들이 계속해서 이중주차를 하는 바람에 도로가 꽉 막혀서 큰 버스는 빠져나가지도 못합니다."

이중주차를 하면 안 된다고 공지를 여러 번 했지만 지키지 않는 분들이 있다고, 누군지 직접 알려줘야 하기에 찍었다고 설명했다. 그런 분들에게 차분히 설명하려면 내가 먼저 화를 내면 안 된다. 화를 잘 내는 편은 아니지만, 교장을 하면서 참다가 참다가 욱하는 성격이 가끔 나올 때가 있다. 물론 속으로는 부글부글 화가 나도 드러내지 않으려고 많이 노력한다.

이런 사람 중에 어떤 분은 나중에 한글학교의 사정을 알게 되고, 한글학교 교사가 되면서 더 열심히 활동하시는 분도 있다. 사이버대 한국학과로 편입까지 하여 학구열을 불태우는 어머니도 있었다. 지금은 남편의 직장 때문에 다른 나라로 갔지만, 나는 거기에 가서도 한글학교 교사를 꾸준히 했으면 좋겠다고 권유를 했고, 그분은 그곳에서 열심히 교사로 활동을 하고 있다.

학부모 중에 좋은 선생님을 모시자

2월 종업식이 끝나고 3월 신학기가 시작하기 전까지 교장과 교감은 신학기에 교사가 부족할 경우 교사 모셔오기 대작전을 시작한다. 미리 구인광고를 내고, 교사들에게 추천을 받기도 하지만, 그래도 여전히 교사 수급 문제는 힘들다. 어떻게 하면 좋은 교사들을 찾을 수 있을까?

우선 학부모님 중에서 찾기로 했다. 학부모님 중에 봉사하고자 하는 마음을 가진 분은 있지만, 막상 모셔 오기는 쉽지 않다. 옆에서 계속 권유하지 않으면 엄두를 내지 못하는 분들이 많다. 또 교사 역량이 있는 분 중에도 도요일에 아이들을 한글학교로 보내고 개인적인 시간을 갖고자 하는 분들도 있다.

교사들에게 조금이나마 혜택을 주고자 교사 자녀 학비 50퍼센트 감면을 내걸었다. 물론 한 달 학비는 500페소(약 25달러) 정도이다. 사설학원에 비해 저렴한 학비이지만, 사정을 잘 모르는 학부모 중에는 국가가 다 부담하는데 학비를 왜 받냐고 따지시는 분들도 간혹 있다. 여긴 한국 교육부가 운영하는 기관이 아니라서, 국가의 지원을 받긴 하지만 전체 운영 예산의 20퍼센트 정도이기에 나머지는 자체적으로 조달해야 하는 실정인데, 그걸 모르시는 것이다.

기본적으로 설날, 추석, 한글날, 역사 캠프 등 학교 행사가 있을 때면 유치부, 초등반, 중등반의 경우는 보조교사뿐만 아니라 학부모들의 자발적인 참여를 요청한다. 그렇게 참여해주시는 분 중에 미술, 음악, 등 다양한 부분에서 재능이 있으신 분들이 있다.

그 외에 일 년 중 5월에 한 주는 일일교사를 운영한다. 기본적인 국어 수업은 물론이고, 악기, 만들기, 그림, 다도 등 여러 분야를, 학생들은 학부모 교사에게 배울 수 있고, 학교에서는 이런 교사 인프라를 구축할 수 있다. 새 학기에 교사 공백이 생길 경우, 미리 받아둔 교사 이력서도 이용하지만, 이분들에게 연락하기도 한다. 이미 일일교사로 검증된 학부모이자 교사이기에 서로 신뢰하면서 아이들의 교육을 맡길 수 있기 때문이다.

지금 가장 생각이 많이 나는 분은 2014년도에 첫 번째로 가야금 수업을 해주신 학부모님이다. 당시 가야금을 처음 보는 학생들이 대부분이었고, 나도 실물은 처음 보았다. 그때만 해도 한국에서 국악공연단이 멕시코시티에 와서 재외국민들을 대상으로 하는 국악 공연 행사가 없었기에 우리 아이들이 국악기를 볼 기회는 거의 없었다. 일일교사로 수업을 시작한 후 반응이 좋아서 다른 반에도 특별수업 형식으로 가야금 수업을 했다. 한국으로 귀임하기 전까지 한 달이 넘는 시간 동안 특별수업을 해주셨다. 일일교사를 하신 분에게도 좋은 추억이 되고, 그 자녀는 엄마가 와서 선생님을 해주시니 "우리 엄마야!" 하며 자랑스러워한다. 물론 간혹 부끄러워하는 학생도 있지만, 대부분은 좋아한다.

두 번째 분은 세 아이를 한글학교에 보내는 분이었는데, 미술을 전공하셨다. 한글 자모를 이용하여 미술 활동을 개발해주시고, 만들기 수업을 해주셨다. 우리 학교의 교사와 함께 그리고 몇 분의 학부모님들과 힘을 모아, 한글 자모를 이용해서 학교 본관 게시판을 멋지게 꾸며주신 분이다. 결국 우리 한글학교의 꾸준한 요청을 받아들여 유치부 선생님을 맡아주셨다. 무궁화와 한글 자모들을 가지고, 학생과 교사의 공동작업으로 멋진 작품을 만들어내었다. 그 작품은 현재 우리 학교에 걸려 있다. 그뿐 아니라, 민화를 쉽게 응용해서 수업의 도구로 사용하는 등, 학생들에게 재미있고 뜻깊은 수업을 많이 해주셨다. 지금은 잠시 동안 휴직을 하셨지만, 빨리 건강한 모습으로 한글학교로 복귀하시기를 기대한다.

세 번째는 다문화가정의 어머니이면서 일일교사를 하다가 나중에 정식 교사로 들어오신 분이다. 멕시코도 다문화가정 자녀들이 많이 늘어나고, 특히 한국인 아버지와 외국인 어머니를 가진 학생들의 한글 실력이 좀 많이 떨어지는 편이다. 기존 반에서는 따라가기 힘들기에 다문화 반을 만들었는데, 이 반을 처음 만들었을 때부터 수고해주신 분이다. 수업 집중도가 떨어지는 유치부부터, 초등반 학생까지 어떻게 하면 재미있게 수업을 할 수 있을까 많이 고민하는 분이다. 늘 새로운 아이디어로 수업을 구상하며, 놀이하듯 한글 자모와 단어를 익히게 하는 능력자이다. 지금은 잠시 한국에 머무르고 있지만, 다시 멕시코로 돌아와서 한글학교의 발전에 더 많은 도움이 되길 기대한다.

네 번째로 학부모는 아니지만, 한글학교에 초등교사로 봉사하는 스님 선생님이 있다. 이분을 통해서 우리 아이들이 다도를 알게 되었다. 알록달록

한 송편을 빚고, 학교로 들고 온 찜기로 직접 쪄서 학생들과 함께 송편과 차를 나눠마시면서 다도에 대한 학습이 이루어지도록 하시는 분이다. 참으로 따뜻하고 인자하신 분이었다.

다섯 번째 분은 역사문화 캠프 개최를 위해 학부모 중에 다도를 전공하신 분을 수소문하여 모셨는데 전체 학생들에게 다도 체험수업을 해주신 분이다. 캠프 개최를 앞두고 다도 전공자를 미국에서 모셔와야 하나, 한국에서 모셔와야 하나, 여름방학 때 교사들이 한국 가서 배우고 와서 해야 하나, 많이 고민하고 있었다. 이런 시기에 때마침 훌륭한 전공자를 찾게 되었다. 한국에서 다기 세트도 여러 벌 구하였다. 학생들이 직접 물을 부어 차를 우려내고 또 마셔보는 체험도 하게 되었다.

이렇듯 학부모를 교사로 영입하게 되면, 자녀인 학생이 학교에 다니는 동안은 같이 나오게 되어, 최소한 4년 이상은 꾸준히 교사로 봉사할 수 있어서 좋다. 좋은 점은 많다. 우선 교사 수급의 안정성이 높아진다. 또 그런 분들은 처음부터 한국어나 국어 전공은 아니지만, 조금씩 노력하여 한국어를 가르치는 소양을 기를 수 있다. 한국어 전문 교사를 구할 수 없는 이곳 한글학교의 형편에서는 학부모 교사를 이렇게라도 기르고 확보해야 한다. 학부모 교사의 입장에서도 한글학교 교사로 들어와서 한국어 수업을 받고 한국어 역량을 기를 수 있는 좋은 기회가 생긴다. 또한 이렇게 부모가 공부하는 모습을 바라보는 자녀들은 부모가 잔소리하지 않아도 스스로 책을 읽거나 공부를 한다. 그런 습관이 자연스럽게 길러진다.

코로나 시기 비대면 수업 상황에서 연구부 수업은 어찌할까?

2020년 2월 말에 예정이었던 멕시코 한글학교 졸업식은 코로나로 인해 취소되었다. 여러 번 교사회의를 하고 내린 결정이었지만 아쉬웠다. 한글학교이니까 그 아쉬움은 유난히 컸다. 졸업식을 못 한 아이들과 학부모님들 중에서는 서운해하는 분들도 많았다. 그래서 다음 해인 2021년 2월 졸업식은 드라이브스루 형식으로 졸업생과 학부모가 시간 차이를 두고 참석하게 하여 상장과 졸업장도 받고 기념사진을 찍는 시간을 가졌다. 나머지 재학생들의 종업식은 학년별로 온라인으로 진행을 하였다. 코로나 시기라서 걱정을 하는 의견도 있었지만 그래도 나중에 아이들에게 추억으로 남을 졸업 사진을 찍도록 한 것은 잘한 일이라 생각이 든다. 2020년 졸업생들은 학교를 추억할 수 있는 사진조차 없어서, 지나고 생각하니 미안한 생각이 든다.

코로나 상황으로 멕시코 한글학교는 2020년 3, 4월에는 휴교를 했고 2020년 5월부터 온라인 수업을 시작한 지 벌써 1년이 되었다. 물론 휴교 중이었던 3월과 4월에 수많은 회의를 통해 온라인 수업을 어떻게 할 것인가에 대해 의논하였다. 일부 반대의견도 있었지만, 방학 전인 5월과 6월에 시범적으로 운영을 해보고 결정하기로 했다.

수업 시간에 집중을 못 하는 학생들과 맞벌이를 하는 가정에 컴퓨터를 연결해주어야 하는 유치부의 경우, 인터넷이 불안정해서 계속 끊기는 학생들이 있었지만, 생각보다 순조롭게 잘 진행이 되었다. 아마도 주중에 기존 학교 수업을 온라인으로 하는 학생들이 많아서 그런 것 같다.

2021년 2월 졸업식을 마무리하고 3월 신학기를 위해 3월 연구부의 계획을 세워야 하는데, 그동안 학교의 연례행사로 진행해온 공개수업을 비대면으로 해야 하는 상황이라 어찌할까 고민이 많이 되었다. 작년에 온라인 수업을 하며 유치부, 초등반, 중등반, 다문화반, 성인반에 맞게 유치부는 3교시 총 2시간, 성인반은 4교시 총 3시간으로 시간 및 수업 방법도 조정하여 수업했었다. 이제 3월 신학기부터는 수업 시간을 정상화하여 4교시 3시간 수업으로 해야 하는데, 다른 수업을 어떻게 하고 있는지 궁금했다. 말은 안 하지만 여러 고충이 있을 텐데 말이다. 그래서 올해 연구부 공개수업은 '온라인 수업 방법 공유'로 정했다. 매월 마지막 주에 교사 월례회의가 있다. 주중과 토요일까지 일하는 교사들도 있고 토요일은 한글학교 온라인 수업 시간이 오전부터 오후까지 나누어져 있어서 다 같이 모이기에는 일요일 저녁 시간이 적합하였다.

3월은 중등 2학년을 맡은 내가 시범적으로 수업을 공유하였다. 총 3시간의 수업을 교시별로 시간을 어떻게 활용하고, 수업 내용과 참고자료 등을 어떻게 활용을 하는지를 잘 계획해서 수업으로 실행해야 한다. 나는 중등 2학년 전체 수업 과정은 어떠한지를 설명하고, 학생들의 반응과 고민을 나누는 시간으로 정했다.

드디어 4월 연구부 수업은 초등 저(1 · 2 · 3)학년, 5월은 초등 고(4 · 5 · 6)학년 공유수업으로 일정을 잡았다. 초등 1학년 공유수업을 시작으로, 아래 학년에서 어떤 내용을 어떻게 배우고 있는지를 다른 학년 교사들이 알게 되고, 그것을 바탕으로 자기가 맡은 학년의 수업계획안을 짤 때 참조할 수 있게 되었다. 다양한 수업 사례가 발표되고 공유되었다.

수업 중에 사용하고 있는, 교과서 속 이야기를 읽어주는 유튜브를 활용한 수업이 소개되었다. 패들렛을 통해서 아이들 글쓰기를 직접 보며 진행하는 수업도 있었다. 교과서에 나오는 어휘를 한자 풀이를 바탕으로 편집하여 이해하게 하는 수업의 사례도 있었다. 중간시험을 온라인으로 내기 위해 시험지 만드는 방법 등을 공유하고, 질문을 주고받으며 수업을 마무리하였다.

수업에 집중을 못 하는 학생들, 이해력이 느린 학생들을 위해 보조교사를 잘 활용하여 보충수업의 효과를 높이는 방법에 대해서도 고민하였다. 온라인 수업 중에 학부모가 옆에서 학생을 지켜보는 상황의 문제점도 발견되었다. 학생이 수업에 집중하기보다 엄마를 계속 보는 것에 대해 어떤 처방이 좋을지 논의가 있었다. 여러 교사가 제시한 해결 방안을 공유하며 교사들이 스스로 방법을 찾아보고 응용해보도록 하였다.

　이제 여름방학이 끝나고 9월 학기가 시작하면 성인반, 유치부, 다문화반, 중등반 연구부 수업이 남아 있다. 학년마다 반마다 개성이 달라서 교사가 그에 맞춰서 하려고 고민도 하고, 서로 의견 공유도 하면서 좋은 방향으로 나아가는 우리 학교가 참 좋다.

It's NOT Columbus Day,
It's Indigenous People's Day

김 수 진

(현) 뉴욕교회 한국학교 교장
(전) 재미 한국학교 동북부협의회 부회장

10월 12일은 우리가 흔히 알고 있는 '콜럼버스 데이'입니다. 원래 이날은 미국의 연방 공휴일입니다. 그러나 이제 학교나 관공서에서는, 특히 교육계에서는 콜럼버스 데이라고 하지 않습니다. Indigenous People's Day라고 합니다. 나도 처음에는 '이게 무슨 날이지? 새로운 기념일이 따로 있는 것인가?'하고 생각했습니다. 이렇게 이름을 바꾼 데에는 콜럼버스의 아메리카 대륙 발견의 의의를 백인 정복자의 관점에서 벗어나, 원래 이 대륙에 살고 있었던 인디언 원주민에 그 중심을 두려는 시각이 반영되어 있다 할 수 있습니다. 이렇게 단어 하나를 바꿈으로써, 역사를 새롭게 보려는 중요한 메시지를 전달합니다. 물론 중요한 시각의 차이와 관점의 차이도 함께 전달합니다.

콜럼버스의 미대륙 발견 훨씬 이전부터 이 땅에는 원주민들이 살고 있었습니다. 그런데 콜럼버스를 시작으로 많은 유럽인이 이 땅으로 건너온 것입니다. 이들은 원래부터 살고 있던, 말 그대로의 '원주민'을 학살하고 끔찍한 만행을 저질렀으며, 원주민들을 점점 몰아내고 새로 들어온 사람들이 주인 노릇을 하며, 그들의 역사를 쓰기 시작했습니다. 그렇게 아주 오랫동안 이

제1부 한글의 최전선, 세계시민의 길

날을 '콜럼버스 데이'라고 기록하고, 그를 위인으로 받들고, 이 땅을 정복한 백인들의 관점에서만 그 이후의 역사를 조명하였습니다.

그러나 '사실'은 그리고 '진실'은 그렇지 않다는 것을 알리기 위해 목소리를 높인 결과, 드디어 콜럼버스 데이라는 말이 '원주민의 날'이라는 말로 바뀌면서, 의식의 변화, 관점의 변화, 교육 내용의 변화, 역사 기록의 변화를 이루어냈습니다. 옳은 방향으로 가고 있는 것이라고 믿습니다.

일찍부터 미국 땅에 존재했던 원주민처럼, 세계 곳곳에 원래부터 오랜 시간 존재했던 '한글학교'의 존재 또한 분명한 사실이고 준엄한 진실입니다. 역사의 고난과 더불어 지구촌 곳곳으로 자신의 삶을 개척하며, 굳세게 살아가고 있는 우리 한인들이 어떤 역경에서도 포기하지 않고 일구어낸 정체성 교육과 한국어 한국 문화 배움의 터전이 한글학교입니다. 그러나 그 사실을 아는 사람은 의외로 드뭅니다. 마치 아메리카 인디언 원주민의 역사가 묻혀 사라지듯이 말입니다.

미국인이 추수감사절을 아름답게 지키고 있는 배경에는 감사와 화해의 정신이 있습니다. 백인들의 이주 초기에 이 땅에 원주민으로 살고 있던 사람들과 함께 서로 도와 처음으로 이루어낸 '결실 있는 추수'에 대한 눈물 어린 감사와 화해가 있었습니다. 이걸 잊어서는 안 됩니다.

어느 날 20년 넘게 동네 어귀를 지키던 작은 빵집이 문을 닫았습니다. 동네 사람들과 희로애락을 같이하며 친구가 되어주고 사랑방이 되어주던 빵집이었습니다. 출근하는 사람들이 들러서 사는 것은 단순히 커피와 베이글만이 아니었습니다. 늦은 아침 유모차를 끌고 나와 가게에 들러 사는 것은 아침 겸 점심으로 먹을 샌드위치와 커피 한 잔만이 아니었습니다. 분주히 주방과 계산대를 오가며 가게로 들어오는 사람들이 이름 하나하니를 부르며 안부를 물어봐주는 주인의 목소리를 듣기 위해 가는 것이었습니다. 그 목소리가 하루를 견딜 힘을 주곤 했습니다.

그런데 기업형 대형 판매장이 골목 곳곳에 들어오며 오랫동안 동네를 지켰던 작은 골목 가게들이 견디지 못하고 문을 닫고 있습니다. 자본력이 우세한 대기업이 골목 상권까지 장악하면서 영세 자영업자나 지역 기반으로 운영하고 있던 동네 가게들의 흔적을 없애고 있습니다.

외국에서 한국어를 가르치는 한국어 교육 현장도 이와 유사합니다. 한국어 교육 현장에 대한 역사는 어떻게 기록되고 또 어떻게 전해질지 궁금해집니다. 지구촌 한글학교는 우리 한인 재외동포 사회가 스스로 만든 학교입니다. 스스로 생겨난 한글학교! 스스로 생겨났다고 해서, 무슨 마술처럼 펑! 하고 벼락같이 뚝딱 생겨났다는 말이 아닙니다. 어떠한 지시가 있거나 감독에 의해서 만들어진 학교가 아니라, 내 자식들을 정체성 없는 유령처럼 키우고 싶지 않다는 의식을 가진 이들이 힘을 모아 만든 학교입니다.

비록 몸은 모국으로부터 멀리 떨어져 있으나 마음과 정신은 우리의 뿌리를 기억하게 하려고 한인 이민자들이 자기 지역에 만든 학교입니다. 한인 이민자들이 자신들이 살고 있는 동네마다 지구촌 이곳저곳에서 그 지역에 맞게 서툴지만 만들어낸, 또 그렇게 만들 수밖에 없는, 자생적 교육기관입니다.

그러다 보니 세련되지 못한 면도 있고, 그러다 보니 주먹구구식도 있고, 그러다 보니 전문성이 떨어지는 면도 있습니다. 세월이 많이 지났습니다. 살아보니 뿌리를 잊고서는 유령처럼 살 수밖에 없다는 것을 체득하였습니다. 그 어떤 난관에도 이 학교들을 지키고 효과적인 교수법을 익혀서 우리 동포 자녀들에게 정신적 재산을 물려주려 하고 있습니다.

그리해서 아이들이 우리가 떠나온 모국 대한민국과 아름답게 손잡고 살아가는 글로벌 코리안이 되도록 한글학교가 키워주고 싶습니다. 그리고 우리 한인 디아스포라들이 살아가는, 전 세계에도 훌륭한 세계시민으로서 따뜻한 영향력을 끼치는 사람으로 성장하도록 기르고 싶다는 목표 하나만을 바라보고 한글학교가 뛰고 있습니다.

비록 수업은 일주일에 하루이지만, 우리는 일주일 내내 고민하고 또 고민합니다. 그래서 우리는 교사이면서 아이들을 가장 잘 아는 '엄마'가 되었습니다. 엄마는 조명을 받으려 하지 않습니다. 엄마는 조명과 카메라를 자식 앞으로 돌리려 합니다. 너무도 어리고 약한 갓난아기 같은 학생들입니다. 이들을 안고 뛰어야 하는 엄마 같은 교사의 자리이기에 우리는 하이힐 대신 운동화를 신는 마음으로, 예쁜 원피스 대신 손때 묻은 앞치마를 두르는 마음으로 학생들 앞에 섭니다.

왜 이렇게 한국학교가 투박하냐고 말하는 사람도 있을 수 있습니다. 세련되고 대형화된 모습으로 통합되는 것은 어떠냐고 하는 사람도 있을 수 있습니다. 그런 이야기를 들으며 우리의 투박한 모습을 비추어봅니다. 울퉁불퉁합니다. 구석구석 세련되지 못한 모습도 많이 보입니다.

그러나 엄마의 손때 묻은 앞치마가 우리의 원래 모습이며, 우리는 그 앞치마를 다시 꺼내어 허리에 두릅니다. 그것은 '콜럼버스 데이'라는 명칭을 버리고 '원주민의 날'로 이름을 바꾸어 부르며, 고유성과 지역성, 그리고 개방성과 세계성을 함께 도모해야 하는 이 시대 흐름을 우리 한글학교 교사들이 함께 읽어가는 일이기도 합니다.

내일은 '원주민의 날'입니다.

제 2 부

지구촌 한글 교사의
초상화

떠나온 고국을 향해
칭얼대고 싶은
이 고단한 설움은

내 민족 이민족 다 모이는
한글 교실 모서리로 찾아들어서
그 교단에 오르는 순간
전사처럼 치열한 얼굴이 되었다.

나의 얼굴을 그려다오
나의 마음을 그려다오
한글이 벋어나가는 이국의 길목
이정표가 되어 지켜보는 나의 초상화

— 「선생님의 초상화」(박인기)

다이어리, 2017과 2018 사이에서

조 운 정

(현) 남아공 요하네스버그 한글학교 교사
(전) 아프리카한글학교협의회 사무국장

부재중 출국 외인

"누나! 빨리!"

다급한 목소리. 바로 알아챘다. 2017년의 마지막 날. 떡국 뜨던 국자를 내려놓고, 한국 갈 짐가방을 챙겼다. 한여름 남반구에서 옷장 깊숙이 있는 겨울 옷가지들을 꺼낸다.

"검정 옷 어디 있지? 여권 챙겼나?"

눈물은 꺼낼 틈이 없다. 경유지에서 '부고'를 보내본다. 처음 찾아보는 검색어 '상례', '조문' 이런 말들이 나를 둘러싼다. 비행기에서 고깔모자 쓴 승무원들이 새해를 축하하고 있다. 꼬박 하루 하늘길. 도착하는 인천공항은 늘 기쁨과 설렘이었는데! 입국장에서 여독으로 쌓인 갈증 해소하라고 얼음 녹지 않은 시원한 물병 내미시던 부모님은 어디 가고 안 계실까?

"지갑은 챙겨 왔어?" 한달음에 공항으로 마중 나온 친구는 알고 있다. 먼 데서 온 동창이 이제 고국 지리를 어렴풋이 겨우 기억한다는 것을. 무거운 마음만큼 커다란 가방을 돌돌 끌며 어디로 갈지 헤맬 것을 알고 있었다. 그뿐이랴 경황이 없었으니, 한국 지폐나 사용 가능한 신용카드도 없다는 것을 염려했단다. 정신없이 날아왔을 텐데 병원까지 잘 찾아갈 수 있을지 걱정스러웠다고 한다. 친구가 운전하는 차 안에서 말이 없어도, 무슨 말을 해주어도 고마웠다.

'엄마, 왜 거기 있어?' 남동생 결혼식 날 가족사진 속 엄마 얼굴이 영정 액자에 들어 있었다. 같은 건물 안, 한 분은 중환자실, 한 분은 영안실에 계셨다. 연말 사건사고 소식에 실린 교통사고였다. 병원에 실려오기 전, 아버지는 운전석에, 엄마는 조수석에 앉아 계셨다고 한다. 나중에 사고 현장에는 사망 발생 지역이라고 표지판이 걸렸다. 낯설기만 한 장례식장 풍경. 이민 생활 20여 년 중, 한국에서 경조사에 참석할 일은 많지 않았다. 거의 없었다는 게 더 맞겠다. 결혼식과 돌잔치 두어 번에 조모상 말고는 가본 적이 없으니. 본식 스테이크에 후식으로 아이스크림 나오는 남아공 산모식 싫다고, 뜨끈한 미역국으로 몸조리하겠다고 셋째 출산하러 한국에 갔을 때 할머니가 돌아가셨다. 만삭의 몸을 가누기 어려워 누워있다가 육개장만 먹고 돌아왔던 것 같다. 그러니 가족의 장례식, 나는 정말 낯설다.

"그리 웃는 기이 아이다." 언제 한번 뵈었던가 싶었던 얼굴을 대하고 나도 모르게 반가움을 표했나 보다. 경상도 억양을 구사하시는 친척 어르신께 혼이 났다. 검정 양말에 구멍 난 줄 본인도 모르다가 살그머니 다른 쪽 발을 겹쳐 가리는 조문객이 있었다. 발바닥 빵꾸는 내게만 보이니 다행이었다. 일단 이 분위기에 익숙해져야 한다. 인사와 절은 어떻게 해야 하나? 저마다 조금씩 다르게 예를 갖추는 모습을 보며, 상주의 아픈 무릎을 위해 맞절 대신 목례도 좋겠다고 생각해본다.

당황하거나 슬플 틈 없고, 시차나 피로를 느낄 틈은 더욱더 없었다. 비행기 편이 안 맞았더라면, 상을 치르는 동안 창공에서 애타게 발만 동동 구를 수도 있었다. 불참했다면 스스로 죄인이 될 뻔도 했다. 불행 중 다행으로 항공권 예매부터 착륙까지 순조로웠다. 지금 상복 입고 뭐라도 할 수 있는 것이 어딘가?

퉁퉁 부은 눈에 핼쑥한 동생이 안쓰러웠다. 부재중이었던 수많은 순간이 다 미안했다. 즐거우나 괴로우나 엄마 곁에 아버지 옆에, 한국 가족들 주변에 나는 없었다. 부모님을 비행기에 태워는 드렸지만, 너무 태워드려 탈이었다. 고문 같은 장시간을 함께 선물할 줄이야. 죄송했다. 아프리카 대륙 남쪽 끝 나라로 시집갈 때는 몰랐다. 자주 만날 수 있을 줄 알았다. 이렇게 먼길을 떠날 땐 알지 못했다.

어느새 조화가 입구에 가득 찼다. 대부분의 근조 화환은 동생의 과거와 현재의 모습을 담고 있었고, 동생의 사람들이 누구인지 잘 설명해주고 있었다. 나는 그저 '출국 외인'일 뿐이다. 20년 전에 두고 온 지난날의 나만 덩그러니 그곳에 있다는 생각이 든다. 그리운 친지와 보고 싶은 친구들을 오랜만에 만났다. 그때 그 모습이 남아 있지만, 시간의 흔적을 거친 얼굴은 오히려 새롭게 다가오기도 했다.

'내 앞으로 올 꽃이 있을 리 없는데.' 흰색에 검은 띠 리본에 쓰인 글씨 중에 익숙한 이름이 눈에 띈다. '요하네스버그 한글학교', '재외동포재단'. 반가워라! 꽃 화분은 뚝 끊긴 나의 과거와 현재를 이어주며, 그 둘을 한 번에 마주하게 해주었다. 내 이름을 불러주는 소리가 들리는 것 같았다. 아니! 누군가가 나를 부르고 있었다. 아프리카와 한글학교를 통해 알게 된, 지금의 나를 만들고 있는 이들을 만나니 어색하기만 했던 장례식장이 익숙한 곳으로 점점 변한다. 모국을 방문했다가 소식을 듣고 찾아온 한글학교 교사들,

한글학교 교무실이 순간이동이라도 한 것인가? 김 선생님을 꼭 닮은 한국 가족이 그분을 대신해서 왔을 때는 허리를 한껏 굽혀 인사했다. 한글학교 관련 업무로 친분을 맺은 한국의 지인들이 있었다. 종이 테이블보를 깐 낮은 상은 곧 간이 간담회 장소가 된다. 아프리카 한글학교협의회 선생님들이 다녀가니 방명록에 아프리카 대륙 지도가 그려진다. 이제는 마치 잔칫집을 연상케 하는 엄마의 장례식장은 한글학교와 아프리카로 가득했다. 2018년으로 해가 바뀐 줄은 한참 뒤에 실감했다.　　　　　　　　　　　　　(삼일장)

나들이

"제가요? 갑자기 어떻게 가나요?"

2017년 5월, 장미가 아름다운 한국에서 재외동포재단이 주최하는 한글학교협의회 실무자 워크숍이 열렸다. "조 선생님이 다녀올 수 있겠습니까?" 우연히 급작스레 대표로 급파되었다. 5월 13일, 요하네스버그 한글학교 스승의 날 행사를 치르고, 기타 연주반 특활 수업을 마치자마자 공항 가는 길, 현금 수송차량 강도 사건으로 도로가 차단되었다. 치안 취약 도시 아니랄까 봐! 우회하느라 비행기를 놓칠 뻔했다.

다음 날인 14일 밤, 한국 도착. 친정집에서 큰 여행가방을 풀었다. 선물용 루이보스 티가 튀어나온다. 일주일 뒤에 남아공으로 돌아갈 3단 이민 가방에는 김, 멸치, 고춧가루와 한국 방문 기념 선물이 그 자리를 대신할 것이다. 자정을 넘기며, 이민자의 특기인 짐 싸기 도사 실력을 발휘해 4박 5일간 워크숍 참석을 위한 가방을 다시 꾸렸다.

실무자 워크숍은 5월 15일이다. 세종대왕이 태어난 날을 기념해 여주 영릉을 방문하며 시작했다. 각 대륙의 협의회 대표들과 왕의 숲길을 함께 걸었다. 그러고 보니 참 많은 일이 한글 창제 덕분이구나! 5월 19일, 흐드러진 장미향 속에서 풍성한 일정을 마쳤다. 아프리카 대륙에 한글 학교들을 위한 구성체가 꼭 탄생하기를 바란다는 기대를 모으며, 그새 정든 선생님들과 작별했다. 이후에도 이 모임에서 만들어진 네트워킹은 서로 도움과 조언을 얻는 통로가 되었다.

"행사 후에 그냥 가지 마시고 고국에서 가족들도 만나고 좋은 시간 보내십시오."

주관 단체 관계자의 따뜻한 인사말이 왠지 고마웠다. '그래, 출국 전까지 남은 이틀 동안 잘 지내야지.'

"어머니, 이거 다 못 가져가요."

5월 20일, 워크숍을 끝낸 이튿날. 시부모님은 남아공에 돌아가면 6, 7, 8월 추운 계절이니 따뜻하게 겨울을 보내라며, 종로에서 작은 크기의 찜질 매트를 여럿 사주셨다. 결국 그중 하나는 보내는 짐 속에 부치는 걸 깜빡 잊고 휴대용 짐에 넣었다가, 한국을 떠나는 인천공항 보안 검색대에서 젤 형태의 위험한 물건으로 간주되어 버리고 가야 했다. 종로 약국 거리 맞은편 보석 상가 식당에서 유명하다는 냉면과 만두를 맛있게 나눠 먹고, 세 명이 들어가는 셀카를 찍고 두 분과도 헤어졌다.

남아공으로 출발하기 전날인 5월 21일, 엄마 손 잡고 고향인 서울을 관광객인 양 누비고 다녔다. 청계천 복원을 시작한 지가 언제인데 이제야 물가에 내려가 돌다리를 건너고 초록 이끼를 보며 물이 흐른다는 사실을 확인했다. 엄마 옆에는 중년의 소녀가 있었다. 평화시장 헌책방에서 조선왕조실록 관련 책 한 권을 골랐다. 국어 수업도 맡고, 확률 단원이 어려워 혼났던 초등 6학년 수학도 가르치다가, 어쩌다 한국사 과목 담당 3년 차가 되었다. 그러나 나는 '태정태세문단세…' 정도를 겨우 알던 사람이라 늘 학생들과 나란히 배우는 자리에 내가 있다.

의류 상가에 들렀다. "언니, 화장실, 어디?"라고 한국어를 곧잘 구사하는 일본 관광객들 사이에서 엄마의 코치대로 2천 원짜리 스카프도 마구 집었다. 기름때 반질반질한 광장시장에서 소문의 마약김밥을 맛보고, 오후에는 엄마와 종묘를 산책했다. 한국 역사문화 선생이랍시고 노트에 메모해가며 궁궐 길라잡이라고 본인을 소개하는 해설사를 바짝 따라다녔다.

2년 전, 서대문형무소를 탐방하러 갔을 때도 길라잡이 자원봉사자의 구성진 설명을 들은 기억이 있다. 그런데 엄마가 점점 멀어져간다. 한 시간 투어의 중간쯤이었을까? 엄마는 종묘 정전 앞 월대가 보이는 그늘 한 켠에 자리 잡고 앉으시더니, 신나게 돌아다니는 딸이 돌바닥 사진을 다 찍을 때까지 기다리신다. 예전에는 엄마 치맛자락 놓칠세라 때로는 달려야 했는데, 엄마의 걸음은 그때만큼 빠르지 않았다.

삼일절 기념행사에서 몇몇 선생님이 입었던 개량 한복이 간편해 보였다. 섶이 자꾸 벌어지는 치렁치렁한 결혼식 한복은 넣어둘 때도 됐다 싶어, 인사동에 구매처를 알아두었지만, 지친 엄마를 모시고 더는 움직일 수 없었다. 동대문운동장이 아닌, 이름 참 입에 안 붙는 '동대문역사문화공원역' 보관함에 아침에 산 책이며 캐릭터 양말이며 기념 선물을 놓고 온 터였다. 귀가하기로 하고 그곳에 들렀는데, 귀에 익은 북소리가 들린다. 마침 아프리카 페스티벌이 한창이다.

커피 좋아하는 엄마는 커피 시음 부스에서 아프리카 커피향을 맡으며 조금 힘을 내시는 것 같았다. 내일이면 돌아갈 곳인데 궁금하다고 찾아간 남아공 부스는 비어 있었다. 물품 보관함은 5천 원권을 들이마시고 거스름돈을 뱉어주지 않았다. 행실이 괘씸한 기계 때문에 속이 상했다. 발을 헛디디신 건지, 다리의 힘이 풀리신 건지, 엄마가 넘어지는 순간 옆에서 잡아드리지 못한 일은 더 속상했다. 엄마는 "괜안타"라고 하신다.

그로부터 7개월 뒤 돌아가셨다. 돌아가시기 전 7개월 전 그날이다. 새해 인사 겸 오랜만의 전화 통화에서도, 감기 걸렸냐는 딸의 물음에 엄마는 맹맹한 목소리로 괜찮다고 하셨다. 서울 나들이는 이별 여행이었다.

하루가 짧고도 길었다. 같은 날 밤, 대형마트에서 동행한 사람은 아버지이다. 기어이 무거운 짐을 들어주시겠다고 한다. '아버지가 이렇게 왜소하셨나.' 작지만 그래도 커 보이셨다. 그날 새로 산 투박한 검정 운동화를 신을 때면 "예쁘다" 하셨던 다정한 목소리가 귓가에 살며시 들려온다.

5월 22일, 올 때 마중 나오신 대로 엄마와 아버지는 배웅도 빠트리지 않으신다. 점점 연로하여 쇠약해져가는 그 모습을 언제 다시 보나 싶어 눈물 나올까 봐, 뒤돌아보지 않고 서둘러 출국장에 들어섰다. 그날의 아버지는 마지막으로 뵌 건강한 모습이었고, 애써 외면했던 엄마 얼굴은 생전 마지막 모습이었다.

5월 23일 요하네스버그에 도착하여 하루 지난 딸아이의 생일을 축하하고, 협의회 창립에 본격적으로 착수했다. 많은 이들이 협력하고 준비하여 2017년 7월 아프리카 한글학교협의회가 축하 케이크를 자르며 출범했다. '아이엠 그라운드 나라 소개하기'라도 하듯, 막이 펼쳐진다. 창립총회에서 모로코, 보츠와나, 에스와티니, 케냐, 코트디부아르, 탄자니아 등 아프리카의 동서남북이 만났다. 이번에는 도시 소개 차례이다. '아이엠 그라운드 도시 소개하기' 지금부터 시작! 남아공의 더반, 스텔렌보스, 요하네스버그, 케이프타운, 포체프스트롬, 프리토리아가 함께했다.

(한글학교협의회 실무자 설명회)

희망봉

엄마를 보내고 홀로 남은 아버지는 교통사고 부상이 호전되어 중환자실에서 일반병실로 이동하셨지만, 이런저런 검사를 하다가 말기 암 판정을 받고 요양병원으로 다시 옮기셨다. 마지막 무렵에는 딸과 막내 여동생을 섞어 부르기도 하셨다. 2018년 4월, 엄마가 떠난 지 4개월 만에 아버지도 가셨다. 세월호 4주기 날이었다.

넉 달 동안 네 차례 한국을 오갔다. 한글학교 방학 기간에 움직이거나 동료 선생님들의 보충수업 지원을 받았다. 토요학교라 가능한 일이었다. 한글학교는 주말의 고정 계획이자, 우선순위 약속이 되었다. 언젠가부터 한글학교를 중심으로 회전하는 나의 시간표이다. 네 번째 한국 방문은 아버지의 장례식이었고, 2018년 5월 남아공의 늦가을, 일상으로 돌아왔다. 나무들은 낙엽을 마저 떨구었다.

봄이 오고 있었지만 여전히 추웠던 2018년 8월, 선생님들과 남아프리카공화국 최남단 마더시티 케이프타운으로 떠났다. '제2회 아프리카 한글학교협의회 교사연수회.' 마다가스카르, 짐바브웨, 토고 선생님을 만났다. 작년에 이어 계속 동참한 곳도 있었다. 남아공의 7개 학교가 모두 모이기는 처음이었다.

행사를 위해 수고하는 손과 발, 소리 없이 빛나는 이들 덕분에 사랑의 빚을 한가득 진다. 이른 아침부터 늦은 밤까지 공부하고 토의하고 회의한다. 지역 한인 공동체의 정성스러운 봉사로 식사를 대접받고, 찬조받은 떡으로 기운 내고, 커피로 졸음 쫓으며, 다시 배우고, 이야기하기를 반복한다.

연수 강의 차 한국에서 오신 강사님들은 프로젝터 리모컨을 들었다가, 앞치마 두른 채 부침개 뒤집개를 번갈아 집으며, 강의실과 주방을 드나들었

제2부 지구촌 한글 교사의 초상화

다. 우리의 바람은 무엇일까? 왜 이렇게 모여 있을까?

테이블마운틴 케이블카 정류소에서 전 세계 7 Wonders를 안내하고 있었는데, 그중에 제주도가 있었다. 아프리카 대륙의 남아프리카 공화국에 대한민국이 있고 우리가 있다. 그 앞에서 자랑스럽고 사랑스럽게 V자와 하트를 그리며 기념사진을 찍는 교사들. 산 정상은 바람이 매섭고 거칠었다. 여름 샌들을 착용한 케냐 선생님의 언 발을 어찌할꼬? 추위에 오들오들 떨면서 온갖 것을 동원해 싸매고 둘렀다. 서로를 쳐다보니 희망봉 근처에서 풍랑을 만나 난파한 배에서 막 내린 장면과도 같았다. 500여 년 전 이곳을 발견한 바르톨로뮤 디아스와 선원들도 이런 모습이지 않았을까.

타향에서 더 차고 시리다는 바람을 같이 막아선 느낌이다. 한 배를 탄 동지애가 짙어진다. 테이블처럼 생긴 산은 한때 봉긋했을 봉우리가 비바람에 다 깎였지만, 오랜 격랑을 헤친 흔적으로 꿋꿋해 보인다. 평평한 생김새는 평안함을 더해준다. 보조석까지 만차인 40인승 버스를 타고 지나가는 길목, 남아공 나라꽃 프로테아가 열 손가락 하늘에 뻗친 모양으로 강렬한 자태를 뽐내고 있다. 횃불을 닮기도 한 꽃의 꽃말이 '고운 마음'이란다.

케이프반도에 있는 희망봉! 언뜻 보면 호랑이 꼬리를 길게 내려뜨린 한반도의 모습이 얼핏 스친다. 희망봉의 거센 바람은 무거운 머리를 시원하게 털어내주었다. 바람에 한껏 날리는 스카프처럼 딱딱한 마음도 훌훌 날려 보내고 싶었다. 선생님들과 희망봉 등대를 향해 걸어 올라가는 길. 함께 가니 힘든 줄 몰랐고 즐거웠다.

희망봉을 발견했던 선원들의 심정이 되어본다. 절박한 절망의 순간에 절실했던 것이 희망이 아니었을까? 그래서 폭풍의 곶을 희망이라고 부른 것이 아닐까? 케이프타운에서 바람이 불면 며칠 뒤 그 바람이 요하네스버그에 와

닿기도 한다. 상흔으로 아름다운 테이블 마운틴은 노트북 컴퓨터의 단골 배경화면이다. 그곳의 산과 바람을 종종 떠올린다.

교사연수를 통해 지식과 역량을, 또 우정과 추억을 쌓았다. 2022년 5년째를 맞는 협의회는 아프리카 대륙 24개국의 37개 한글학교와 멀리 함께 가기 위해 걸음을 맞추고 있다.

(제2회 아프리카 한글학교협의회 교사연수회)

긴 에필로그

"이 집은 왜 수저를 안 주지?"

"엄마, 여기요."

세상에! 식당 테이블에 수저 서랍이 달려 있다. 그 안에는 냅킨까지! 2019년 서울, 이사해도 낯설지 않고 늘 내 집 같은 엄마 집은 없어졌지만, 딸이 한국에 있다. 아이는 잠깐 방문이나 여행이 아닌, 살아보는 한국을 경험하고 싶어했다. 한국 거주 2년 차, 지하철 빠른 환승 정보를 알려주고, 길 찾기도 잘한다. 스마트 폰을 보고도 헷갈리는 엄마를 위해 길잡이 겸 말동무가 되어준다. 서울은 엄마가 나고 자란 동네였다고 이제 말도 못 꺼내겠다.

남아공 일상을 오래 비울 수 없어, 길면 3주를 머물고, 짧게는 3일 일정으로 다녀온 적도 있다. 한국에서 만날 이들을 기록한 약속 메모는 부모님 장례식 방명록과 거의 일치했다. 오랜 친구나 친지들 아니면 한글학교 관계자들을 만나게 된다.

한글학교 교사직을 내려놓고, 어느 날 고국을 방문할 때가 있겠지. 그때, 바쁘다는 동창 녀석 귀찮게 하고 싶지 않다. 홀로 서울 거리를 쏘다니고 싶지도 않다. 한글학교 교사로 공식 발령받은 적 없고, 교사 임명장이나 고용

계약서가 있는 것도 아니라 공식적으로 증명할 길은 없겠지만, 혹시 한글학교 퇴직 교사 모임이 있을까?

큰딸은 요하네스버그 태생. 남아프리카공화국 최대 도시이자, 황금 도시에서 태어나고 성장했다. 한국에 가서 출산하고 산후조리 마치고 데려온 동생들과 출생신고서의 내용이 다르다. 4남매의 공통점을 꼽자면 한글학교 졸업생이라는 것. 참, 막내는 한글학교 재학생이다. 금요일 저녁마다 내일은 빠지면 안 되겠냐고 토요일에 쉬고 싶어하는 중학생이다. 막상 학교 마치고 나면 수업 내용 재잘거리면서, 늘 금요병이 발동하는 사춘기 소년이다. '부디 11년 한글학교 생활을 잘 마무리해주렴.'

이 소년이 유치반이었을 때, 나는 비협조형 학부모였다. 준비물 빠트리기 일쑤에 숙제도 안 챙겨, 다른 아이들이 한글책을 읽어 내려갈 때 아이는 '아야어여' 모음의 상하좌우 방향을 찾지 못했다. '내 자식 가나다라 읽히지도 못하면서 무슨 한글학교 선생?' 자괴감이 들었고 자책했다. 내 수업 준비에 코가 석 자 넘어 넉 자로 늘어났다는 것이 핑계였다.

어떡하지? 올해도 교사 부족이라는데…… 그렇게 1년이 가고 한 해가 지나고 또 이듬해가 왔다. 적은 액수의 학비라 더 잘 챙겨야 하는데, 수업료 납부 기간을 잊기도 하고, 서명해서 제출하라는 문서는 으레 독촉을 받는, 여전히 11년째 불량 학부모가 여기 있다.

한글 떼기가 더딘 넷째에게 어떤 선생님은 수업과 별개로 따로 시간을 내어 개인지도를 해주었다. 어느 선생님이 전해준 편지 한 장이 셋째의 책상에 오랫동안 붙어 있는 것을 보았다. 학생들의 이야기를 모두 들어주는 친구 같은 분이 있냐며, 아이는 머리 모양으로 선생님을 기억하고 있었다.

둘째는 한국 친구 만나는 재미에 한글학교에 놀러 가는 것처럼 보였다.

한국어로 수다 떨기가 오히려 살아 있는 국어 말하기·듣기 수업이었을까? 아이는 한국 지폐 천 원권의 인물이 '퇴개 이황'인지 '퇴계 이황'인지를 두고, 한국사 시험 문제 앞에서 고민했다.

첫째는 학급 아이들을 모두 집으로 초대해 떡볶이 만들어주셨던 한글학교 선생님을 가장 먼저 떠올린다. 교정에는 머리 색깔 비슷한 친구들이 많아서, 눈에 띄지 않아 편했다고 한다. 배꼽 손으로 '안녕하세요?' 인사하면 선생님의 칭찬을 들었다. 동양인을 향한 첫 인사말 '니하오?' 안 들어도 되고, 차이니스 아니라는 설명이 필요 없는 곳. 삼일절에 만세를 불렀고, 광복절에는 태극기를 그렸다. 설날에 윷도 던져보고 추석에는 조몰락거려 짭조름해진 송편을 빚어 먹었다. 아이들은 그곳, 한글학교에서 작은 대한민국을 경험했다.

"너 영어 할 줄 알았어?" "해외에서 살다 온 거야?"

큰딸이 남아공 공용어인 영어로 한국에서 이야기할 기회가 있었나 보다. 아이가 영어로 입을 떼기 전에 한국 사람으로 보였다니 고마운 일이다.

만약 남아공 현지인이 아이에게 "너 영어 할 줄 알았어?"라고 했다면 어땠을까? 다문화와 다언어의 무지개 나라에서 일어날 만한 일은 아니지만, 겉모습으로 외국인이라고 확신하면 그럴 수도 있을 것이다. 그러나 생각하기에 따라서는 유쾌하지 않을 수 있다.

남아공과 한국에서 양국의 언어로 듣고, 읽고, 말하고 쓸 줄 아는 것, 참 감사한 일이다

2021년 3월, 남아프리카공화국 초가을에 걸맞은 소슬바람이 분다. 가을비가 내렸다는 케이프타운 마파람 몇 할, 인도양 건너, 적도 지나 한국의 꽃샘바람 몇 푼 섞였을까? 2020년 코로나 역풍이 들이닥친 후 노트북 창문을

자주 연다. 토요일이면 컴퓨터 스크린에 온라인 수업 창을 낸다. 그 창문 너머 학생들의 얼굴이 보이고, 도란도란 재잘재잘 목소리가 바람결처럼 실려온다.

책꽂이에서 2017, 2018 다이어리를 살짝 꺼내보는 날.

그리고

오늘의 일기장을 편다.

나는 애국자가 아니다

최 윤 정

(전) 로테르담 한글학교 교장
(전) 유럽한글학교협의회 서기

펜은 칼보다 강하다

"이게 무슨 소리지? 이 녀석이 감기에 걸렸나?"

네덜란드 로테르담 국제학교의 한 교실이다. 교실에는 덩치가 큰 고3 학생 한 명과 나, 단둘만 있었다. 그런데 이게 웬일인가? 나보다 머리 하나는 더 큰 녀석이 훌쩍훌쩍 울고 있는 것이 아닌가? 그러더니 급기야 꺼이꺼이 흐느껴 울기 시작한다.

겨울을 막 지나 봄기운이 올라오던 3월, 따뜻한 햇볕이 봄날 졸음처럼 밀려 들어오는 화요일 아침, 매주 두 번 IB(international baccalaureate) 한국문학을 강의하기 위해 빌린 회의실 안에는 조용히 책을 읽는 나와 그 옆에서 훌쩍거리는 키 180센티미터의 건장한 한국인 남학생 한 명이 있을 뿐이었다. 한국 학생이 많지 않은 그 강좌는 그해에는 해당 학년에 단 한 명의 한국 학생이 있었고, 그 학생이 한국문학을 IB 과정으로 선택한 것이다.

IB 문학 시간에 나는 가끔 문학책의 주요 부분 서너 페이지를 수업 시간을 이용하여 주석을 달지 않고 그대로 읽어줄 때가 있다. 더러는 소설 속 한 부분을 읊조리듯이 읽기도 하고, 중요한 대사를 주인공의 목소리와 동작을 상상하며 흉내 내어 책을 읽는 동안, 학생들은 숨을 죽이고 듣는다. 그날은 이청준의 소설 「눈길」 한 부분을 읽는 날이었다.

내가 그날 읽었던 부분의 내용을 간략히 요약하자면 이렇다.

일찍 세상을 떠난 형을 대신하여 고등학교 때부터 어렵게 가장의 역할을 감당해야 했던 주인공 '나'는, 시골의 어머님 집을 찾아간다. 그날 밤, 단칸방에서 잠을 자는 척 돌아누워 어머님이 아내에게 들려주는 옷궤에 관한 이야기를 듣게 된다. 어머니를 '노인'이라 부르며 늘 매정하게 대했던 나는 오래된 빚문서와 같았던 그날의 이야기를 듣고 나서 뜨거운 눈물을 감추기 위해서 잠을 자는 체한다.

옷궤 이야기는 다음과 같다. 소설 속 주인공 '나'의 말을 빌려서 들어 본다.

당시 나는 고등학생으로, 도시에서 공부하던 시절이었다. 형의 주벽으로 가세가 기울어 어머니가 시골집을 판 뒤였다. 어머니는 내가 급작스레 시골집에 내려간다고 하자, 집이 팔린 충격을 아들에게는 주고 싶지 않으셨는지, 나의 귀가에 맞추어 이미 이사를 나와버린 빈집에 이불 한 채와 옷궤를 두고 주인에게 양해를 구해 매일 걸레질을 했다. 그런데 나는 옛날 집이 팔려서 이사했다는 소식을 이미 듣고 있었다. 그런 사실을 모른 체하고 내려온 나에게, 어머니는 그날 그 집에서 아들에게 따뜻하게 지은 저녁 한 끼를 먹이고는 새벽녘에 아들을 배웅하고 돌아온다. 어머니는 아들이 남긴 발자국을 꾹꾹 눌러 밟으며 혼자 돌아왔다. 나는 그 쓸쓸했던 눈길의 기억을 회상한다.

그날 수업에서 나는 소설 「눈길」의 중요 대목을 낭독해간다.

"날은 어둡고 산길은 험하고, 미끄러지고 넘어지면서도 차부까지는 그래도 어떻게 시간을 대서 갈 수가 있었구나." 하고 읽는데, 훌쩍훌쩍 소리가 들리기 시작했다. 그리고 그 소리가 횟수를 더하며 반복됐다.

"훌쩍…… 훌쩍훌쩍…… 훌쩍훌쩍 훌쩍."

환절기라 감기에 걸린 게지, 하고 생각하며 계속 책을 읽었다.

"……그 운전수란 사람들은 어찌 그리 길이 급하고 매정하기만 한 사람들이더냐. 차를 미처 세우지도 덜하고 덜크렁덜크렁 눈 깜짝할 사이에 저 아그를 훌쩍 실어 담고 가버리는구나."

……이쯤에서는 훌쩍이는 소리가 더 커졌다. 의심되기 시작하였으나 중요한 부분이라 일단 모르는 체하고 읽었다. 그리고 예정된 페이지가 끝나갈 무렵에는 확신했다. '울고 있구나!'

"너 우는 거야?"하고 물어보자, 갑자기 울음소리는 "꺼이꺼이" 하며 더 커진다. 그 남학생의 커다란 어깨가 심하게 들썩였다. 그리고 내게 말한다.

"선생님. 저 한국어 선택 정말 잘했어요. 감사해요."

불과 1년 전, 박완서 작가의 소설 「꼴찌에게 보내는 갈채」를 읽고서 생각을 물었을 때, 이 학생이 했던 말도 생각이 난다.

"저는 꼴찌가 왜 끝까지 달렸는지 모르겠어요. 어차피 꼴찌인데 왜 힘들게 뛰어요? 샘! 아세요? 이 세상엔 엄청난 부자들이 아주 많고요, 그런 부자들은 노력하지 않아도 언제나 잘살아요. 그런데요, 그렇지 않은 놈들은 아무리 노력해도 찌질하게 살게 돼 있어요. 그런데 뭐 하러 노력을 해요? 세상은 그런 거예요."라며 나를 가르치려 했던 놈이다.

어느덧 나도 눈물이 나서 나는 그 아이를 꼭 안고 어깨를 두들겨주며 같이 울었다.

"그래, 그래. 이래서 펜은 칼보다 강하다는 말이 있는 거야."

누가 멀리서 보기라도 했더라면, 정말 웃픈 상황이었을 것이다.

전쟁과 화해의 문학 수업

그 학생을 처음 만났던 날을 기억한다. 다른 유럽 국가의 국제학교에서 이곳 네덜란드로 전학을 온 그 녀석은 이전 학교에 대해서 "아이들도 선생님들도 다 걸레다."라는 표현을 처음 보는 나에게 서슴지 않고 뱉어냈다. '이놈, 참 독특한 놈일세' 하면서 나는 녀석에게, "너는 참 비판적인 사고를 하는구나. 그래, 좋아! 난 네가 맘에 들어. 문학 비평엔 그런 태도가 도움이 될지도 몰라."라고 했다.

학생을 가르치기 전에 선입견을 품고 싶지 않았기 때문이기도 했지만, 그 아이의 태도와는 달리 유리처럼 깨지기 쉬운 마음결이 어느덧 내 눈에 비쳐 보였기 때문이었다. 그 녀석의 부모님과 조부모님들은 소위 한국에서 가장 비싸다는 강남의 아파트를 소유한 재력가셨는데, 귀하게 자란 탓인지 가끔 안하무인인 녀석의 태도와 제 맘에 들지 않으면 쉽게 포기해버리는 성향 때문에 졸업을 할 때까지 몇몇 선생님들과 지속적인 마찰이 있었고 한국어 교사인 나에게 불만을 토로하는 선생님들도 간혹 있었다.

교훈적인 글을 읽고도 전혀 다르게 해석하는 녀석 덕분에 나도 작품의 이면(?)을 보게 된 것이 득이라면 득일까. 그 외에 녀석과 함께한 2년 동안의 IB 한국문학 수업은 전쟁 같았다. 자발적인 학습 능력을 키우고 심도 있고 창의적인 해석을 글과 말로 표현하도록 해야 하는 IB 문학 수업에서, 굳어진 치킨 스톡처럼 그 아이의 생각은 말이나 글로 되어 나오질 않아서 글쓰기 숙제는 늘 다섯 줄을 넘기지 못했다.

나는 "내가 지난번에도 말한 것과 같이……"라는 말을 반복해가면서, 훈화 반 설명 반의 주입식 수업을 이어갔다. 물론 그 아이는 책을 미리 읽어오라는 말은 들은 체도 하지 않았다. 수업 시간마다 나는 긴 잔소리를 하고 아이는 묵묵부답으로 대했다. 때로는 사춘기 아이의 불끈불끈 성질을 참아주려 얼굴을 붉히면서 우리는 전쟁과 휴전을 반복했다.

　학습 진도는 나가지 않고, 반복되는 잔소리에 저도 나도 지쳐갈 무렵, 책을 읽어올 것이란 희망은 애초에 버리고, 수업 시간 중에 내가 책을 읽어주거나 둘이 번갈아가며 읽었다. 다행히 그 아이도 읽기를 어려워하지 않고 재미있어했다. 나는 그 아이와 책 일부를 읽은 후 책을 덮고 수업 시간이 끝날 때까지 이야기를 나누었다. 부모님이 보았다면, 수업 시간에 가르치라는 공부는 안 가르치고 이야기나 하면서 시간을 보낸다고 하셨을 수도 있었겠지만, 아이는 변하기 시작했다.

　하루 종일 영어로만 수업을 듣다가 국어 시간에 교실에 오면 아이는 먼저 말을 꺼냈고, 나는 흥미롭게 듣고 응수해주며 아이의 생각에 동의하고 감탄했다. 말이 늘더니 급기야는 하고 싶은 말이 너무 많아 수업 시간이 모자랄 지경이 되었다. 대화를 나누는 중간 어느 지점에서 좋은 생각을 발견하게 되면, 나는 그에게 방금 말한 대로 한번 써보라 했다. 맞춤법이며 문장 구성 이런 건 하나도 신경 쓰지 말고 그냥 써보라는 말이다. 그러면서 조금씩 글 분량이 늘었고, 이것도 써볼까요? 하면서 먼저 아이디어를 제안하기도 했다.

　더 놀라운 일은 녀석의 태도가 바뀌고 있었다는 것이다. 점점 더 나에게 마음을 연 아이는 누구에게도 못 하는 말을 나에게 하기도 했다. 숙제를 해오지 못했을 때는 대단히 미안한 표정을 지었다. 그리고 숙제 처리가 어려운 사정이 있을 때는 미리 양해를 구했다. 급기야 녀석은 12학년 IB 시험을 두 달 앞둔 어느 날 소설 속 등장인물들의 심정에 공감하여 울게 된 것이다. 그 후 어머님에게도 그 책을 권하여 같이 읽었다.

　시험 결과는? 한국문학 시험 점수가 그 아이의 어느 과목 성적보다 월등히 좋았으며, 녀석은 본인이 바라던 대학에 턱하니 합격을 하였다.

가발 쓴 국어 선생님

보라와 노랑의 크로커스가 교차로 안쪽 조형물 사이사이로 뾰족뾰족 올라오고 노란 수선화와 흰색 은방울꽃이 곳곳에 흐드러지게 피고 튤립이 꽃대를 세우던 어느 봄날이다. 새 학기가 시작된 지 한 달쯤 지난 토요일 오전 한글학교 고등부 교실, 내 모습을 본 아이들 사이에는 잠시 정적이 흐른다.

"어때? 나 차도녀 같지 않아?" 하고 내가 입을 열자 아이들이 그제야 마음 놓고 웃는다.

그해 2월, 우연히 발견된 암 덩어리. 한글학교에 나가기로 약속한 3월 첫째 주에 나는 유방암 수술을 받았다. 새롭게 발을 디디게 된 이국의 봄꽃을 만나보기도 전에, 초등학생인 두 아이가 새 학교에 적응하기도 전에, 나는 내 몸속에 핀 암 덩어리를 제거하는 수술을 받았다. 말도 길도 서툰 이곳에서 32회의 방사선 치료를 받았고, 여섯 번의 항암 치료를 받았다.

고통스러웠다. 일상에 여러 가지 불편이 밀려왔다. 아이들의 하교 시간이 임박한 오후, 한 시간이 지나도록 오지 않는 택시를 기다리며 발을 동동 구르기도 했다. 항암 치료로 입맛을 잃고 메슥거리는 속을 겨우 달래가며 식구들의 식사를 준비하기도 했다. 첫 항암 치료를 받은 다음 날 아침엔 새까맣게 빠진 머리카락들이 베개 위에 덩어리를 이루고 있어서 깜짝 놀랐고, 결국은 흡사 골룸처럼 듬성듬성 구멍이 난 머리를 차마 볼 수가 없어서 집에 미용사를 불러 안방에서 머리카락을 밀고 가발을 썼다.

수술 후 딱 한 달을 쉬고 한글학교에 나갔다. 교장 선생님께서는 내게 미안한 마음에 차마 학교에 나오란 소리를 못 하셨다.

"최 선생님. 학교는 괜찮으니 몸 좀 추스르고 나오세요."

"네, 그런데 제가 안 나가면 다른 대안은 있나요? 고등부 국어 수업을 해주실 분은 구하셨어요?"

"그럴 리가요. 가르칠 선생님은 없지만, 우리가 선생님 몸 다 나을 때까지 어떻게 해보지요." 하신다. 나는 한 치의 주저함도 없이 4월 첫 주부터 우리 아이들을 차에 태우고 출근을 했다. 밀라노 한글학교에서 수업할 때부터 알고 있었다. 국어 선생 자격증이 있는 사람은 해외에서 놀면 안 된다는 거.

그날은 처음으로 학생들 앞에서 가발을 벗은 날이었다. 그전엔 학생들이 너무 놀랄까 해서 엄두를 못 내었다. 하지만 봄 내음은 향기롭고 날씨는 점점 더워질 터이니 언제까지나 가발을 쓰고 수업을 할 순 없다 싶어 그날은 용기를 내었다. 밤송이처럼 자라던 머리가 약간 누워서 제법 웨이브를 이루기 시작하던 무렵이었다. 5센티는 되었을까 싶은 짧은 머리였다. 아이들은 내 짧은 머리보다는 갑자기 홀떡 가발을 벗어젖히는 내 동작에 순간 굳어버린 것이었다. 하지만 그맘때의 아이들이 뭐 그리 남의 눈치를 보랴. 내가 먼저 농담을 던지자 모두 하하호호 웃었고 나는 그다음부터 가발을 쓰지 않고 수업을 하게 되었다.

항암 치료를 받으며 한글학교 수업을 하는 동안, 교장 선생님은 "최 선생님, 수업하다 쓰러지실까 봐 제가 불안해요. 힘드시면 좀 쉬다가 하세요." 하셨지만, 오히려 나에겐 아이들이 에너지 드링크였다. 집에 누워 있었으면 오래 앓았을 것을, 한글학교에 나오면 힘이 나고 신이 났다. 이후 나는 교장이 된 이후에도 한글학교에 나와 아이들을 마주하면 절로 목소리가 커지고 몸이 빨라졌다. 참 이상한 일이지만 말이다.

나는 애국자가 아니다

처음 해외에 나왔을 때, 내가 이곳에서 무슨 할 일이 있을까 싶었다. 한국에 있을 때 고등학교 국어 교사였던 나지만, 외국어를 쓰는 이곳에서 내 모국어인 한국어는 쓰일 데가 없다고 생각했다. 남편의 첫 해외 발령지였던 밀라노에서 나는, 처음 맛보는 짜릿한 자유의 향기를 맡으며 주말마다 여행을 다니기에 바빴다.

한국에 있는 동안은 시댁의 우환과 그로 인해 큰 빚을 떠안게 되면서, 사는 형편이 늘 궁핍했다. 어린 딸과 아들은 부산 친정에 맡기고 엄마에게 용돈 한푼을 드리지 못했다. 기저귀나 분유를 사는 돈도 마음껏 드리지 못해 친정엄마에게 미안했다. 늘 마음에는 아이들을 소망으로 품고서 오직 빚을 갚고 내 집을 갖는 것이 꿈이었다. 그렇게 노력해서 밀라노로 가기 1년 전에 그 무겁던 빚을 청산하고, 작지만 내 명의인 아파트를 갖게 되었다.

그런 사정이니 처음으로 경험하는 해외 생활이 내게 얼마나 풍족하게 느껴졌으랴. 나는 아침이면 아이들을 학교에 보내고, 카페에 가서 진한 커피를 마시고 달콤한 브리오슈를 먹으며, 동네 엄마들과 수다를 떨고, 주말이면 유럽의 곳곳을 여행하면서 그동안 누리지 못했던 사치도 누려보고 자유를 만끽하며 행복해했다.

하지만 그 생활이 그리 오래가지는 못했다. 한글학교에 나와달라는 교장 선생님의 성화 때문이었다. 그러나 쉽게 결정이 되지 않았다. 당장 매주 토요일이 한글학교 일정으로 묶인다는 것은 앞으로 주말이 없어진다는 뜻이고, 일요일 하루로는 마음 놓고 여행을 갈 수 없다. 그리고 한글학교 교사 일이 잠시 하다가 그칠 일이 아니었다. 밀라노에 사는 동안 계속될 것이란 뜻이다. "조금만 더 쉬다가 갈게요."라고 말은 했으나, 주변 학부모들의 요청과 교장 선생님의 부탁을 거절할 수 없었다. 또 한글학교 교육과정을 보니 우리 집 아이들에게도 도움이 되겠다 싶었다. 더하여 남편은 주말 골프를 시작하게 되어서 한글학교에 나가지 않으면 주말엔 남편바라기가 될 지경이었다.

그동안 국어 선생님이 없어서 초등부까지만 있던 밀라노 한글학교는 중등반을 개설하게 되었고 나는 다시 국어 선생님이 되었다. 돌이켜 생각하면, 사실 중등 국어 정도를 가르칠 사람이야 왜 없었겠냐 싶다. 그저 학교가 설립된 역사가 그리 길지 않아서 그랬던 것 같다. 그리고 그 이후부터 한글학교가 내 해외 생활 중엔 친정이 되었다. 한국에 들어갔다가 2년이 지나 다시 네덜란드로 오게 되었을 땐 당연히 한글학교에서 일하리라 마음을 먹었다.

밀라노 생활을 청산하고 한국에 돌아갔을 때 우리 아이들은 둘 다 초등학생이었다. 각기 세 살과 여섯 살 때부터 해외 생활을 했던 우리 딸과 아들의 이력을 본 한국의 초등학교에서는 해외에서 온 아이들만 다니는 특수학급이 있는 원거리 학교를 권했다. 하지만 형식적으로 치른 학력평가에서 우수한 성적을 얻은 우리 아이들은 바로 우리 아파트 인근의 학교에 다니게 되었으며, 한국에서 학교에 다니는 데 전혀 어려움이 없었다. 그 뒤 다시 해외로 나오고 세월이 흘러 한국에서 대학을 가서 자기와 비슷한 해외고 출신 아이들과 함께 공부하는 아들이 어느 날 말했다.

"엄마, 요즘은 영어를 잘하는 아이들은 아주 많아. 하지만 나처럼 영어와 한국어를 모두 잘하는 친구들은 찾기가 어려워. 내 경쟁력은 한국어에 있어."

뿌듯했다. 내가 무슨 애국자여서도 아니고, 역전의 용사여서도 아니었다. 나는 그저 나를 이렇게 필요로 하는 곳이 있다는 것에 만족했고, 내가 할 일은 점점 늘어났다. 나 자신보다 한국을 더 사랑하는 외국인 학생들을 보면서, 문학을 통해 마음이 자라는 아이들을 보면서, 제법 애국자가 된 듯한 기분을 느끼며 우쭐할 때도 있다. 하지만 나는 학기를 시작할 때마다 올해 예상 급여를 계산하고 내 노력의 대가만큼 충분히 보상받고 있는지도 따진다. 확실한 것은, 나는 아직도 한국어 혹은 국어 교사이며 앞으로도 그럴 것이다. 한글학교는 내 해외 생활의 반려자였고, 한국어와 한국문학을 가르치는 일은 내가 평생 업으로 삼을 일이 될 것이다.

설움을 딛고 선 와이카토 한글학교

고 정 미

(현) 뉴질랜드 와이카토 코리안 문화센터 이사장
(전) 뉴질랜드 와이카토 한국학교 교장

1999년도에 두 아들을 한글학교에 입학시키느라 뉴질랜드 와이카토 한글
학교와 인연을 맺었다. 이듬해 부족한 영어 실력에도 불구하고 현지 유치원
의 풀타임 교사가 되어, 그 은혜에 보답하고자 우리말을 자신 있게 가르칠
수 있는 한글학교 교사가 되었다. 당시 개교 5년 차에 접어든 우리 한글학교
는 특별히 다른 행사는 하지 않고 각 반 담임이 알아서 수업만 하고 있었다.
나는 한국에서 유치원 교사와 원장으로 일했던 경험을 살려 말하기 대회,
전통놀이, 글쓰기 대회, 한마당잔치 등을 만들어 한 학기에 두 번씩 하였다.
그래서 우리 학교 행사는 2000년도부터 모두 제1회가 되어, 내가 교장을 퇴
임하던 2014년도에는 모든 행사가 제15회를 맞았다.

이렇게 처음부터 교사와 교감 직책을 함께 갖고 시작한 와이카토 한글학
교에서의 나의 봉사활동은 교장을 맡기에 이르렀는데, 처음에는 '한인회장
이 교장을 하는 것이 불합리하다'는 의견들이 있었다. 그래서 운영위원회에
서 정관을 바꾸고 나에게 교장을 맡아달라고 부탁해 왔다. 이때부터 무보수
로 13년간 와이카토 한글학교의 교장을 맡았다. 교장을 내려놓은 후에는 외

국인반 평교사와 특별활동 교사로 4년을 더했고 현재 다시 종이접기 특별활동 교사로 근무하고 있으니 학교에 적을 두고 봉사한 게 20년이 넘었다.

셋방살이 설움을 아주 톡톡히 당했다. 교장으로 근무하던 어느 월요일 아침이다. 따르릉 따르릉 전화벨이 요란스럽게 울린다. 나는 월요일 아침 전화벨 소리가 가장 무섭다. 그건 분명히 우리가 임대해 쓰는 현지 학교 관계자의 전화일 가능성이 높다.

"일요일 밤에 도둑이 들었어요. 당신들이 문단속을 잘못 하고 가서 도둑이 들었으니 그만 우리 학교에서 나가세요."

청천벽력 같은 소리였다. 분명히 몇 번씩 보고 또 보는데도 아마 어느 교실 창문을 잘 안 닫은 모양이었나 보다. 결국 우리는 다음 주에 학교에서 쫓겨났다.

해마다 학교 개학식 날 조회 시간에 빠트리지 않고 당부하는 말이 있다. 현지 학교 건물은 우리 것이 아니고 빌려 쓰는 것이니 학교 물건에 절대로 손을 대지 말라. 이게 만 3세부터 15세 아이들이 지킬 수 있는 말인가? 어떻게 아이들이 교실 물건에 손을 대지 않는단 말인가. 어느 학교에서는 한 학생이 현지 학교 교실 선생님의 컴퓨터를 잘못 건드려 모든 정보를 다 날려버렸다. 당연히 두말 못 하고 쫓겨 나왔다.

이렇게 계속 쫓겨 다니니 이런 설움이 또 있을까. 교실 들어서면 사진부터 찍고, 나올 때는 그 사진을 보며 교실을 있던 그대로 두고 나오는 일을 했다. 어느 반은 현지 학교 교사가 칠판에 월요일 수업 내용을 금요일 오후에 빼곡히 써놓고 퇴근한다. 분명 우리가 토요일에 수업할 것임을 아는데도 말이다. 글씨가 빼곡한 그 칠판의 구석 조그만 빈자리에 판서하면서 가르치던 교사를 보고 너무도 화가 나서, 커다란 칠판을 사서 들고 다녔던 일도 있다. 이런저런 사유로 학교를 옮겨 다니다가 현재의 대학교를 빌려 수업을 하기까지

26년 동안 9회나 이사했다.

이사를 했는데 어느 해는 학교 비품을 둘 수 있는 공간이 없어서, 일반 사립 창고를 임대해 사용했다. 학교 물건은 주로 책과 문화용품, 교재들이 많은데, 문제는 이 창고가 학교와 정반대인 곳에 있어서 어려움이 컸다. 결국 자주 쓰는 교재들은 우리 집 차고 일부를 수리하여 사용하고 있었지만, 이 또한 불편하기는 마찬가지여서 결국 고민하다 컨테이너를 구입하기로 결정했다.

컨테이너란 국어사전의 설명에 따르면 "화물 운송에 쓰는 상자, 짐을 꾸리지 않고 넣어 그대로 화차 선박에 실음, 기계나 기구 등의 용기"로 되어 있다. 이민 오기 전 나에게 컨테이너란 단어는 위 설명과 같이 큰 상자를 뜻하는 말이었다. 그러나 뉴질랜드에 와보니 그 짧은 영어에도 불구하고 컨테이너 소리가 여기저기서 많이 들렸다. 심지어 아들이 사용하는 도시락통뿐만 아니라 우리 집에 있는 크고 작은 플라스틱 용기들은 모두 컨테이너란 이름으로 불렸다.

우리가 구입한 컨테이너는 사방이 꽉 막히고 앞에 문만 두 개인 두툼한 구조물이다. 문을 열고 창문도 없는 깜깜한 그 안을 들여다보는 순간, 내 마음은 어지러웠다. 어떻게 저런 곳에서 '세계 속의 한국인'을 기르는 교재를 관리하고, 창의적인 아이디어를 생각해낼 수 있단 말인가. 그러나 앞도 안 보이는 빗속을 뚫고 공장으로 찾아가 어렵게 구입한 컨테이너이다. 우리에겐 소중한 공간이다.

그 컨테이너가 올해 사라졌다. 학교 임대료가 두 배로 올라 학교를 옮겼기 때문이다. 결국 모든 교재와 전통놀이 교구 등은 학교에 보관해놓고 수업을 해야 하는데, 둘 곳이 없어 교사들 집으로 각각 나누어 가져갔다. 불편한 대로 그나마 교재들 잘 보관했던 컨테이너는, 현지 학교에서 세 들어 있을 때는 내지 않던, 컨테이너가 차지하는 땅 사용료를 내라고 하여 결국 처분하고 말았다.

뉴질랜드는 복지도 잘 되어 있고 잘사는 나라 중 하나로 우리나라에 알려져 있다. 그러나 이 나라 곳곳에 있는 우리의 주말 한글학교는 열악한 환경에서 간신히 버텨내고 있다. 그 당시에는 교사들이 자원봉사를 해야 하는 형편이었다. 상대적으로 어렵게 산다고 생각되는 인근 동남아시아의 한글학교는 넉넉한 곳이 많았다. 그러나 잘산다는 뉴질랜드의 한글학교는 어찌 된 셈인지 계속 학교를 옮겨 다녀야만 했다. 주로 현지 학교를 빌려 사용하는데, 별로 유쾌하지 않은 이유로 여러 번 학교 건물을 옮겨가며 공부하고 있다. 어쩌면 옮겨 다녔다는 말은 듣기 좋은 말이고, 쫓겨 다녔다는 말이 정확한 표현이다.

그러나 이렇게 슬픈 일만 있는 것은 아니다. 정말 보람된 일도, 잊지 못할 고마운 일도 아주 많았다. 2015년 6월 25일의 일이다. 1930년생인 뉴질랜드 한국전 참전용사 로저 오웬 스탠리(Roger Owen Stanley) 할아버지가 6월 22일 별세했고, 6월 25일에 85세의 일기로 장례식을 치렀다. 그동안 와이카토 지역에서는 한인사회와 밀접한 우호적인 관계를 이어왔으며 한 · 뉴 우정협회 및 와이카토 한글학교를 통해 한인과 키위 사회의 돈독한 친선 관계 유지에 큰 역할을 했다. 로저 할아버지는 우리 와이카토 한글학교 그림 그리기 대회에서 해마다 자비로 '로저상'을 주어 학생들에게 기쁨을 주는 분이었다. 그런 할아버지가 세상을 떠나기 전 나에게 자신의 관을 여섯 명의 한복 입은 한인 여성들이 옮겨주기를 당부했다.

상상해보라. 여섯 명의 여자가 알록달록 무지개색 한복을 입고 운구를 운반하는 상황을. 할 수 없다고 거절하였으나 한국과 한복 그리고 한인을 사랑하는 할아버지는 돌아가시기 1주일 전, 소원이라며 내 손을 꼭 잡고 부탁해 결국 유언을 들어드리게 되었다. 마침내 한복 입은 여섯 명의 한글학교 교사들은 운구하며 마지막 가시는 길을 배웅했다.

아마 전 세계에서 6·25 참전용사 어르신 장례식에 한복 입고 한국 여자가 운구를 한 일은 전무후무할 것 같다. 뉴질랜드의 장례식 문화는 가신 분을 조용하게 추모하며 진행하는데, 한국과 특별한 인연이 있었던 로저 할아버지의 가시는 길은 한국의 문화가 어우러져, 뒷날 기억이 더 난다. 6·25 전쟁 65주년이 되는 날의 특별한 장례식. 한국을 사랑하며 함께 했던 로저 할아버지의 명복을 빈다.

이뿐만이 아니다. '나의 꿈 말하기 대회'에서 우리 학교 학생들이 좋은 성적을 얻어 말하기 교육의 보람을 느낀 일, 외국인반 학생들의 한국어 능력 발달로 인해 자긍심을 느낀 일, 그리고 보조교사 하던 고등학생이 한글학교 정규교사가 되는 보람된 일 등, 생각하면 참으로 많았다.

그중 2003년도 서울에서 2주간 열렸던 한글학회 주관의 교사연수는 나에게 정말 획기적인 도움을 준 사건으로, 뉴질랜드 한글학교협의회를 만드는 데 크게 영향을 미쳤다. '뉴질랜드 한인학교 협의회'란 이름이 2021년 총회에서 '뉴질랜드 한글학교협의회'로 바뀌었기에 후자의 이름으로 소개한다.

2006년도 하반기에 오클랜드 한글학교의 계춘숙 교장 선생님과 나는 뉴질랜드 한글학교 발전을 위해 협의회를 만들기로 하고 각 지역에 있는 학교에 연락을 취했다. 드디어 12개의 한글학교가 모여 발족을 하고 2007년도부터 1회 '나의 꿈 말하기 대회'와 뉴질랜드 한글학교 교사연수를 시작했다. 2021년도까지 한글학교 교사연수는 세계 코로나 발생 중에도 한 번도 빠지지 않고 대면으로 이어져, 2021년 7월에 제15회 연수를 실시했고, 나의 꿈 말하기 대회도 2020년도만 코로나로 인해 못 해서 제14회 대회를 2021년 4월에 뉴플리머스에서 아주 멋지게 펼쳤다.

나는 처음에는 총무, 부회장을 맡아 일하다 2010년과 2012년도에 제4대,

제6대 회장을 맡아 봉사했다. 2010년도 회장 때 해밀턴에서 교사연수를 하게 되었는데, 이때 세계 한글학교 최초로 한국과 뉴질랜드 간 실시간 화상 세미나가 개최되어 큰 이슈가 되었다. 나는 세계시민으로서 재외동포의 위상 강화가 결국 국가경쟁력 확보의 중요한 수단임을 믿는다. 동시에 자긍심 높은 한민족 상을 구현하는 데에 힘을 보태고 싶어, 역사와 문화에 대한 연수를 강화하는 한편, 사이버강의를 통한 실제 한국어 교육을 주제로 연수대회를 열었다. 지금은 줌, 웨비나 등의 온라인 강의 방식이 익숙하지만, 그 당시는 정말 획기적인 일이었다. 다른 나라 한글학교에 도전 정신을 일깨우기도 하였다.

이렇게 교사연수뿐 아니라 '나의 꿈 말하기대회'도 해를 거듭할수록 발전하였다. 우리 학생들의 실력도 향상되었다. 미국에서 열린 세계대회에 가서 다른 나라 학생들을 제치고 우리 학교의 갈지연 학생이 1등을 하여 세계 한글학교를 놀라게 한 적도 있다.

또 2019년 제1회 '세계 청소년 꿈 발표 제전'에서도 김평안 학생이 일등을 하여 또 한 번 뉴질랜드의 저력을 보여주어 너무나도 감사했다. 뉴질랜드의 한글학교협의회가 날로 성장하는데, 뉴질랜드가 속한 대륙인 오세아니아에는 한글학교협의회가 없어 안타깝던 차에 2010년 오세아니아 한글학교협의회를 발족하는 데 힘을 쏟게 된다.

뉴질랜드에서 호주까지 1박 2일로 여덟 번의 비행기를 갈아타고 호주 시드니에 도착해 오세아니아 한글학교협의회 정관을 완성했다. 그리고 뉴질랜드와 호주가 번갈아가며 오세아니아 교사연수를 실시했다. 그러다가 피지까지 함께해서 세 나라가 연수를 돌아가며 하였다. 2020년은 피지에서 개최할 차례였으나 코로나로 인해 열리지 못했다. 현재는 각 나라가 독자적으로 교사연수를 진행하고 있다.

2013년, 2014년 오세아니아 한글학교협의회 회장 재임 시 세계 한글학교협의회 대표를 1년 맡았다. 2009년부터 2019년까지 10년간 '전 세계 한글학교 새 한복 무료 지원 사업'도 하였다. 예닮 한복회사의 후원을 받아 3,000벌이 넘는 새 한복을, 한복이 꼭 필요한 지구촌 한글학교에 기증하였다. 2020년부터는 코로나 여파로 중단되어 안타깝게 생각한다.

뿌리 교육을 통해 세계 속에 날개를 달아주고픈 와이카토 한글학교, 뉴질랜드 한글학교, 오세아니아 한글학교 그리고 세계 한글학교를 생각해본다. 선생님들의 사랑과 열정, 그리고 어린이들의 해맑은 얼굴이 있기에 한글학교를 섬기는 봉사자로서 더 없는 감사와 행복이 순간순간 늘 물밀듯 밀려온다.

우리는 재외동포의 한국어 교육과 뿌리 교육을 위해, 한배를 탄 해외 한글학교 교사들이다. 더 힘껏 노를 저어, 한마음 한뜻으로 멋진 항해를 계속해 나가야겠다. 와이카토 한글학교의 교훈인 "한국인으로, 뉴질랜더(Newzealander)로, 세계인으로"란 말처럼 차세대 한국인의 뿌리 의식과 세계 시민성을 함께 길러주기 위해 나는 박토에 떨어져 열매를 맺게 하는 하나의 밀알이 되고 싶다.

사랑으로 품게 하소서

김 태 진

(현) 삼육보건대학교 연구교수
(전) 뉴욕 맨해튼 한국학교 교장

1

오래전의 일이지만 지금까지 기억에 남는 입양아 관련 기사가 하나 있다. 서울에 주재했던 유럽 외교관 집안에 입양됐던 한국의 여자아이(J, 8세)가 양부모의 파양(罷養, 양자 관계의 인연을 끊음)으로 인해 1년이 넘게 홍콩에서 국제 미아로 떠돌고 있다는 것이다. 이 외교관 부부는 J를 입양하던 당시 부인이 불임이었으나 그 뒤 아이를 낳았고, 입양된 후 양부모의 국적을 받지 못해 J의 국적은 한국이었다. 영어와 광둥어는 잘하지만, 한국어는 구사하지 못하며, 갓난아기 때부터 외국에서 자랐기에 한국으로 입양된다면 그 문화적 충격이 클 것으로 예상된단다.

그래서 가능하면 한국보다는 홍콩에 있는 현지 재외국민들이 입양해줄 것을 기대하고 있다는 소식도 들었다. 외모와 국적은 한국인인데 한국어는 못 하고, 한국 문화가 생소한 J. 어린 나이에 겪은 불행과 정체성의 혼란에 마음이 아프면서, 필요에 따라 아이에 대한 사랑이 변하는 비정한 양부모 부부가 원망스럽기도 하다. 그러나 좋은 양부모를 만나 사랑을 듬뿍 받으며 자라고 있는, 내가 만난 한 아이를 떠올리며 위안을 받는다.

학기 시작 3주 전, 사전 등록이 시작되면 몸과 마음이 더욱 바빠지며, 새 학기에는 더 많은 신입생이 오길 기대한다. 새로 한국학교를 찾는 학생이 있다는 것은 새로운 세상을 맞는 것처럼 설레고 흥분되기에, 신입생의 정보를 정리할 때마다 소중한 보물이 쌓여가는 느낌이다.

학생 이름 : 용기 Morgan

아빠 : Smith Morgan

엄마 : Susan Morgan

부모의 성(姓)이 모두 'Morgan'으로만 되어 있다. '이 학생은 부모가 모두 미국인인가?'

"용기 엄마입니다. 용기가 갓난아이일 때 한국에서 입양했어요……. 저는 용기가 모국 '한국'에 대해서 알고 배우기를 원합니다. 우리 부부가 '용기를 얼마나 사랑하는지'를 알려주고 싶기 때문입니다. 그래서 용기를 '한글학교'에 보내고자 합니다. 작년에 한글학교를 알았는데, 네 살부터 가능하다고 해서 1년을 기다렸답니다."

전화선을 타고 오는 용기 어머님의 음성이 살아 움직이며, 내 심장을 마구 두드린다. 서류상, 생활상 내 아이가 되었지만 나와는 다른 '민족적' 정체성을 찾아주어, 그가 성장하면서 겪을 세상을 더 굳건하게 디디도록 해준 배려……. 양부모는 용기를 '진정으로' 사랑했던 것 같다. 단순히 아이를 좋아하는 외골수적인 사랑이 아니라, 폭넓고 다양한 각도로 용기의 성장을 보살피려는, 사려 깊은 사랑에 가슴 뭉클한 감동이 와닿는다.

나는 입학원서를 다시 꺼내보게 된다. 한국 이름 쓰는 난에 또박또박 한글로 쓴 '용기'라는 두 글자! 이 양부모들은 한글을 어떻게 알았을까? 신기하고 감격스럽다. 한국인 2세 부모 대부분은 한글을 쓸 줄 모르기 때문에 한국 이름 쓰는 난을 비워놓고, 미국 이름 쓰는 난에 영어로만 학생에 대한 정보를 쓴다. 그런데 한국과는 무관한 미국인 부부가 쓴 '한글!' 그 글자가 내 가슴에 들어와 감동과 감사로 메아리친다. 지금 내게 "사랑이란 무엇인가?"라고 묻는다면 용기의 양부모님이 입학원서에 쓴 "한글 이름, 용기"라고 말하겠다.

드디어 학기 첫날. 백인 부부와 함께 나타난 용기! 까무잡잡한 피부 색깔 때문인지, 작고 마른 체구 때문인지, 나는 이 소년의 표정이 어둡고 움츠려 있다는 느낌을 받았다. 마치 옮겨 심은 나무가 아직 생기를 찾지 못하는 시들한 느낌이랄까? 나는 그를 꼭 안으며, 고국의 품 같은 푸근함을 그가 느끼기를 바랐다.

한글학교에 오는 아이들 대부분은 한국과 관련된 것을 접할 기회가 조금이라도 있는 반면에 그렇지 못한 용기는 처음 대하는 한국인, 낯선 한국어가 어색한 듯했다. 게다가 유난히 수줍음을 타고 내성적인 성격이었기에 학급에서의 적응 또한 쉽지 않았다. 수업 교실에서 5분을 못 넘기고 자주 움직이며, 교실 바닥에 드러눕기까지 한다. 보조교사가 용기에게 특별히 신경을 쓴다. 그가 잘 이해하지 못하는 듯하면 영어로 얘기해주는 등 곁에서 도와주었지만 역부족이었다. '시간이 지나면 나아지겠지' 하고 기다릴 수밖에 없었다. 유난히 우울해 보였던 용기의 얼굴이 조금씩 밝아지는 것을 위안 삼으며 그렇게 몇 주를 보냈다.

용기 부모님은 용기가 태어난 나라에 대해 알고 싶어하고, 용기의 모국 사람들과 만나는 일 자체를 즐겨 하셨다. 둘째 주에는 보행기에 용기 동생인 남자아이를 태워 함께 오셨는데, 그 아이 또한 한국 아이다. 생김새가 용기와 매우 흡사해 형제를 같이 입양한 줄 알았다. 그런데 그건 아니란다. 양부모에게 이름을 물어보자 영어 이름 대신 '일환'이라는 어려운 한글 이름을 발음하며, 내가 잘 못 알아듣자 글씨를 써주는데 역시 한글이다. 어디서 한글을 배웠냐고 물으니까 배운 것이 아니라 한글로 쓴 그 글자를 외운 것 이란다. 그러니까 그분들이 쓸 수 있는 한글은 쉬운 '가나다'가 아니라 '용 기, 일환' 이렇게 딱 네 글자이다. 아이가 태어나면서 받은, 그 아이만의 고 유한 이름을 잊지 않으려고 '한글 네 자'를 열심히 외우신 것이다. 양부모님 의 사랑과 정성에 고개가 저절로 숙여진다.

한국인 틈에서 어색하기도 할 텐데 학부모 회의에도 참석하셔서 참 고마 웠다. 교장 인사 때, 그날은 특별히 용기 어머님 때문이기도 했지만, 한국어 를 모르는 2세 학부모의 증가로 한국어/영어, 두 언어로 인사를 했다. 용기 어머님을 소개하면서 입학원서에 쓰인 '한글 이름'에 대한 이야기도 빼놓지 않았다.

회의가 끝나고 용기 어머님이 자신의 이야기를 해주어서 고맙다며 찾아 오셨다. 그러나 나는 용기 어머니가 더욱더 고마웠다. 양부모 밑에서 자라 는 용기의 성장기에, 그 어떤 영양보다도 '정서적 영양'이 더욱 중요한 용기 에게 사랑을 듬뿍 주고, 그 사랑이 넘치고 넘쳐 한글학교까지 찾아주었으니 그 감격과 감사를 어찌 말로 다 표현할 수 있단 말인가?

용기 어머님은 학교에서 보내주는 안내서를 꼬박꼬박 챙겨가며 용기의 한글학교 교육에 정성을 다했다. 그 결과 한국인 친부모를 둔 아이들과 똑 같이 용기는 숙제 또한 매주 빠짐없이 해올 수 있었다. 공개수업 날에는 부 부가 와서 수업을 참관하며 한국 노래와 율동도 배우면서 그들이 진정으로 사랑하는 용기와 함께 시간을 보냈다.

그러나 그다음 주에 용기는 오지 않았다. 수업에 집중하지 못하고 산만한 용기의 모습이 떠오르며, 좋지 않은 느낌이 들었다. 아니나 다를까 전화가 왔다. 용기 어머니와 나 사이에 긴 내화가 이어졌다.

"용기가 한국어가 서툴다 보니 수업에 잘 적응하지 못하는 것 같습니다.

아직 낯선 환경에 두기에는 용기가 너무 어린 것 같고요. 영어로 한국어 수업을 할 수는 없을까요? 그러면 용기가 잘 알아듣고 그렇게 산만하지는 않을 텐데요. 용기에게 물어보니 용기도 한국어 수업을 받기 싫다고 하네요……."

"아니요, 아이들은 일단 한국어를 많이 들어야 해요. 용기 나이에는 언어를 공부로 하기보다 그 환경에 접하게 하는 것이 가장 중요해요. 용기가 힘들어해도 한국어를 쓰고, 한국 사람이 있는 환경에 두셔야 합니다."

"아니요, 용기가 힘들어하니까 한국어 수업을 쉽게 하고 싶어요. 그러나 태권도 시간은 참 흥미 있어 해요. 그래서 태권도만 시키고 싶습니다."

"처음보다 점점 나아져 집중하는 시간이 길어지고 있고, 표정도 많이 밝아졌어요. 용기는 이 시기를 피할 것이 아니라 잘 극복해야 합니다."

너무나 간절한 마음으로 30분 넘게 통화를 했건만(부족한 영어로 어찌 그리 오래 통화했는지 끊고 나니 신기할 정도다) 아이들이 흥미 있어 하는 것만 배우게 하는 미국인들의 보편적인 교육관처럼 결국 용기 부모님은 한국어 수업은 중단시키고 태권도 수업만 보내셨다. 그리고 다음 학기에는 아예 등록을 안 하셨다. 용기가 좀 더 커서 수업 시간에 잘 적응할 수 있을 때 다시 보내겠다고 한다.

나는 무척 아쉬웠지만, 더는 붙잡지 않았다. 비록 한 학기였지만, 한글학교를 찾아내어 한국인을 만나고 한국 문화를 접하게 해준 용기 부모님의 '의식 있는 사랑'을 내가 알기 때문이다. 그러한 사랑이 있는 한, 용기는 자신의 뿌리는 '한국'임을 잊지 않고 한국을 배울 기회를 계속 가질 수 있을 테니까.

태어난 나라와 길러준 나라가 다른 용기, 비록 유전적 환경이 확연히 다른 양부모 밑에서 자라지만, 그 유전의 자질이 '다름'을 극복하고도 남을 것이다. 사려 깊은 양부모의 사랑을 듬뿍 받고 자라기에 그는 자신이 가진 잠재력을 최대한 발휘하며 행복하게 자랄 것이다. 훗날 그가 비록 '외국인'으로서 고국을 방문할지라도 정체성 혼란기를 잘 극복한, 성공한 '한국계 미국인'으로 당당한 걸음을 내디딜 것을 믿으며, 그의 미래가 더욱 밝고 굳건하기를 기도한다.

2

맨해튼에는 다양한 인종이 모여 사는 만큼 내가 근무하는 이 학교엔 국제결혼을 한 학부모가 많다. 대부분 엄마가 한국인이고 아빠는 외국인이다. 백인 아빠가 가장 많고, 중국, 동남아시아, 아랍 등 다양하다. 그래서 학교에서 외국인 남자를 만나는 것은 그리 낯설지 않다. 그런데 처음으로 백인 엄마가 학부모로 등장하였다. 즉 아빠가 한국인, 엄마가 미국인인 가정이다. 아들(매튜) 하나, 딸(애나벨) 하나였는데 이 아이들은 엄마를 더 닮아서 겉으로 봐서는 미국인이다.

언제 보아도 반듯한 군인 자세를 한 여덟 살의 매튜, 얼굴 한 번 찡그리는 일 없는 미소 천사인 여섯 살 애나벨. 둘은 친구들 사이에서 금방 인기가 높아졌고, 선생님들 사이에서도 단연 최고의 관심을 모았다. 한국어 수업은 물론 자유롭게 움직이는 무용, 음악, 태권도 시간에도 얼마나 침착하고 자세가 바른지 군계일학처럼 그 돋보임이 빛났다. 선생님들 모두 수업을 마치고 나오면 매튜와 애나벨의 반듯함에 칭찬과 감탄을 금치 못했으며, 가정교육을 어떻게 시켰는지 궁금해할 정도였다.

매튜 어머니는 미국 초등학교 교사이다. 온화한 인상, 환한 미소가 주는 편안함이 처음 보는 사람도 친근감을 느끼게 하는 묘한 매력이 있었다. 그러나 나에겐 한국인 엄마가 아닌 미국인 엄마라는 사실 자체가 부담스럽고 긴장되었는데, 늘 밝은 미소로 학교에 대해 여러 가지를 물어보며 먼저 친근하게 다가오니 고맙기까지 하였다. 미국 학교 교사라는 말에 내심 긴장했건만 학교를 돌아보며 연신 '원더풀(Wonderful)!'을 외쳐주는 그녀이다.

그녀는 매주 학교에 와서 아이들을 격려하며 복도에서 교실을 엿보기도 하고, 간식시간에는 아이들 옆에서 이런저런 얘기를 하며 학교에 애정 어린 관심을 보여주었다. 어느새 나는 학부모 중에서 그녀와 가장 많은 대화를 나누게 되었고, 매주 토요일, 그녀 특유의 부드러운 상냥함에 매료되기 시작했다. 그렇게 대화를 통해 서로를 알아가며 개인적인 이야기도 많이 나누게 되었다. 남편과 연애하던 이야기까지.

"남편과 결혼하고 한국에 2년 살았는데, 남편 고향에서 원어민 영어 교사를 했었어요. 한국 사람들은 다정하고 친절해서 좋았지만, 그것이 어떨 때는 불편했어요. 사생활이 보호받지 못하는 기분이 들었거든요. 가장 힘들었던 것은 시댁이었어요. 그분들의 사랑은 알지만, 너무나 많은 것을 간섭하셔서……."

생생하던 그녀의 말투가 시댁 이야기가 나오자 시들해진다. 시댁, 한국 며느리에게도 시댁과의 문제는 영원한 숙제인데, 개인주의가 강한 미국인으로서 얼마나 힘겨웠을지 짐작이 간다. 나는 한국의 유교주의 문화와 집단주의 문화를 예로 들며 그녀가 한국의 문화를 조금이나마 더 이해하기를 바랐다. 그런 이해는 앞으로 더욱 자주 만나고 함께해야 할 한국인, 한글학교를 이해하는 데도 필요할 테니까.

우리 학교는 학기 중간에 공개수업을 한다. 애나벨 엄마와 아빠는 아침 일찍부터 학교에 와서, 종일 모든 수업을 참관했다. 우리 학교 교사진은 모두 사범대 출신으로 수업에 대한 열의와 전문성이 뛰어났기에 학부모의 신뢰가 높았고, 학교에서도 자부심이 컸다. 특히 애나벨이 속한 유치반을 담당하는 교사는 한국에서 다양한 경험을 한 유아교육 전문 교사로서, 그 어느 때보다 알차고 재미있는 수업으로 학생과 학부모의 인기를 한 몸에 받고 있었다. 애나벨 엄마는 나와 얘기할 시간이 없을 정도로 하루 내내 수업을 참관하느라 분주했다. 나는 다음 주에 수업을 직접 경험한 소감을 물어볼 생각을 하며, 재미에 유익을 더한 최고의 교사가 하는 수업을 참관하였으니 애나벨 엄마가 학교를 더 좋아하게 되리라 은근히 기대했다.

그런데 애나벨과 매튜는 다음 주에 학교에 오지 않았다. 나는 걱정이 되어 전화했으나 받지 않아서, 이번 주에는 꼭 학교에 오라는 메시지를 남기고 전화를 끊었다. 그러나 그다음 주에도 애나벨과 매튜는 오지 않았다. 본능적으로 좋지 않은 일이 있음을 느끼며 적극적으로 전화를 하였다. 몇 번을 전화하여 드디어 애나벨 엄마와 통화를 하게 되었다.

"애나벨에게 한글학교가 부정적인 영향을 주고 있는 것 같아요. 지금은 그렇게 심각하진 않지만 계속 학교에 다니면, 그렇게 될 것 같아서요. 긍정적인 이미지로 학교를 떠나는 것이 좋을 것 같아 안 보내고 싶습니다."

"어떤 것이 안 좋은 것 같습니까?"

"애나벨이 교실에서 자신감을 잃는 것 같아요. 한국인 가정의 아이들에 비해 한국어 실력이 모자라다 보니, 선생님한테 칭찬도 못 받고, 발표도 못하고……."

"애나벨은 지금 점점 나아지고 있어요. 학교도 좋아하고 친구들한테 인기도 많고요. 선생님들은 또 애나벨을 얼마나 예뻐하는데요. 시간이 지나면 실력도 늘고, 더욱 자신감이 생길 겁니다."

"물론 애나벨은 학교를 좋아합니다. 그리고 계속 다니고 싶어 합니다. 그러나 엄마로서, 교사로서의 제 생각은 다릅니다. 애나벨이 학교를 계속 다녀서 얻는 것보다 잃는 것이 많다고 생각되기에 안 보내고 싶습니다."

애나벨 엄마가 최대한 예의를 갖추며 얘기하고, 그녀를 설득하기에는 내 영어 실력도 부족하고 생각의 차이가 큰 것 같아 일단 전화를 끊었다. 그리고 며칠 후 소통하기가 좀 더 편한 애나벨 아빠와 다시 통화를 하였다.

"미국 교육은 아이들에게 칭찬을 많이 해주는 교육이잖아요. 가장 중요하게 생각하는 것이 자신감이고요. 그런데 애나벨은 다른 친구들보다 한국어를 못 하다 보니 발표하지 못하고, 그러면 선생님이 주는 스티커도 못 받고 선생님과 하이파이브도 하지 못하게 됩니다. 아이들이 스티커를 받고 좋아하고, 하이파이브를 하며 신이 나 있을 때 뒤에 가만히 앉아 있어야 하는 애나벨을 보며 마음이 안 좋았던 것 같습니다. 스티커, 하이파이브……. 그런 것들이 도구가 되어 학생들을 교육하는 것 자체가 애나벨 엄마는 이해가 되지 않나 봐요. 저는 한국에서 자라고 한국에서 교육을 받았기에 거부감이 덜한데, 애나벨 엄마는 그런 교육 자체를 이해하지 못하는 것이지요. 그런 것이 문화의 한계 같아요. 저는 애나벨이 원하니까 계속 보내고 싶지만, 애나벨 엄마를 이길 수 없네요. 엄마이자 교사니까요."

스티커, 교사회의에서 항상 논의되던 내용이었다. 잘하는 학생에게는 스티커를 주고, 그것이 많아지면 학기 말에 상품이나 적절한 보상을 주는 것. 당장 아이들이 수업에 집중하고 발표를 많이 하게 하는 현실적인 장점이 있지만, 경쟁심을 유발하고 비교육적이라는 '원칙'이 맞물려 늘 쟁점이 되었다. 학교 차원에선 쓰지 않는 것으로 정했지만, 현장에서 천방지축 아이들과 함께 하는 교사들의 생각은 다르다.

"교실 수업에서 스티커만큼 당장 효과를 보는 것이 없습니다. 저희도 그 단점을 모르는 것이 아니니까 부작용을 최소화하며 사용할게요. 골고루 돌아가며 받도록 융통성을 부려 부정보다는 긍정적인 효과를 나타내도록 하겠습니다."

"그래도 방법 자체가 교육적이지 못하니 다른 방법을 찾아봅시다."

매번 부정과 긍정의 토론이 오갔고, 초급반 이상에서는 쓰지 않았지만, 유치반에선 알록달록한 스티커 자체가 아이들을 신나게 하니 적절히 사용하고 있었다. 어쨌든 스티커와 하이파이브에서 충격(?)을 받은 애나벨 엄마는 결국 애나벨과 매튜를 한국학교에 보내지 않았고, 그때부터 애나벨에 대한 나의 그리움은 더욱 깊어만 갔다.

고백하건대, 애나벨은 유독 나의 마음을 끄는 학생이었다. 그 아이의 눈빛과 미소를 접하면 세상이 순간 분홍빛으로 변해버린다. 그 포근한 느낌은 세상사에 지친 어른의 마음에 쉼을 주러 온 천사 같다고나 할까. 애나벨이 주는 그 순수한 편안함은 일하다 지치는 주중에도 문득문득 그 아이를 보고 싶게 만들었고, 금요일 저녁엔 애나벨을 볼 수 있다는 기쁨으로 설레기도 했다. 그 후 애나벨이 학교를 그만둔 후에는 애나벨 꿈도 꾸고, 혹 애나벨 집 근처라도 가게 되면 '애나벨을 만나고 갈까?' 생각할 정도로 그 아이에 대한 나의 마음은 떠나지 않았다.

그렇게 애나벨을 그리며 세월을 보내던 중, 그 아이가 다시 학교에 왔다. 애나벨이 한글학교에 가고 싶다고 계속 엄마를 졸랐기 때문이다. 1년 만에 짠 하고 환희처럼 나타난 애나벨. 그사이 분홍빛 볼살이 조금 빠지고 키도 훌쩍 큰 어린 소녀로 변했지만, 특유의 포근한 미소는 변함이 없었다. 나에게 건네는 그 미소가 환한 꽃 같다는 생각을 하며 애나벨을 꼬옥 안아주었다.

"고마워, 다시 와주어서 정말 고마워."

애나벨은 1년의 공백을 보상이라도 하듯 한국어 공부를 열심히 했고, 재미있게 한국 무용을 배웠으며, 신나게 한국 노래를 불렀다. 학기가 끝나는 날, 한복을 곱게 입은 애나벨이 발전상과 개근상을 품에 안고 나에게 다가왔다. 다시 만났을 때의 그 꽃 같은 웃음을 띠며 내미는 은빛 선물 상자. 내 마음도 기쁨과 감격의 은빛으로 반짝이며, 보람찬 행복이 가슴 밑바닥에서 마구 솟아올랐다. 매 학기, 학생으로 인해 보람을 느끼는 일이 많지만, 애나벨에게서만큼은 그 기쁨이 더 컸다. 철옹성 같은 미국 문화를 뚫은 기분이랄까? 미국 교육이 한국 교육보다 더 선진적인 장점이 있겠지만 아이들이 하고 싶은 것만큼의 좋은 동기와 효과가 어디에 있으랴? 비록 방법에 있어 약간의 부작용이 있었어도 이 세상에 완벽한 교육이란 없는 법, '사랑' 이상의 좋은 교육 방법은 없다는 생각을 애나벨이 입증해준 것 같아 그렇게 고마울 수가 없었다. 은빛 상자를 여니 애나벨처럼 포근한 빛을 담은 분홍 목걸이가 동그란 얼굴을 내민다. 마치 애나벨이 그 안에서 웃으며 속삭이는 듯하다.

"선생님, 저는 느꼈어요. 선생님이, 친구들이, 저를 얼마나 사랑하는지를. 그 '사랑의 공간'으로 정말 다시 오고 싶었어요. 스티커 못 받아도 괜찮아요. 스티커와는 비교도 되지 않는 좋은 선생님과 친구들이 있으니까요."

그 아이는 알았던 거다. 누군가가 그에게 구체적으로 표현하지 않았어도 자신의 마음에 향기처럼 번졌던 한글학교에서의 사랑을. 우리 모두가 주었던 그 '사랑의 텔레파시'를. 나는 애나벨이 선물한 목걸이를 마치 아이들을 쓰다듬듯 어루만지며 내 마음을 다시 다져본다.

아이들 한 사람 한 사람에게 더 정성스러운 사랑을 쏟고, 그들을 더 깊은 사랑으로 감싸 안겠다고. 그 사랑의 향기에 아이들이 맘 놓고 기댈 수 있는 꽃밭 같은 학교를 만들겠다고. 서로의 마음에 넘나드는 사랑의 향기가 학교 안에 가득 찰 때 인종, 문화, 그 어떤 '다름'의 차이도 극복하며 아름다운 꽃을 피울 수 있을 테니까.

디아스포라 기항 일지 속의 한글학교

남 일

(현) 뉴잉글랜드 한국학교 교장
(현) 재미한국학교뉴잉글랜드지역협의회 회장

이방인으로 나서는 첫길

고국을 떠나 미국으로 향하는 델타항공 비행기를 타고 첫발을 내디뎠던 곳이 유타주 솔트레이크시티였다. 비행기 창밖으로 낯선 풍경을 쳐다보며 공항에 도착한 나는 설렘과 불안함을 안고, 앞에 가는 사람 행렬을 열심히 쫓아갔다. 여기서 보스턴으로 가는 연결편을 타야 한다. 통로를 걸어가면서 나는 불안하다. 어디로 가는 것인지, 제대로 나가고 있는 것인지. 그때 마침 반가운 소리가 들린다.

"이곳에서 비행기를 갈아타야 하는 분들은 저를 따라오세요."

한국어로 안내를 해주는 승무원의 목소리다. 그때는 하나님 음성을 들은 양 반가웠다. 입국검사를 받는 자리에서 이런저런 질문에 답하고, 다시 비행기를 타고 마침내 보스턴 로건 공항에 도착했다. 자정에 가까운 시간, 게이트를 빠져나가니 거의 반년 만에 보는 아내가 기다리고 있어 반가운 해후를 했다. 도착해보니 14시간 시차도 낮과 밤이 거꾸로 되어 있다. 오랜 비행시간 동안 불편한 일반석 좌석에서 거의 하루를, 자다 깨다 잠을 설친 후에 집에 도착해서 잠은 잘 잤다.

다음 날 아침 일찍 일어나, 앞으로 내가 살게 될 에어(Ayer)라는 동네의 거리를 구경하기로 하고 산책을 나왔다. 그날 아침, 내가 느꼈던 첫인상이 지금도 잊히지 않는다. 미국 서부영화에서 봤던 술집처럼, 양쪽으로 열리는 출입구가 있는 건물들이 있다. 나무 전봇대들도 보인다. 좀 고풍스럽다고나 할까. 'Book Berry'라는 아주 오래된 서점이 눈에 들어와 내부를 기웃거리다 이런 생각을 하게 된다. '아마, 여기서도 서부영화를 찍나 보다. 영화 촬영 세트장인가?' 그도 그럴 것이 바로 옆길로 새벽 기차 들어오는 소리도 들리고 양쪽으로 열리는 가게의 문이 활짝 열리면서 쌍권총을 찬 카우보이들의 대결이 막 벌어질 것 같은 긴장감이 흘렀다.

어젯밤 도착했을 때는 어두워 모르겠더니, 아침에 내가 살 집을 쳐다보니, 아! 이건 그야말로 서양식 고택이다. 족히 200년은 되지 않았을까 싶다. 나는 비행기를 타고 미국에 온 것이 아니라 타임머신을 타고 시간여행을 한 것이 아닌가 하는 착각에 빠져 혼자 웃었던 기억이 난다. 영국에서 건너온 청교도의 후예가 세워서 살았고, 지금도 살고 있는 동네이기에 전통과 문화를 간직하고 보존하고자 하는 마음이 커서 개발을 서두르지 않았다고 에둘러 말들을 하는데, 개발에 급급한 우리나라의 모습을 되돌아보게 되었다. 전통을 유지하기 위해서는 정말 오랜 시간이 필요한데, 종종 우리는 편리함과 이익 추구를 위해 수백 수천 년의 역사를 한순간에 무너뜨려버리지 않는가.

동네마다 마을 진입로에 세워놓은 푯말을 보면, 거의 모든 동네가 대략 400년의 역사를 간직하고 있다고 자랑하는 듯 보였다. 보스턴 중심가의 교회는 미국에서 가장 오래된 교회 건물이다. 그뿐 아니라 미국 최초의 도서관, 최초의 대학교, 최초의 여자대학교, 최초의 지하철 등등 미국이 시작된 곳이어서 그런지 '최초'라는 수식어가 붙어 있는 것이 참 많다. 물론 수천 년 역사를 간직한 한국과 비교해보면 별것도 아니라고 하겠지만, 미국인들에겐 그네들의 자랑스러운 이주 역사이리라. 그만큼 전통을 이어가고자 하는 그들의 노력을 많이 엿볼 수 있다.

내가 살 곳을 둘러보니

보스턴이 세계적인 교육도시로 유명한 이유는 후손들의 교육을 중요시했던 선조의 덕분이라 해야 할 것이다. 여덟 개 아이비리그 대학 중에 보스턴 인근에만 하버드, 브라운, 다트머스, 예일대 등 네 개 대학과 MIT, 터프츠(Tufts), 보스턴대학교(BU), 웰즐리(Wellesley) 등의 교육기관이 있다. 어찌 보면 도시 전체가 거대한 교육기관이라고 해도 과언이 아닐 정도의 엄청난 규모의 교육도시이다. 당연히 교육적인 면에서 시민들이 대단한 자부심을 가진 곳이기도 한데, 흥미로운 점은 동네마다 상당한 규모의 도서관이 함께 있다는 것이다.

로건 국제공항은 원래는 보스턴 공항(Boston Airport)이었다가 1952년부터 로건 국제공항으로 이름이 바뀌었다. 우리나라의 인천공항처럼 보스턴만을 사이에 두고 바다를 막아 건설된 공항이다. 공항을 빠져나오며 테드 윌리엄스(Ted Williams) 터널을 따라 나오면, 왼편에 그 유명한 레드삭스(Red Sox) 구장의 그린 몬스터를 지나치게 되고, 오른쪽으로 가면 찰스강을 사이에 두고 MIT, 하버드, BU, BC 등 세계적인 대학교가 늘어서 있다. 대학생들이 강변에서 휴식을 취하거나 요트 경기를 하는 모습을 쉽게 보게 되면서 "야, 보스턴이구나!" 하는 탄성을 자아내게 한다. 로건국제공항에서 다른 편의 서머(Summer) 터널을 통하여 보스턴으로 들어오면, 93번 고속도로를 사이에 두고 전통과 현대가 어우러져 있는 모습을 보게 된다.

93번 고속도로를 가운데 두고 한쪽은 전통을 중시하여 건물 외관을 함부로 손대지 못하게 금한 모습을 엿볼 수 있다. 몇백 년 된 건물들이 늘어서 있고, 반대편은 현대식 건물과 고층 건물이 솟아 있다. 그리고 그 사이사이로 오랜 전통의 흔적을 가진 건물들이 줄지어 있다. 미국의 각 지역을 가보면 그 지역의 색채가 깊은, 크고 작은 박물관들이 있다. 특별히 보스턴은 교육과 문화의 도시여서 MFA를 비롯한 다양한 박물관이 있다.

로건공항에서 40분 정도 가면 플리머스라는 곳이 있는데, 이곳은 미국이 시작된 곳으로 해마다 미국 전역에서 수많은 미국인이 미국의 역사를 직접 체험하러 오는 곳이기도 하다. 이곳에는 청교도들이 1620년 영국에서 타고 왔던 메이플라워(Mayflower)라는 범선을 그대로 복제하여 만든 배가 정박해 있다. 또 옛날 청교도 시대의 마을과 인디언이 살던 마을을 재현하여 당시의 생활상도 엿볼 수 있도록 되어 있다.

미국은 도시마다 미술관과 다양한 종류의 박물관이 있다. 수천 년의 역사를 가진 우리나라에 비해 역사가 길지 않은 나라여서 전시물이 일정하지 않다. 미국 고유의 역사 유물보다는 세계 여러 나라의 미술품과 다양한 문화의 작품을 전시한 것을 볼 수 있다.

400여 년이란 짧은 역사를 가진 미국임에도 불구하고 세계 최강대국이 된 근본적인 힘이 무엇일까? 그건 아무래도 하와이에서 보스턴까지 시차가 6시간이 나는 엄청난 크기의 땅과 자원으로 인한 여유가 아닌가 생각된다. 미국의 힘을 미국 교육의 특성에서도 찾을 수 있다. 개개인의 창의력을 기르도록 하는 교육목표와 교육 방법이 주마다 다르고, 그렇듯 교육의 다양성이 살아 있는 것도 지금의 미국을 있게 하는 저력이라고 생각한다.

내가 사는 매사추세츠주는 미국 50개 주 중에서 크기에 있어서 44위의 작은 주이다. 뉴잉글랜드 6개 주 중에서 캐나다와 접해 있는 면적 39위의 메인주가 9만 2천 제곱킬로미터로 남한과 비슷한 크기이다. 면적 12위인 미네소타주가 한반도의 크기와 거의 비슷한 정도이니, 미국은 얼마나 거대한 땅

덩어리인가. 아무튼 나는 고국을 멀리 떠나, 이제 미국 땅의 디아스포라 코리안이 되었다.

미국 생활을 위해 운전면허를 따려니

미국인의 생활은 청교도 정신에 서 있는 것이 많다. 특히 이곳 동부 지역의 경우는 더욱 그러하다. 그들의 청교도 정신을 배우기가 쉽지 않았다. 나는 "적응도 해야겠지만 그냥 우리는 우리네 나름대로 살아야겠다."라는 말이 먼저 나왔다. 미국에 도착한 것이 2월 19일인데 첫째가 태어난 날이 10일 뒤인 삼일절 아침이었다.

지금은 한국 운전면허증을 매사추세츠주 운전면허로 바꾸어주지만, 옛날엔 국제면허증이란 걸 반드시 받아서 가지고 와야 했었다. 지금도 그 국제면허증을 기념으로 가지고 있는데 당시에는 운전하다 교통위반이라도 하게 되면, 복잡한 문제가 생겼기에 조심조심 다녔다. 하루라도 빨리 매사추세츠주 운전면허증을 받아야 태어날 아이와 가정을 돌볼 수 있지 않겠나 싶어 도착하자마자 면허시험을 신청했다. 필기시험에서 10개의 문제 중에 세 개 이상 틀리면 떨어지고, 도로 실기에서는 경찰관이 옆에 타고 지시하는 대로 해내어야 합격한다.

이런 시험 방법은 30년이 지난 지금도 별반 다를 것이 없다. 하필 시험 날이 첫애가 태어나는 날 아침이었다. 근 하루의 힘든 진통 끝에 아기가 태어나고 나는 부랴부랴 인근의 시험장으로 달려가 운전면허 시험을 보게 되었다. 시험관 경찰 아저씨에게 인사도 잘했고, '지금 막 아기가 태어나 병원에서 오는 길이다. 그러니 이번 시험에서 붙어야 한다……'는 식으로 장황하게 설명하려넌 기억이 난다.

나는 경찰관이 지시하는 대로, 주행하다 서고 주차하고를 반복했다.

'Three Point Turn'도 멋들어지게 하고 이제 시험장으로 다시 돌아오는 길이었는데, 이 아저씨가 교차로에서 갑자기 좌회전을 지시한다. 나는 교차로에서 별 생각 없이 신호가 떨어지자 부드럽게 좌회전을 하여 시험장에 도착했는데, 결과는 '불합격'이었다. 그래서 도대체 무슨 이유로 떨어진 것인지 물어보자, 다음과 같은 대답이 돌아왔다. 차를 교차로 가운데까지 가서 왼쪽으로 틀어서 좌회전해야 하는데, 왜 둥그렇게 돌았느냐? 이렇게 되물으며 아무렇지도 않다는 듯이 불합격증을 턱 내민다.

나는 서울에서 이미 운전을 했던 경험자여서 보스턴 근교의 도로는 식은 죽 먹기로 너무 쉽다고 생각했던 것이 잘못이라면 잘못일 수 있었다. 화가 나서 아마도 미국이란 나라에 와서 처음으로 겪어보는 '인종차별'이 바로 이런 것인가 보다 생각도 했었던 것 같다. 그런데 몇 주 후에 다시 실기 시험을 치를 때에도 같은 시험관을 다시 만났다. 그러나 이번엔 '합격증'을 받게 되었다. 지금 생각해보면 그 경찰관의 생각으론 '너 서울에서 운전하듯이 그런 식으로 여기서 운전하다가 큰일 날 테니, 까불지 말고 조심해서 다녀라' 하는 의미였지 않을까 싶다. 하지만 그 후에도 서울식 운전 습관을 고치는 데는 상당히 오래 걸렸다. 운전은 처음 배울 때 잘 배워야 한다고 하셨던 어른들의 말씀이 맞다.

애꿎은 발음 타령으로 미국 생활을 시작하다

집 근처에, 걸어갔다 올 만한 거리에 웬디스(Wendy's) 햄버거와 맥도널드, 켄터키 프라이드 치킨 가게가 서로 얼굴을 맞대고 있었고, 지금도 그 자리를 지키고 있다. 참 먹음직스럽고 엄청난 크기와 구수한 냄새를 풍기던 햄버거와 감자튀김, 가족이 함께 마셔도 될 만한 크기의 음료 컵을 보며 놀라던 기억이 난다. 게다가 무료 리필이라니, 그 큰 크기의 음료수를 연신 다시

제2부 지구촌 한글 교사의 초상화

채우고 있는 사람들도 쉽게 볼 수 있다. 코로나 사태로 휴지 대란이 일어나는 바람에 상황이 바뀌긴 했지만, 무한정 쓸 수 있는 휴지, 포크와 스푼, 각종 소스 등, 풍요롭다는 느낌을 받을 수밖에 없었다.

웬디스에 들어가 메뉴판을 보며, 나름 정확한 발음으로 읽으며 주문을 한 후, 의기양양하게 서 있는데 상대방의 반응이 없다. "뭘 주문할 거냐?"라고 한다. 또다시 나로서는 최상의 발음으로 주문을 했건만, 주문을 받는 청년의 반응이 어째 이번에도 시큰둥하다. 눈빛을 보니 내가 무슨 햄버거를 시키는 것 같고 안에 뭘 넣을 건지 얘기하는 것 같은데, 잘 모르겠다는 눈치다. 이런 경우 보통 내 영어 발음이 이상해서 못 알아듣는 건가 하며 부끄러워하겠지만, 당시에는 속으로 '저 사람 혹시 영어 못하는 거 아냐? 왜 내 말을 못 알아듣는 거야?' 하고 화를 냈던 것 같다. 배는 고프고 뒤에 사람들은 기다리고, 결국 만국 언어인 메뉴판에 쓰인 숫자에 기대고 말았다. 여차여차하여 햄버거 세트 주문에 성공하긴 했는데, 어째서 등 뒤에 식은땀이 나는 것인지.

우리 가족은 하버드 법대 근처의 한인교회에 다녔다. 교회 장로님께 웬디스 에피소드를 말씀드렸더니 장로님 왈 "한국의 대학에서 영문학을 가르치는 교수님들도 처음에 미국에 와서 맥도널드에 가면 주문하는 데 애를 먹는다."라고 하신다. 영어 단어를 많이 알고 영문법을 잘 안다고 해도, 미국에 처음 오게 되면 흔히 겪게 되는 일이라며 웃으신다.

여하튼 그 이후에도 미국 생활을 시작하며 발음으로 고생한 적이 참 많다. 한글 발음으로 굳어져버린 성대 근육이 어지간히 고생한 덕에 지금은 많이 현지인 발음에 다가가고 있지만 그래도 쉽지 않은 것이 영어 발음인 것 같다. 그런 이유인지 1993년에 한글학교에 발을 내딛고 한 반의 학생 나이가 무려 여섯 살이나 차이가 나던 이중언어 화급의 교사를 시작했는데, 나는 그때 각 지방의 사투리도 가르치며, 한글 발음이 어렵지 않게 느껴지도록 다양한 방법으로 한글을 가르쳤다. 고등학교 1학년을 가르치고 있는 지금도 어떻게 하면 다양한 방법으로 한글을 가르치며 정체성 확립을 위한 수업을 할지 고민하며 준비한다.

한글학교에서 익힌 '한국어 정체성', 아이를 크게 성장시키다

지금은 부총영사급의 미국 외교관인 첫째 아이는 어릴 때부터 거의 매일 도서관에 가서 한 시간씩 동화책을 읽고, 책을 열 권씩 빌려와 책과 친구 하도록 했는데, 밥을 먹을 때도 책을 놓지 않았다. 동네 도서관에 더 읽을 책이 없어 옆 동네 도서관에 가서 책을 빌려오기도 했다. 이와 함께 고집스러운 엄마의 성화로 매일 저녁 성경을 한글로 네 장 분량, 영어로 한 장 분량을 읽어야 했다. 아마 그렇게 오랜 기간 본의 아니게 훈련을 받은 덕택으로 10학년 때는 토론대회에서 10학년 미국 전체 1위를 차지하게 되었는지도 모르겠다.

당시에는 유대계 청소년들이 거의 모든 토론대회를 휩쓸었던 때여서, 자그맣고 호리호리한 체구의 한국 여학생이 이들을 제치고 1등에 올라선 것이 그들에게는 충격이었을 것이다. 11학년 때는 미국팀의 캡틴으로 세계 토론대회를 이끌었고, 펜실베이니아대학교(UPENN)와 런던 정경대에서도 대학 대표로 나서기도 했다. 이런 저력은 아마도 어려서부터 성경을 포함한 수많은 책을 읽고 또 읽으며 탄탄한 어휘력이 갖춰졌기 때문이 아니었을까 생각된다. 여섯 살 아래의 둘째도 누나의 본을 잘 받은 것 같다. 시카고대학을 장학생으로 입학하여, 한 학기 조기 졸업 후 자신의 인생을 시작하여 잘 개척해나가고 있다. 뿌린 만큼 거둠이 맞는 것이 아닐까?

몇 년 전, 주한미국대사관 영사로 부임한 딸을 보기 위해 나는 한국에 갔었다. 그때 미 대사관 안에 들어가 딸이 근무하는 곳을 구경한 적이 있었다.

나는 딸과 같이 근무하는 현지 대사관 직원들에게 물어보았다. 제 딸이 늘 영어로만 말하지 않느냐, 잘 지내고 있느냐? 그랬더니 옆에 있던 딸이 이렇게 말한다.

"아빠, 나 한글학교 졸업했잖아!"

그렇구나! 네 살부터 12년 동안 다닌 한글학교 덕을 보았구나. 우리말에 대한 감수성을 한글학교에서 익혔구나. 그리고 한국을 직접 배울 수 있도록 12학년 여름방학 때는 한국의 대학 프로그램에 2주 동안 다녀오며 어머니의 나라를 직접 보고 왔던 경험이 그 이후에도 적지 않은 영향을 미쳤다는 생각이 들었다.

인생의 반을 한글학교에 바친 나는 아빠로서 제대로 아이들과 놀아주지 못했다. 직장을 다니면서 한글학교 교장으로 봉사를 시작하면서 더욱 시간이 부족하여 주말에도 아이들과 많이 놀아주지 못했다. 가족과 가져야 할 시간을 한글학교의 일이 얼마나 많이 빼앗아갔던가. 그러나 더 큰 대의를 위해서 나의 작은 이익을 양보했던 것에 대해서는 조금의 후회도 없다.

그러나 아내를 비롯하여 가족 모두에게 미안한 마음은 가지며 살고 있다. 현명하고 단호했던 아내의 결단으로 휴일과 여름방학에 시간을 내어 가족 여행을 다녀왔다. 그런 기억의 자취와 증거들이 냉장고 문과 장식장에 고스란히 남아 있어, 난 아내에게 감사한 마음 늘 가지고 산다.

한글학교의 교사와 교장이라면 누구나 같이 느낄 것이다. 나 또한 그러하다. 한쪽으로는, 동포 지역사회의 성장 발전과 직결되는, 한국학교 교장이란 무거운 책무의 추를 매달고, 다른 한쪽으로는 감히 저울질할 수도 없는 아빠와 남편이란 무한 책임의 추를 매달고 살아왔다. 두 책무 사이에서 흡사 외줄 타기를 하듯 만리타국에서 살아온 것이다. '한국학교 교장'이라는 책무를 짊어지고 있는 동안 내가 감당할 수밖에 없는 희생을 피해 갈 수 없었다. 그래도 아이들이 엄마와 아빠의 근면함을 봐주었고 남을 위해 귀한 시간과 열정을 바치는 모습을 보고 자라왔기에 지금의 내 아이들도 자신의 인생을 잘 살아가고 있는 것이 아닌가 싶다. 그것이 내게 준 상급이라고 생각한다.

나는 이렇게 말하고 싶다.

"언어를 잃게 되면 나라도 사라지게 됩니다. 지구촌 곳곳, 우리 동포들이 사는 곳이라면 어디에서라도, 그 어떤 어려운 상황에서도, 우리 동포 2세들의 한국어, 한국 역사, 한국 문화 교육을 위해 최선을 다하고 있는 수많은 한글학교 선생님들, 여러분은 애국자입니다."

세종을 품다

원 혜 경

(현) 미국 뉴저지 훈민학당 글로벌 한국학교 교장
(현) 재미차세대협의회(AAYC) 상임고문

2020년 한글학교 교사로 재직한 지 30주년을 맞이했다. 지나온 시간이 주마등처럼 지나간다. 캐나다와 미국에서 동포 2세들에게 한글과 한국 문화와 역사를 가르치며, 참 많은 추억거리를 쌓았다. 돌이켜보니 내 나름의 보람도 있고, 후회도 있고, 아쉬움도 남는다.

가족들과 함께하는 주말 시간은 엄두도 내지 못했다. 주말을 온전히 학생들 한글 교육에 온 열정을 다했다. 하지만 그 당시는 인터넷이 활성화되지 않았고, 한국을 방문하여 교수 자료를 가져오거나, 배송을 받는 것이 정말 어려웠던 때였다. 그래서 학생들을 지도할 자료를 구하기도 쉽지 않았고 한글 교재를 받는 것은 더더욱 어려웠다. 정말 교육 여건이 열악한 때였다.

나를 한글 교육에 온 힘을 다하게 만든 계기를 생각해본다. 그것은 내가 캐나다에서 가슴 아프게 들었던 동포 학생들의 이야기에서 비롯된다. 내가 처음 캐나다에 갔을 당시에는 한국어를 할 줄 아는 학생이 거의 없었다. 그럴 수밖에 없었다. 학부모들부터 자녀가 캐나다 주류 사회에 다가가려면 영어를 습득시키는 것이 우선이라고 생각했다. 자녀가 한국 학생들과 어울리는 것을 피하게 했다. 영어만 사용하라고 하며 외국 학생들과 친구 맺기를 권하는 경우가 많았다.

동포 학생들도 자신을 캐나다 사람이라 생각하려 했다. 내가 한국어 배우기를 권하면, 그들은 이렇게 말하곤 했다.

"난 캐나디안(Canadian)이에요. 한국어 배우기 싫어요. 한국말을 왜 해야 하는데요?"

나는 눈물이 나고 가슴이 아팠다. 우리 아시안은 생김새가 달라서 아무리 섞이려고 해도 섞일 수 없다. 이것을 어릴 때는 모르고 자라다 커갈수록 자신의 정체성 혼란을 겪는 학생들을 종종 보아왔기에 안타까웠다. 인종차별은 아무리 부정해도 엄연한 현실이다. 우리 이민자들은 인종차별을 받으면서 또 다른 인종을 차별한다. 그런 현실을 보며 나는 이민자의 마음에 열등감이 크게 자리 잡아 가는 것을 항상 고민했고, 그것이 나를 더 한국어 교육에 열정의 불을 지피게 만들지 않았나 하는 생각이 든다.

한글은 유네스코도 그 우수성을 인정한 문자이다. 이제는 이걸 모르는 사람은 없다. 한글을 창제하신 세종대왕은 우리 역사에 가장 존경받는 인물이다. 우리는 이를 자랑스러워한다. 백성을 가르치는 바른 소리라는 훈민정음, 그렇다! 이 훈민정음을 세종대왕이 만드셨다. 내 삶의 주춧돌이 되신 세종대왕을 생각하며, 나는 한글학교 이름도 '훈민학당'이라고 지었다.

열심히 봉사를 해왔다고 생각하지만, 가끔은 지칠 때가 있고 쉼을 필요로 할 때가 있다. 그때쯤 나에게 '교장 연수'라는 기쁜 소식이 전해져 왔다. 교사연수는 있었지만, 같은 고민을 하는 교장들에게도 연수가 필요하다고 느끼고 있을 때, 재외동포재단에서 준 희소식이었다. 생각할 틈도 없이 무조건 연수를 신청하였다. 치열한 경쟁을 딛고 한국으로 연수를 떠날 수가 있었다.

2016년 6월 재외동포재단이 초청하는 교장 연수는 나에게 세종대왕과 관련된 교육철학을 다시 품을 수 있게 했다. 그 시간을 통해서 한글학교의 미래와 방향성에 대해 많은 생각을 할 수 있었다. 전 세계 한글학교에서 봉사하고 있는 교장 선생님들을 만나서 운영자만의 고충을 나눌 수 있는 시간이기도 했다.

미국 동부, 특히 뉴욕 뉴저지는 여러 한글학교가 밀집되어 있어서, 경쟁 아닌 경쟁이 생겨났다. 서로 간의 벽이 없지 않았기에, 마음은 있었지만 터 놓고 이야기를 나누지 못하기도 했다. 참 외로운 자리라는 생각을 많이 하게 되었다. 그런 형편 중에 지구촌 각지 5대양 6대주의 한글학교 교장 선생님들을 교장 연수에서 만나, 속 깊은 이야기를 나누었다. 참 신선한 분위기로 대화하기에 좋은 시간이었다. 같은 일을 하고 있어서 그런지, 처음 보는 선생님들과도 만나자마자 많은 이야기를 쏟아낼 수 있었다. 교장 연수 1기생이라는 자긍심이 우리를 더 애틋하게 했던 것 같다.

연수 과정 중에 다양한 교육과 즐거운 만남이 있었다. 특히 김경호 교수님의 강의 시간에 나는 백만 불짜리 미소라는 애칭까지 얻게 되었다. 얼마나 즐겁게 웃으며 강의를 들었는지 시간 가는 줄 몰랐다. 그리고 여주에서 만난 박현모 교수님과 세종대왕릉을 함께 걸으며 탐방 학습을 했다. 특히 세종대왕에 대한 설명은 한글 교육에 종사하고 있는 나에게 특별한 의미가 있었다. 나의 역할과 소명이 자랑스럽고 보람된 일이라고 위로를 받는 듯한 시간이었다.

여주 영릉 세종대왕기념관 건물 툇마루에 걸터앉아 어린 시절의 세종 이야기를 들으며 우리는 어린 세종과 함께 앉아 있었고, 또 왕의 숲을 거닐 때는 백성을 사랑하고 백성의 안위를 위해 고민하며 외로웠을 세종을 만났다. 영릉 숲 오솔길을 거닐며 세종대왕 달력을 상품으로 걸고 퀴즈게임도 하였다. 나는 그 달력을 얻기 위해서 노래도 불렀다.

"깊은 산속 옹달샘 누가 와서 먹나요~ 맑고 맑은 옹달샘 누가 와서 먹나요~"

어린 시절로 돌아가 여러 교장 선생님들과 깔깔거리며 웃었다. 타국에서 한글 교육에 온 열정을 다하며, 쉼 없이 보냈던 시간에 대한 보상이라도 받는 듯했다. 즐겁고 고마운 시간이었다.

선생님들 모두의 마음도 나와 같은 생각이었으리라. 그렇게 여길 수 있었던 것은, 그때 교장 선생님들의 따뜻한 눈빛에서 나는 그 마음을 보았기 때문이었다. 6월 한국의 날씨는 정말 더웠다. 무더운 날씨로 이마에 땀방울이 송골송골 맺혔지만, 영릉 숲을 걷고 있던 세계 24개국에서 오신 49명의 한글학교 교장 선생님의 마음에는 아마도 시원한 바람이 불었을 것 같다.

여주 세종대왕릉 탐방 학습을 통하여 가슴으로 울림이 오는 것을 느꼈다. 백성이 글을 깨치길 바라는 마음에서 만들어주신 '훈민정음' 덕에 지금까지 우리의 글을 가질 수 있다는 사실이 자랑스러웠다. 또한, 과학이나 음악 발달에도 많은 영향을 준 세종을 더욱 사랑하게 되었다. 그 사랑이 어찌 소중하지 않으랴! 한국인으로서의 자긍심을 어린 학생들에게 심어주며 한글 교육에 봉사하는 열정이 어디서 온 것인지를 되새겨보았다. 그날 이후 나는 세종대왕을 내 마음속에 더욱 깊게 품게 되었다.

재외동포재단 조규형 전 이사장님이 교장 초청 연수 환영사에서 한 말씀이 지금도 귀에 쟁쟁하다.

"해외에서 우리의 얼을 지키는 것은 독립운동과 같습니다. 여러분은 독립투사입니다."

나는 이 말이 정말 큰 위로와 힘이 되었다. 교장 초청 연수를 마치고 미국으로 돌아와서 바로 참석했던 '재미한국학교협의회'의 학술대회 개회식에서 애국가를 4절까지 부르는데, 눈물이 볼을 타고 흘러내렸다. 뜨거운 감동이 밀려와 주체할 수가 없었다. 조규형 이사장님의 그 말이 생각나며 내가 마치 독립투사가 된 듯한, 그런 마음이었다.

'괴로우나 즐거우나 나라 사랑하세.' 애국가의 한 소절을 부른다. 고국을 생각하면 늘 가슴 한구석이 울컥하고 뜨거운 뭔가가 올라온다. 나라를 떠나 살면 다 애국자가 된다더니 그런 것 같다. 불편하고 마음 아픈 고국의 소식을 접할 때마다 가슴이 얼마나 저려오는지 모르겠다.

타국에서 살아가는 우리 이민자의 삶은 정말 숨 가쁘다. 전쟁과도 같은 삶이라고 생각한다. 그래서 우리 2세 아이들에게 자신감을 심어주어 하나로 뭉칠 힘을 키워주기 위해서라도 한국어와 한국 문화와 역사를 보급하고 가르치는 일은 더없이 중요하다. 이는 한글학교 교육자들에게는 부름을 받은 소명(calling)과도 같은 것이다.

요즘은 한글학교도 많아졌다. 교회학교의 틀을 벗어나 전문성이 강화된 한글학교도 늘고 있고. 동포 2세들도 여름방학이면 한국을 많이 방문한다. 그래서 학생들이 한국어와 한국 문화를 쉽게 접할 수가 있다. 교사들은 교수·학습 자료도 구하기가 쉽고, 학생들은 미디어를 통해서 익숙하게 한글을 배울 수 있다.

그러나 지구촌 이민 사회 현지에 있는 한글학교는 단지 한글만 배우기 위한 학교가 아니다. 한국 문화와 정신을 배우고 익혀서, 우리의 자라나는 차세대 청소년들이 대한민국의 역사를 바르게 이해하고, 한국 문화를 전 세계에 알리는 민간 외교관 역할을 할 수 있도록 도와주어야 한다. 코리안 커뮤니티 안에서 함께 힘을 모아 나아가야 바람직한 성장과 발전을 기할 수 있다.

그러기 위해서는 학부모님들의 적극적인 동참이 필요하다. 그래서 학부모 교육의 중요성을 많이 강조한다. 그 이유는 많은 우리 동포가 한글학교는 필수가 아니고 선택이라고 생각하기 때문이다. 그러나 일본학교나 중국학교를 보면 자국 학교에 대한 인식이 나르다. 그들에게 자국 학교는 선택이 아니라 필수가 되어 있다. 언제든 자국으로 돌아가서도 살 수 있게 가르치고, 인식을 바꾸는 데까지 교육하고 있다.

요즘처럼 변화무쌍한 때일수록 동포 차세대의 한국어 교육에 대한 인식 변화는 꼭 필요하다. 마찬가지 이유로 정체성 교육에 더 큰 열정의 불꽃을 피워야 할 것 같다. 지금도 지구촌 곳곳에서 한글 교육과 한국 문화와 정신을 가르치느라 애쓰시는 한국학교 선생님들께 감사와 존경의 마음을 전하며, 나 또한 더욱 열정을 갖고 한국학교를 이끌어가야겠다고 다짐해본다.

호치민 한글학교 학부모반 스토리

공 일 영

(현) 청소년역사문화연구소 소장
(전) 베트남 호치민 토요한글학교 중등부장

한글학교를 찾는 사람의 대부분은 한국어와 한국 역사, 한국 문화를 배우려는 재외동포 2세, 3세이다. 그러나 최근 K-POP 열풍으로 한국을 좋아하는 사람이 늘면서 이곳 베트남 현지인 중에도 한국어를 배우기 위해 한글학교를 찾는 이들이 증가하고 있다. 베트남의 호치민시 토요 한글학교에서는 또 다른 특징이 있는데, 바로 학부모반이 운영된다는 것이다.

통계청 자료에 나타난 한국인 남편과 외국인 아내의 연도별 혼인 건수 통계를 살펴보면 2020년도 총 11,100건으로 그중 베트남 여성과 결혼하는 수가 3,136건이다. 2위를 차지한 태국이 1,735건인 것에 비하면 두 배 가까운 수치로 베트남의 비율이 높다. 결과적으로 현지 한국학교의 재학생 중 다문화가정이 차지하는 비율도 계속 높아지고 있다.

다문화가정의 면면을 살펴보면 한국어로 의사소통이 원활하게 이루어지는 가정이 있는가 하면, 베트남어로 의사소통이 되는 가정이 있다. 하지만 이마저도 원활하지 않아 힘들어하는 가정도 있다. 이런 어려움을 해소하고자 호치민시 토요 한글학교에서는 학부모반을 운영하여 한국어와 한국 문화를 배우고자 하는 학부모들을 돕고 있다.

학부모반은 베트남 국적을 가진 분들이 한국어와 한국의 명절, 음식, 예절 등을 배울 수 있는 반인데, 베트남어 교사를 강사진으로 구성하여 운영하고 있다. 물론 현지 재외국민들을 위한 학부모반도 있다. 예컨대 그림 그리기, 농악, 캘리그라피 등 문화적 혜택에 접근할 기회가 부족한 현지 재외국민들을 위한 다양한 프로그램도 함께 운영하고 있다. 또한 자녀와의 소통 기술, 인문학 강좌 등 학부모들을 위한 특강도 진행하여 현지 재외국민들에게 다양한 지적 호기심을 충족시켜주고 있다.

"하하, 호호"

"선생님, 이제 고물을 묻히는 건가요?"

"아직이요, 반죽을 조금만 더 하구요."

교실 밖으로 새어 나오는 웃음소리와 콩고물의 고소한 내음이 절로 발걸음을 잡아 끌게 하는 곳은 한글학교 학부모반에서 한국 음식 체험하기로 인절미를 만드는 프로그램이다. 한글학교의 역할이 비단 한글 교육에만 한정되는 것이 아니다. 서로 다른 문화를 이해하고 배워가며 공감을 이끌어내는 교두보 역할을 할 수 있는 방향으로 한글학교의 역할이 진화되고 있는 것 같다.

언어를 배우려면 그 나라의 문화를 먼저 이해하는 것이 빠른 습득 방법이라고도 한다. 특히 국제결혼을 통해 서로 다른 문화적 환경에서 생활하던 사람들이 한 가정을 이루는 상황이 되었을 때 나타날 수 있는 문화적 충격은 클 것이다. 한글학교 학부모반에서는 다양한 문화 체험 활동을 통해 한국어를 익히고, 한국의 가정에서 문화적 충돌을 줄이기 위한 프로그램들도 함께 진행된다.

한글학교는 지구촌 어디에 있든, 하나의 작은 대한민국이다. 한글학교 프로그램과 활동을 통해 현지의 국민에게 대한민국을 알리고, 대한민국에 대해서 친근하고 긍정적인 이미지를 심어줄 수 있다. 특히 국제결혼의 비중이 높은 베트남의 경우는 베트남 국적의 학부모반 운영이 한국에서의 생활을 준비하는 데 큰 도움이 된다. 또한 다문화가정에서 자녀에 대한 관심과 사랑을 실천할 수 있도록 도움을 주고 있다.

아침 일찍 휴대폰 메신저가 울린다.

"선생님, 오늘 집에 일이 있어 한글학교 못 갈 것 같아요."

"선생님, 아이가 아파서 오늘 학교 못 가요."

한글학교 학부모반 운영 중 종종 있는 일이다. 베트남 분들을 대상으로 운영하는 학부모반 수업은 어린 학생들 대상의 한글학교 수업과는 분명 다른 면이 있다. 또한 현지 국적 학부모반을 운영한다는 것이 쉽지만은 않다. 하지만 그분들에게 꼭 필요한 도움을 제공한다. 때로는 위로를, 때로는 격려를 해줄 수 있는 상황이 많다.

불편하고 서운한 것이 있어도 어디에 하소연하거나 마음껏 털어놓을 곳이 마땅치 않은 환경에서 한글학교 학부모 반에서 만나는 동기생들은 '국제결혼과 한국인 남편'이라는 공통분모가 있어 공감하고 공유할 수 있는 부분이 참으로 많다. 바로 그런 점이 있기에 어떤 학급보다 적극적으로 참여하는 모습이 있고, 그래서 모범 학급이 된다.

가려운 곳을 긁어줄 수 있는 곳, 마음과 마음이 공감으로 연결되는 곳, 그곳이 바로 호치민시 토요 한글학교 학부모반이다.

동남아시아에 대한 편견은 아직도 한국의 많은 곳에서 나타나고 있다. 한국에 와 있는 외국인 노동사의 큰 비중을 동남아시아 사람들이 차지하고 있다. 이들과 관련해서 차별과 노동 착취, 임금 체불, 인권 유린 등이 뉴스에 등장하고 있는데, 이는 우리 스스로 반성하고 속히 개선해야 한다.

역지사지로 생각해보면 이곳 베트남에서 근무하는 한국인들도 현지인들에게는 외국인 노동자인 것이다. 사회 체제와 문화가 달라 종종 불편함과 불이익이 재외국민들에게 발생되고 있지만 대한민국에서 푸대접받는 동남아시아 사람들에 비하면 힘든 것도 아니다. 박항서 베트남 축구 대표팀 감독의 활약으로 한국에 대한 태도가 매우 호의적으로 바뀌었고, 베트남 경제 발전에 큰 공헌을 하고 있는 우리 기업들 덕분에 재외국민 사회에서도 안정감이 있다.

호치민시 토요 한글학교 학부모반에서도 한국에 대한 인식은 매우 긍정적이다. 이곳 한글학교에서 그분들에게 필요한 배움이 확장되어 그분들의 삶에서 적용되고 실천되기를 바란다. 그들이 한글학교에서 배우는 지식이 조금 더 풍성하고 의미가 있도록 교육과정을 설계하고, 교사의 전문성과 역량을 최대한 발휘하여 수업을 운영한다.

국제결혼을 통해 한국 국적을 취득하고 한국인과 살아가는 데 필요한 한국의 문화, 예절 등을 체계적으로 학습할 수 있도록 노력하고 있다. 빨리 한국 문화를 이해하고, 이를 바탕으로 가정 내에서 공감대를 형성하며, 서로를 존중하고 배려할 수 있도록 도와야 한다.

이곳만의 특별한 경우일 수 있어서 일반화할 수는 없지만, 한글학교가 재외국민 사회에서의 구심점 역할을 할 수 있기를 바란다. 그렇게 되어서 한글학교에서 학부모나 재외국민을 대상으로 한, 좀 더 풍성한 프로그램들이 운영된다면, 타국살이의 애환을 나누고 격려하고 지지하는 모두의 사랑방 역할을 한글학교가 톡톡히 해낼 것이다.

한글학교는 누구의 강요로 만들어지는 것이 아니다. 학교 운영에 충분한 예산이 지원되는 것도 아니고, 한글학교 교사들은 사비를 털어가며 감사와 봉사의 마음으로 일하고 있다. 어떻게 해서든 재외국민들에게 도움을 주고 싶고, 내가 받은 도움을 나누고 싶어 한다. 그런 보상을 어디서 받는가. 나는 학생들의 발전과 변화에서 받는다. 특히 학부모반을 운영하면서도 진심으로 감사하고 조금씩 성장해가는 수강생들을 바라볼 때 보람을 느낀다.

이런 수강생들의 감사와 성장이 한글학교를 지탱하고 이끌어가는 힘이 되는 것이다.

제 3 부

한글학교는
무엇으로 사는가

동어반복처럼 절실한 것이 어디에 있을까.
생존하기 위하여 생존해야 하는
그 위기 직면의 자리에서, 우리를 키워낸 동어반복
배우기 위하여 배워야 하는 마음
가르치기 위하여 가르치는 마음

이 척박한 이국의 뒷마당에서
목적은 수단과 한 덩어리로 뭉치고
과정과 결과는 부둥켜안고 응집하면서
한글학교는 살아가는 방법을 익혔다.

그렇게 그렇게
한글학교는 깃발이 되었다.
한글학교는 광장이 되었다.
한글학교는 운명이 되었다.
한글학교는 길이 되었다.

— 「동어반복의 힘」(박인기)

관계의 은혜, 은혜의 관계

고 정 미

(현) 뉴질랜드 와이카토 코리안 문화센터 이사장
(전) 뉴질랜드 와이카토 한국학교 교장

"Good morning Richard Lawrence?"

"안녕하세요, 고정미 집사님?"

25년 전, 9월의 뉴질랜드 봄 하늘 아래서 내가 영어로 인사하면 한국어로 답하던 리처드 목사님과 나와의 첫 장면이다. 리처드 목사님은 첫인상이 전형적인 키위(뉴질랜드 사람을 지칭하는 말)였고, 누가 보아도 친절하고 말쑥한 영국 신사였다.

1997년 추석을 일주일 앞둔 초가을, 남편의 끈질긴 설득에도 나는 "맏이가 어딜 외국에 나가 사냐"며 이민 가기 싫다고 3년을 버텼다. 처음에는 이민을 말리던 시어머님까지도 아들에게 항복하시고는, 나보고 따라가서 당신 아들 밥 해주라고 내 등을 떠밀어 보내셨다. 그렇게 가족과 친구를 두고 서러움 가득 안고 남편에게 끌려온(?) 곳이 바로 제2의 고향 뉴질랜드다.

영어를 굉장히 잘하는 줄 알았던 남편을 따라 당시 6세, 8세인 두 아들을 데리고 첫발을 내디딘 곳은 한인 가정이 하나도 없는 외딴 도시 마타마타란 곳이다. 오자마자 관광객 상대로 휴게소를 운영했는데 석 달 만에 IMF를 맞아 가게는 문을 닫고, 나는 아무하고도 말할 상대가 없는 낯설고 외로운 이민살이를 시작하게 된다.

독실한 크리스천이 되기를 소망하는 나는 차로 1시간을 달려가야만 하는 해밀턴 한인교회를 매주 한 번도 거르지 않고 다녔는데, 바로 이때 만난 키위 목사님이 리처드 로렌스 목사님이다. 목사님은 이미 내가 이민 오기 2년 전부터 뉴질랜드 최초의 키위와 한인이 한 지붕 두 가족으로 살아가는 독특한 우리 교회의 특성상 한국인에 대해 관심이 많았다. 그래서 내가 영어로 인사해도 한국말로 대답했던 것이다. 물론 그 당시 목사님이 아는 한국어 문장은 지극히 제한적이었다.

본인이 시무하는 교회의 한 부서인 한인 파트가 점점 커지고 이민이 활성화되면서 한국 교인도 늘자, 아예 목사님은 우리를 돕기 위해 영어 선생님이 되려고 테솔코스(TESOL-Teaching English to Speakers of Other Languages) 대학원에 들어가 공부를 했다. 그 당시 회화 준비 없이 갑자기 뉴질랜드로 끌려온 (?) 내 영어 수준과 목사님의 한국어 수준은 아마 비슷했을 것이다. 둘 다 겨우 서로 다른 언어로 간단한 인사말밖에 할 줄 몰랐으니까. 우리의 첫 번째 관계는 키위 목사님과 한인 성도였다.

그 사이 나는 2년간의 마타마타에서의 유일한 한인 가정이라는 외롭고 서러운 생활을 접고 해밀턴으로 이사와, 곧바로 와이카토 한국학교에 교사로 발을 들여놓게 되었다. 이후 나는 한인들과 만나 예배드리는 일요일만 기다리는 게 아니라 토요일도 기다렸다. 왜냐하면 우리 한국학교는 토요일만 운영하는 주말 한글학교였기 때문이다. 토요일 아침, 영어가 아닌 우리말로 가르치며 열심히 배우려는 초롱초롱한 눈망울의 아이들을 보노라면 내 막힌 언어의 장벽이 뻥 뚫리는 듯한 시원함을 느꼈다. 낯선 나라에 아무 준비 없이 무조건 남편만 믿고 따라온 내 불찰도 크겠지만, 나이 먹어 영어를 배우고 다른 언어로 말하려니 고역이었는데, 바로 토요일만 되면 살맛 나는 내 세상이 되는 것이었다.

당시 한국에서 유아교육학을 전공하고 현장에 10년간 근무하다 온 나는 이곳에서 아무것도 할 수 없는 언어장애 중증에 해당하는, 정말 한심하기 이를 데 없는 아줌마일 뿐이었다. 그러나 토요일 오전은 사랑하는 아이들에게 우리말과 글을 가르치는 기쁨과 즐거움으로 그 모든 고충이 몽땅 해소되는 정말 유쾌한 시간이었다. 학교 교사는 아이들을 위해 봉사하고 헌신하는 맘으로 시작하는 게 일반적인 일이지만, 나는 먼저 내 기쁨에 토요일을 기다리는 철부지 교사였던 거 같다.

단, 후회가 되었던 건 유아교육 자료를 몽땅 고국에 헌납하고 온 일이다. 그것은 교재 부재의 현장을 만날 때마다 느끼는 안타까움이었다. 그 이후 누군가 이민을 간다고 하면 나는 꼭 본인 전공과 관련된 것은 챙겨가라는 당부까지 하게 되었다. 그 아쉬움이 얼마나 컸는지 짐작 가리라 본다. 한국 밖으로 나와 보니 우리 고유의 것이 가장 소중함을 알 수 있었다. 또 언어 장벽으로 쓸데없을 거라고 여겨졌던 내가 배운 지식이 얼마나 고마운지 새삼 깨달았다.

나는 해밀턴에 올라온 이후 학교 봉사와 함께 가장 먼저 한 게 영어 공부였다. 이솔(ESOL : English for Speakers of Other Languages) 코스라고 해서, 아줌마들이 배우는 기초반에서 영어를 배우는데, 아무리 해도 현장 영어는 늘지 않고 책상 영어만 느는 한심한 나를 보며 다시 유치원 자원봉사를 시작했다. 마타마타에서도 가게가 문을 닫고 아무 대책 없던 상태에서 자원봉사를 하다가 1년 동안 파트타임 일까지 하다 온 경험이 있기에 또 어느 유치원을 선택해 회화도 배울 겸 봉사활동을 했다. 지금까지 내가 배운 도둑질이 이 것이고, 우리나라와 뉴질랜드 유치원은 유아교육 제도가 어떻게 다른지 배우려고 도전을 하게 되었다.

이렇게 나는 자원봉사와 동시에 대학교에서 영어를 배우고, 목사님은 목회를 하며 동시에 테솔 코스를 공부하고 있었는데, 2001년 8월 우리는 다시 한번 관계 개선을 하게 된다. 목사님은 지금까지 20여 년간 하시던 목회를 잠시 멈추고, 대학교로 들어가 영어 교수님이 되셨다. 한국 사람 상식으로는 목회자가 다른 길로 가는 게 이해가 잘 안 가지만 여기서는 종종 있는 일이고 또 우리처럼 크게 놀라지도 않는다. 목사님이 교회를 떠나시며 "우리는 모두 그리스도 안에서 한 형제이고 자매이니, 지금까지 지내던 것처럼 친구로 잘 지내자."라는 말씀을 남기셨다. 이때부터 우리는 친구가 되어 목사님은 대학교에서, 난 유치원에서 근무하며 두 번째 친구 관계가 형성되었다.

목사님이 대학교로 돌아가던 그해, 나는 자원봉사를 하다 취업이 되어 유치원에 풀타임 교사로 일을 하게 되었다. 영어가 서툰 나로선 가르치는 일을 천직으로 안다고 해도, 이 직업은 즐거움이 아니라 고역이었다. 아니, 내가 교사와 아이들로부터 영어를 배우고 있었으니, 아무리 이 분야에 10년 넘게 일을 했어도 눈치로는 한계가 있음을 절감하게 되었다.

그러다 문득 '목사님에게 개인 영어 지도를?' 하는 생각이 떠올랐다. 그 당시 목사님은 윈텍이라는 대학에서 인기 있는 영어 교수님이었는데, 나의 특별한 부탁을 허락하셨다. 목사님은 나의 개인 지도 영어 선생님이란 또 하나의 관계를 갖게 된다. 나는 한국어를 가르쳐드릴 테니, 나에게 유치원 교사로서 아이들을 가르치는 데 필요한 영어를 알려달라며 '목사님은 영어 교사가, 나는 제자'가 되는 길을 택하게 된다. 이것이 세 번째 우리의 관계였다.

이렇게 영어 공부를 해도 답답하기가 이를 데 없는 건 마찬가지였다. 차라리 목사님이 한국어를 배워 대화하는 게 더 빠를 것 같다는 생각이 들었으니까. 바로 이때 나에게 한국학교 봉사라는, 획기적인 전환점을 준 기회가 생겼다. 2003년 여름, 한글학회에서 주관하는 '국외 한국어 교사연수회'에 뉴질랜드 대표로 참가하는 기회가 온 것이다. 2주일간 각 나라에서 참가한 40여 분의 선생님들과 함께 연수를 받으며 세계에서 가장 우수한 문자인 우리 한글을 재인식하게 되었다. 이 연수는 학교 봉사에 대한 내 인생의 커다란 반전을 마련한다. 연수를 받고 돌아오자마자 조금은 안일하게 임했던 한국학교 교사 생활을 접고, 보다 구체적이고 혁신적인 한국학교를 운영하게 되었다.

이 당시 나는 교장으로 와이카토 한국학교를 운영하고 있었다. 이민 역사가 10년도 채 되지 않으며 또 해밀턴 한인 수도 2,000여 명밖에 안 되기에 나는 학교 규모에 크게 연연하지 않고, 가족처럼 지내고 있었다. 그런데 모국에서의 연수는 내 생각을 완전히 뒤집어놓는 기회가 된 것이다. 열심히 하면 학생이 더 늘 수도 있고 우리말을 배우고자 하는 차세대 꿈나무들에게 더 다양한 기회를 제공할 수 있다는 생각에 모든 행사나 학교 학습목표 등을 수정하고 여러 가지 새로운 계획을 갖게 되었다.

새로운 시도의 하나로 우리 한국학교에 외국인반을 만들게 된 것이다. 우리 아이들을 가르쳐 우리의 말과 얼을 알게 하는 것도 중요하지만, 외국인에게 우리말과 역사를 가르쳐, 아직도 6·25 이후 자기네 나라가 도와준 가난하고 낙후된 나라로 잘못 인식되고 있는 우리나라를 바로 알리고 싶었다. 그 결과 초급 로미오반이 생겼고 1년 뒤 이어서 중급반인 줄리엣반이 생겼다. 이때 목사님은 당연히 우리 학교 외국인반 학생 제1호로 등록하였고, 나는 교장 선생님이었다. 이것이 목사님과 나의 네 번째 관계 변화다.

2006년 우리 학교는 커다란 위기를 맞는 사건이 발생했다. 외국의 여느 주말 한글학교가 그렇듯 우리도 토요일마다 현지 초등학교를 임대해서 사용하고 있었는데, 갑자기 임대료를 일곱 배나 기습 인상하는 일이 생겼다. 한글학교 11년 역사 이래 최대의 직격탄을 맞게 된 것이다. 나는 40일 금식

기도를 하며 해밀턴 시내 모든 초등학교와 중고등학교에 토요 학교인 우리 한글학교에 건물을 임대해줄 수 있는지 알아보았지만 모두 허사였다. 득보다 실이 많은지 이런저런 핑계를 대며 돌아오는 답글은 모두 NO였다. 그동안 우리가 사용했던 학교에서 인상하여 요구한 임대료는 엄청났다. 그것은 우리 학교의 1년 예산에 해당하는 금액이었다. 우리는 오지도 가지도 못하는 신세가 된 것이다.

이때 목사님은 기도하는 나에게 용기를 주시며 당신이 따로 학교를 연결해 교장도 만나고 약속도 받아내며 함께 학교 찾기에 온 정성을 기울이셨다. 마치 당신이 집에서 쫓겨나게 되어 자신의 집을 찾듯이 온갖 장소를 수소문하셨다. 대학교도 알아보고, 교실 일곱 개와 교무실 및 강당을 수용할 수 있는 각 단체나 교회에 편지도 보내며 얼마나 애를 쓰시는지 눈물이 날 지경이었다. 빌려줄 수 없다는 답변을 받을 때는 미안하다며, 실망하지 않도록 날 위로하고 또 위로했다.

이제 사용하던 학교의 마지막을 장식하는 날이 일주일 앞으로 다가왔다. 나는 바깥 한데로 나앉게 될 우리 아이들 생각에 종일 눈물이 마르지 않았다. 유치원 근무를 하는지 마는지 학교 찾느라 유치원 아이들 수업 중에도 어디 우리가 공부할 만한 장소만 있으면 알아보러 나오는 일을 반복했다. 바로 학기 마지막 날 전날, 리처드 목사님께서 교회 교육관 임대를 기적적으로 해내셨다. 여러 절차를 밟아 결정을 내려야 하지만 우리의 상황이 너무 긴박해 그만 급행으로 해결해주셨다. 정말 할렐루야가 저절로 나왔다. 목사님이 시무했던 교회이기도 했지만 그렇게 열심히 뛰시는 모습에 키위들이 감동했나 보다. 정말 감사한 일이었다.

학교를 교회로 옮긴 어느 날 아침, 교무실 문이 안 열렸다. 남자 선생님들까지 동원해서 아무리 열쇠를 이리저리 돌려봐도 열리지를 않았다. 목사님이 오셔서 한 번 더 시도해보지만, 여전히 요지부동이었다. 이때 목사님이 한마디하는데 모두 까르르 넘어갔다. "우리, 다 같이 도둑이 되자"하시며 쳐다보았기 때문이다. 함박웃음을 띤 모든 교사는 OK 사인을 주고, 차로 가서 연장을 가져다가 문을 부수고 들어갔다. 곧 수업 시작인데 아침 교사 회의는 고사하고 교무실 문도 못 열게 되었으니 비상수단을 강구한 것이다. 그날 목사님은 수업을 마친 후 번호가 달린 새로운 열쇠와 자물쇠를 사다가 집에서 드릴을 가져와 교무실 문을 고쳐주었다. 내 집처럼! 이 또한 얼마나 감사했는지 지금 생각해도 감동이다.

그 이후 지금까지 26년 동안 여덟 번이나 이사 다닌, 아니 쫓겨 다닌 장소 중에서 목사님이 얻어주신 이 교회의 교육관은 가장 편안하게 공부한 장소로 기록되었다. 현지 학교가 아닌 교회이다 보니 현지 학교 아이들이 쓰는 책상 속 물건이 아예 없었다. 그러니 망가지거나 없어지는 일로 항의가 들어오지 않았기 때문이다. 개학식 첫날, '우리가 사용하는 학교는 내 학교가 아니니 그 어느 것에도 손을 대거나 만지면 안 된'다는 신신당부의 말을 안 해도 되었지만 했다. 이럴수록 나는 더더욱 뒤처리를 열심히 하고 토요일 수업을 마쳤다. 늘 그렇듯이 모든 이를 섬기는 무수리 교장이 되기를 바라며 말이다.

이렇게 목사님이 한국학교 외국인반에서 공부를 하는 2007년도에 우리 둘은 동시에 꿈꿔오던 한·뉴 우정협회를 창립하게 되었다. 바로 다섯 번째 관계 변화이다. 우리는 한·뉴 우정협회 공동회장이 된 것이다. 어떤 정치나 종교 등에 연관되지 않은 키위와 한인의 순수한 우정을 나누는 NGO 단체로 연 4회 정기모임 외에, 한국 관련 주제로 영문 에세이 공모전, 사진 공모전, UCC 공모전, 그리고 포럼 등을 실시하며 14년째 보람되게 둘이서 공동회장을 하고 있다.

이제 교상을 그민둔 나는 2019년도에 우리 집 차고를 와이카토 한국 문화 센터로 개조해 한국어와 영어 외 여러 강좌를 열고 있다. 영어는 리처드 로

렌스 목사님이 20년간 대학에서 가르치고 은퇴하신 그 노하우로 정말 재미있게 우리 센터에서 강의를 하고 계신다. 나는 당연히 리처드 목사님을 포함한 키위에게 한국어를 가르치고 있다. 목사님은, 이제 우리는 여섯 번째 관계인 센터 매니저와 강사 사이라며, 학기가 시작하고 끝날 때마다 어떻게 하면 문화센터를 잘 운영할지 의논하는 동반자가 되었다.

와이카토 한국학교 교훈이 '한국인으로 뉴질랜더로 세계인으로'이다. 그 누구보다 한국에 대한 사랑이 넘치며 모든 한국 음식을 좋아하지만, 특히 설렁탕과 돌솥비빔밥을 즐겨 드신다는 목사님에게 '뉴질랜더로, 한국인으로, 세계인으로'란 교훈을 드리면 어떨까! 목사님으로, 친구로, 영어 선생님으로, 한국어 배우는 제자로, 한·뉴 우정협회 공동회장으로, 와이카토 한국 문화센터 매니저와 강사로 이어지는 리처드 목사님과의 사이에 다음 관계는 어떤 모습으로 연결될지 궁금함과 더불어 기대가 된다.

교장으로 봉사할 때 있었던 일이 기억난다. 어느 날 한복이 예쁘게 장식된 작은 엽서를 내보이며, 목사님이 내게 말씀하신다.

"저, 교장 선생님…… 이 엽서를 제가 만들었는데요, 한국학교 기금 마련을 위해 만들어 팔려고 하는데, 어떻게 생각하세요?"

또 하나의 감동을 낳는 순간이었다. 내 눈은 이내 한없는 한국어 사랑을 넘어 우리 한글학교, 더 나아가 한국을 사랑하는 그분의 파란 눈망울로 빠져들어갔다. 리처드 목사님의 진심 어린 한국 사랑에 무한한 감사함으로 빠져들어갔다.

내 운명의 끈, 남미의 한글학교

김 성 민

(현) 브라질한글학교연합회 회장
(전) 남미한글학교협의회 회장

한글 배움의 요람기, 유년주일학교

이곳 남미의 재외 한글학교의 전신은 동포 교회에 부설된 '유년주일학교'
였다. 나는 그렇다고 감히 말하고 싶다. 남미 이민 초창기인 1960년대 말에
서 1970년대 초에 이르는 시기, 아르헨티나 한인사회에는 오로지 한국어를
가르치기 위하여 한글학교라는 이름을 걸고 시작한 학교가 없었다. 그 당
시에 존재했던 10여 개의 한인교회에는 '유년주일학교'가 있어서, 이곳에서
아이들에게 한국어로 성경 말씀과 어린이 찬송가, 한국 동요 등을 가르쳤
다.

그때의 어린이들은 대부분 한국에서 태어나, 부모님을 따라 이민 온 아이
들이어서 모두 한국어를 잘했다. 그러니 특별히 한글학교를 운영해야 할 필
요성을 느끼지 못했던 것 같다. 그로부터 10여 년이 지난 1970년대 후반에
들면서부터는 현지에서 태어난 아이들이 자라나고 그 수가 점차 늘어났다.
좀 더 적극적인 한글 교육의 필요를 느낀 당시의 연합교회 조만호 목사님의
사모님께서 처음으로 한글학교를 시작하신 것으로 알고 있다.

목사의 아들로 어려서부터 교회에서 자라고 성장한 나도 인력이 부족한 이민교회에서 일찍부터 유년주일학교 교사가 되었다. 매 주일 아침 11시에 시작되는 성인 대예배 이전인 9시부터 어린이들과 예배를 드렸다. 예배 후 분반 공부 시간에는 내가 맡은 반 아이들과 둘러앉아 성경 이야기를 최대한 재미있게 가르치려고 했었고, 어린이 찬송가와 캐럴 등 절기마다 부르는 노래를 알려주곤 했다. 맡은 반 아이들이 성경 퀴즈 대회나 발표회 등에서 두각을 나타내자 부장 선생님께서 3~4년간 같은 아이들을 계속 가르칠 수 있도록 배려해주셨다. 반 아이들과 들었던 정은 세월이 지나면서 다 흩어졌고 이제는 까마득한 추억으로만 남아 있었다. 지나간 40년의 세월. 그사이에 미국과 브라질을 왔다 갔다 하며, 많은 굴곡의 날들을 지나면서 나도 모르는 사이에 남미 지역 한글학교협의회의 원로의 한 사람이 되어 있다. 그런 내 모습을 보며 언제 이 많은 세월이 지나갔는지, 이 아까운 세월 동안 나는 무엇을 하였나, 무엇 하나 제대로 이루었다고 할 수 없는 나를 자책해보기도 한다.

환갑이 된 2018년 7월 어느 날, 아르헨티나 부에노스아이레스에서 개최된 제14회 남미 한글학교 합동 교사연수 참석차 나의 제2의 고향인 아르헨티나를 방문하여 3박 4일의 연수에 참여하고 있을 때였다. 아르헨티나 제일교회한글학교를 담당하고 있는 여선생님이 찾아와, 김성민 선생님이 맞으시냐고 묻는다. 그리고는 자신의 언니가 선생님과 꼭 연락되기를 간절히 기다린다고 한다. 누구인지 물었더니 김현경이라고 한다. 유년주일학교 교사 시절 유달리 똑똑해서 지금껏 이름을 기억하고 있는 두 명의 학생 중에서 한 아이는 김현경, 다른 한 아이는 강혜경이었는데, 그 김현경이라는 말인가?

세상이 좋아져 카카오톡으로 금방 연결이 되었고 40년 전의 그 아이와 40년 만에 감격의 대화를 하게 되었다. 두근거리는 마음으로 연결한 카카오톡 프로필에 올라온 아름답고 성숙한 여인의 사진에 놀라움을 감출 수가 없었다. 귀여운 어린아이였던 그 김현경이 어느덧 52세의 중년 여성이 되어 있었다. 그녀는 의사가 되었고, 결혼하여 지금은 미국 버지니아의 큰 교회 담임목사님의 사모님이 되어 있었다. 선생이었던 나보다 더 귀한 사람이 되어 있었지만, 그때의 추억을 간직하고 깍듯이 선생님, 선생님 하며 이야기를 꺼낸다.

"그때 선생님의 사랑을 차지하려고 혜경이랑 경쟁했던 것 같아요. 외울 성경 말씀을 과일 모양의 카드에 예쁘게 적어서 매 주일 나누어주셨지요. 그걸 오랫동안 모아두었어요. 선생님 예쁜 글씨를 흉내 내어 그 덕분에 지금도 글씨를 예쁘게 쓰게 되었어요. 선생님이 가르쳐주셨던 캐럴이 지금도 생각이 나고, 그때의 교회 생활이 제일 기억에 남아요."

나는 옛 제자의 말에 가슴이 뭉클해졌다. 헛되이 지나갔다고 생각한 지난날이 전혀 헛되지만은 않았구나. 안도감과 함께, 내게도 이런 제자가 있다고 자랑하고 싶은 마음을 감출 수가 없었다. 현경이는 자기가 사는 버지니아에 꼭 한 번 다녀가라고 하지만 이제는 늙어버린 현재의 모습보다 추억 속의 젊은 선생님으로 남아 있고 싶은 것이 솔직한 심정이다.

지역마다 다른 한국어의 자존감

1973년 7월 아르헨티나 한인 교회의 담임목사로 청빙 받으신 아버지를 따라 우리 가족 7명은 아르헨티나의 수도 부에노스아이레스에 도착하였다. 대구에서 중학교를 졸업하고 온 나는 당연히 고등학교에 들어가게 될 것이라 막연히 생각하고, 한국에서 번역하여 온 중학교 졸업증명서를 들고 가까운 고등학교를 찾아갔다. 하지만 아르헨티나와 한국이 교육에 관한 협정이 체결되지 않아서 학력을 인정해줄 수 없으니 초등학교 1학년에 들어가야 한다는 답변만 돌아왔다.

그때 우리는 너무나 어리석은 바보들이었다. 목회만 하셔서 세상 물정을 전혀 모르시는 아버지는 남미에 있는 아르헨티나라는 나라의 한인 이민교회에서 비행기 표를 다 보내와 담임목사로 초청을 하니 가시기로 한 것이었다. 엄마와 우리는 지구 반대편에 있는 나라로 떠나면서도 그 나라가 어떤 나라인지, 무슨 언어를 쓰는지, 어떤 풍습과 문화를 가졌는지, 기후는 어떤지 하는 것들을 전혀 알아볼 생각도 하지 않았다. 아무런 정보도 없이, 그저 태어나서 처음 비행기라는 것을 타고 외국으로 간다는 기대감에 부풀어 있었던 것 같았다.

아! 그래도 이민을 떠나기 전에 준비한 것이 한 가지는 있었다. 교회의 주보를 만들기 위해 목사 자녀 중에 한 사람이 타이프를 배워오라고 해서, 내가 3개월간 타자학원에 다녔다. 그것이 지금 내가 내 연배의 다른 사람들보다 컴퓨터를 좀 더 잘 다룰 수 있게 된 계기가 되었다. 그뿐만 아니라 미국 로스앤젤레스에서 6년 반 동안 인쇄소를 하게 된 계기도 되었다. 이런 모두가 뒤에 한글학교 교장을 맡은, '지금의 나'를 있게 한 원동력이 아닌가 싶다.

어쨌든 16살 나이로 초등학교 1학년에 다시 들어가야 한다는 소리에 망연자실했고, 당시에 이민 온 내 또래 대부분이 학교 진학을 포기하고 부모님을 도와 생활전선에 뛰어들었다. 얼마 후 스페인어를 가르쳐주는 야간 학교에 등록하여 언어를 배우면서 1년을 다니면 초등학교 7학년 졸업장을 준다는 것을 알게 되어 가까운 초등학교의 야간 학교에 다니게 되었다. 브라질을 제외한 남미 국가 대부분이 스페인어를 사용하지만, 아르헨티나에서는 스페인의 까스떼자 지역의 방언인 '까스떼자노'를 사용한다. 이 '까스떼자노'는 스페인어와 거의 같지만 발음상에 조금 다른 부분이 있다.

아르헨티나의 학제는 한국처럼 초·중·고, 6·3·3제가 아니다. 초등학교가 7년, 중학교가 5년으로 되어 있다. 그렇게 1년 후 졸업장을 받아 중학교에 들어는 갔으나, 언어의 장벽으로 도저히 공부를 따라갈 수가 없었다. 몇 달을 다니다 포기할 수밖에 없었다. 그렇게 공부와 담을 쌓고 일을 했다. 당시 대부분 남미 한인들이 주업으로 삼았던 편물, 요꼬, 바느질 등의 일을 하면서 3~4년이 지났다. 그 무렵에 와서 아르헨티나와 한국 사이에 교육 협정이 맺어졌는지 한국에서 갓 이민 온 친구들이 제 학년으로 들어간다는 것을 알게 되었다. 나는 다시 한국 중학교 졸업장을 가지고 중학교 4학년에 들어가서 간신히 중학교를 졸업할 수가 있었고, 한국의 서울대학교 격인 국립 부에노스아이레스대학의 공과에 시험을 치러서 당당히 합격했다.

1979년 말 아버님이 목회하시던 아르헨티나 교회에서 장로 선출 문제로 교회가 시끄러워지기 시작하자 사표를 내시고 무작정 미국으로 가시는 바람에 아직 미혼이었던 나도 1982년 8월에 미국으로 가게 되었다. 어려서부터 교회에서 자라서 교회 봉사가 몸에 배어 있던 나는 미국 한인교회에 등록하고 성가대와 유년주일학교 교사로 봉사하겠다고 신청했다. 하지만 영어를 할 줄 모르면 유년주일학교 교사를 할 수 없다고 퇴짜를 맞았다.

최근에는 한국 경제가 발전하고 위상이 많이 올라가서 교회마다 한글학교를 운영하고 한국어가 어느 정도 대우를 받고 있지만, 그 당시의 미국 한인사회의 분위기는 그렇지 않았다. 영어를 잘하는 사람이 으뜸 대접을 받았고, 교회마다 젊은이들을 위하여 EM(English Mission) 예배를 하였다. 유년주일학교도 영어로 진행해야만 제대로 된 교회라고 여기는 정도였다.

브라질은 그보다는 좀 덜하기는 해도 미국과 비슷하다. 아르헨티나는 한인 자녀들이 한국어를 잘하고, 파라과이의 한인 자녀들은 그보다 훨씬 더 잘해서, 대부분 한국의 대학으로 진학하는 것을 볼 수 있다. 남미와 북미를 오가며 살아온 반백 년 동안에 미국과 남미의 브라질, 아르헨티나, 파라과이, 칠레, 볼리비아에서 살기도 하고 여행도 해보면서 느낀 점이 있다. 그것은 한인들이 사는 현지 나라의 경제 상황이 우리나라에 비하여 좋은 곳일수록 한인 자녀들의 한국어에 대한 관심이 반비례한다는 것이다. 이 점은 남미한글학교협의회 교사연수를 통하여 각 나라 선생님들과 교류를 하면서도 같이 느낀 점이기도 하다. 나의 경험 규칙이기는 하지만, 거주 국가에 따라 한인 자녀들이 한국어에 대해 보이는 관심의 크기는 다음과 같이 나타난다. '미국 〈 브라질 〈 아르헨티나 〈 파라과이 〈 칠레 〈 볼리비아'로 미국이 가장 낮고 볼리비아가 가장 높다. 이는 비단 미주 대륙에서뿐만 아니라 세계의 어디에서나 마찬가지로 이런 현상일 것으로 생각된다.

브라질의 한인 동포 가운데서도 한국어 교육에 회의적인 분들을 많이 볼 수 있다. 브라질 한인교회 중 가장 큰 교회로 꼽히는 Y교회는 내가 이민 온 30년 전부터 지금까지 한글학교를 운영하지 않고 있다. 목사님을 비롯하여 모든 부교역자들과 교인들 대부분이 브라질 언어인 포르투갈어를 잘한다. 한인 사회에서 오래되고 자리 잡은 사람들이 대부분이라 세련되고 부유한 교회로 정평이 나 있다. 이 때문인지 자녀들의 한글 교육에는 큰 관심을 두지 않는 듯하다. 실제로 수년 전 내가 브라질 한글학교연합회 회장이던 시절, 그 교회의 젊은 집사님에게 자녀들을 한글학교에 보내달라고 부탁한 적이 있는데, 이런 반문이 돌아왔다.

"우리 아이들은 이곳 브라질에서 태어나서 여기서 공부하고 여기서 살 것이고 한국에 돌아갈 계획이 없는데 꼭 한국어를 가르쳐야 할 필요가 있을까요?"

실제로 그 교회는 포르투갈어를 잘 구사하는 한인 1.5세와 한인 2세가 주류였기에, 미국 한인교회에서 영어 예배(EM, English Mission)를 활성화하듯이, 포르투갈어 예배를 그 교회의 '중심 예배'로 두고 있었다. 이러한 경향 때문인지 이 교회 청년들이 결혼하는 것을 보면, 심심치 않게 국제결혼을 하는 것을 볼 수 있다.

나에게도, 미국에서 태어난 이후 세 살, 네 살에 브라질로 와서 자란 30대

아들 둘이 있다. 이 아이들은 어려서부터 한인교회 유년주일학교와 한글학교를 다니며 한국 친구들이랑 어울리다 보니, 집 안에서는 한국말로 대화하고, 한국적인 사고방식을 갖게 되었다. 이런 차이점을 보며 부모들의 생각에 따라 우리 자녀들이 미래가 달라지는 모습을 볼 수 있어 안타까운 마음을 금할 수 없다.

나보다 열 살 아래인 사촌 동생은 세 살 때 브라질로 와서, 브라질에서 자라고 공부하여, 브라질 말을 잘한다. 사업으로 성공한 부모님 아래서 여유 있게 자랐다. 그런데 그는 한국을 약간 우습게 여기는 경향이 있었다. 대학생 때인 1980년대 말 아직 개발 단계에 있던 한국을 다녀온 후에는 한국의 푸세식 화장실을 이야기하며 당시 가난한 한국을 무시하면서 한국 사람들의 성격이나 풍습을 우스꽝스럽게 여기고, 한국 광고들이 거의 같은 패턴으로 광고하는 것을 흉내 내며 비하하곤 하였다. 자신과 비슷한 한국 여성과 결혼하여 아들과 딸을 낳았는데, 한국을 별로 좋아하지 않던 그 친구는 아이들을 키우면서 자식들에게 한국말을 쓰지 못하게 해서, 브라질 말을 잘하지 못하는 친할머니와 대화도 잘 되지 않을 정도였다.

그런데 얼마 전 아이러니한 모습을 보게 되었다. 벌써 열세 살이 된 그의 딸이 집안 모임에 발목이 부러졌다고 깁스를 하고 지팡이를 짚고 나타났는데, 이유인즉슨 학교의 브라질 친구들과 K-POP 댄스를 연습하다가 발목뼈가 부러졌다는 것이다. 엄마와 아빠가 다 한국인인 그 아이는 한국말을 전혀 못 하고, 부모가 한국에 관심 두지 않도록 교육했는데도, 그 딸이 사춘기에 들어서 만난 학교의 브라질 친구들이 K-POP에 열광하는 것 아닌가. 이를 보고서 그도 이제야 비로소 핸드폰으로 한국 노래를 들으며, 한국 노래 가사를 외우고 있다. 나는 이런 사촌의 모습을 보면서 착잡한 마음을 감출 수 없었다. 더욱 슬프고 안타까운 것은 주변에 이런 젊은 친구들이 적지 않다는 것이다 미국에서 지내던 나는 그 뒤 다시 브라질에 이민을 왔다. 이곳에서 다니던 교회에 담임목사님의 자리가 공석이 되는 바람에 미국에서 목회하시다가 은퇴하신 저명한 목사님을 임시 담임목사님으로 1년 반 정도 모셨을 때의 일이다. 그 목사님은 미국 생각을 하셨는지 유년주일학교와 중고등부 예배를 포르투갈어로 진행하라고 요청하셨다. 학생들이 한국어보다 포르투갈어를 더 잘하니까 복음을 더 잘 이해하게 하려면 포르투갈어로 예배를 드려야 한다는 것이다.

당시 교회 한글학교 교장을 맡고 있던 나는 목사님에게 반대 의견을 내고 목사님과 대립하게 되었다. 나는 목사님께 우리는 한국인이기에 우리의 자녀들, 우리의 후손들에게 한국어를 가르쳐야 하고, 예배도 한국어로 드려야 한다고 하며, "이스라엘 민족을 보십시오. 나라 자체도 없어지고 오랜 세월이 지났지만, 자국의 언어를 자손들에게 가르치고 지켰기에 2천 년이 지난 후에 다시 나라를 회복하지 않았습니까?"라고 말씀드렸더니, 그 목사님의 하시는 말씀이 참 어이가 없었다. "우리는 유대인처럼 선민(選民)이 아니잖아요!" 이것이 맞는 말씀일까?

나의 아버지는 목회자로 75세까지 담임 목회를 하시고 은퇴하신 후, 선교사로 어머니와 함께 러시아의 상트페테르부르크로 가서 5년 동안 사시면서 러시아 사람들에게 성경 가르치기를 하셨다. 그런 아버님 덕분에 나는 러시아를 두 번이나 방문해서 예술의 도시 상트페테르부르크와 모스크바를 구경할 수 있었다. 도시 전체가 예술작품이라고 해도 과언이 아닌 상트페테르부르크의 여름궁전과 겨울궁전, 엄청난 유명 미술품들이 전시된 에르미타주, 푸시킨의 유적지 등을 보았다. 그중에서 가장 감격스러웠던 장면은 상트페테르부르크를 가로지르는 네바강 중앙에 큼직하게 떠 있는 우리나라 기업 삼성의 로고와 어마어마하게 크게 지은 아파트들의 외벽에 빽빽하게 설치된 에어컨 콘덴서에 찍혀 있는 한국 기업의 로고를 보는 것이었다.

남미한글학교협의회, 결핍이 주는 용기

2002년 자녀들의 교육 문제 때문에 미국으로 돌아가서 급하게 일을 처리하다가 큰 손해를 보고 1년 만에 다시 브라질로 돌아왔다. 이때 돌아와서 내가 다니게 된 교회는 한글학교를 새롭게 시작했는데, 나를 교장으로 임명하였다. 교육학을 전공한 사람도 아닌 나에게 교장을 맡긴 것은, 그 일이 나의 봉사심을 요구하는 것이기 때문이었다. 한글학교를 담당하게 되면 토요일 하루는 아무것도 할 수 없으니 아무도 맡으려고 하지 않았다. 나는 내게 맡겨주신 일이니 열심히 해야겠다는 생각으로 토요일마다 치던 골프도 그만두고 한글학교 설립에 매달렸다. 여러 가지 법적 절차를 밟고, 교사를 모집하고, 힘찬 의욕으로 한글학교를 시작하였다.

어느 정도 규모가 있는 교회였기에 시작부터 학생이 150명이 넘었다. 교사 15명을 비롯하여 부목사님과 남자 전도사님 두 분, 여전도사 한 분 등이 도와주셨다. 그리고 교회에서 적절한 재정을 책정해주었다. 여선교회에서 점심을 만들어서 제공해주니 재미있고 신나게 한글학교를 시작할 수가 있었다. 토요일 오전 8시 반에 모여 예배를 드리고, 각 반으로 나누어 50분씩 3시간, 이렇게 정오까지 한글 공부를 하고 교회에서 제공하는 점심을 먹는다. 그리고 오후 3시까지 축구반, 미술반, 기타반, 바이올린반 등 예능반을 운영했다.

한글학교를 시작하려면 공관에 등록해야 한다고 해서 총영사관을 찾아가서 교육원장을 만나 뵈었다. 당시 교육원장이셨던 정성천 원장님은 다른 말씀보다도 한글학교를 시작하면 한글학교연합회에 잘 협조하여야 한다고 했다. 나는 당장 다음 달에 모이는 한글학교연합회 교장 회의에 참석하였다. 흰인 동포 사회에서 내로라하는 교육자들과 유치원 원장들 12~13명이 모여서 열띤 회의를 하는데, 처음 한글학교를 맡아 경험도 없는 나는 꿔다 놓은 보릿자루처럼 가만히 앉아 듣고 있을 수밖에 없었다. 그런데 다음 해 말에 개최된 총회에서 나를 연합회 회장으로 세우는 것이 아닌가? 내 생각에는 우리 한글학교의 규모가 어느 정도 큰 탓도 있겠지만, 아마도 다른 분들끼리 경쟁하는 가운데 경쟁의 상대가 되지 않는 나를 회장으로 세운 것 같았다.

갑자기 연합회장이 되어 걱정이 많이 되었지만, 연합회에서 매년 개최해오던 세 가지 연합 행사(어린이 동요 대회, 한글날 기념 운동회, 합동 교사연수회)는 다른 교장 선생님들의 도움을 받아 그럭저럭 잘 해낼 수 있었다, 그런데 마지막으로 한 가지 큰 문제가 남아 있었다. 작년도 회장이었던 이재호 선생이 2005년 재외동포 교육지도자 초청 연수 참석차 한국에 나갔다가 다른 중남미 국가들의 회장들과 중남미한글학교협의회를 창립했는데, 이 단체의 제2회 합동 교사연수 행사를 내가 해내야 했던 것이다.

사정은 이러했다. 2005년도 말에 브라질에서 개최된 제1회 연수대회에서, 아직 다른 중남미 국가에서 이런 국제행사를 할 수 있는 여력이 없으므로 제2회 연수도 다시 브라질에서 개최하는 걸로 결정했다고 한다. 연수 개최국 협의회 회장이 중남미협의회 회장이 되고, 합동 교사연수도 개최해야 한다는 것이었다. 나는 자신도 모르게 중남미한글학교협의회 회장이 되어 있었고, 임기 내내 이 연수를 어떻게 하여야 할지 고민하게 되었다. 제2회 연수 이후 칠레에서 개최된 제3회 연수 때부터는 재외동포재단에서 강사를 선정하여 경비 일체를 부담해서 보내주고, 지원금도 좀 더 많아졌지만, 2회 연수에는 그런 도움도 없었고 연수지원금이라고는 달랑 미화 4,000달러를 주면서 100명 규모의 국제적인 행사를 치러야 했으니 얼마나 힘들었겠는가.

그중에서 가장 문제가 되는 것이 강사 선정이었다. 다행히 교육원장님의 소개로 이중언어학회의 육효창 교수님과 연락이 닿았다. 그해 7월에 개최된 재외동포 교육지도자 초청 연수에 참석하러 한국에 나갔다가 육 교수님을 만나 12월 초에 개최될 연수에 강사로 오시겠다는 다짐을 받게 되어 한 짐을 내려놓는 것 같았다. 그런데 연수 개최를 한 달 반 정도 앞두고 육 교수님께서 재외동포재단의 경비 후원을 받지 못하게 되어서 오실 수가 없다는 연락을 받았다. 정신없이 여기저기 수소문을 하여 브라질과 인근 나라에서 한국어를 전공하신 분들을 찾는 가운데서 네 분의 강사를 모실 수 있었고, 2박 3일의 교사연수를 가까스로 치를 수 있었다.

나는 2006년 재외동포교육지도자 초청 연수에 참여한 이래, 2014년과 2015년의 재외한글학교 교사 초청 연수, 2016년 개최된 한글학교협의회장 초청 워크숍에 참석하면서 대한민국 정부가 한글 교육에 많은 투자를 하고 장려하며 교사들을 격려한다는 것을 깨달았다. 재외동포재단에서는 해마다 200명 정도의 지구촌 전체 한글학교 교사들을 초청하여 너무나도 좋은 프로그램으로 연수를 진행하며, 외국에서 한글 교육에 수고하는 교사들을 극진히 대접해준다. 이 연수에 참석했던 교사들에게 위로와 용기를 주는 것은 물론이고, 앞으로 더 열심히 노력하여 훌륭한 한글학교 교사가 되어야겠다는 사명감을 심어준다. 함께 참석한 세계 각국의 한글학교 선생님들은 모두가 이민자이며, 어려운 환경에서 한글을 가르치는 교사라는 동병상련의 마음이기에 금방 친해진다. 짧은 기간이었지만 함께 숙식하며, 함께 훈련받았다는 동기생의 심정을 가진다. 연수를 마치고 헤어진 후에도 오랫동안 서로 연락하며 정보를 주고받으며 격려하고 있다.

그런데 안타깝게도 이런 좋은 교사 초청 연수에 브라질에서는 매년 세 명 정도밖에 초청받지 못한다. 브라질만 해도 한글학교 교사들이 200명이 넘는데, 모든 교사가 한 번씩만 참석하려고 해도 60년이 넘게 걸릴 것이니, 한 번도 그런 혜택을 누리시 못하는 교사가 대부분일 것이다. 그래서 지역의 협의회장으로서 내가 개최하는 연수에서도 그런 감동과 의미를 줄 수 없을까 고민한다. 내가 받은 융숭한 대접까지는 못 하더라도 최대한 알차고 풍성한 연수회를 개최하여 한글 교육에 헌신하는 선생님들에게 조국이 내게 해준 것처럼 위로하고 격려하고 사명감을 심어주어야 한다는 의무감을 갖게 되었다.

브라질한글학교연합회장 5년, 중남미한글학교협의회장 4년을 역임하면서, 나는 내가 개최한 모든 합동 교사연수를 이러한 심정으로 준비했다. 중남미한글학교협의회 창립 멤버인 볼리비아의 이안호 선생님과 나는 우리가 회장의 직무를 내려놓더라도, 또 한글학교를 담당하지 않을 때가 되더라도, 남미 한글학교 합동 교사연수회가 어느 나라에서 개최되든지 꼭 참석하여 남미의 한글학교 선생님들을 격려하자고 다짐하였다. 실제로 코로나19 이전까지 개최된 모든 연수에서 우리는 10회 이상 만났다. 이런 나의 마음을 알아주는 친구가 있어 얼마나 감사한지 모른다.

남미 한글학교 합동 교사연수를 개최하려면, 나라와 시기에 따라 다르지만 적어도 2~3만 달러의 비용이 든다. 3박 4일의 연수에 주변국에서 오는 선생님들이 보통 5~60명이 되기 때문에 그렇다. 모국의 재외동포재단에서 보내주는 지원금과 참가자 1인당 100달러씩 내는 참가비를 합쳐도 절반밖에 감당할 수가 없다. 연수를 개최하는 국가의 회장은 연합회가 모아놓은 회비도 사용하고 독지가의 후원을 구하러 발품을 팔아야 한다.

내가 수년간 남미한글학교협의회 회장을 하는 것을 알게 된, 아르헨티나 청년 시절의 내 친구인 박기홍 장로는, 지금은 미국에 있으면서도 끔찍한 우정으로 이 일을 돕는다. 2015년 브라질에서 개최된 연수에 미화 1,000달러를 지원해주더니, 지난 2016년 칠레에서 개최된 제14회 연수에는 5,000달러를 보내왔다. 로스앤젤레스 근교의 모빌 홈에 살면서, 그렇게 큰 부자도 아니고, 자기 자신도 여유가 없을 텐데……. 너무나 고마웠다.

박기홍 장로는 내게 말한다. 자신도 40여 년 전 아르헨티나에 처음 한글학교가 생겼을 때 교사를 했었기에 선배로서 남미 한글학교 교사들을 돕고 싶었고, 또한 친구가 회장이라 어떻게라도 지원하고 싶었다고 한다. 어떻게 지원비를 마련할지 기도하고 생각하던 중에 자기가 물건을 떼어오는 (그는 커튼 설치업을 한다) 커튼 제작 공장 사장에게 찾아가서 말했단다. 좋은 일을 하고 싶어 그러는데 작년에 팔아준 것의 120퍼센트를 금년에 팔아주면 5,000달러의 커미션을 주지 않겠느냐고 부탁을 했다고 한다. 그때는 시큰둥하게 여기며, 대답하지 않던 사장이 연말에 박 장로를 부르더니 지난 한 해 동안 열심히 팔아줘서 고맙다고 하면서 5,000달러를 주더라는 것이다. 친구는 그 큰돈을 선뜻 내게 내어주며 교사연수에 사용하라고 했다. 이 얼마나 고마운 일인가?

나는 이런 고맙고 자랑스러운 친구를 남미합동 교사연수에 참석한 모든 선생님에게 소개하고 싶어 친구에게 비행기 표를 보냈다. 고맙게도 그는 시간을 내어 브라질에 왔고, 함께 칠레 연수에 참석하였다. 잊을 수 없는 일이다.

한글학교와 교육원장

한글학교 교장과 연합회 회장의 역할을 하던 때를 떠올리면, 정부에서 파송한 교육원장과의 관계를 생각하지 않을 수 없다. 교육원장의 임기가 3년이라, 2004년부터 지난 18년 동안 내가 함께했던 교육원장이 여섯 분이나 된다. 교육원장에 따라 브라질 한글 교육 현장의 활성화 정도와 한글학교 연합회의 분위기가 많이 달라지는 것을 부인할 수 없다. 기억에 남는 두 분의 교육원장이 있는데, 한 분은 처음 내가 한글학교를 시작하려고 할 때 첫 교육원장이셨던 성싱전 원장이다. 그 당시에는 교육원장이 연합회 일에 별로 관여하지 않고 행사에나 잠깐 참석하는 정도였고, 재외동포재단에서 보내오는 한글학교 지원금을 배분해주는 일을 담당하셨다.

어쩌다 연합회 회장이 되어 정신없이 1년간 모든 행사를 무사히 치르고, 임기를 마치기 직전의 연합회 월례회 때였다. 어느 한글학교의 교장이 정성천 교육원장을 탄핵해서 한국으로 소환하게 하자는 결정문을 연합회 이름으로 한국 정부에 보내자고 주장하였다. 그러나 이들의 불화에 대한 내막을 자세히 몰랐던 나는, 공무원인 교육원장을 탄핵해서 소환한다면 그에게 큰 결격 사유로 남을 텐데 꼭 그렇게 해야 할 필요가 있겠냐며 회장의 직권으로 그 의견을 받아들이지 않았다.

그랬더니 유치원에서 한글학교를 운영하는 교장 5~6명이 연합회를 탈퇴해버렸고, 이후 수년간 브라질 한글학교연합회가 위축되었다. 그때 탈퇴한 교장 중 한 사람은 10년 이상 나와 마주치면 인사도 하지 않는데, 몇 년 전 대화할 기회가 있어서 그때에는 내가 정말 아무것도 몰라서 그랬다고 용서를 빌어 겨우 맺힌 매듭을 풀 수가 있었다.

또 한 분은 지금은 대전 교육청의 교육국장으로 계시다가 2022년에 정년을 하신 오석진 교육원장님이다. 오 원장님은 소극적이셨던 다른 교육원장들과는 달리 한글학교 지원에 열정적이셔서 당시에 여러 개의 새로운 한글학교가 생겨났다. 그리고 현지 브라질 학교들이 제2외국어로 한국어를 채택하도록 노력을 하셔서 많은 협정서(MOU)를 체결했다. 또한 한글학교연합회의 모든 행사를 직접 주관하시고, 행사에 필요한 경비를 이곳저곳에 연결해서 넘치도록 마련해주셨다.

오 원장이 브라질에 계셨던 3년 동안 '한국어 말하기대회', '나의 꿈 말하기 대회', '여름 한글학교', '겨울 한글학교' 등 평소보다 두 배 이상의 많은 행사를 유치하였다. 모든 한글학교 교장들과 연합회 임원들이 신바람 나고 활력이 넘치는 한글학교연합회 활동을 할 수가 있었다. 때마침 달아오른 K-POP 열풍과 함께 동포 사회와 브라질 젊은이들에게 한글 교육 열풍을 일으키셨다.

내가 4년 연속 브라질한글학교연합회 회장, 3년 연속 중남미한글학교협의회 회장을 하게 된 것과 지금까지 한글 교육 현장에 남아 있게 된 것은 그분의 영향이라 아니 할 수 없다. 한국으로 귀국하신 지 5년이 넘는 지금도 당시 함께 수고했던 연합회 임원이나 한글학교 교장이 한국을 방문하면 꼭 당신이 사시는 대전으로 초대하여 지난날의 추억을 되새기며 극진히 대접해주신다.

한글학교와 관계를 맺은 지 어언 19년, 나는 학생을 직접 가르치는 교사보다는 교장, 협의회장과 같은 운영과 관리 쪽의 일을 나름대로 열심히 하면서 남미 지역 한글 교육 육성에 이바지한다고 생각했지만, 사실 나는 아무런 자격증도 없는 사람이다. 이걸 깨닫고 자격지심과 함께 회의감에 빠져들게 되었다. 그런데 인연이란 것이 참 질기다는 말을 새삼 느낀다.

17년 전 제2회 중남미 합동 교사연수의 강사로 오시기로 약속하셨다가 결국 불가피하게 펑크를 내셨던 육효창 교수님께서 그때의 부담감으로 내게 가끔씩 연락을 주셨다. 그렇게 가까워진 육 교수님과는 이런저런 사정과 심회를 털어놓는 사이가 되었다. 그렇게 해서 결국은 내가 디지털서울문화예술대학 한국어교육과에서 수학할 수 있도록 이끌어주시고 입학금까지 대납해주셔서, 공부와 담을 쌓은 지 40여 년 만에 한국어 교육을 위해 다시 대학을 다니게 되었다. 머리가 다 굳은 환갑이 지난 나이에 대학 공부를 따라갈 수나 있을까 하는 두려움과 까마득하게 느껴졌던 졸업이 이미 지나간 일이 되었다. 2021년 8월, 나이 많은 사람이 열심히 공부했다고 대학에서 주는 졸업공로상과 함께 학위증을 받았고, 다문화사회전문가과정 수료증과 국립국어원에서 발행해주는 한국어교원 2급 자격증도 받았다. 이제는 좀 더 당당하게 사명감과 사부심을 가지고, 긴강과 사정이 허락한 때까지 한글 교육과 한글학교를 위하여 일할 것이라고 다짐해본다.

온고이지신(溫故而知新)과 한글학교의 길

(현) 뉴잉글랜드 한국학교 교장
(현) 재미한국학교뉴잉글랜드지역협의회 회장

'검은 머리 파뿌리 되도록'이란 말은 신혼부부가 혼인할 때 평생 변치 않고 서로 사랑하겠다는 의지를 보일 때 쓰이는 말이다. 그런데 이 말을 지구촌 한글학교에 재직하는 교사들의 마음 자세에 적용해도 되겠다는 생각이 든다. 재외동포 2세들의 뿌리 교육을 위해 열정으로 매달리는 내 주변의 교사들을 보면, '검은 머리 파뿌리 되도록' 이 일에 매진할 것 같은 태도를 볼 수 있기 때문이다. 가끔 나도 때로는 '내 청춘 돌려줘!' 하며 나를 돌아본다. 내 인생의 반이란 긴 세월을 한글학교와 동포 2세들을 위해 투자했으니, 나 역시 한글학교와 결혼한 사람이라 할 수 있다.

가르치는 사람, 즉 스승과 교사 이야기가 나왔으니, 공자님의 말씀 한 구절로 내 이야기를 시작해보려 한다. 그것은 '온고이지신(溫故而知新) 가이위사의(可以爲師矣)'라는 구절이다. 풀이하면, "이미 배운 것을 잘 익혀서 새로운 것들을 계속 알아간다면, 다른 사람의 스승이 될 수 있다."라는 뜻이다. 서두부터 공자의 말씀을 꺼내놓으니 독자들은 나를 옛날 서당의 '훈장'쯤으로 떠올리고 있지 않을까 싶다. 그런데 나는 이 구절을 음미하면서, 의미 있

158   제3부 한글학교는 무엇으로 사는가

는 교사론을 생각해보게 된다. 특히 세계 곳곳에서 동포 차세대의 정체성 교육을 하는 한글학교 교사의 가르치는 역할과 입지를 생각해보게 된다.

'온고(溫故)'는 글자 그대로 해석하면 '옛것을 익힌다'는 뜻이다. '지신(知新)'은 '새것을 안다'는 뜻이다. 그래서 이 구절을 '옛것을 익혀서 새로운 것을 안다'는 뜻으로 풀이한다. 나는 '옛것'을 조금 더 풀어서 '이미 배운 것'으로 설명하였다. 그 뒤에 오는 '가이위사의(可以爲師矣)'는 '능히 스승이 될 수 있다'라는 뜻으로 풀이한다. 이 말씀이 학생을 가르치는 선생에게 특별히 더 중요한 것은 교사의 배움도 항상 나아가야 함을 깨닫게 해주기 때문이다. 교사는 자기가 배운 것에 묶여 있지 않고 새로운 것을 배우는 데에 더 유연하고 적극적이어야 한다는 점을 가르쳐주고 있기 때문이다. 그런데 그 새로운 것이 그냥 습득되는 것이 아니라, '이미 배운 것을 익히는 데에서(溫故)' 가능해진다는 점이다.

어렸을 때 들었던 말이 생각난다. '구부러진 개 꼬리 대봉통에 3년 넣었다 빼도 구부러져 있다'라는 말이다. 새 변화에 적응하고 개방의 자세를 갖는다는 것이 얼마나 어려운 것인지를 보여주는 말이다. 새로운 걸 받아들이지 않으려는 걸 두고 교사의 신념이라고 강변하는 사람들도 있다. 그러나 교육의 생태 자체가 변화하고 있다. 교육기법이 변하고 교육방법이 발전하고 있다. 더구나 팬데믹으로 인해 온라인 교육이 도입되어 작은 화면을 통해 학생들과 소통하며 모든 공평하게 잘 가르치고자 하는 교육의 흐름을 우리는 목도하고 있다. 이런 교육환경에서 스스로 배우며, 그 바탕 위에서 가르쳐야 하는 선생님들의 역할과 노고는 힘겹다. 그럴수록, 또는 그러므로, 교사에게 언제나 중요한 것은 '늘 배움에 힘쓰는 교사의 자세'이다.

한글학교 교사의 모습을 좀 구체적으로 이야기해보자. 교사는 방학 때가 되면 휴식과 자기 계발의 시산을 갖는다고 생각하지만, 오히려 방학이, 특히 여름방학이 더 분주하고 신경이 곤두서게 되는 시기가 아닌가 한다. 이곳 보스턴 한글학교의 여름방학 동안 교장인 내가 하는 일은 새 학년 준비(여기는 9월 학기부터 새 학년을 시작한다)를 위한 교과과정에 대한 평가와 피드백 및 커리큘럼 재구성 활동이다. 6월 중순부터 7월 초까지 학년과 과목으로 나뉜 여덟 개 과정의 회의에 참여하여, 각 학급의 학년 종합 보고를 듣고, 새 학년 준비를 위한 준비에 어떤 도움이 필요한지 토의한다.

구체적으로 살펴보면 제법 일이 많다. 첫째, 재학생과 신입생 등록 현황에 따라 학급별 인원 변동에 따른 교사의 이동을 계획하고, 새롭게 필요한 신임 교사를 찾아 인터뷰하는 일이 있다. 둘째, 교사 재교육을 위한 교내·외 교사연수회 프로그램을 준비하여 실시한다. 여기에 참가할 강사를 선정하고, 강의 내용을 점검한다. 물론 이 교사연수 프로그램을 실제로 운영·실시하고, 프로그램 운영을 평가하는 데까지 한다. 셋째, 새 학년도 시작을 앞두고 학부모들과 상의하고 협조하는 일이다. 학교가 운영하고자 하는 커리큘럼의 방향을 설명하고, 교과서와 교육자료, 그리고 학급 배정 등과 관련된 학부모님의 건의와 불만 사항 등을 듣는다. 물론 학교 관리자로서 해결점을 찾는 노력을 기울인다. 그 과정에서 다시 해당 선생님과의 협의 등 거의 매일 있는 회의를 소화하면서 학교의 변화를 모색한다.

이런 모든 과정에서 2세 교육을 위해 헌신하고 있는 교사에게 가족처럼 다가가 그들의 어려움과 건의를 들으며, 때로는 강하게 일으켜 세우기도 하고, 때로는 달래고 어르기도 해야 한다. 오로지 교사의 헌신과 봉사로 운영되고 있는 주말 한글학교에서는 교장과 교사의 위치가 일반 학교의 그것과는 상이하다. 가족처럼 정서적으로나 업무적으로나 서로 동화하는 같은 분위기에 있어야 제대로 된 학교 운영이 가능하다. 이는 나의 경험에서 얻은 지혜이다.

2018년 여름방학 때 두 명의 교사를 같은 장소에서 인터뷰한 적이 있다. 나는 그때 이런 물음을 꺼내었다.

"선생님, 요즘 과학기술의 발달이 하루가 다릅니다. 앞으로 교육의 방향에도 영향을 미치게 되어 내 생각으론 가까운 미래에 한글학교에도 인공지능이 도입되어 교사가 교실에서 학생들을 만나는 것이 아니라 가상공간에서 만나 수업을 하게 될지도 모릅니다. 이렇게 되면 한국어와 한국 문화를 인공지능 프로그램을 통해 구체적 경험으로 학습하기도 하고, 역사의 현장을 보며 실감 나는 수업을 하는 세상이 될 것입니다. 선생님은 그러한 시기를 대비해서 현재의 우리가 하는 교육방법과 교수법을 어떻게 바꾸어보면 좋을까요?"

이렇게 질문했던 기억이 나는데, 불과 1년 반 뒤에 비슷한 상황이 벌어지게 되었다. 눈에 보이지도 않는 COVID-19 바이러스로 인해 우리의 생활엔 엄청난 변화가 발생했다. 아무런 준비도 하지 못한 학교들은 속수무책으로 휴교를 할 수밖에 없었다. 이곳 보스턴 지역에서는 두 학교만 비대면 수업을 시행했고, 다른 모든 학교는 휴교했다.

내가 근무하는 뉴잉글랜드 한국학교는 COVID-19 사태로 강제 휴교령이 있자마자 바로 온라인 비대면 수업으로 전환해보자는 의견이 나왔고, 제일 고학년 학급인 백두반부터 줌 미팅이란 생소한 온라인 기술을 이용한 수업을 시작하게 됐다. 물론 처음 시도해보는 방법이어서 선생님, 학부모, 학생 모두 힘들었다. 학교는 비대면 수업을 위한 기자재 부족을 비롯한 셀 수 없이 다양한 문제에 봉착하였다. 처음 몇 주 동안은 고난의 연속이었고 나는 교장으로서 할 수 있는 모든 지원을 위해 동분서주했던 기억이 새롭다.

하지만 학생들이 먼저 새로운 교육환경에 적응을 시작했다. 그리고 학교도 학생들의 적응 속도에 맞추어 매우 적극적으로 임했다. 거듭된 교사 대책 회의와 교내 온라인 활용 연수를 통해 부족한 부분을 하나둘씩 채워가면서, 점차 모든 교사가 새로운 교육환경에 대응할 자신을 갖게 되었다. 선생님들은 그 이후로 빠르게 각자 맡은 학생들을 지도하는 일에 힘을 내기 시작했다.

포스트코로나 시대 한글학교 1년 차 학생들은 새로운 기술에 더 빨리 적응했다. 한글학교의 특수 상황을 고려할 때, 한글학교 수업의 온라인화 가능성에 대해 큰 신뢰를 갖지 못했던 교사와 학부모 세대가 아이들의 뒤를 이어 열심히 좇는 형국이 되었다. 한글학교의 유아반과 유치반을 비대면으로 진행한다는 것은 절대 불가하다며 손사래를 치던 선생님들의 모습도 이제는 엊그제 같다. 지금은 무척 즐겁고 재미있게 수업을 진행하니, 한글학교에서의 비대면 수업 시작을 곤혹스럽게 생각하며, 지난 학기 등록을 보류했던 가정들도 하나둘 다시 돌아오기 시작했다.

이런 생각을 해본다. 1년 전에 그냥 주저앉았다면 어떻게 되었을까. 아마도 지금 우리 학교는 뒤늦게 출발하여 온라인 수업 체제에서 이미 앞서간 학교들을 따라잡기 위해 몇 배의 에너지를 쏟고 있을 것이다. 아니, 지금은 아예 문을 닫았을 수도 있지 않을까? 새로운 것을 배우는 것에 대한 경계와 두려움은 개개인의 차이는 있겠지만, 대부분 선뜻 나서기 어려운 일이 아닐 수 없다. 하지만 누군가 출발점에서 뛰쳐나가게 되면 다른 사람들도 따라 뛰면서 먼저 뛰는 사람을 보고 배우게 되는 것이 아닐까 싶다.

또 이런 생각도 해보게 된다. "잃은 것이 있으면 얻는 것도 있다."라고 했듯이 이번 팬데믹으로 인해 적지 않은 학생을 잃었다. 또 유능한 교사들이 어쩔 수 없이 떠났고 교정에 돌아오지 못하고 있다. 학생들에게 제공할 수 있는 풍부한 교육환경이 제한되었다. 그러나 잃어버린 자리, 그 빈자리가 의욕을 버리지 않은 기존 교사들과 신임 교사들로 채워지면서 2세 교육을 중단 없이 계속 이어갈 수 있었다. 나는 감사함을 얻었다.

이 어려움 가운데에도 도움이 필요한 다른 학교 교사들의 교육을 위해 최선을 다해 가르치고 지식을 공유하며 용기를 전하고 있는 우리 학교의 선생님들이 있으니 이 얼마나 기쁘고 자랑스러운가. 나는 새로운 환경에 적응하기 위한 우리 학교 선생님들의 각고의 노력에 깊이 감사한다. 그것은 우리가 받은 은혜이기도 하다. 지난 1년 동안 우리가 스스로 찾아낸 지혜와 경험, 그리고 용기가 얼마나 소중한 것인지를 느낀다. 이 소중한 가치를 우리가 공유함으로써 앞으로 또 어떤 어려움이 닥친다고 해도 능히 헤쳐나갈 수 있을 것으로 믿는다. 다시 한번 뉴잉글랜드 한국학교의 선생님들과 학생 및 학부모님들께 감사의 인사를 보내본다.

나의 북극성이어라

이 하 늘

(현) 독일 비스바덴 한글학교 교장
(현) 유럽한글학교협의회 회장

너무 이른 새벽이라 중앙역까지 연결되는 버스가 없다. 택시를 타고 비스바덴 중앙역까지 이동한 후 기차로 프랑크푸르트 중앙역까지 가서는 프랑크푸르트 한국학교 선생님들 세 분과 약속 장소인 플랫폼에서 만났다. 지금이 마침 ICE 기차를 다섯 명이 함께 타고 이동하면 요금이 할인되는 기간이다. 누군지 모르는, 뵙지 못했던 분들이지만 목적지가 같기에 동행하게 되었다. 우리의 목적지는 함부르크이다.

우리는 서로 통성명을 한 뒤 ICE 기차에 앉아 도시락도 먹고 이런저런 대화를 나누었다. 낯선 독일의 북부 도시 함부르크에서 우리가 머물 곳을 찾아가야 하는 형편이다. 3박 4일간 동고동락하게 될 분들이다. 걱정들이 많다. 나는 슬며시 함부르크에서 2년간 살았다고 밝혔다. 목적지까지 잘 안내해드리겠다고 말씀드렸다.

함부르크는 그 당시 나에게 친정 같은 곳이었다. 1992년 독일에 유학을 와 처음으로 살게 된 도시가 함부르크이다. 햄버거라는 말도 독일의 항구도시 함부르크에서 유래된 것이다. Hamburg는 도시 이름이고, Hamburger는

'함부르크 사람'이란 뜻이다. 그리고 햄버거는 '함부르크 사람이 만든 다진 고기 요리'라는 뜻이다.

함부르크의 첫 느낌은, 초록색이었다. 2월이었는데도 잔디가 초록색인 것이 신기했다. 산이라고는 하나도 없이, 끝없는 푸른 들판과 공원들로 이어지는 곳이었다. 심지어 공동묘지조차도 산책하기 좋은 공원처럼 느껴졌다. 항구로 전쟁 물자를 실어 대느라 두 차례의 세계대전을 겪으며 초토화되었던 도시라는데, 가도 가도 푸른 숲이 펼쳐졌다. 북해와 동해(발트해)를 끼고, 엘베강이 흘러드는 곳, 그리고 푸른 알스터호수가 있는 곳이다.

함부르크는 그 옛날 '한자 동맹(The Hansa League)'의 중심이 되었던 도시이다. 한자 동맹은 13~15세기, 독일 북부의 도시들과 외국에 있는 독일의 상업 집단이 상호 교역의 이익을 지키기 위해 창설한 조직이 아니었던가. 함부르크는 자연의 아름다움과 역사적 전통이 잘 어우러져 있는 도시이다. 북독일의 우아함을 잘 나타내는 운치 있는 도시가 바로 함부르크이다.

우리는 중앙역에서 내려서 지하철을 두 번 갈아타고, 버스로 다시 바꾸어 타고 목적지에 도착하였다. 우리를 맞이해주는 행사 안내 표시가 더없이 정겹게 느껴진다.

Haus Rissen (Internationales Institut fuer Polikik und Wirtschaft)

Rissener Landstr. 193, D–22599 Hamburg

제1회 유럽한글학교 교사 세미나

주최 – 재독한글학교교장협의회(회장 강여규)

후원 – 주독일한국교육원, 재외동포재단, 재외동포교육진흥재단

협력 – 함부르크 한인학교(교장 이영남)

그 당시 나는 한글학교 5년 차 교사였다. 유럽에는 과연 어떤 나라들에 한글학교가 있을까? 언어권이 다르니 한글을 가르칠 때도 각각 다른 어려움이 있겠지. 그런 어려움을 각 한글학교는 어떻게 감당하고 있을까. 이와 같은 고민을 안고, 나는 이번 연수를 기대한다. 처음 유학을 와서 머물던 추억의 도시에서 나는 처음으로 개최되는 유럽 한글학교 교사연수에 참여하며 가슴이 뜨거워진다. 익숙함과 새로움, 설렘과 호기심이 나를 휘몰아간다. 외국 생활의 신비함과 어려움 속에 적응해가면서 만나게 되는 한국 분들, 그것도 나처럼 동포 자녀들에게 한글을 가르치는 분들을 만난다는 사실이 나를 가슴 벅차게 한다. 마치 사막의 오아시스와도 같은 기쁨이었다.

독일에서 살아야겠다고 마음먹은 지 오래다. 독일 생활도 이미 익숙해져서 불편함도 없었기에 내 나름대로는 아무런 공허함이 없다고 생각했었다. 그런데도 그게 아니었다. 한글학교 선생님들을 만나서 대화하며 마음을 털어놓으면, 나는 '또 다른 나'를 발견하는 것이다. 그들과 마음이 오가는 동안, 마치 봇물이 터지듯이 내 안에서 울컥한 그 무엇이 나오는 것이다. 그 기쁨과 감동은 지금까지 내가 경험해보지 못한 새로운 마음의 영토였다. 외국 생활에서 나를 나답게 살게 하는 나침판과 같은 곳, 바로 그곳이 한글학교이다.

나는 행사 안내 표시를 다시 유심히 읽는다. '제1회 유럽 한글학교 교사 세미나', 제1회구나! 이 행사가 처음 열린다는 것 아닌가. 유럽의 여러 나라에서, 서로 다른 언어권에서 살지만, 한마음으로 우리 한민족 동포 학생들을 가르치는 한글학교 교사들을 위해 조직된 '유럽한글학교협의회'의 행사이다. 그 시작이 얼마나 어려웠을지 상상만 해도 내 마음은 존경심으로 가득하다. 왜 이렇게 열심히 하는가? 이를 누가 이해할 수 있을까. 한글학교 교사들 이외에는 아무도 상상할 수 없을 것이다.

이 첫 번째 유럽한글학교 교사연수에서 나는 독일 칼스루에(Karlsruhe)에 계신 진명희 선생님을 알게 되었다. 함부르크와 칼스루에는 약 850킬로미터 떨어져 있다. 상당히 먼 곳이었다. 나는 비스바덴에서 새벽부터 서둘러 고생을 하여 함부르크까지 도착하였다. 그런데, 사실은 나보다 훨씬 먼 곳에서 오신 분들도 많았다. 자녀들을 맡길 곳이 없어서 함께 데리고 온 분들도 있었다. 연수 참가비와 교통비를 지원받지 못하였음에도, 배움에 대한 열정으로 본인이 부담하여 오신 분들도 있었다. 연수의 강의 내용도 좋았지만, 우리가 이렇게 하나로 한자리에 한마음으로 모일 수 있을 수 있다는 것, 그것이 더 의미 있었다.

그리고 그때의 인연은 내가 재독한글학교 교장협의회에 발을 들이는 계기가 되었다. 2010년, 나는 비스바덴 한글학교 교장이 되었다. 2012년 당시 재독한글학교 교장협의회 회장님으로부터 독일협의회에서 임원으로 함께 일해보자는 연락을 여러 번 받았지만, 정중히 거절했다. 그런데 당시 청소년부장이셨던 진명희 교장 선생님께서 내게 전화를 하셨다. 어렵고 힘든 상황에서도 유럽한글학교협의회 1회 교사연수에서 우리가 함께 동참했던 동지인데, 이제는 독일협의회에서 함께 일해보자고 하셨다. 이상하게도 거절할 수가 없었다.

그렇게 해서 2013년 재독한글학교 교장협의회 회장이 되어 5년간 봉사하였고, 2019년 유럽한글학교협의회 회장이 되어 지금까지 맡고 있다. 2021년 기준 유럽에는 27개 국가, 115개 한글학교가 있고, 총 986명의 교사, 6,586명의 학생이 한글학교에 다닌다. 한글학교협의회는 영국, 프랑스, 독일 이렇게 세 군데에 있다. 어려움 속에서 시작된 한글학교에서 이렇게 많은 학생이 일주일에 한 번씩 한글학교에서 우리말을 배우고, 우리 문화와 역사를 배우고 있다. 이들을 돕고, 네트워크를 형성하며 교사 재교육과 학교 간 소통을 넓혀가는 곳이 유럽한글학교협의회이다.

유럽한글학교협의회는 2005년 창립된 후 모두 15차례의 교사연수와 후속 연수를 해왔다. 돌아보면 어려웠던 고비들이 주마등처럼 스치며 지나간다.

재외동포재단 지원금을 받지 못하게 되어 연수가 무산될 위기에 놓인 적도 있었다. 항공사 파업으로 공항에서 발만 동동 구르며 연수에 가지 못했던 때도 있었다. 45년 만에 내린 눈사태로 더블린 공항에서 난민 신세가 되었던 순간에는 얼마나 난감했던가.

그러나 그보다 가장 큰 어려움은 단체장을 맡자마자 코로나-19로 그동안 준비해왔던 모든 일정과 내용을 바꾸며 새로운 시도를 기획해야 했던 것이라 할 수 있다. 2020년 5월에 개최되기로 했던 교사연수는 10월로 연기하였으나, 7월에 예정이었던 제1회 유럽한글학교 청소년 캠프는 미루고 싶지 않았다.

내가 유럽협의회 회장이 되고, 초기 회장님이셨던 강여규 선생님께 연락을 드린 적이 있었다. 사업 계획을 말씀드리며 제1회 유럽한글학교 청소년 캠프를 준비한다고 하니 강여규 선생님께서는 당신의 평생 숙원 사업이 유럽한글학교 청소년 캠프였다 하시며 말할 수 없이 기뻐하셨었다. 나는 그때 제1회 유럽한글학교 청소년 캠프를 준비하면서 이미 2019년 8월에 나와 함께 독일협의회 청소년 캠프에서 함께 일했었던 젊고 실력 있는 여섯 분의 선생님들을 우리 집으로 2박 3일간 초대했었다. 다행히 우리 옆집이 여행 중이라 주인의 양해를 구해서 우리 집과 옆집에 나누어 숙박할 수 있었다. 관광도 하고, 밥도 먹고, 와인도 마시며, 많은 대화를 나누었다. 주로 유럽의 동포 청소년들에게 무엇을 어떻게 제공해줄지를 고민하였다. 우리가 먼저 연구하며, 많은 아이디어를 모으고, 우리 교사들의 팀워크를 이룰 것을 다짐하였다. 우리는 사실상 약 1년 전부터 캠프를 준비하고 있었던 셈이다.

그러나 2020년 코로나19 사태가 걷잡을 수 없이 악화하며, 우리는 난관에 빠지게 되었다. 어려우니 하지 말자, 이 상황에서 캠프가 말이 되느냐, 그런 조언을 들었다. 당장이라도 캠프를 취소한다고 해도 이상하지 않은 상황이었다. 그러나 그런 부정적인 피드백을 들을수록 나는 오히려 온라인 캠프라는 새로운 도전에 더 간절히 다가가고 싶어졌다. 우리 재외동포 청소년들이 해외에서 살면서 앞으로 코로나 바이러스 상황보다 더 힘들고 어려운 일들을 만날 것이다. 그럴 때마다 어쩔 수 없으니 포기하자며 절망해버리게 놓아둘 수는 없는 것 아닌가. 아무리 어려운 상황에서도 방법이 있다. 우리 함께 지혜를 모아 노력해보자. 그럼 분명히 길이 있을 것이다.

그렇게 해서 탄생한 것이 '제1회 유럽한글학교 청소년 역사 정체성 온라인 홈 캠프'이다. 처음 시도하는 청소년 캠프에 코로나까지 겹치다니. 그야말로 엎친 데 덮친 격이었다. 그래서 더더욱 많은 조언을 들으며 검증해야 했다. 그때 제일 먼저 나의 계획을 설명하고 함께 공유하며 조언을 부탁했던 분들은 우리 비스바덴 한글학교 교사들이다. 우선 믿고 보는 우리 한글학교 교사들은 가장 확실한 나의 조력자이다. 그분들은 나에게는 선물이고 보물이다. 캠프 진행 여부를 의논했을 때, 유재건 선생님을 비롯한 비스바덴 교사들은 모두 진행하는 데 찬성했다.

그중에서도 우리 비스바덴 한글학교를 유치반부터 다니다가 졸업한 뒤에 보조 교사 과정을 거쳐서 이제는 한글학교 정식 교사로 재직하고 있는 두 분의 교사에게 이 모든 과정을 의논하였을 때, 나는 이 캠프의 성공 가능성이 충분하다고 판단하였다. 긴 세월에 걸쳐 교사와 학생 관계가 동료 관계로 발전하며 우리 사이에는 엄청난 공감대와 믿음이 쌓여 있었기 때문이다. 한글학교는 주말에 한 번만 가는 학교, 가도 되고 안 가도 되는 학교, 현지 학교 과정에 언제나 밀리는 학교라고 생각하는 이들이 여전히 많다. 이런 인식 속에서도 한글학교를 졸업하고 한글학교 교사로 봉사하는 보석 같은 분들이다. 아무리 온라인 캠프이지만 집에 있더라도 아침 체조는 해야지라며, 두 선생님은 학생들과 아침 체조를 함께했다. 그리고 문화반 중에서도 특별히 웹툰반, 서품적 미디오 창작반을 각가 담당하였다

2021년에도 우리는 아직 해결되지 못한 많은 미지수를 가지고 시작했다.

2021년에도 제16회 유럽한글학교 올라인(all-Line) 교사연수와 제2회 유럽 한글학교 청소년 캠프를 개최하였다. 4월 30일부터 5월 2일까지 진행된 제16회 유럽한글학교 교사연수의 주제는 '한글학교 학습 잠재력 키우기'이다. 2020년 제15회 교사연수와 7차시에 거친 후속 연수를 통해 매번 수요 조사를 하였다. 한글학교는 어떻게 발전해야 하는가, 변화해야 하는가, 검증에 검증을 통하여 정한 주제이다. 우리에겐 잠재력이 있다. 할 수 있다. 찾아보자. 더 노력하자.

한국의 교수님, 작가님 등 한국 강사님들과 유럽 현지 한글학교 교사들이 조화롭게 협응하며 연수 콘텐츠의 질을 높였다. 먼 미국에까지 우리의 수업 스킬을 공유하려 노력했다. 유럽한글학교 올라인 교사연수는 한글학교를 함께 발전시켜가는 문화의 축제가 되었다. 또한 국내 언론을 통해 알게 된 칠곡 할머니들의 한글 배우기를 탐사 특집으로 다루어, 취재도 직접 하고, 그분들의 글자체로 연수 포스터도 제작했다. 앉아서 듣기만 하는 연수가 아니다. 전 세계 어디에서든 듣고, 발로 찾아가서 우리가 발전할 수 있는 모든 방안을 연구할 것이다. 우리에게는 잠재력이 있으니까.

한글학교 온라인 수업을 마치고 좀 쉬려던 어느 금요일 밤 8시쯤, 발신 번호 제한으로 표시된 전화가 왔다. 받을까 말까? 망설이다 받았다. 27년전에 함부르크에서 내가 한인 여성합창단 반주를 할 때 알던 분이었다. 27년 전에 함부르크를 떠난 뒤로 처음으로 하는 대화였다. 이런저런 옛날이야기를 나누던 중 우리 집 주소를 알려달라고 하셨다. 속으로 나는 혹시 예전에 함께 찍었던 사진 같은 것을 보내주시려나 보다 하고 주소를 알려드렸다. 며칠 후 그분 성함이 담긴 편지가 왔다.

제가 이 편지를 쓰는 이유가 무엇일까요?
이 어려운 시기에 한글학교 선생님들이 아주 힘드실 것 같아 돕고 싶어

서 고민하던 중이었습니다. 열심히 하시는 비스바덴 한글학교에 후원하고 싶어요. 익명으로 해주시고, 제 뜻을 허락하시면 학교 계좌번호를 알려주세요.

이 글을 쓰며 함부르크를 많이 생각했는데, 그리운 분으로부터 따뜻한 선물도 받게 되었다.

유럽한글학교협의회 유튜브 채널 : eukos유럽한글학교협의회
유럽한글학교협의회 홈페이지 : www.eukos.net

이 두 가지 플랫폼으로 우리는 어떤 어려운 상황에도 단결하며 협동하며 앞서가는 유럽의 한글학교를 만들어나갈 것이다. 한글학교는 나에게 북극성이다.

멕시코 한글학교와 중미카리브한글학교협의회

장 혜 란

(현) 멕시코 한글학교 중등부 교사
(전) 중미카리브한글학교협의회 회장

2021년 3월 17일 멕시코 유카탄주 메리다(Merida)시에서 한국과 멕시코 수교 60주년 기념으로 그리팅맨 제막식이 있었다. 1905년 5월 14일 프로그레소항에 도착한 1,019명의 한국인을 기리는 '최초 한인 이민자 도착 기념 동판' 제막식도 그 전날 있었다. 그리팅맨 제막식에서 주멕시코 한국대사, 메리다 시장, 유영호 작가 등이 그리팅맨처럼 고개 숙여 인사하는 모습이 인상적이었다.

메리다는 나에게도 특별한 도시이다. 2015년에 제1회 중미카리브한글학교협의회 교사연수를 메리다 시청 건물에서 했다. 멕시코시티에서의 단조로운 일상에서 벗어나 오랜만에 아이들과 남편을 두고 동료 교사들끼리만 비행기로 2시간 걸리는 메리다지방까지 비행기를 타고 연수를 받으러 간다는 그 자체만으로도 마치 대학생 때 MT를 가는 것 같았다. 비용을 아끼기 위해 저렴한 새벽 비행기를 이용해서 다녀오는 일정이지만 사실 살짝 들떠 있었다.

다른 지역의 한글학교는 유치반, 초등반, 중등반, 성인반, 다문화반의 수업을 어떻게 하는지 궁금했다. 또 다른 지역 한글학교 선생님들을 만나서 나눌 무궁무진한 이야기를 기대하며 비행기를 탔다. 그런 기대는 무엇보다 한글학교 교사로서 배우고자 하는 의지가 있으므로 생겨나는 것이었다.

멕시코 유카탄반도 메리다는 늦가을인 10월인데도 여름옷을 입어야 할 정도로 더웠다. 공항에서 우리를 마중 나오신 분은 한인 후손으로, "안녕하세요"라고 인사해주었다. 그때만 해도 메리다에는 한국 사람이 적어서, 공항에 한인 후손 한 분이 마중을 나온 것이었다. 4년만 일하고 돌아가면 되는 줄 알고 이곳 멕시코로 왔던 우리의 선조들! 그것이 강제이민이 되어버린 슬프고 아픈 멕시코 이민 역사가 머리에 떠오른다. 그 어려운 상황 가운데서도 독립자금을 모아서 보낸 분들이다.

멕시코 에네켄 후손 이야기는 그동안 책이나 동영상으로도 많이 알려져 있고, 재외동포재단의 교육 지원 사이트인 '스터디 코리안'의 수업 자료인 이민사에도 소개된 내용이다. 1905년, 돈을 많이 벌 수 있다는 광고만 믿고, 멕시코 이민에 대한 꿈을 안고 인천 제물포를 출발한다. 여객선이 아닌 화물선을 타고 한 달이 넘게 걸려서 태평양 반대편인 멕시코의 살리나 크루즈(Salina Cruz) 항구에 도착하여, 다시 기차를 타고 멕시코 대륙을 가로질러, 또 다시 배를 타고 메리다에 도착하였다. 노동 계약을 맺고 4년 동안 일하러 온 한인들은 멕시코 원주민들보다 더 낮은 등급으로 거의 노예 취급을 받으면서 그 계약 기간을 채워갔다. 이후 한국으로 돌아가고자 했으나 떠나온 나라는 이미 없어진 형국이 되었다. 그래서 부득이 멕시코에 남은 분들이 멕시코 이민 제1세대가 되었다. 멕시코에서 15년쯤 지내다가 좀 더 나은 일자리를 찾아 쿠바까지 건너간 분들의 후손들도 있다.

메리다 한글학당과 캄페체 한글학교를 운영하는 오성제 교장님과 한인 후손 대표인 이르빙 씨의 도움으로 메리다 시청 건물을 한글학교 교사연수 장소로 사용한다는 것은 정말 뜻깊은 일이었다. 115년 전, 우리 조상들은 4

년 내내 Hacienda(아시엔다, 거대농장)에서 노예같이 힘들게 일만 하고 메리다 시내도 한번 마음대로 못 나와봤을 텐데, 그 거리를 우리는 당당하게 걸어서 교사연수 팻말이 걸린 메리다 시청 건물 안으로 들어갔다. 많은 동양인이 버스에서 내려 시청 건물로 들어가는 것에 궁금증을 갖고 우리를 쳐다보는 메리다 시민들의 눈길이 느껴졌다.

교사연수는 강사들의 강의와 각 한글학교의 현황과 학교급별 수업에 관련된 내용이 핵심을 이루었다. 교재 및 수업 방법, 학사 일정 및 학교 행사 내용의 공유로 시작해서, 유치부, 초등부, 중등부, 다문화반 등으로 분반하여 지도 방법과 관련하여 토론하는 시간을 가졌다. 이 시간을 통해서 우리는 각 학교의 성공적 교수·학습 운영 방법을 공유하고, 수업 운영의 어려움과 해결 방안을 함께 의논할 수 있었다.

토의 활동 후 한인이민기념박물관(Museo Conmemorativo de la Inmigración Coreana)을 방문해서 그 안에 전시된 한인 후손의 가족사진들을 둘러보며 이민 역사에 대한 설명을 들었다. 들어가면 보이는 오른쪽 벽에 한인 성씨들이 적혀 있었는데 내가 모르는 한국 성들도 꽤 있었다. 아마도 오랜 멕시코 생활에서 변형이 된 듯했다. 멕시코 사람들이 발음하기가 어려운 한국 성씨는 기록하는 과정에서 바꿔서 기록되었다고 한다. 한인이민기념박물관을 설명해주시는 헤니 장 할머니의 성이 나와 같아서인지, 처음 만났음에도 특별히 더 친근한 느낌이 들었다. 흑백으로 된 가족사진이 걸려 있었는데, 멕시코시티에서 이렇게 멀리까지 와서 이런 박물관을 보게 되리라는 것을 생각지도 못했다. 동료 선생님들은 다들 그 이민 이야기를 들으면서 눈물을 훔치곤 했다.

멕시코의 유카탄반도는 우리 한인에게 그런 아픔과 고통을 견뎌낸 인고의 역사가 스며 있는 곳이다. 멕시코 한인 이민 역사의 아픔이 시작된 제물포 항구의 거리와 한인들이 여기 멕시코에 처음으로 도착했던 프로그레소항이 있는 해변은, 백 년이 지나도 그때의 아픔을 간직한 듯이 쓸쓸하고 스산한 바람이 강하게 불었다. 멕시코는 우기일 때 낮에 한차례 소나기가 내린다. 비가 오려고 그런지 날이 흐려지니 그 쓸쓸함이 더 크게 느껴졌다.

멕시코가 거점이 되어 중미카리브한글학교협의회를 만들게 된 것은, 대륙별 연수가 정착되어 이미 본궤도에 올라 있는 중남미 한글학교 연수에 2010년 처음으로 참여한 이후였다. 개최국인 칠레까지 가는 것이 멕시코에서 한국에 가는 거리만큼 멀었다. 이렇게 먼 거리를 넘어 과연 얼마나 많은 중미카리브 지역의 교사가 자비로 비싼 항공료를 부담하면서 교사연수에 참여할 수 있을까 하고 걱정이 되었다. 조금이라도 거리가 가까운 지역에서 중미카리브 한글학교 연수를 열어 교사 한 분이라도 더 참여하여 배우는 것이 효과적일 듯했다. 그래서 중남미협의회에서 중미와 남미협의회의 분리는 필요했지만, 막상 엄두를 내지 못하고 있었다.

그러다가 2013년도에 민주평통 행사로 과테말라를 방문했을 때, 과테말라와 에콰도르의 한글학교 교장 선생님과 중미카리브한글학교협의회를 만들자는 결의를 다지기도 했다. 그때만 해도 과테말라 한글학교가 중미에서는 멕시코시티 한글학교와 규모도 비슷하고, 수업하는 방식도 여러 면에서 비슷한 점이 많아서 중미카리브한글학교협의회를 만들기 위해 과테말라 한글학교의 동참이 필요했다. 물론 이 두 분 교장 선생님은 흔쾌히 좋은 생각이라고 하시며 중미카리브한글학교협의회를 만들어보자고 동의하셨다.

그렇게 되면 몇 가지 이점이 생긴다. 첫째, 멕시코에서만 하던 교사연수를 다른 중미카리브지역에도 개방하여 더 많은 한글학교 교사들에게 연수의 기회가 제공될 수 있다. 둘째, 중미카리브한글학교협의회가 결성되면, 우리 지역도 대륙별 한글학교협의회의 자격을 갖추게 되어, 한국의 전문성이 뛰어난 강사를 조빙하는 것이 가능해진다. 당연히 이 지역 한글학교 선생님들도 더욱 질 높은 연수를 받을 수 있다.

처음에 멕시코한글학교협의회를 만들 때도 그랬지만, 각 학교에 연락하여 소통하고 의견을 하나로 모으는 작업은 쉽지 않았다. 시간도 오래 걸렸다. 서로 모르는 교사들끼리의 소통이었지만, 바다를 건너온 한글학교라는 끈으로 연결되었다. 그 끈이 중미카리브 지역의 바다를 건너서도 잘 이어졌다. 한글학교 교사들의 전문성과 역량을 키우기 위해 서로 협동하여 연수를 받고자 하는 마음은 한결같았다. 다들 뜨거웠다.

2013년에 과테말라 한글학교를 방문한 적이 있다. 그때만 해도 교실이 모자라서 기존 학교 건물에다 별도로 교회 건물을 빌려서, 두 곳에서 한글학교를 운영하고 있었다. 양쪽으로 나누어 수업하고 있었기에 점심시간을 이용해서 교장과 교사들이 한곳에 모여 간단히 준비해온 삶은 달걀과 컵라면을 먹으면서 교사회의를 진행했다. 식사하면서 다음 달 행사와 반별 학생들의 상황을 이야기하는 것을 보았다. 매달 한 번도 빠지지 않은 학생들이 있는 반에서는 피자 파티를 한다는 이야기도 들었다. 그렇지! 매주 토요일, 일주일에 한 번 수업을 듣는 것이라 빠지지 않고 꾸준히 한글학교에 나옴으로써 학생들의 한국어 실력을 어느 정도 유지할 수 있기에, 결석을 줄이고자 만든 방안이었다.

2010년 재멕시코 한글학교(멕시코시티)는 한 사업가의 기부를 받는 것을 시작으로, 교민과 현지 주재 상사 지사 등 많은 분의 후원금을 받고, 재외동포재단의 지원으로 건물을 가지게 되었다. 이를 부러워했던 과테말라에서도 2016년에 드디어 한인회관과 한글학교 건물을 가지게 되었다. 2018년 중미카리브 한글학교 연수차 다시 과테말라 한글학교를 방문했을 때는 건물 안에 많은 교실도 확보되어 있었고, 문화행사 공간과 도서관 등 훌륭한 시설을 갖추고 있었다.

이토록 발전한 과테말라 한글학교를 보니 예전에 멕시코 한글학교 건물을 보며 나에게 과테말라에도 한글학교 및 한인회 건물을 꼭 만들겠다는 의지를 다짐하셨던 그분이 생각이 나서 마음이 뭉클했다. 그분은 그 의지를 실천하셨다. 멕시코도, 과테말라도 이만큼 오기까지 힘든 과정을 많이 겪었다.

2015년 중미카리브한글학교협의회를 발족하기에 앞서 중남미한글학교협의회 총회에서 중미와 남미로 분리하는 것에 대한 동의를 구했다. 비록 분리는 되지만 중미와 남미협의회 간에 서로 교류할 수 있도록 회장단이 교사연수에 번갈아가면서 참여하도록 하는 방안을 논의했다. 이렇게 해서 생긴 중미카리브한글학교협의회 교사연수가 2022년 기준 8회째가 된다.

코로나가 끝나면 메리다에서 교사연수를 한 번 더 했으면 좋겠다. 교사연수를 하면서 알게 된 한인 후손 에밀리오 교장과 이르빙 씨와 여전히 SNS로 연락은 하지만, 직접 다시 만나서 그동안 많이 발전되었을 학교와 학생들도 보고 싶다. 헤니 장 할머니도 다시 만나서 한인 이민 역사박물관이 얼마나 많이 좋아졌는지도 보고 싶다. 현재 메리다시에는 2019년에 지정된 '대한민국로'가 있으며, 5월 4일이 한인의 날로 지정되어 시 주관으로 매년 한인 후손들과 기념식을 갖고 있다. 메리다에 설치된 그리팅맨 동상의 인사처럼 이념, 인종, 계층, 종교는 달라도 멕시코에 사는 한국인들도, 한인 후손들도 멕시코인들도 서로 타인을 배려하고 존중해주며, 함께 더불어 잘 살아가는 사람들이 되었으면 좋겠다.

쿠바 한인 후손들과 함께 기념하는 광복절 행사

민주평화통일자문회의 중미카리브협의회는 매년 8월 15일 무렵이 되면 쿠바로 가서 한인 후손들과 같이 광복절 기념행사를 한다. 쿠바와 한국은 지금 외교 관계가 없다. 쿠바에 있는 동포들은 이런 점이 아쉽고 허전할 수 있다. 그래서 이런 행사는 더욱 의미가 깊다.

한글학교 교사들도 자문위원으로 참여하여 행사를 준비한다. 쿠바로 가기 일주일 전부터 미리 생필품과 후원 물품을 준비한다. 평통 위원들에게 후원 받은 양말, 옷, 신발, 머리핀, 비누, 치약, 수세미, 라면 등의 생필품과 한인 후손들이 가장 좋아하는 고추장, 한국 음식 준비용 식재료 등을 준비한다. 그뿐이 아니다. 행사용 태극기, 부채 등을 한국에서 가져오기도 하고, 멕시코에서 구입하여 가지고 출발 2일 전에 멕시코시티 한글학교 마당에 모인다. 이 물품들을 나눠서 포장하기 위해서이다. 예전에 같은 품목별로 포장을 했다가 쿠바 아바나 공항에서 문제가 되었던 적이 있기에 매년 이렇게 모여서 이민 가방 15개 정도에 품목별로 조금씩 나눠서 담고 평통 위원 한 명씩 이름으로 짐을 부친다. 물론 개인 짐은 다 핸드캐리를 한다. 멕시코 공항에서 출발 3시간 전에 나와서 다시 각 짐이 23킬로그램을 넘지 않도록 조정한다. 넘는 것은 다 손이나 배낭 가방에 나눠 담는다.

이렇게 아바나 공항에 도착하면, 생각보다 작고 답답하고 어두운 입국심사 장소에서 길게 줄을 서서 기다린다. 입국심사 인터뷰를 통과하면 닫힌 문을 열고 통과하여 나갈 수 있다. 그런 후 짐을 찾고 짐 검사를 한다. 행사용으로 가져온 세로 현수막 배너용 금속 지지대가 세관에서 걸렸다. 그래도 스페인어를 잘하는 차세대 위원들의 재치로 무사히 잘 통과하였다. 멕시코, 과테말라, 콜롬비아, 자메이카, 파나마, 코스타리카 등등에서 평통 위원들이 도착한다. 이렇게 아침에 출발하여 쿠바 아바나에 도착하여 호텔에 짐을 풀면 저녁이다. 다음 날 행사를 위해 준비 회의를 하고 잠을 청한다.

이튿날 아침 행사 준비를 위해 버스에 가방을 나눠 싣고 쿠바한인후손문화원(호세마르티 한국쿠바문화클럽)에 도착한다. 현수막 설치하는 행사팀, 후원 물품을 정리하는 정리팀, 한국 음식을 하는 팀 등으로 나누어 부지런히 움직인다. 그렇게 노력을 쏟아서 광복절 기념행사를 한다. 쿠바에는 3개 도시에 한인 후손들이 많이 모여 산다. 쿠바의 수도인 아바나(Habana)와 마탄사스(Matanzas) 지방, 그리고 카르데나스(Cardenas) 지방이다. 그동안 아바나에서 행사를 해왔다. 다른 지방에서는 버스를 보내서 후손들이 참석하게 하였다. 근자에는 한 해씩 돌아가며 마탄사스와 카르데나스에서도 기념식 행사를 한다. 기념식이 끝난 후 준비한 한국 음식과 쿠바 음식을 나눠 먹는다. 잡채, 김밥, 전, 샐러드, 쿠바식 돼지고기 훈제 바비큐, 쿠바식 밥, 삶은 야채 등. 이미 여러 번 방문한 분들은 음식을 먹으면서 서로 1년 만에 다시 보는 한인 후손들과 인사를 나눈다.

민주평통과 재외동포재단이 후원하는 쿠바한인후손문화원에는 한글을 배우는 한글학교가 있다. 한국 요리 수업이 있으며, K-POP과 부채춤을 배워서 기념식 행사에서 공연한다. 쿠바 이민 100주년이 되는 2021년에도 행사를 하려고 했지만, 코로나19로 인해 어려움을 겪었다. 생필품 등 모든 것들이 멕시코보다 많이 부족하다. 행사 준비를 하면서 샐러드 소스, 고추 초절임 통조림, 김치, 일회용 접시, 포크까지 챙겨 가시는 여성 원로 위원들이 처음에는 이해가 되지 않았지만, 직접 쿠바에 가서 보니 그런 것까지 모두 필요하다는 것을 느꼈다.

나는 가져온 물품을 정리하는 팀으로 가서, 가방을 풀고 품목별로 다 모아서 정리하였다. 정말 땀이 비 오듯 하였다. 너무나 더웠기에 에어컨이 설치된 작은 방으로 가고 싶었다. 하지만 행사는 마당에서 진행한다. 나는 행사 보조로서 일하다가 나중에는 행사 총괄을 맡아 일하다 보니 얼굴이 빨갛게 익었다. 그러나 쿠바와 멕시코에 사는 한인들이 광복절 행사를 같이한 것은 마음에 큰 보람과 감동을 불러 일으킨다.

그렇게 행사를 마무리하고 저녁에 숙소로 가서 쉬고, 다음 날 아침 멕시코로 돌아가기 전에 아바나 시내를 돌아볼 기회가 있었다. 거리를 지나가면서 과일 시장이 있어 한 바퀴 눌러보았나. 징밀 물긴이 없었다. 하기야 우리가 묵는 비싼 호텔 식당에서도 채소가 부실했다. 모든 것이 부족하고 결핍되어 보였다. 관광객이 둘러보는 시장도 이러한데, 관광객이 다니지 않는 현지인들의 시장은 오죽하겠나 하는 생각이 들었다.

아바나 공항의 이미지는 좀 어둡고 답답했다. 반면 외국에서 오는 관광객들이 많이 내리는 바라데로 공항의 이미지는 훨씬 깨끗하고 밝은 느낌이었다. 그래도 공항 안에서 식당을 볼 수가 없었다. 기다리는 동안 배가 고프지만, 음료수와 커피 한잔에 만족하고 멕시코행 비행기에 올라야 했다.

낡은 책들이 울고 웃는다

최 수 연

(전) 캐나다 토론토 한인장로교회 한국어학교 교사
(전) 캐나다온타리오한국어학교협회 부회장

캐나다온타리오한국어학교협회 사무실은 토론토 북부에 있는 한인회관 건물 2층에 세를 들어 살고 있다. 사무실 안으로 들어서면 5평 남짓의 공간에 큰 원목 테이블이 중앙에 놓여 있고, 낡은 캐비닛 두 개가 창가 왼쪽 구석에 있다. 벽 가장자리를 둥그렇게 둘러싼 책장에는 한국어 책과 다양한 교재가 책장 안을 가득 채우고 천장까지 수북이 쌓여 있다.

하루는 1층 사무실에서 근무하시는 한인회 관계자분이 사무실에 찾아오셨다. 유난히 예쁘게 미소를 지으시며 이제 막 협회 임원이 되어 사무실 열쇠를 인계받은 나에게 이렇게 이야기하신다.

"작년 몇 달 치 임대료가 입금되지 않았어요. 올해는 임대료도 조금 인상될 것입니다. 빠른 시일 안으로 해결해주시면 좋겠어요."

협회 업무가 봉사직이기도 하고, 바쁜 개인의 일정을 맞추기 힘들어 인수인계가 제대로 되지 않아서 그 과정에서 임대료 처리 업무가 빠져버린 것이다.

한국어학교협외 사무실은 조금 과장해서 어느 작은 박물관에 온 듯했다. 지나간 20~30년 협회의 역사가 이 방 구석구석에 자리하고 있다. 이민 2세

아이들에게 여기 현실에 적합한 교재를 만들기 위해 하얀 종이에 직접 한 글자씩 타자로 쳐서 만든 소중한 한 권이 캐비닛 깊숙한 곳에서 누런빛을 띠고 있다.

이때 사용하던 타자기도 그 시절의 상징처럼 놓여 있다. 몇 대를 거슬러 올라가는 회장님과 임원들의 회의록과 수많은 장부는 상자 안에 빼꼭히 쌓여 있다. '뿌리 깊은 나무는 우리의 희망 미래입니다'라는 표어가 두 나라 국기를 나란히 두고 외치는 듯하다. 내 어머니의 고향을 찾아간 듯한 이곳에서 이곳 한글학교의 옛이야기들이 낡은 책들 속에서 울고 웃는다.

큰아이가 네 살이 되던 해에 처음으로 일반 공립학교(public school)에서 방과 후 프로그램처럼 진행하는 한국어학교에 보냈다. 어느 날 가방 안을 정리하다 나온 한국어학교 교재가 눈에 띈다. 교재에 등장하는 영희와 철수가 반갑다.

가끔 한인 행사 축사에서 입버릇처럼 말씀하시는 어느 연사분의 '바쁜 이민의 삶'이라고 하는 이야기가 떠오른다. 바쁜 이민 생활의 주인공이 바로 나였다. 학교에만 보내면 모든 교육이 저절로 되리라 생각했고, 이 땅에서 코리안 캐나디안(Korean Canadian)으로 살아갈 아이들의 고충과 현실이 무엇인지도 잘 모르고 있는 자신을 발견했다.

1983년 어느 추운 겨울, 몇 년마다 한 번씩 찾아오는 선거철이었던 듯하다. 대학 시절 4·19혁명에 참가하셨던 아버지는 정치학을 전공하신 이후 정치에 뛰어들었다. 집안일은 늘 뒷전이고 선거운동과 정치활동으로 바쁘게 지내셨다. 어머니는 그런 아버지를 대신해서 어려운 집안 살림을 위해서 매일 일을 나가셨다. 나는 아직 어린 중학생인데도 집안일을 해야만 했다. 늘 늦게 귀가하는 부모님을 기다리다 잠이 들기도 했다. 이런 기억 때문에 내가 부모가 되면 아이들의 곁에서 함께 고민하는 엄마가 되고 싶었다.

그런데 그런 소망을 가졌던 순간도 잊은 채 나는 아이들의 엄마로서 바쁜 이민의 삶을 살아가는 것이었다. 우선은 아이들이 다니는 퍼블릭 스쿨에서 자원봉사 활동을 시작했다. 처음에는 책상 정리 등의 잡일을 하고 점심시간과 휴식시간(recess)에 교실을 지키는 도우미로 시작했다. 캐나다 학교의 휴식시간은 점심식사 후 30분인데 이때 무조건 운동장에 나가서 놀게 하는 것이 캐나다 교육당국의 특별한 교육지침이다. 따라서 학생들은 눈이 오는 겨울에도 특별한 이유가 없는 한 모두가 운동장에 나가야 한다.

그렇게 봉사하는 동안 시간은 흘러 6년의 세월이 지나가버렸다. 10년이면 강산이 변한다는 옛말은 캐나다에서는 통하지 않는다. 10년이 지나도 아이들의 학교 앞을 지나다 보면 한결같이 변함 없는 푸른 잔디가 유난히 눈에 띈다. 건물도 그대로다.

2017년 우연한 기회로 맡게 된 한국어학교협회 임원을 하면서는 참으로 여러 사람을 만났다. 그 자리에서 만난 이들 중에서는 이곳 캐나다 땅에서 우리의 다음 세대를 '뿌리 깊은 나무'로 키우기 위해 노력하시는 많은 분이 있었다. 초창기 이민 생활의 현실은 고되게 일을 해야만 하는 삶이었다. 이런 여건 속에서도 내 아이들에게 한국인으로서의 뿌리를 심어주고 싶은 마음이 간절한 분들이다. 그 뜻을 잘 받들기 위해 무엇을 해야 할지를 고민했고, 몇몇 임원들과의 회의 끝에 사무실 대청소를 하기로 했다.

토론토의 4월은 햇살이 밝다. 한인회관 앞마당 벤치에 앉아 있는 소녀상이 미소를 띤다. 캐나다에는 봄이 오는 문턱에도 눈발이 심심찮게 뿌린다. 따뜻한 봄기운에 섣불리 겨울옷을 정리했다가 다시 꺼내기 일쑤다. 이날도 오전에는 아직도 쌀쌀하니 봄 날씨 변덕이 느껴진다. 소녀상의 목에 둘러놓은 목도리가 아직은 날씨에 어울리게 이채롭다.

2층 사무실에서 1층 건물 뒤쪽 리사이클 박스 컨테이너까지 스무 번도 넘게 오르고 내리면서 수레에 수십 권의 책을 실어 나른다. 급한 결정으로 도움 인력이 부족해서 임원들의 자녀들이 자원봉사자로 동원되었다. 먼지가 풀풀 날리는 사무실 안에서 흡사 신나는 놀이라도 하듯 아이들은 열심히 책들과 싸움을 한다. 지나온 역사를 증명하는 중요한 자료와 서류는 그대로 사무실 캐비닛으로 돌아가, 다시 몇 년이 될지 모를 세월 속으로 잠기고 만다.

천여 권이 넘는 책들은 필요와 상태에 따라 분류해서 버렸다. 남은 일부를 가지고 한인회 행사인 한가위 축제에서 부스를 하나 빌려 책 나눔 행사를 하기로 했다. 낡고 오래된 책들을 정리해서 생긴 공간에는 '토론토 교육원'의 협조를 받아 새로운 교재를 채우기로 했다.

나중에 교육원에서 900여 권의 새 책이 오던 날에도 두 명의 대학생 봉사자들과 교육원 직원이 땀을 뻘뻘 흘렸다. 새 책을 빈 책장에 다시 꽂으며, 문득 운동회를 나가는 아이에게 새 운동화를 신겨주는 기분이 들었다. 잘 달리라고 응원하며 넘어지지 말기를 바라는 부모의 마음처럼 이 새 책들이 우리 아이들에게 소중한 한국어 교육의 길잡이가 되어주기를 바란다.

청소를 다 마치고 나니 묵은 먼지가 싹 사라졌다. 우리는 봄날을 기다리며, 밝은 마음으로 밖을 본다. 햇살이 가득 미소를 짓는다.

잘 먹는 학교, 곤명한글학교 이야기

김 한 권

(현) 중국 운남성 곤명한글학교 교장
(전) 재중국한글학교협의회 회장

한바탕 바람이 불어왔습니다

내가 사는 중국 곤명(쿤밍)은 봄바람이 많이 붑니다. 바람은 긴 겨울이 끝나고 봄이 온 걸 알리는 전령입니다. 그 바람은 우리에게 너무도 친근합니다. 때로는 나의 머리 스타일을 망가뜨려놓지만, 그 바람을 미워할 수가 없습니다. 봄을 가져다주는 바람이기 때문입니다.

그런데 인생살이에 불어오는 바람은 꼭 봄바람만은 아닙니다. 어느 날 우리 집에 아침부터 한바탕 강한 바람이 불어왔습니다. 그 바람과 함께 내 마음에 어떤 감정도 함께 옵니다. 때로는 서글픔을, 때로는 오연(傲然)한 마음을, 때로는 우울한 마음을 함께 불어 불어옵니다.

나는 누구이고, 나는 무엇을 하고 있는가? 나의 아이들은 왜 아빠의 마음을 몰라주는가? 반나절을 멍하니 있다가 정신을 차렸습니다. 아들, 딸과 함께 보이차를 마시면서 대화를 시작하였습니다. 역시 대화가 필요합니다. 아들을 토닥거리고, 딸을 보듬거리고, 그리고 내 맘도 토닥거리니 바람이 약간 수그러들었습니다.

기분 전환을 위해 바깥 공기도 마실 겸 알뜰매장에 갈 채비를 합니다. 나와 두 아이, 모두 세 명이 함께 뗀둥(電動, 뗀둥은 중국에서 일반적으로 사용하는 전기 충전식 오토바이를 말합니다)을 타고 한인타운으로 나갑니다. 보통 성인 두 명까지 탈 수 있는 뗀둥에 세 명이 함께 타려니 비좁습니다. 할 수 없이 아들이 앞에 쭈그려 탔습니다. 앞에 쭈그려 탄 아들이 말합니다.

"영 폼 안 나네, 창피도 하네. 나는 그냥 버스 타고 갈래."

사춘기를 겪는 아들다운 말이었습니다. 그래도 아들을 달래서 함께 타고 갔습니다. 조금 불편한 이동이었지만 아빠는 행복했습니다. 종종 갈등의 큰 바람을 일으키는 사춘기를 겪는 아들, 딸과 함께하는 아버지로서, 오늘은 무언가 기쁜 마음입니다.

알뜰매장에 도착해서 본격적으로 쇼핑을 시작하였습니다. 먹을거리가 풍성한 알뜰매장에 함께하는 사람들, 다들 행복해 보였습니다. 아이들과 수다 떨며 먹는 떡이 참으로 맛있었습니다. 모양은 나지 않지만 종이컵에 마시는 커피도 참 좋았습니다. 함께하는 사람들의 행복한 웃음소리가 너무도 좋았습니다. 그 웃음이 우리에게도 전이된 것 같았습니다. 정신없이 깔깔대며 웃고 먹는 사이에 아침에 불었던 강한 바람은 사라지고 행복한 햇살이 다시 우리의 얼굴과 마음에 비쳤습니다. 예고 없이 찾아왔던 강한 바람 그리고 그 바람과 함께 찾아왔던 불편한 마음들이 날아갔습니다.

추억을 먹는 행복

석 달 일정으로 한국에 가셨던 동포 한 분이 쿤밍으로 돌아오셨습니다. 차 한잔하자고 전화가 왔습니다. 커피 한 잔씩 마시며, 한국에서 가져온 오징어를 먹었습니다. 오징어가 맛있는 진짜 이유가 무엇일까요? 그것은 추억이 담긴 음식이기 때문입니다. 오징어를 씹으며 청춘을 같이 씹었던 그 시절, 동해 바다로 가는 기차 안에서 친구들과 수다를 떨며 먹었던 오징어를 떠올립니다. 이렇게 고국을 멀리 떠나와 있으면, 그리움의 강도만큼 추억도 더욱 강렬합니다. 나는 오징어를 먹으면서 실은 그 어떤 추억을 먹고 있었는지 모릅니다. 오징어를 얼마나 맛있게 씹었던지 치아가 얼얼합니다.

이빨 사이에 낀 오징어를 빼내는 중에, 손에 든 전화기가 나의 그런 모습을 바라보며 키득대는 양 울어댑니다. 함께 점심을 먹자는 한 어르신의 전화였습니다. 뽀로로 달려 나가서 함께 점심을 먹었습니다. 정말로 맛있게 새우 후어꾸어(일종의 샤브샤브)를 먹었습니다. 이 음식에 중독됐나 봅니다. 먹어도, 먹어도 질리지를 않습니다. 며칠을 계속 먹어도 물리지를 않습니다. 이것은 왜 맛이 있을까요? 같이 음식을 먹는 사람이 너무 좋아서입니다. 내 주변에 이렇게 좋은 사람들이 있어서 나는 어떤 음식을 먹어도 언제나 맛이 있습니다.

점심을 마치고 차를 마시는 중에, 전화기가 다시 울기 시작합니다. 나 빼고 먹는 새우가 맛있니. 꼭 그렇게 말하는 것 같습니다. 딸의 전화였습니다. 생일 케이크를 하나 사달라는 전화였습니다. 왜냐구요? 오늘이 딸의 생일이거든요. 카페마루에서 친구들과 함께 즐겁게 노는 모습에 그저 고맙고 대견하기만 했습니다. 아무 불평 없이 잘 자라주고, 공부도 열심히 하는 아이가 그저 고마웠습니다. 처음 중국에 오기 싫다고, 한국에 혼자 살겠다고 억지를 부리는 아이였던 것을 생각하면 더욱 기특합니다. 케이크를 샀습니다. 딸이 있는 카페마루로 가서 전했습니다. 딸의 생일을 축하해주려고 함께 모인 아홉 명의 학생에게 나의 사랑을 전하고, 그 자리를 비켜주었습니다.

저녁때가 되니 누군가가 저녁을 먹자고 합니다. 만나서 동태찌개와 해물탕을 먹었습니다. 얼마나 맛있었던지 눈물이 다 났습니다. 이것은 왜 이토록 맛이 있을까요? 엄마의 손맛이기 때문입니다. 어느 곳에서도 잊을 수 없는 어머니의 손맛 때문에 이 음식은 그렇게 맛이 있었나 봅니다. 오늘은 종일 내내 먹는 일만 생깁니다. 배가 부릅니다.

눈이 무거워지는 순간, 딸아이에게 온 전화가 다시 울립니다. 함께 어울려 놀던 아홉 명의 학생이 저녁은 안 먹었고, 집에 들어가기는 싫고, 샤오카오(길거리에서 파는 꼬치구이)를 먹으러 간답니다. 무슨 의미일까요? 그래서 나도 갔습니다. 배가 불러서 샤오카오는 한 개만 먹었음에도 지갑은 눈에 띄게 얇아졌습니다. 이것이 우리의 사랑인가 봅니다. 게다가 하나 더, 맥도날드 아이스크림을 자발적으로 추가했습니다. 이것은 왜 그리도 맛이 있을까요? 아이들의 행복한 웃음 속에 나도 덩달아 행복해집니다. 행복은 모든 음식을 맛있게 만드는 비밀 기술을 가지고 있나 봅니다. 집으로 돌아오는 길이 어찌나 즐겁던지, 시간 가는 줄도 모르고 왔습니다.

아들과 딸은 홈스쿨링으로 공부하며 종일 집에 같이 있습니다. 그러다 보니 사소한 일로 충돌합니다. 아빠의 잔소리, 엄마의 잔소리가 사춘기를 겪는 아이들 귀에 들릴 리가 없습니다. 마음이 불편한데 공부가 제대로 되겠습니까? 아이들은 잘 먹어야 합니다. 잔소리가 아니라 칭찬을 먹어야 하고, 무시가 아니라 인정을 먹어야 합니다. 이렇게 해라, 저렇게 해라 하는 강요가 아니라, 자기들의 말을 들어주고 동의해주는 공감을 먹어야 건강하게 살 수 있습니다.

육체의 건강을 위하여 맛있는 음식을 먹고, 정신건강을 위하여 사랑도 먹고, 무엇보다도 함께 하는 친구들과 수다도 떨면서 인생의 고민을 함께 먹어봐야 건강하게 자랄 수 있습니다. 이것이 함께 고민도 하고 수다를 떨 수 있는 같은 또래의 모임인 학교가 진짜 필요한 이유인지도 모르겠습니다. 아이들의 홈스쿨링이 좋은 점도 있지만, 이것만큼은 내가 해줄 수 없는 너무도 아쉬운 부분이었습니다.

간식 이야기

09:10~09:50   1교시
10:00~10:40   2교시
10:40~11:00   간식 시간
11:00~11:40   3교시
11:50~12:30   4교시

우리 곤명한글학교의 시간표입니다. 간식시간이 있습니다. 상상 이상의 간식이 기다리고 있기에 이 시간은 아마도 아이들이 가장 기다리는 시간일 것입니다. 처음부터 그런 것은 아니었습니다. 부모님들께 자녀들의 간식을 부탁드렸더니 아이들이 가져오는 간식은 천차만별입니다. 차이가 두드러집니다. 간식을 준비하지 못한 아이들도 많았습니다. 이런 간식시간 풍경에 나는 무언가 아쉬운 마음입니다. 당사자인 학생들은 어땠을까요?

과감하게 학교 예산에 간식비를 책정하고 모든 학생에게 동일한 간식을 제공하였습니다. 평상시 먹을 수 없는 떡으로 했습니다. 이곳은 한인 커뮤니티가 워낙 작은 동네이다 보니 한국 음식이 귀합니다. 그런데 마침 동포 한 분이 맛 좋은 떡 가게를 열었습니다. 비싸기도 하지만 적은 양은 배달을 해주지 않아 평상시 먹기가 쉽지 않은 음식입니다. 우리 학교에서 그 떡을 아이들 간식으로 정했습니다. 한글학교의 간식은 지역사회에서 자랑거리가 되었습니다.

보석이라는 유치부 학생이 있었습니다. 간식시간인데 간식을 먹지 않습니다. 야심 차게 준비한 간식이지만 싫어하는 아이가 있을 수도 있겠다 싶어, 그 아이를 불러 살며시 물어봤습니다

"보석아, 왜 간식을 안 먹니? 혹시 너 떡 싫어하니?"

의외의 대답이 나를 당황하게 만들었습니다.

"아니요. 선생님, 저 떡 엄청나게 좋아해요. 그런데 저희 엄마가 저보다 떡을 더 좋아하세요. 떡보예요. 엄마 드리고 싶어서 가방에 넣어놨어요".

그 이후로 나의 간식은 다른 아이들 몰래 그 아이의 가방으로 들어갔습니다. 먹는 즐거움조차 엄마를 위해 포기하는 보석이를 보면서 내 마음에는 무언가 알 수 없는 뭉클함이 올라왔습니다. 나의 먹는 즐거움을 위해 누군가의 헌신과 수고가 있었음을 다시 한번 생각해보는 시간이었습니다. 그렇습니다.

누구에게나 먹는 즐거움이 있습니다. 그래서 간식 하나에도 나는 최선을 다합니다. 나의 먹는 즐거움 이면에는 나를 위한 누군가의 희생도 있습니다. 이것을 아는 자는 결코 음식을 낭비할 수 없습니다. 나의 학생들은 선생님들의 수고를 알고 있습니다. 그래서 선생님들의 교육을 맛있게 먹습니다. 맛있게 먹는 학생들을 바라보는 교사들은 더더욱 수고를 멈출 수가 없습니다. 교사들의 수고는 그 누구도 막을 수 없고, 헛되지 않을 것입니다. 교사들의 수고는 언젠가 열매가 되겠지요. 세상에 기쁨을 주는 우리의 아이들이 바로 그 열매라 할 수 있을 것입니다.

먹는 즐거움을 아는 선생님, 아이들을 맛있게 먹일 수 있다

우리 학교는 매달 한 번 교사회의를 합니다. 교사회의는 보통 식당에서 합니다. 회의에 이어서 식사를 합니다. 때때로 한인 지역사회 유지들의 특별 후원이 있을 때는 맛있는 식당으로 선생님들을 모시고 갑니다. 한글학교 교사가 되어서 출세했다는 말이 나올 정도의 좋은 식당을 알아봅니다. 혼자서는 오기 힘든 그런 곳에서 힘껏 교사들을 접대합니다. 나는 선생님들이 행복해야 학생들이 행복하다고 확신하는 교장이기 때문입니다.

교장으로서 나는 아이들 한 명 한 명을 일일이 돌볼 수 없습니다. 그것은 교사들의 몫입니다. 저의 역할은 선생님들을 행복하게 해주는 것입니다. 어떻게 선생님들을 행복하게 해드릴 수 있을까. 한글학교 교사로서 자긍심을 가질 수 있도록 최선을 다합니다. 그중 하나가 먹는 것입니다. 선생님들도 먹어야 합니다. 사랑을 먹고, 관심을 먹고, 인정(認定)을 먹어야 합니다. 먹어야 힘을 내고, 힘을 내서 가르칠 수 있습니다.

우리 곤명한글학교와 사천성의 성도한글학교, 그리고 중경한글학교, 이렇게 세 개의 한글학교는 매년 여름이면 한글학교 합동 교사연수회를 진행합니다. 각 학교가 한 번씩 돌아가며 주관을 합니다. 보통 2박 3일의 연수 기간에 연수 받는 교사들의 불편함이 없도록 준비합니다. 참여하신 선생님들이 열심히 연수를 받도록 최선을 다해 살펴드립니다. 2012년 여름 곤명에서 열린 연수회 종료 후 성도에서 오신 선생님들이 곤명을 떠나시며 제게 카드 한 장을 남기고 가셨습니다. 내용은 이렇습니다.

고마우신 선생님께!

선생님 감사합니다. 선생님의 귀한 섬김을 통해 위로하심을 입고 행복했습니다. 소중한 쉼과 회복이 되었습니다. 다시 한번 선생님의 사랑과 헌신에 감사드리며^^ 떠나는 아이들과 맛있는 식사 한끼 대접해드리고 싶어서 약소하지만 저희들 사랑을 전해봅니다.

성도한글학교 천○○, 한○○ 드림

2012년 저의 두 자녀가 부모를 떠나 필리핀으로 가는 것을 아신 두 분의 선생님이 우리 아들딸과 멋진 추억을 가질 수 있는 시간을 선물해주셨습니다. 두 분이 떠나기 선 이틴 고백을 히 셨습니다. 한 선생님은 결혼한 후부터 제대로 쉼을 못 누렸다고 합니다. 가난한 목회자의 아내로 늘 쫓기듯이 여유 없이 살았고, 언제나 단칸방에서 살면서 제대로 된 쉼을 갖지 못하고 살아오셨답니다. 그런데 곤명에 와서 받은 대접으로 20년 묵은 체증이 다 내려갔다고 하십니다. 특히 달빛 비치는 호숫가에 위치한 호텔에서의 마지막 날 밤은 평생 못 잊을 거라고 하십니다. 당연한 대접이었는데 누군가에게는 위로와 힐링의 시간이 된 것입니다. 이렇듯 교사는 먼저 대접받아야 하고, 먼저 먹어야 합니다. 그래야 힘을 다해 학생들을 대접하고 먹일 수 있습니다. 이것이 우리 곤명한글학교의 정책입니다.

교실에도 바람이 붑니다. 교사들이 교실 밖에서 교실 안으로 가져오는 '감정의 바람'이 있습니다. 그러므로 교사는 자기의 감정을 언제든지 살펴야 합니다. 자기의 감정에 가장 직접적으로 영향 받는 학생들이 있음을 언제든 기억해야 합니다. 학생들이 교실 안에서 아무런 예고 없이 일으키는 바람도 있습니다. 한바탕 불어오는 바람은 자기의 존재를 알리고 싶어서 그렇습니다. 자기를 알아달라는 신호입니다. 바람이 불면 봄이 온 것을 아는 것처럼, 나도 그렇게 존재한다고 말하고 싶은 것입니다.

한바탕 불어오는 바람은 배고파서 그렇습니다. 먹을 것을 달라는 신호입니다. 어린아이들이 배가 고프면 우는 것처럼 말입니다. 그러므로 한바탕 바람이 불어오면 먼저 먹이십시오. 아이들의 말을 들어주면서 공감이라는 양식을 먹여주십시오. 한바탕 바람이 불어오면 잠시 모든 것을 내려놓고, 내가 먹이고 싶은 것만 억지로 먹이고 있지는 않은지를 살펴보아야 합니다. 우리는 종종 아이들이 원하는 것이 아닌 내가 원하는 것을 강제로 먹이려고 하는 실수를 합니다.

한바탕 바람이 불어오면 잠시 모든 것을 내려놓고 아이들과 함께 야외로 나가 바람을 느껴보세요. '자연의 바람'은 우리 안에 부는 '감정의 바람'을 잔잔하게 해줄 것입니다. 그리고 추억을 남길 적절한 음식을 맛나게 먹여보십시오. 한바탕 감정의 바람은 언제 그랬냐는 듯이 따스한 햇살로 변하여 우리를 비출 것입니다.

학생 중에 이미 장성하여, 우리의 곁을 떠나 한국으로 돌아간 몇몇은 지금까지도 우리 집에서 함께 만들어 먹었던 호떡 이야기로 웃음을 지으며 행복해합니다. 교사의 의무는 학생을 가르치는 것 이전에, 먹이는 일입니다. 정성으로 먹이는 일입니다. 먹으면 행복합니다. 행복하면 학업 능률도 올라갑니다. 먼저 잘 먹어야 공부도 되는 법입니다. 잘 먹이고, 잘 먹는 학교, 이것이 우리 곤명한글학교의 자랑입니다.

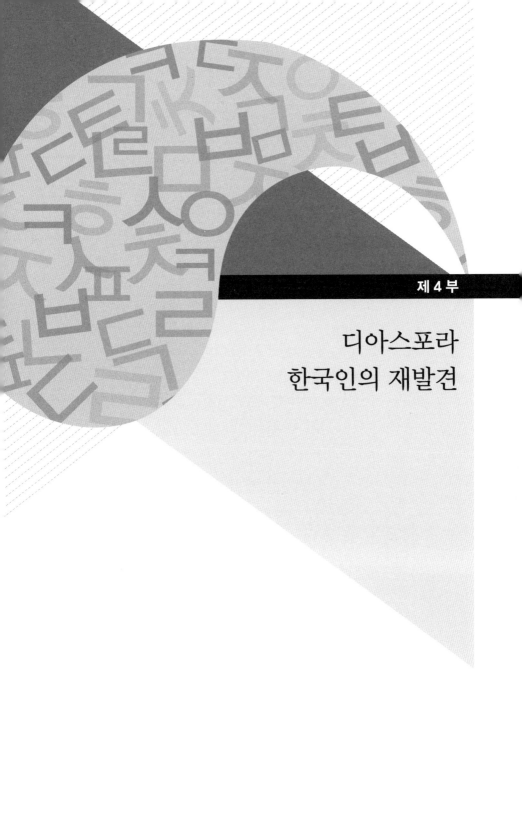

제 4 부

디아스포라
한국인의 재발견

떨어져 이렇게 멀리 왔구나
떠나온 나의 한국, 지금은 어디에
그대 내 가슴에 자라는 한 그루 소나무

당신은 누구십니까.
디아스포라 코리안, 내가 나를 지킵니다.
당신은 누구십니까.
글로벌 코리안, 내가 나를 키웁니다.

세월의 바퀴 굴러도 또 굴러도
마음의 양지에서 여물어 가는
단단한 디아스포라 코리안

지금 여기, 다시 한국인으로
지금 여기, 진정 세계인으로

― 「당신은 누구십니까」(박인기)

최공필 선생님을 모르십니까

(현) 브라질한글학교연합회 회장
(전) 남미한글학교협의회 회장

이민의 기항지, 풍운의 행로

대한민국의 수도 서울에서 지구를 뚫고 들어가면, 정반대 쪽에 브라질 최대의 상업도시 상파울루가 있다. 상파울루에도 사계절이 있기는 하지만 우리나라처럼 뚜렷하지는 않다. 몹시 추운 겨울이라도 눈이 오거나 얼음이 얼지 않는 영상의 기온이다. 영상 10도 이하로 내려가면 춥다고들 난리이다. 어쩌다 영상 3~4도까지 내려가면, 노숙자들이 얼어 죽었다는 소식도 가끔 들리곤 한다.

1960년대 중반에 대학을 졸업하고 가족과 함께 브라질에 이민을 온 한국 청년이 있었다. 그는 아직 브라질 언어인 포르투갈 말도 몇 마디 할 줄을 모르기에, 이곳 언어가 그다지 많이 소용되지 않는 자동차 주차장에 취직하였다. 주차장 일이란 것이 배울 일이 그렇게 많지는 않고, 새벽 일찍부터 오후 늦게까지 근무해도 월급은 얼마 되지 않았다. 하지만 타고난 한국인의 근면함을 소유한 청년은 그렇게 시간만 때울 수가 없었기에 차 주인이 시키지 않아도 먼지가 많이 앉고 더러운 차는 시간이 날 때마다 씻어놓았다. 차를 깨끗하게 닦아놓고도 세차비를 청구하지 않으니 자동차 주인들이 너무나 좋아했다.

아마존을 비롯해 남미 대륙의 절반가량을 차지하는 브라질 북부 지방에서는 사탕수수가 많이 생산되는데 1년에 3모작을 한다고 한다. 그렇게 많이 재배하는 사탕수수로는 설탕을 만들기도 하지만, 바이오 연료라고 하는 알코올을 많이 생산한다. 브라질에서는 1960년대에 벌써 알코올로 가는 차를 만들기 시작했는데, 연료비가 석유 연료의 절반 정도밖에 들지 않는다. 게다가 바이오 연료를 사용한다고 자동차 가격도 할인해주어서 알코올 차를 타는 사람들이 적지 않았다.

최근에 생산되는 알코올과 석유를 같이 사용할 수 있는 차들은 그렇지 않지만, 그 시절의 알코올 차들은 1리터 정도의 석유 탱크가 있어서 석유로 점화를 한 후에 알코올로 주행을 하는 방식이었는데, 추운 겨울에는 알코올이 차가워서 점화된 후에도 어느 정도 열을 받을 때까지는 기다려야 하는 불편함이 있었다. 청년이 근무하는 주차장에 있는 차 중에도 알코올 차들이 여럿 있었는데 추운 겨울 새벽 일찍 출근하는 분들이 차가 열을 받을 때까지 한참 동안 출발을 하지 못하기도 했다. 이것을 본 청년은 손님들이 나가는 시간에 맞추어 항상 먼저 시동을 걸어두고, 차 안에 히터도 틀어놓아 훈훈하게 만들어놓아서 바로 출발할 수 있게 해주었다.

주차장에 일한 지 얼마나 되었을까. 청년의 근면함에 감동한 사장님 중의 한 분이 청년을 찾았다. "당신 같은 사람, 참 아깝다. 돈벌이도 안 되고 희망도 없는 이런 주차장에서 일하기는 정말 아까운 사람이니 나를 도와서 함께 일하자."라고 한다. 그 사장님은 동전을 넣고 게임을 할 수 있는 당구대를 만들어 동네마다 있는 바(Bar, 한국에 있는 바와는 좀 다른데 보통 동네 코너마다 있어서 커피나 음료수를 서서 마시는 곳)에 임대해주고, 정기적으로 동전을 수거하는 사업을 했다. 사업이 너무 잘되어 자기를 도와줄 사람을 찾고 있던 차라며, 청년같이 지혜롭고 성실한 사람과 같이 일하고 싶다고 한다.

청년은 그날로 주차장을 그만두고 그 사장님과 함께 당구대 임대 회사의 직원이 되어 브라질 전역을 다니게 되었다. 그러던 어느 날 사장님이 청년을 부르더니 사업이 확장되고, 브라질 지역이 너무 넓어서 감당하기가 힘드니 상파울루를 기준으로 그 아래 지역은 자신이 담당하고 그 위쪽 지역을 청년이 담당해주면 좋겠다고 했다. 청년은 졸지에 당구대 임대 회사 사장님이 되었다. 청년이 담당한 브라질의 북동부 지역만 해도 대한민국 영토의 20배는 넘는다. 차로 다니기에는 너무나도 넓은 지역이라 자가용 비행기를 구입하고 열심히 일하였더니 청년은 어느새 아파트 60여 채를 소유한 거부가 되어 있었다.

한창 당구대 사업이 잘되던 1970년대 당시에는 브라질 사람들이 참으로 순박해서 정직하게 동전을 넣고 게임을 했다. 동전을 수거하기 위하여 북동부 지역을 한 바퀴를 돌면 많은 수입을 거둘 수 있었다. 그런데 세월이 지나면서 수입이 점점 줄어들기 시작하더니 급기야는 사업을 계속하기 힘든 지경에까지 이르게 되었다. 청년은 고심 끝에 당구대 임대 사업을 접고 가구업으로 변경하였으나, 그렇게 성공을 거두지는 못하였다.

그러던 중 1985년 새로 취임한 조제 사르네이 대통령이 전국의 젊은 기업인들을 초청하여 새 정부의 브라질 경제개발 계획을 설명하면서 이 자리에 특별히 초대된 기업인들의 투자를 요청하고 많은 수익 보장을 약속하였다. 이 모임에 초대된 청년은 자신이 이런 자리에 초대된 것에 대한 자부심과 새 대통령과 정부의 약속을 믿고, 기대에 부풀어서 소유한 모든 아파트를 팔아 국가에 투자하였다. 그러나 이 약속이 증발하면서 청년은 재산을 몽땅 날려버리게 되었다.

이제는 중년이 된 청년이 정착하게 된 곳은 브라질 북동부 지역, 남위 8도에 있는 페르남부쿠(Pernambuco)주의 수도 헤시피(Recife)였다. 헤시피는 대서

양을 향한 아름다운 항구도시로, 한국의 원양어선들이 자주 정박하는 곳이다. 정부에 투자하였다가 거덜이 난 후, 마음을 달래면서 시내 중심부에 '불고기'라는 한국 식당을 열었다. 돈은 원 없이 벌어보았으니까 이제는 돈 버는 일보다는 보람된 일을 해야 한다고 생각했다.

원양어선에서 몇 달씩 배를 타다가 육지에 내린 한국인 선원들이 이 낯선 이국의 항구도시에 내려서, 전혀 기대도 하지 못했을 한국의 전통음식을 먹을 수 있도록 해주고 싶었다. 그들이 천만리 머나먼 이곳 헤시피에서 한국 음식과 더불어 기뻐하는 모습을 보면서 그는 보람과 행복을 느꼈다. 한국 음식의 맛을 아는 브라질 손님들도 많이 찾아오기는 하지만, 주 고객은 원양어선에서 내린 한국인 선장들과 선원들이어서 그들을 접대하면서 많은 대화를 하는 기회가 있었다.

어느 날, 몇 번 식당에 와서 낯이 익고 친해진 원양어선 선장에게 그는 항상 궁금하게 여기던 것을 물어보게 되었다. 그렇게 위험을 무릅쓰고 두세 달씩 배를 타시는데, 한번 출항하면 얼마나 많은 돈을 버느냐고 물어보았다. 이제는 친해진 그 선장은 감추는 기색이 없이 말을 해주었다. 출항을 하여 석 달 만에 만선이 되어 돌아가면 모든 비용을 다 빼고도 선주는 백만 달러 이상을 번다고 하면서, 자기가 출항할 때 같이 한 번 배를 타보지 않겠느냐고 권했다. 이렇게 해서 그는 원양어선 배를 타보게 되었다.

어로 작업의 현장은 이러했다. 강철 로프에 2미터 간격으로 팔뚝만 한 낚시(주낙) 4,000개가 달려 있는데, 여기에 싱싱한 꽁치 미끼를 끼워 파도치는 바닷속으로 4시간 동안 내리고, 24시간 후에 크레인으로 6시간 동안 감아 올리면 어른 키 크기의 참치들이 줄줄이 따라 올라온다. 참치들을 20분 이내에 영하 60도로 급냉각하여 냉동 창고에 저장한다. 자리를 옮기며 주낙을 내리고 올리기를 3개월간 수십 번을 반복하고 나면, 그 큰 냉동 창고(200톤)가 꽉 차게 되어 기지로 돌아온다.

청년은 이걸 보았다. 세상에 이렇게 쉽게 노다지를 캐는 일이 다 있구나. 그는 원양어선 사업에 나설 것을 결심한다. 원양어선 사업 허가와 신박 구입에 관한 것 등을 자세히 알아본 후에 일본에 원양어선 배 두 척을 주문하였다. 새 배는 가격이 너무 비싸서 중고를 사야 했다. 그런데 브라질 정부는 수입하는 새 선박에 대한 세금을 150퍼센트나 붙였다. 건조된 지 15년까지의 배는 세금이 50퍼센트로 줄어들고, 15년이 넘어가면 250퍼센트의 세금이 붙는다. 그래서 그는 12년 된 배 두 척을 주문하였다. 선박 한 대당 가격이 80만 달러 정도이니, 두 대면 160만 달러, 50퍼센트의 세금 80만 달러, 도합 240만 달러를 은행에서 대출도 받고 하여 마련하였다.

그는 돈을 가지고 배를 사러 일본으로 갔다. 두 척의 배로 1년만 잘 조업하면 투자금을 다 회수할 수 있고, 그 후에는 예전처럼 큰돈을 벌 수 있을 것이라는 기대에 잠을 이룰 수가 없었다. 다시 이전과 같이 재기에 성공한 젊은 사업가가 되리라. 기대로 들뜬 마음에 구름 위를 걷는 것 같은 날들이 지나기를 한 달 정도 지났을까. 브라질의 동생으로부터 청천벽력과 같은 전화가 걸려왔다. 수입 선박에 대한 브라질의 법이 바뀌어서 15년 이상이 아니라, 10년 이상 된 배부터 250퍼센트 관세가 부과될 것이라고 하는 것이 아닌가. 청년이 주문한 배는 12년 된 배여서 세금을 250퍼센트 내야 한다는 것이다. 아니 지금 이 돈도 여기저기 빌려서 겨우 마련했는데 다시 160만 달러란 큰돈을 무슨 수로 더 마련한다는 말인가.

청년은 배를 주문한 일본 회사에 구매 계약을 취소하려 했지만 여의치 않았다. 3개월간 일본에 머무르면서 배를 다시 팔려고 했으나 이 역시 쉽지 않았다. 당시 일본은 국민소득이 올라가고 생활수준이 향상되어, 고된 원양어업이 하향길에 접어들고 있었다. 원양어선들이 수천 척이나 묶여 있는 실정이었다. 결국 배 두 척을 고철로 팔 수밖에 없었다. 청년이 꾼은 물거품이 되었고 그는 또다시 빚더미에 올라앉게 되었다. 이렇듯 풍운을 안고 브라질에서 살아온 청년, 그는 바로 최공필 씨이다.

브라질 창공에 띄워 올리는 내 마음의 별, 한국어!

브라질 한국 동포 대부분이 거주하는 상파울루에서 북쪽으로 비행기로 4시간 거리, 약 3,000킬로미터 떨어진 페르남부쿠주의 수도인 헤시피는 아름다운 항구도시이다. 이곳에 우리 한국 동포라고는 3세대, 열 명도 채 안 되게 살고 있다. 2020년에는 코로나로 인하여 개최하지 못했지만, 2019년까지만 해도 9월 마지막 주일에는 페르남부쿠 주정부가 제정한 '한국 문화의 날'이 6년째 계속 개최되었다.

최공필 선생님은 50년째 이 도시에 거주하시면서 대한민국을 알리는 데 누구보다 큰 역할을 하시는 분이시다. 최 선생님께서 페르남부쿠주 정부가 매년 9월 마지막 주일을 한국 문화의 날로 제정하는 데에 큰 노력을 기울이셨고 해마다 최 선생님 혼자서 한국의 날을 준비하시는 것을 나는 알고 있었다. 도와드리고 싶은 마음은 많았지만 멀리 떨어진 곳이라 생각만큼 쉽지 않았다. 해마다 작은 재정적인 도움만 드리다가 2019년에 우리나라 종이접기(K-종이접기) 강사로서 방문하게 되었다.

이런 큰 행사를 팔십 노인이신 최 선생님이 어떻게 혼자서 준비할지 걱정도 되고 궁금하였는데, 가서 보니 최 선생님의 한글학교 학생들이 큰 도움을 주고 있었다. 이들은 몇 달 전부터 밤을 새워가며 준비했고, 한국어와 브라질어를 자유롭게 구사할 수 있는 사회자는 물론이고, 요소요소마다 일을 할 학생을 적절히 배치해두고 있었다. 큰 행사가 이토록 물 흐르듯이 진행되는 모습을 보고 최 선생님의 뛰어난 리더십을 엿볼 수 있었다. 아마도 몇 달 전부터 밤을 새워가면서 준비하였을 것이다.

10시에 시작된 오프닝에는 최 선생님께서 가르치시는 한글학교 학생들이 한복을 입고 태극기를 흔들며 입장하면서 애국가와 〈아리랑〉, 그리고 〈고향의 봄〉 등의 한국 노래를 불렀다. 이 밖에도 한국 노래 부르기 대회, 한국어 말하기 대회, 붓글씨, 고전무용, 태권도 시범, 대한민국 종이접기, 한국음식 판매 등의 다양한 행사가 개최되었고, 행사는 K-POP 경연대회로 막을 내렸다.

한국어 말하기 대회에 출전한 7~8명의 출전자 중에서는 원고를 들고 나와서 가끔 보면서 말하는 사람이 있었고, 원고를 보지 않고 발표하는 사람도 있었는데, 마지막에 발표한 한 젊은 여성의 발표는 압권이었다. 최 선생님의 한글학교 학생인 아나 클라우디아(Ana Claudia)는 한국어를 배우기 시작한 지 2년 정도 되었는데 한국어가 너무 좋다며 나태주 시인의 시 「풀꽃」에 감명받았다고 한다. "자세히 보아야 예쁘다./오래 보아야 사랑스럽다./너도 그렇다." 이렇게 짧지만 함축된 의미를 지닌 시를 한국말을 배운 지 2년밖에 안 되었다는 브라질 여학생에게서 듣게 되다니……. 감동이 느껴지면서도 동시에 자신이 부끄러워졌다. 그 여학생은 한국어 말하기 대회에서 1등을 하여 한국 왕복 비행기 표와 한국에 체류하는 15일 동안의 모든 비용을 제공해주는 부상을 획득하였다.

K-POP 경연대회는 페르남부쿠와 인접한 5개 주에서 신청한 70여 개 팀이 제출한 영상을 심사하여 선발한 15개 팀이 서로 겨루는 마지막 결선이었다. 결선을 앞두고 대회장 밖에서 여러 팀이 여기저기서 열심히 연습하기에 바쁘다. 한 팀의 멤버가 적어도 7~8명 이상이니, 70개 팀이면 500명도 넘는 인원인데, 그 많은 브라질 청소년들이 한국 노래를 틀어놓고 따라 부르며, 부지런히 춤추며 율동을 한다. 이 모습을 보면서 어떻게 이런 일이 가능한지 감격스러움에 가슴이 벅차올랐다.

K-POP 경연대회의 열기는 너무나 뜨거워서, 입장료가 없었던 작년에는 3,000명 극장 객석이 꽉 차고 입장하지 못한 사람도 많았다고 한다. 금년에

는 3달러 정도의 입장료를 받기로 했더니 관중이 절반으로 줄었다. 대회를 시작하기 전에 사회자가 '나는 누구일까요' 퀴즈를 내는데 K-POP 스타, 한국 아이돌의 근황을 말하면 여기저기서 손을 들고 뛰어나와서 답을 맞힌다. 정답자에게는 아이돌 가수의 사진이 담긴 포스터를 상품으로 주는데, 뛸 듯이 기뻐하며 받아 간다. 나는 전혀 알지 못하는 우리나라 가수들의 근황을 이 땅끝 브라질 아이들이 어떻게 이렇게 잘 알고 있는지 정말 이해하기 힘든 일이었다.

금년에 만 81세가 된 최공필 선생님은 아직도 건강하셔서 수지침술원을 운영하고 계시는데, 73세에 정년퇴직하실 때까지 의과대학에서 고려수지침을 수년간 강의하셨다. 브라질 원주민 교회에서 장로로 봉사하면서 40년 전에는 브라질 장로교단 페르남부쿠주 노회의 상임지휘자로 임명되어 연합합창단(단원들 대부분은 브라질 사람들이다)을 지휘하기 시작하셨는데, 합창단원들에게 한국 가곡과 한국어 찬송가를 한국어로 가르치기 시작하여 한국 성가곡 24곡, 가곡 20곡, 민요 7곡, 동요 10곡 등 70여 곡 이상의 한국 노래를 정확한 한국말로 악보를 보지 않고도 부를 수 있도록 했다.

그냥 노래만 들으면 한국 사람들이 부르는 것처럼 들릴 정도로 연습하도록 한 후, 전세버스에 이들을 태우고 길을 떠난다. 최공필 선생님은 이들 50여 명 단원을 이끌고 3일이나 걸려서 한인 동포들이 많이 거주하는 상파울루로 온다. 그리고 그곳에서 제일 큰 아넴비 대극장에서 발표회를 열고, 이어서 한국 교회 여러 곳에서 발표회를 하였다.

최 선생님의 합창단에는 음악 박사가 2명, 음대 교수가 4명, 오페라 가수가 3명, 다른 합창단의 지휘자가 14명, 음대 재학생이 8명이나 된다. 저마다 각 교회 지휘자, 솔리스트들이지만 '눈 찢어진 동양인'인 최 선생님의 지도를 잘 따르는 것을 보면 정말 놀랍다. 최 선생님의 실력과 리더십에 대한 인

정도 있겠지만, 최 선생님이 공부하신 리우데자네이루 음대가 브라질에서 제일 알아주는 음대이기 때문이라고 하셨다.

또한, 최 선생님의 사모님이 운영하시는 한국 식당 '불고기'가 큰 역할을 하였다. 최 선생님은 모든 대원을 자주 자신의 식당에 초대하여 음식을 들게 하였는데, 모두 한국 음식을 너무 좋아하는 것이었다. 1992년에는 당시 국무총리셨던 정원식 총리가 브라질을 방문했는데 최 선생님이 단원들을 이끌고 공항으로 나가 애국가와 〈고향의 봄〉 등을 불러 환영하였다. 이에 감격한 정 총리께서는 감격의 눈물을 흘렸고 단원들을 한국으로 초청하셨다고 한다.

최 선생님은 지금도 매주 토요일 60여 명 되는 브라질 학생들에 한글을 가르치는 한글학교를 운영하신다. 한글학교를 시작한 지 벌써 16년째이다. 교사라고는 교장 겸 교사를 겸하고 있는 최 선생님과 사모님, 둘뿐이다. 하지만 이제는 한글 기초 정도는 가르칠 수 있는 몇몇 제자들에게 기초반을 맡겼다. 교사라고 해서 보수를 받는 것도 아니었다. 수고비를 받는 것은 고사하고, 오히려 본인의 지출이 더 많았다. 시내의 유서 깊은 중학교의 교실 두 개를 임대하여 한글학교를 운영하기에 운영비도 적지 않게 든다.

2013년 주상파울루교육원에 부임하신 오석진 교육원장님께서 이 먼 곳까지 직접 방문해주시고 격려해주시면서, 재외동포재단에서 한글학교에 주는 지원금을 받을 수 있도록 정식 한글학교 인가를 받게 도와주셨다. 최근에는 학생 수가 줄어서 지원금이 반 토막이 났지만, 그것이라도 받을 수 있는 것에 감사하게 여기며 오늘도 변함없이 한글학교를 운영하고 계신다.

힘이 들고 재정적으로 어려워도 사모님이 운영하시는 한국 식당이 있음을 감사히 여긴다. 그리고 이 나이기 되도록 아직도 수지침술원을 통하여 수입이 생기게 되어 한글학교를 운영할 수 있는 것을 하나님의 은혜로 여긴다. 은혜가 깊어지는 것은, 한국어와 한국 문화를 저렇게 좋아하는 브라질 젊은이들을 바라볼 때이다. 한글학교, 이 일을 누군가는 해야 하는데, 그 누군가가 바로 '나'인 것 같다는 생각을 밀쳐본 적이 없다. 그런 생각을 하고 계시기에 조금도 게을리할 수가 없다고 하신다.

상파울루에 주재하는 한국교육원이 해마다 주최하는 '브라질 대학생 한국어 말하기 대회'는 상파울루에서 열린다. 페르남부쿠주에 있는 최 선생님의 한글학교 학생들이 대회에 출전하려면 비행기 표값과 숙박비 만해도 큰 부담이 되어 잘 참석할 수가 없었다. 재작년에 처음 출전하여 1등을 하였고, COVID-19 때문에 온라인으로 진행된 작년의 경연대회도 최 선생님의 헤시피 한글학교 학생이 또다시 1등을 차지하였다. 최 선생님께서 한국의 대학으로 유학을 보낸 제자가 8명이나 된다.

30년 전부터 최공필 선생님을 알았고 그분의 모습과 발자취를 보아온 나는 살처럼 빨리 지나가는 세월 가운데 최 선생님도 한 해 두 해 연세 드시는 것이 안타깝다. 이런 분은 나이를 드시지 않으셔야 하는데……

최공필 선생님은 오늘도 묵묵히 걸어간다. 한국어를 마음에 품고 묵묵히 걸어간다. 지구의 한쪽 브라질의 땅 위를 그는 오늘도 한국어를 배우는 사람들과 함께 간다. 그가 걸어온 필생의 길에 그가 맞닥뜨린 '한국어의 현실'이 고난의 꽃으로 돌아다 보인다. 그가 가슴에 품고 있는 '한국어의 이상'은 날이 갈수록 푸르고 빛날 것이다.

선생님은 마치 한국어가 당신이 존재하는 이유인 듯 살아오셨다. 한국어와 더불어서 이곳 브라질 한인 동포들을 묵직하게 사랑하셨다. 한국어를 통해서 글로벌 한국의 깃발을 들어 올리셨다. 그에게 한국어는 무엇일까. 선생님은 말씀이 없으셔도 나는 그 뜻을 헤아릴 수 있다. 그에게 한국어는 '내 마음의 별'이다. 브라질 창공에 띄워 올리던 '내 마음의 별'이었다. 그는 학생들에게 말한다. 그대들 미래의 한국어는 지구촌 '소망의 별'이다. 지구촌 전체에 떠오르는 '소망의 별'이 될 거야.

　이런 최공필 선생님에게서 글로벌 한국인의 초상을 읽는다. 지구촌 어떤 지역을 가도, 세계 시민과 더불어 당당한 주인으로 살아가는 한국인의 초상을 읽는다. 이렇게라도 최공필 선생님의 이야기를 남겨놓으면서, 나는 한국어와 더불어서 내가 서 있을 자리를 생각해본다. 한국어의 최전선을 지혜의 눈으로 떠올려본다.

나는 정말 행복했을까

노 선 주

(현) 프랑스 디종 한글학교 교장
(현) 한불교육교류협회 대표

처음 문을 두드리다

170센티가 안 되는 작은 키, 까무잡잡한 피부, 다부진 몸매의 디디에는 바로 밑 두 살 어린 동생과 35년 전 프랑스 부모에게 입양되었다. 그가 우리 디종 한글학교를 찾아왔다. 이제 겨우 학교에 들어간 일곱 살짜리 아들 닐스와 트리스탕, 그리고 부인 알렉상드라와 함께 디종 한글학교에 처음 발을 딛던 날을 떠올려본다. 늘 수줍어서 나서는 법이 없다던 닐스는 어린이반에 들어가자마자 또래 아이들과 떠들기 시작했다. 동생 트리스탕은 앵무새처럼 재잘재잘 내가 가르쳐준 말들을 어찌나 잘 따라 하는지! "안녕하세요, 저는 트리스탕입니다." 이렇게 시작해서 식구 중 가장 한국어 발음이 좋다는 이야기를 듣고, 어린 새가슴을 쑥 내밀었다.

7년을 한국에서 보내고, 동생 로랑과 함께 프랑스에 입양된 디디에는 주저하며 묻는 나의 전화에서 오래 품어왔던 그의 마음을 풀어놓았다.

"형들을 찾았으면 좋겠어요. 형이 둘 있었던 것 같아요. 생각해보니, 그때 부모님이 돌아가셔서 우린 작은아버님 댁에 살았던 기억이 나요. 그래서 형들을 찾고 싶은데……, 지금 어디에서 잘 있는지 소식을 좀 알고 싶어요."

디디에와 로랑의 서류는 의외로 완벽했다. 나는 홀트 재단과 내 개인적인 경로를 통해서 쉽게 디디에의 형들이 사는 곳을 찾을 수 있었다. 형들과 소식이 닿았다는 소식을 듣자마자, 디디에는 곧장 한국에 가서 형들을 만나보고 싶다는 의사를 밝혔다. 그리고는 나에게 한국어 특별 학습을 부탁했다.

"형들이 실망할까 봐서요. 내가 한국어 한마디도 못 하는 걸 보면 얼마나 실망하겠어요. 그동안 한국은 잊어버리고 프랑스의 생활을 잘 꾸려가기 위해 많이 노력했어요. 그렇지만 형들에게 한국말로 기본적인 이야기는 해주고 싶어요."

그가 한국에 갈 때까지 남아 있는 시간은 한 달이다. 한 달 동안 한글부터 시작해 기본적인 한국어 회화를 배울 수 있도록 해주어야 하는 막대한 임무가 나에게 주어졌다. 일이 바빠 일주일에 겨우 한두 시간밖에 낼 수 없는 디디에와 알렉상드라가 2주 동안 한국에서 형들을 만나 하고 싶은 이야기들을 할 수 있도록 어떻게 한국어를 쉽게 가르쳐줄 수 있을까. 나는 고심했다.

수업 시간 중에도 느꼈지만, 디디에와 알렉상드라는 매우 수줍어하는 성격이었다. 그런 성격이다 보니 자연히 외국어 구사에 소극적이었다. 언어를 체득하는 양태가 어린이들과도 다르고, 프랑스 성인 학습자들과도 달랐다. 입양아 학습자들에게 일반적으로 나타나는 이런 성향을 10년 전에는 잘 이해할 수 없어 애를 먹었던 생각이 난다. 디디에는 한국어는 고사하고 '가나다' 한글을 배우는 것부터가 걸림돌이 되었다.

보통 프랑스 성인 학습자의 경우, 짧게는 한두 시간, 길어도 2주면 익히는 한글이다. 세종대왕께서도 한나절이면 익힐 수 있다고 말씀하지 않았던가. 그런데 디디에는 몇 주가 지나도록 한글 자모나 한글 음절을 익히지 못했다. 한글 읽기가 걸림돌이 되었다. 닐스와 브리스덩이 이미 '이야어여'를 다 배우고, 〈한글이 야호〉 노래를 신나게 따라 부르면서 한글을 익힌 것과 달리, 아빠인 디디에는 아직 한글의 가나다도 제대로 익히지 못한 상태였다.

이런 디디에에게 프랑스 학생 중 하나가 이야기해주었던 한글 학습법을 적용해보았다. 익숙한 문장을 동원하여 '가나다'를 인지하도록 하는 방식이었다. 예를 들면, "'가나다'에(캐나다에) '라'마(동물 이름)가 '비비'고(ㅂ) '살아'(ㅅ,ㅇ), '자'! '차'를 '타'고 '파하'로 가자"라는 문장을 외우게 하여, 그 문장의 단어 초성에 들어 있는 '가나다'를 익히도록 하는 방식이다. 참으로 신기했다. 〈가나다 송(song)〉도 〈한글이 야호〉 노래도 통하지 않다가 이 방식이 효과를 보기 시작했다. 억지춘향식 학습법으로 보이던 '캐나다 라마' 노래에 디디에는 한글을 금세 익혔다.

우습게도 한 번 이렇게 한글을 익힌 디디에는 한국어 학습에 속도가 붙었다. 나는 그에게 발음을 비롯해, 일상생활, 소개, 여행, 먹고 마시기, 외출 등의 다양한 대화 상황에 맞춘 기본 문형을 뽑아 카드를 만들어주었다. A4 용지를 8개로 나눈 기본 문형 카드에는 100개의 문장이 적혀 있었고, 그것을 코팅해서 언제 어디서나 가지고 다니면서 이용할 수 있도록 적어주었다. 발음을 위해 나는 한국어 발음을 써주고 녹음을 해주었다. 디디에는 공부하는 내내 단어 카드를 손에서 떼지 않았다. 한국에 갔을 때 즈음에 코팅을 한 100개의 문장 카드에는 이미 손때가 묻어 있었다. 디디에가 얼마나 열심히 한국어를 공부했는지 알 수 있을 정도였다.

괜찮지 않은 '괜찮아요'

마침내 디디에는 부인 알렉상드라와 함께 비행기에 올랐다. 35년 전, 한국에서 비행기를 타고 프랑스에 온 이래, 처음으로 돌아가는 한국 땅이다. 만감이 교차하는 그 순간에, 나는 방송국에서 일하는 후배의 제안으로 이 일을 작은 휴먼 다큐멘터리로 찍게 되었는데, 그 일로 한국에 와 있었다. 나는 프로듀서와 작가와 함께 인천공항에서 디디에를 기다리고 있었다. 그리고 어렵사리 찾은 형의 가족까지 함께 그 자리에서 만날 수 있었다.

디디에가 입국 게이트를 통해 나왔다. 그의 형은 디디에와 너무나 닮아 어디 내놓더라도 금세 찾을 수 있을 정도였다. 까무잡잡한 얼굴, 쭈빗쭈빗 삐죽삐죽 고슴도치 같다고 늘 알렉상드라가 놀리던 머리털, 다부진 체구에 작은 키 등등이 디디에와 흡사했다. 나이는 어리지만 디디에의 형수도 놀라는 눈치였다.

"어쩜, 피는 물보다 진하다더니 이렇게 닮았을까요?"

그녀는 남편과 시동생 디디에를 번갈아 쳐다보았다.

피나는 특별 학습의 결과였는지, 디디에는 문형 카드 없이도 한국말을 잘했다.

"안녕하세요, 저는 디디에입니다. 한국 이름 행종이에요. 형을 만나서 반갑습니다."

디디에는 줄줄 외우듯이 말했다. 그러면서도 못내 아쉬운 듯 주머니에 넣어놓은 단어 카드를 만지작거리면서 형을 바라보았다. 형은 동생의 이 말에 비 오듯 눈물을 흘렸다.

"미안해, 형이…… 프랑스 말을 한마디도 못 해서 미안해. 이렇게 너는 고생하며 한국말을 배웠는데. 나는 한마디도 못 해서 미안해……."

어깨를 붙잡고 얼굴을 비비며, 뜨거운 눈물을 디디에의 얼굴에 떨어뜨린다. 형이 하는 이야기는 한마디도 이해하지 못한 채, 두 어깨만 들썩이는 디디에는 내 얼굴과 형의 얼굴을 번갈아 보며 어찌할 바를 몰랐다. 옆에서 프로듀서와 카메라맨, 그리고 후배 작가가 함께 얼굴을 묻고 눈물을 흘렸다.

일행은 봉고차를 타고 고향으로 향했다. 일곱 살 아들 닐스의 나이에 프랑스로 온 디디에는 고향의 보습을 잘 기억하고 있었디. 미치 도망가는 기억을 붙잡고 놔주지 않으려고 다짐했던 듯, 고향 마을 입구 서낭당 큰 나무와 정자, 그리고 작은 골목길과 과수원길, 마지막으로 부모님의 묘지로 가는 길까지, 어느 것 하나 놓치지 않고 기억하고 있었다. 한 가지, 한 가지, 형에게 물을 때마다, "죄송한데요", "미안합니다"라는 말을 어렵사리 떼면서 손짓과 발짓, 모든 걸 동원했다. "나무…… 나무?" "불…… 불?" 단어 한 마디 한 마디가 튀어나올 때마다 형은 가족 이야기를 한 꼭지씩 들려주었고 그동안 희미한 기억으로 남아 있던 디디에의 추억은 형의 이야기와 함께, 살아 있는 진실로 마주하게 되었다.

디디에를 앞에 두고 큰아버지는 고개 숙여 말한다.

"미안하다, 미안하다. 내가 너희를 다 거두지 못해, 이역만리 그 먼 타역으로 너희들을 보냈구나."

이렇게 말씀하며 디디에의 손을 꼭 잡으셨다. 디디에는 무슨 말을 하려다 말고, 얼른 주머니에 있는 단어 카드를 빼서는 살짝 컨닝을 했다.

"괜찮아요, 저는 괜찮아요. 저는 아이들 둘 있습니다. 여기는 제 아내입니다. 알렉상드라입니다."

그렇게 말이라도 하지 않으면 큰아버지의 눈물이 그치지 않을 것이라는 생각이 드는지, 계속해서 '괜찮아요'를 되뇌며 디디에는 말을 이었다.

"저, 양부모님 프랑스 아버지, 어머니 다 좋습니다. 여기는 제 아이들입니다."

사진을 꺼내 닐스와 트리스탕의 사진을 보여주던 디디에는 꿇고 있던 무릎이 아픈지 다리를 꼼지락거렸지만, 큰아버지의 손을 떼지 못한 채 계속 단어 카드만 만지작거렸다.

소주가 화근이지

고향 방문 중에 디디에의 생일이 있었다. 디디에가 가장 좋아하는 고등어구이와 미역국을 준비한 형수님은 한 상을 떡 벌어지게 차려놓고 디디에를 맞았다. 한국에선 두 손으로 공손히 잔을 받고, 잔을 받는 즉시 비워 되돌려주는 것이 예의라고 가르쳤던 게 잘못이었나. 가만히 앉아서 형님과 형수님이 주는 잔을 무릎 꿇고 얌전히 받던 디디에는 잔을 받을 때마다 "술 잘합니다. 감사합니다."란 말을 해서 모두를 웃겼다. 알렉상드라는 그녀가 살고 있는 프랑스 디종 지방의 부르고뉴 전통 노래를 부르면서 흥을 돋우었다. 그리고 몇 병의 소주병을 비우고서야 모두 잠이 들었다.

아침이 되자 디디에는 술병이 나서 일어나지 못한다. 오늘 취재 일정은 부산 자갈치시장으로 잡혀 있었다. 자갈치시장은 형제들이 마지막으로 함께 가본 장소라고 했다. 시장에 가 배고플 때 어느 가게 아주머니가 준 국물을 마시면서 형제들이 마지막으로 식사를 했다는 장소를 찾아가기로 한 것이다. 그런데 디디에는 알렉상드라의 애칭인 "알렉스, 알렉스!"만 부르면서 일어나지 못했다. 나는 취재 일정이 늦어지는 것보다 디디에를 병원에 데려가야 하는 게 아닌가 걱정이 되었다. 그런데 취재를 하던 카메라맨이 내 손을 끌었다.

"디디에가 뭐라고 하시는 거예요?"

디디에는 술에 취해 있으면서도 이야기를 멈추지 않았다.

"알렉스, 사랑해. 네가 있어 프랑스에서 살 수 있어."

디디에는 나를 향해서도 무언가를 물어보았다.

"선주…… '행복해'를 한국말로 어떻게 해요?"

아, 그러고 보니 이 말은 내가 선정해준 100개의 문형 중에 쓰여 있지 않았던 말이다. 나는 디디에를 향해서 "행복해요"를 나지막이 이야기해주었다. 그랬더니 디디에는 취한 와중에도 "행복해요"와 "사랑해요"를 수십 번 한국어로 되풀이했다. 그리고 디디에는 아내인 알렉상드라에게 말했다.

"알렉스, 35년 전 일곱 살, 프랑스에 왔을 때 양아버지와 양어머니가 공항에 나와 기다리셨지. 바나나를 들고 계셨고 너무나 그게 먹고 싶었는데 먹을 수가 없었어. 무서웠어. 상스, 양부모님 댁까지 가는 동안, 로랑은 그 바나나를 너무나 맛있게 먹었는데 난 무서워서 자동차 의자에 앉을 수도 없었어. 지금까지 하루도 프랑스에서 행복한 적이 없었어. 너무나 힘들었어. 아이들에게 가난을 물려주지 않으려고 밤이고 낮이고 일을 했어. 이런 나를 이해해주고 참아주어서 정말 고마워! 사랑해. 네가 곁에 있어 정말 행복해." 그러곤 한국말로 "형님, 행복해요. 사랑해요."를 개미 소리처럼 기어들어가는 목소리로 반복했다.

알렉상드라는 "열네 살에 만나 지금껏 처음 들어보는 사랑 고백이에요." 하며 디디에를 한껏 껴안았다. 형님도, 형수님도, 카메라맨도, 나도 한국말과 프랑스어로 계속되는 중얼거림을 들으며 한없이 울었다.

다행히 카메라맨이 있어 이 모습을 테이프에 담았기 망정이지, 디디에는 그런 말 한 적 없다며 시치미를 뚝 뗐다. 지금껏 살면서 처음으로 저렇게 수다를 떨었다는 디디에는 알렉상드라 앞에서 어색한 웃음만 지었다. 그러면서도 어디를 가든 형님의 손을 잡고 '행복해요'라는 말을 잊지 않고 했다.

한국어를 가르친다는 것. 단지 100개의 문형을 가르치고 한국어를 잘하게 하는 것 이상의 것임을 디디에를 통해 배웠다. '안녕하세요', '안녕히 가세요'부터 시작해 '우리는 내일 떠나요'의 마지막 문형을 가르치는 것 안에는 이미 한국과 프랑스의 끊어진 많은 시간과 공간을 잇는 어떤 작용이 들어 있다는 생각이 든다.

현재 디디에는 디종 한인회와 디종 한글학교의 든든한 후원자로 매년 후원금을 각종 행사에 쾌척한다. 이제는 프랑스 현지 학교 학생들을 위한 한국 여행에도 후원금을 지원해, 프랑스에 한국을 알릴 수 있는 일이라면 앞장서 나선다. 그리고 자신과 같은 입양아, 특히 한국을 받아들이지 않는 입양아를 보면, 늘 웃으며 이렇게 이야기한다.

"나도 그랬어. 한글학교를 만나기 전에는."

오! 필승 코리아, 나는 한국인입니다

최 윤 정

(전) 로테르담 한글학교 교장
(전) 유럽한글학교협의회 서기

엄마와 바쵸

"윤정아! 이분 전화 좀 받아봐라."

밀라노-인천 간 직항이 없던 시절, 엄마가 밀라노에서 탄 비행기가 로마에 도착할 때쯤에 걸려온 낯선 번호의 전화에서 엄마의 목소리가 흘러나왔다. 엄마는 영어라고는 '헬로'와 '땡큐'밖에 못 하시고, 이탈리아어는 hello와 같은 뜻인 '챠오(Ciao)'만 겨우 흉내 내어 발음하시는 정도였다. 그렇잖아도 잘 도착했을지를 염려하던 참이라 낯선 번호가 뜨자 나는 다급하게 전화를 받았다.

잘 모르는 번호로 걸려온 전화에서 엄마 목소리를 듣는 순간, 나는 불안감에 빠져들었다. 무슨 일일까? 무슨 급한 일이 있어서 엄마가 낯선 이탈리아 사람의 전화기로 전화를 하는 것일까? 혹시 납치? 그 짧은 순간, 내 뇌리에는 오만가지 불안한 상상들이 스쳐 지나갔다. 엄마의 목소리를 뒤로하고 낯선 이탈리아 남자와 내가 나눈 대화는 다음과 같다.

"안녕하세요? 지금 당신 어머님이 저와 함께 공항에 있어요. 그리고 곧 기차를 탈 거예요."

"네? 뭐라구요? 안 돼요. 우리 엄마는 기차를 타면 안 돼요. 한국으로 가는 비행기를 타야 해요. 한국으로 가는 Korean Air Line 비행기 티켓이 엄마에게 있으니 비행기를 타고 가라고 해주세요. 기차는 절대 타면 안 돼요."

내 귀에는 금방이라도 터질 것만 같은 내 심장의 박동 소리가 요란스레 울린다.

"아, 네. 그건 알고 있어요. 하지만 지금은 기차를 타야 해요."

"아니요, 절대 안 돼요. 기차를 태우지 말고 비행기를 타도록 안내해주세요. 제발 부탁입니다. 기차는 절대 안 돼요."

내 얼굴은 벌겋게 상기되고 전화기에 대고 있는 내 귀에서 열감이 느껴진다. 식은땀이 흐르며 이역만리에서 오직 지금 기댈 곳이라고는 전화기의 주인밖에 없는 엄마와 나의 상황에서 간절히 호소한다.

잠시 침묵이 흐른 뒤 이탈리아 남자가 말한다.

"제가 당신 어머님이 한국으로 갈 수 있도록 도울게요. 그런데 그러기 위해서는 지금은 어머님이 기차를 타셔야 해요."

"우리 엄마는 영어도 이탈리아어도 하지 못해요. 그리고 지금 우리 엄마는 빨리 Korean Air Line 비행기를 타지 않으면 안 돼요. 비행기를 놓치면 절대 안 돼요."

이 일을 어찌 하나…… 엄마에게는 내가 이탈리아어와 영어로 써준 쪽지와 혹시 몰라 챙겨 넣어준 200유로 상당의 유로화가 전부이다. 신용카드를 사용하지 않는 엄마가, 말 한마디 못 하는 엄마가, 만약 비행기를 놓친다면 정말 큰일이다. 여타의 상황은 생각할 겨를도 없이 나는 오직 엄마가 비행기를 타야 한다는 사실에만 집중했다. 석 달을 이탈리아 딸네 집에서 머물다 한국으로 돌아가는 엄마의 재킷 안주머니에 나는 "이 여인은 영어와 이탈리아어를 할 줄 모르니 혹시 무슨 일이 있으면 이곳으로 연락해주세요. 감사합니다."라는 메시지와 함께 내 연락처를 영어와 이탈리아어로 적은 쪽지를 꼬깃꼬깃 접어서 넣어두었다. 이탈리아 남자는 아마 그 번호를 보고 내게 전화를 했으리라. 그런데 엄마를 기차에 태우다니……. 이게 웬 말인가. 나의 불안은 극도에 달한다. 진땀을 흘리며 쩔쩔매던 그때, 갑자기 엄마의 목소리가 수화기를 통해 전해진다.

"윤정아, 이분이 나를 면세하는 곳(tax free office)으로 안내해줘서 세금도 돌려받게 해줬다. 이분 말씀이 대한항공 비행기 타려면 공항 안에서 기차를 타고 이동해야 한다고 하는구나. 지금 엄마랑 대한항공으로 가는 기차 타는 곳까지 같이 와서 있어. 너무 고마운데 내가 이탈리아어를 못하니까, 네가 대신 이분에게 이탈리아어로 감사하다고 말씀 좀 전해주라고 전화한 거야."

그제야 나는 사태를 파악했다. 그분이 말씀하신 기차라는 것은 공항 환승장 내에서 다른 항공기를 이용하기 위해 잠시 이동할 때 타는 그 기차였다. 말도 통하지 않는 이국 땅에서 외국어를 읽지 못하는 엄마가 환승하기까지는 딸인 내가 생각지도 못했던 난관들이 많았다. 게다가 엄마에게 버버리 코트 하나 사드리고 조금이라도 아껴보겠다고 면세점 가서 세금 돌려받아서 가라는 주문까지 넣었으니 비행기를 타기까지 엄마가 거쳐야 할 어려움은 마치 맹인이 길을 찾아가는 것과 다를 바 없지 않았을까? 모든 사태를 파악한 나는 엄마와 짧은 작별인사를 나누고 조심히 잘 가라는 당부를 전한 후에 그 노신사에게 "Grazie mille(정말 감사합니다)."라는 말을 전하고 수화기를 내려놓았다. 그리고 놀란 가슴을 쓸어내렸다.

그 이후, 무사히 한국에 도착한 엄마에게서 전화가 왔다.

"임마 질 도칙했디. 그런데   그 이탈리아 아저씨가 엄마한테 헤어지면서 뽀뽀를 하더라. 웃기재?"

"정말? 엄마 좋았겠네. 하하하하하."

나는 한참을 웃으며 엄마를 놀렸다. 전화기 너머로 그려지던 엄마의 분홍빛 홍조 띤 얼굴과 미소가 지금도 떠오른다. 말 한마디 할 줄 모르고 그저 "땡큐! 땡큐!" 하면서 계속 웃는 귀여운 한국 여인이 혼자 먼 길을 떠나는 것이 안쓰러워서 그랬을까? 아니면 습관처럼 그랬을까? 엄마에게 그 노신사분이 작별 인사로 뺨에 하는 이탈리아식 뽀뽀인 바쵸(Bacio)를 했다니, 엄마의 추억에 남을 일이다.

이제 막 대학을 졸업해서 사회생활을 시작한 큰딸과 한창 돈 들어갈 나이인 나머지 딸 둘을 남겨두고 급작스레 세상을 떠난 남편을 원망하며 긴 세월을 견뎌왔던 우리 엄마이시다. 그 엄마가 처음으로 받아본 낯선 남자의 키스! 그것도 멋진 이탈리아 노신사에게서 받은 키스라니! 멋지지 않은가? 엄마의 기분은 어땠을까? 엄마는 설레었을까?

문득 궁금해졌다. 말도 통하지 않는 엄마가 부탁은 어떻게 했을까? 엄마의 무모한 용기는 어디에서 비롯된 것이었을까?

만약, 너에게 날개가 있다면

우연한 기회에 나는 유럽의 한글학교 학생들에게 소개할 역사 워크북 편찬의 기초 작업에 동참하게 되었다. 유럽한글학교협의회 임원들이 주축이 되어 계획하고 실행하였던 그 작업은 유럽 한글학교의 학생들에게 본인이 거주하는 나라의 특정 인물과 사건들이 우리의 역사와 어떤 관련을 맺게 되었는지를 알도록 하자는 취지에서 시작된 작업이었다.

나는 네덜란드인 중에 우리나라에 대해 최초로 기록문서를 남긴 하멜이라는 인물부터 조사하기로 마음먹었다. 이 일을 통해서 지금까지 내가 피상적으로만 알고 있었던 『하멜 표류기』의 이면, 그리고 이 하멜과 우연히 만났던 박연이라는 인물의 심연을 들여다보게 되었다.

우리에게 잘 알려진 『하멜 표류기』는 조선을 처음으로 서양에 알린 책이지만, 여행지에 대한 여정과 감회가 기록된 기행문이 아니었다. 네덜란드 호린험 출신의 헨드릭 하멜(Hendrik Hamel)은 귀국 후 한국에 표류했던 13년과 그 이후 일본에서 있었던 1년 남짓한 동안의 월급을 네덜란드 당국으로부터 받아야 했으므로 보고서를 작성하게 되었고, 이것이 『하멜 표류기』의 저술 동기가 되었다고 한다.

1653년 동인도회사의 선박 스페르웨르호가 일본의 나가사키항으로 가던 중에 풍랑을 만나 64명 중 36명만 살아남아 제주도에 표류하게 되었다. 제주도에 이들이 도착했을 당시 제주 목사 이원진은 그들이 "눈이 파랗고 깊었으며 코가 높고 머리가 노랗고 복장이 알록달록하여 조선과는 풍습이 매우 다른 곳에서 온 것 같다."라고 하였다.

나는 『하멜 표류기』의 원전이 국가문서보관소인 National Archives에 있다는 사실을 알게 되었고, 나는 곧장 문서보관소 측에 이메일을 보내서 자료 열람 요청을 했다. 그곳에 도착하여서도 한 시간을 기다린 끝에 얇은 기록물 몇 권과 함께 가죽 표지의 매우 두꺼운 책 하나를 직접 만져보게 되었다. 그 책은 하멜과 그의 일행들이 날짜별로 쓴 일지였으므로 각기 다른 글씨체로 쓰여 있었다.

놀랍게도 네덜란드 정부는 이런 중요한 기록물들을 습도와 온도가 통제된 특별한 방에서 일반인들이 직접 페이지를 넘겨가며 볼 수 있도록 하고, 스캔할 수 있는 시설도 마련해두고 있었다. 나는 오래된 책의 표지가 찢어지지 않도록 보관소에서 마련한 쿠션을 꺼내고, 그 위에 책을 펼쳤다. 나는 가슴 설레는 역사적 기록물 앞에 서서 감격하였다. 첫 방문 때에는 내가 직접 이 귀힌 자료를 만져볼 수 있다는 것에 감개무량하였고, 넘실거리는 아름다운 이탤릭체의 수려한 글씨체에 감동하였다. 두꺼운 네덜란드어 책 속에서 하멜이 기록한 페이지를 정확히 찾기는 어려웠다. 하지만 이후 방문 때 나는 역사학을 공부한 직원의 도움을 받아 하멜이 기록한 부분을 보았고 대략적 내용을 설명과 함께 들을 수 있었다.

조선의 겨울에는 눈이 굉장히 많이 내린다. 1662년 우리가 산간에 있는 사찰에 갔을 때는 어찌나 눈이 많이 왔던지 집과 나무가 다 파묻혀 사람들이 눈 속에 굴을 뚫고 이 집에서 저 집으로 다니는 것을 본 일이 있다.

하멜은 이처럼 조선의 날씨와 조선 사람의 생활상을 기록하기도 하였고, 조선 각 계층의 교육과 문화를 소개하기도 하였다.

부자들은 기분 전환을 위해 기생들과 여러 암자에 자주 들른다. (중략) 지체 높은 사람들이나 귀족들은 자녀의 교육에 신경을 쓴다. 제때 자녀들의 읽기와 쓰기를 지도할 스승을 붙여준다.

『하멜 표류기』의 일부에는 조선에 대한 폄하 내용이 있다고 들은 적이 있던 터라 나는 직원에게 그것이 사실이냐고 물었다. 직원은 전혀 그렇지 않다고 답했다. 오히려 조선에 대한 좋은 인상을 말한 부분이 대부분이라고 한다. 일부 기자나 학자들이 자극적인 글을 쓰기 위해 내용을 달리 해석한 것이 아닌가 의심된다는 말도 덧붙였다. '아' 다르고, '어' 다르단 말이 있듯이, 글이란 관점에 따라 다르게 해석되기도 하니, 그럴 수도 있겠구나 싶었다.

나는 『하멜 표류기』를 통해 알려지게 된 박연(본명은 얀 얀스 벨테브레[Jan Jansz Weltevree])에 대한 이야기를 꺼내려 한다. 박연은 하멜 일행이 도착하기 대략 30년 전인 1626년에 한국에 도착하여, 한국에서 가족을 이루고 뼈를 묻은 최초의 귀화인이다. 그는 병자호란에도 참전하였다.

박연이 우리나라에 머물게 된 연유는 하멜 일행과 다를 바 없이 일본으로 가던 중 제주도에 억류되었던 것이나, 뜻하지 않게 우리나라 최초의 외국인 참전용사가 된 셈이다. 30년을 홀로 말이 통하지 않는 이국땅에서 지냈던 박연이 하멜을 만났던 그 순간의 느낌이 어떠했을까. 기록을 보면, 훅! 하고 나도 모르게 그 시간과 공간 속으로 타임머신을 탄 듯 빨려들게 된다.

1653년 제주 목사 이원진은 제주도에 표류하게 된 하멜 일행과 의사소통이 되지 않자 박연을 불러 이들을 심문한다. 박연은 이들이 네덜란드인이라는 것을 확인하게 되었고 26년 만에 고향 사람을 만나 고향의 말로 의사소통을 하게 되었다. 그러나 너무 오랫동안 고국의 말을 쓰지 않았던 박연은 네덜란드어를 많이 잊어서 처음에는 의사소통에 애를 먹었다고 한다. 그럼에도 하멜을 만난 박연은 '옷깃이 다 젖을 정도로 울었다'고 한다. 아래는 제주도 현지인이 하멜 일행에게 일본어로 물어보고 통역한 것을 올린 보고서 내용의 일부이다(『효종실록』, 효종 4년[1653년] 8월 6일의 기록).

"너희는 서양의 길리시단(크리스찬)이냐?(爾是西洋吉利是段者乎)"

"야!(耶) 야!(耶)"

하멜 일행은 이어서 말한다.

"우리는 일본 낭가삭기(郎可朔其, 나가사키)로 가고 싶다"

다음은 『하멜 표류기』에 기록된 하멜 일행과 박연이 처음 만난 날의 정경이다. 조선에서는 이때 처음으로 박연이 네덜란드 사람인 것을 알았다고 한다.

1653년 10월 29일, 제주 목사 옆에 붉은 수염 난 사람이 앉아 있었다. 목사가 '이 사람이 누구라고 생각하냐'고 묻자 우리는 '네덜란드 사람인 것 같다'고 답했다. 그러나 목사는 '이 사람은 조선 사람이니 너희가 잘못 봤다'고

하며 껄껄 웃었다.

상상해보라. 지금이야 세계 여러 나라 사람들의 모습을 쉽게 접할 수 있고 비행기만 타면 우리나라까지 쉽게 왕래할 수 있으니, 이렇게 오래 연결도 되지 않고 떨어져 살아야 하는 일은 없다. 타국에서 이방인으로 살아가는 나의 삶은, 당시 박연의 처지와 비교할 바가 아니다. 몇 달을 배를 타고 고단한 항해를 한 끝에 식수를 구하러 잠시 내렸던 먼 나라에 발이 묶여, 기약 없는 이방인의 삶을 살아야 했던 박연의 막막했던 심정을, 그 쓸쓸하고 외로웠던 일생을 생각해보면 짙은 연민이 솟아난다. 몇십 년의 세월이 흘러 처음으로 말이 통하는 고향 사람 하멜을 만났을 때 그의 놀라움과 반가움은 또 어떠했을까? 고국의 말조차 일부 잊어버린 그의 귀에 고국의 말이 들렸을 때, 그의 심정은 어떠했을까? '옷깃이 다 젖을 정도로 울었다'는 기록 앞에서 나는 눈시울을 적신다.

하멜 일행의 통역을 맡게 된 박연은 그들에게 조선의 말과 문화를 가르쳤으며, 하멜이 조선에 정착하도록 설득하였다. 하멜은 1657년 효종 임금의 지시대로 신식 소총을 만들지만, 이후 오히려 박연에게 함께 탈출하자고 권하였다. 박연은 고향이 그리워서 임금에게 여러 번 일본으로 보내달라는 요청을 하였으나 당시 임금은 이렇게 답했다고 한다.

"날개가 돋아 거기로 날아가지 못한다면 단념하라."

박연은 죽을 때까지 네덜란드로 돌아가지 못하고 고국을 그리워하다가 일생을 마쳤다.

이방인

이탈리아에서 5년 동안 살았던 것에 비해 네덜란드에서 두 배가 넘는 세월을 지냈음에도 불구하고 아직도 나에게는 이탈리아가 더 친근하게 여겨진다. 다행인지 불행인지 이곳 네덜란드에서는 영어가 어디서나 통하고, 나 또한 첫 주재지였던 이탈리아에 비해서 많이 바빠졌기에 이곳의 언어를 익힐 시간도 없었다는 것이 변명이라면 변명이랄까?

부끄럽지만 나는 네덜란드어를 할 줄 모른다. 하지만 이탈리아에서는 내가 살기 위해서 이탈리아어를 공부하지 않으면 안 되었다. 그러다 보니 지금도 이탈리아어로는 어렵지 않게 기본적인 의사소통을 할 수 있다. 그래서 나는 이탈리아에 가면 좀 더 마음이 편안해진다. 이탈리아 국경을 넘어 고속도로 휴게소에서 파니니를 사 먹으며 이탈리아어를 들으면 우습게도 고향에 도착한 느낌마저 든다.

이탈리아 사람들이 정이 많고 우리나라 사람들의 성정과 닮은 데가 많아서 친숙감이 생기는 데서 오는 느낌이기도 하겠지만, 그들의 말에 내가 익숙한 탓에 고향 느낌이 드는 것이다. 말이 통하니 사람들을 만나는 것도 더 즐겁다. 언어가 통한다는 것은 이방인으로서의 위축을 떨치게 하는 강력한 무기인 셈이다.

내가 로테르담 한글학교 교장으로 있던 2013년에 재외동포재단의 지원을 받아 입양인 단체인 '아리랑'과 함께 한글학교 가을 축제를 개최한 적이 있다. 어떠한 연유로든지 간에 떠나와버린 조국의 가족들을 만나기를 원하고, 한국인들과 교류하며 한국을 잊지 않으려는 그들의 노력은 눈물겹다. 행사를 준비하면서도 어찌나 모두 적극적인지, 민족 정체성의 혼란 따위는 단 한 번도 경험할 일이 없었던 나로서는 그들의 뿌리 찾기 노력 앞에서 숙연해졌다. 하지만 말이 통하지 않으니 행사를 같이 준비하면서도 그들이 우리나라 사람이라기보다는 외국인으로 느껴지곤 하였다. 네덜란드에는 5천 명이 넘는 입양 한인들이 살고 있다. 행사 이후 많은 입양인과 입양인 2세들의 한글학교 등록이 이어졌다.

만약 이곳에 한글학교가 없었더라면? 한글학교는 왜 만들어졌을까? 스스로에게 하게 되는 질문이다. 한글학교에 오는 아이들의 목적은 한글 공부에만 있지 않다. 재외동포 자녀이든 입양인 자녀이든 한글학교는 학교인 동시에 놀이터이다. 외국의 건물을 빌렸을 뿐 그곳에는 대한민국의 얼이 자란다. 이곳에서 아이들은 이방인이 되지 않고 소속감을 느끼며, 자랑스러운 대한민국의 일원이 된다.

나는 박연, 하멜과는 반대로 네덜란드에서 오늘도 우리말과 글로 실컷 떠들며 제2의 인생을 사는 한국인이다. 외국어 한마디 못 하는 우리 엄마가 말도 통하지 않는 이국에서 당당하게 이탈리아 노신사에게 도움을 부탁하고 뽀뽀까지 받아들인 데에는 세계 어디에나 대한민국의 힘이 통한다는 것을 자각한 데서 오는 당당함이 아니었을까?

2003년 이탈리아에 처음 갔을 때 이탈리아인들은 2002년 이탈리아와의 축구 경기에서 승리를 이루어낸 한국인들의 저력이 어디에서 나온 것인지 알쏭달쏭하게 여겼다. 아마 붉은 티셔츠만 기억했을 것이다. 하지만 지금은 어디를 가나 'Korean'이라고 하면 인정한다. 그들은 이제 알고 있다. 내가 오! 필승 코리아를 이루어낸 막강 대한민국의 국민이라는 것을. 나는 오늘도 감사한 마음으로 그냥 이방인이 아닌 대단한 한국인으로서 당당히 네덜란드에 깃발 하나를 꽂아본다.

다시 한국으로 돌아가기 싫어!

송 성 분

(현) 캐나다 서리 한국어학교 교장
(전) 캐나다서부한국학교협회 회장

승주가 클라라에게 듣다

학생들이 온다. 우리 한글학교로 온다. 승주와 지우, 나래와 준이는 오늘 토요일도 바쁘다. 주말이지만 노는 일 다 밀쳐두고, 어김없이 토요 한글학교로 온다. 주중에 그들이 다니는 학교에서 배우는 수업과는 다른 수업을 하기 때문이다. 오늘 토요일은 한국 교과서로 한국 공부를 따로 하는 날이기에 더욱 분주하다. 무거운 가방만큼이나 얼굴도 힘들어 보인다. 이들 중에는 캐나다에 일정 기간만 살다 가는 학생들도 적지 않다. 그중에는 유학생들도 있고, 부모님 직장을 따라 이곳에 와서 살고 있는 학생들도 있다. 짧게는 1년 길게는 5년 정도 캐나다에 머물다가 한국으로 돌아가는 학생들이다.

우리 한글학교에는 여러 부류의 학생들이 온다. 이민 와서 사는 가정의 자녀도 있고, 이곳에서 태어나 한국어를 잘 몰라서 배우러 오는 학생도 있다. 그런가 하면, 캐나다 현지인이 한류의 영향으로 한류를 즐기고자 한국어를 배우러 오는 학생도 있다. 학급 편성을 특별히 맞춤형으로 하여, 캐나다에서 몇 년 살다가 다시 한국으로 돌아가는 학생들만 모아서 가르치는 반도 있다.

이곳의 한글학교는 한국을 떠나온 사람들에게 한국어와 한국 문화를 익히게 하고, 한인 정체성을 일깨운다는 교육목표를 가진다. 또 이곳 생활에 익숙해졌다가 다시 한국으로 돌아갈 사람에게는, 여기 캐나다에 사는 동안 생긴 현지 문화와 돌아가서 살아야 할 한국 문화 사이의 격차를 좁혀준다는 현실적 목표를 가지기도 한다. 그래서 한글학교에서는 한국의 국내 학생들이 학교에서 배우는 교과서로 수업을 한다.

나를 비롯하여 몇몇의 선생님들은 한국에서 교사 생활을 하다가 이곳에 와서 살기에, 가르치는 데는 문제가 없지만, 가끔은 우리 학생들과 힘든 대화가 이어지기도 한다. 학생들은 영어로 말을 하고 선생님은 한국말로 대답을 한다. 특별수업이 있는 날에는 귀국반(한국으로 돌아가는 반)과 문화반(캐나다 현지 외국인반)이 함께 수업을 하기도 한다. 한국 학생들은 영어를 배우고 싶어 하고, 외국인 학생들은 한국어를 배우고 싶어 하기에, 그렇게 합동 수업의 방식으로 공부하는 것이다.

자기 나라의 문화를 다른 나라의 학생들에게 서로 가르쳐주는 활동 방식으로 수업을 설계하고 운영한다. 캐나다 학생은 한국인 학생에게 영어로, 한국인 학생은 캐나다 학생에게 한국어로 가르쳐주는 것이다. 문화반 학생들은 캐나다의 짧은 역사 속에 가슴 아픈 원주민 이야기를 들려주었고, 귀국반 학생들은 한국의 드라마, K-POP, 한국음식 이야기로 이어지며 한국을 알리기에 여념이 없다. 바로 그때 느닷없이 승주가 "아! 나는 한국으로 가기 싫어, 다시 여기로 오고 싶어" 하면서 울먹울먹 외쳐댔다.

승주는 한국에서 우등생이었다. 여기 캐나다로 유학 온 학생 중에도 공부를 매우 잘하는 모범 학생이다. 그런데 돌아가기 싫다고 눈물을 머금고 외친다. 무슨 개인적 사정이 절박한 것일까. 고국으로 향해야 할 승주의 마음에 어떤 그늘이 내린 것일까. 승주는 어떤 가슴 아픈 영화의 이야기를 클라라에게서 들었다고 한다. 그 영화 이야기를 듣고 난 승주는 종종 친구들에게 말하곤 했다는 것이다. "나는 한국으로 돌아가기 싫어." 그런 승주의 생각이 오늘 수업 시간에 다시 터져 나온 것이었다. 클라라는 캐나다 현지 외국인 문화반 학생이다.

늪 속에서 말을 꺼내다

"조심해서 아래로 밧줄을 넣어요. 그리고 천천히 차를 뒤로, 뒤로! 오케이, 오케이!" 스산한 바람과 함께 겨울로 접어드는 하늘을 배경으로, 누렇다 못해 다소 검은빛을 보이는 황야의 어떤 지점에 머리만 삐죽 내민 말 한 마리가 허우적대고 있고, 바쁜 사람들의 움직임과 외치는 소리가 TV 화면을 가득 채웠다. 화면에는 이렇게 자막이 쓰여 있다.

> 광야에 있는 작은 늪에 말 한 마리가 빠졌다. 뒷다리가 다친 것 같다. 위로 점프하지 못하고 나오지 못한 채 있다. 이웃 농장 사람들이 와서 꺼내주려고 하고 있다. - 캐나다 알버타주

캐나다 알버타주는 위도가 높은 북쪽이라 겨울이 일찍 온다. 땅이 워낙 넓다 보니, 사람 사는 곳이 아득하게 드문드문 멀리 떨어져 있다. 사람의 자취 드문 거대한 자연의 영토이다. 로키산맥을 지나고 나면 황량한 땅이 끝없이 이어지는 곳이다. 그런 어떤 지점에 야생마 한 마리를 구조하고자 트럭과 트랙터를 가지고 와서 안간힘을 쓴다. 긴 장화를 신고 늪에 들어가서는, 며칠을 굶어서 배가 고파 죽어가고 있는 듯한 말을 구하려고 끙끙대는 모습을 텔레비전은 보여준다.

그런데 내 눈에는 조금 이상하게 보이는 것이 있다. 왜 빨리 꺼내지 못하나. 대충 묶어서 서둘러 말을 꺼내면 될 텐데 말이다. 마치 아기를 다루듯 조심스럽게 너무나도 사랑스러운 손길로 말 머리를 연신 쓰다듬으며, '괜찮아, 이제 곧 빠져나오게 될 거야.' 하며 말에게 말을 건네는 사람들 모습이 클로즈업된다.

사람들의 정성스러운 도움으로 말은 이제 살 수 있다는 생각이 드는지, 늪에서 머리만 내놓은 채 먹이를 먹고 있었다. 주인 없는 야생마 한 마리를 살리기 위해서 자신의 몸은 진흙투성이가 되어가는 것도 아랑곳하지 않으며, 찬바람 속에서 애쓰는 이곳 사람들의 모습을 보면서 나는 문득 내가 있는 이곳에 대하여 새롭게 각성한다. 대자연의 섭리 속에서 생명을 존중하고 사랑의 따뜻함을 일상에서 실천하고 있는 캐나디안의 심성과 그들의 정신문화를 내가 발견하고 있는 것이다. 내가 살고 있는 이곳이 캐나다임을 다시 깨닫는다. 여기 오래 살아오는 동안에 나도 모르는 사이에 내 마음 어딘가에 그런 정신의 동화가 일어났으리라.

클라라는 울었다

클라라와 내가 함께 본 영화는 〈Drop Box〉였다. 클라라는 나에게 이 영화를 꼭 같이 보자고 했다. 그녀가 몇 주 전부터 인터넷으로 어렵게 구한 표라고 했다. 밴쿠버에서는 이 영화관에서만 상영한다고도 했고, 하루에 한 번만 상영하기에 좌석이 매진이라고도 했다. 무슨 의미가 있는 아주 좋은 영화라고도 했고, 무엇보다 한국말이 나와서 공부도 된다고 하며 꼭 나하고 같이 보고 싶다고 했다. 그녀의 준비와 부탁이 감사했다. 나는 그녀가 영어와 한국말을 섞어가며 열심히 설명하는 것을 들으면서, 따라서 안으로 들어가 그 영화를 보게 되었다.

영화관을 가득 메운 사람들은 모두 백인들이었다. 내가 보기에 나와 같은 동양인은 거의 보이지 않았다. 한국말도 나온다는데 왜 이렇게 모두가 캐나디안들뿐일까 하고 잠시 생각을 하는 중에 어느새 영화는 시작이 되었다. 귀에 익은 한국말이 흘러나오면서 낯익은 서울의 모습들이 오버랩되더니 깨알 같은 영어 자막이 깔렸다 사라졌다 하곤 했다. 그런데 영화의 내용이 내 마음을 아주 힘들게 했다. 한국에 있는 많은 미혼모들이 아기를 낳고는 육아를 감당하지 못해서 버리는데, 이 아기들을 데려다가 키우는 어느 목사님 부부의 이야기였다.

추운 겨울에 갓 태어난 아기를 어린 미혼모들은 어찌할 줄 몰라 버리기도 하는데, 어린 생명이 사라지는 것을 안타깝게 생각한 어느 노부부는 박스를 하나 만든다. 아기가 들어갈 수 있는 작은 박스는 보온이 되도록 만들어진다. 그리고 그 속에 아기를 넣으면 벨이 울리게 된다. 어느 순간이라도 벨이 울리면, 어떤 시간, 어떤 날씨라도 어김없이 노부부는 나가서 박스 속에 있는 갓난아기를 데려다 안으로 옮긴다. 자칫 추위에 생명을 잃을 수도 있는 아기들을 안전하게 보호하는 그런 장치를 가리켜 베이비박스, 이 영화에서는 Drop Box라고 했다. 영화는 우리가 생각하는 것보다 훨씬 많은 숫자의 미혼모들이 처한 안타까운 형편을 알려준다. 그뿐만 아니라 장애를 갖고 태어난 아기들을 버릴 수밖에 없는 불쌍하고 안타까운 부모들의 이야기도 나오는 것이다.

화려한 서울의 겉모습과는 너무나도 다른 어둡고 칙칙한 뒷골목에서 일어나는 생명의 빛과 어둠을 취재하고 알리는 그런 다큐멘터리 영화였다. 영화를 보는 내내 나의 가슴은 먹먹했으며 슬프기도 하고 부끄럽기도 했다. 내 나라의 아픈 현실에 눈물이 나다가도 불끈 분노가 치밀어 올라왔다. 갑자기 승주가 한 말이 생각이 났다. "니 한국으로 돌아가기 싫어!"

외국에서 살다 보면 너도 나도 애국자가 된다고 한다. 나 또한 한국에서 교사를 했었고 또 캐나다에 와서는 재외동포 2세 자녀들에게 한국어를 가르치고 있다. 무슨 사명이라도 있는 것처럼 한글학교를 여러 개 설립하고 많은 시간과 내가 가진 재능을 몽땅 기부하며, 별로 알아주지도 않는 한글학교 일에 나의 삶을 다 바치며 지내왔다. 이제는 이곳 현지인들에게까지 한국말을 가르치는 것에 자부심을 느끼면서 살아왔다. 그들에게 한국의 문화와 역사 그리고 한국의 발전상을 알리며 열심히 봉사하며, 나 스스로 자부심을 갖고 보이지 않는 외교관이 되어 애국자의 마음으로 살아가고 있다.

그렇게 영화는 끝이 났고 불이 켜졌다. 그런데 그다음에 정말로 이상한 일이 일어나고 있었다. 아무도 자리에서 일어나지 않는 것이었다. 영화가 끝나고 불이 켜지면 다들 주섬주섬, 주절주절하며 일어나서 나가기 마련 아니던가. 잠시 침묵이 흘렀다. 5분여 지났을까. 어느 젊은 청년이 자리에서 일어나더니 말을 한다.

"여러분, 서울에서 일어나는 저 슬픈 현실이 어찌 그곳 한곳이겠습니까? 불쌍한 그들의 영혼을 위해서 우리 모두 잠시 기도합시다."

영화관 안의 사람들은 마치 자신의 가족을 위하듯 저 슬픈 현실에 대해서 모두들 조용히 고개를 숙였다. 나는 그들의 얼굴을 보았다. 그들의 기도는 사람과 생명을 사랑하는 눈물이 되어 뺨을 타고 하염없이 흘러내리고 있었다. 클라라의 얼굴에도 두 줄기 눈물이 흘러내리고 있었다.

서로가 선한 영향력을 주고받고

나는 애써 눈물을 감추고 싶었다. 슬프기도 했지만, 가슴 한편에는 분노 같은 것이 있었다. 왜 그랬는지는 아직도 정확히 모르겠지만 아픔과 분노가 내 마음 안에서 교차하였다. 내가 사랑하는 나의 조국, 대한민국에서 일어나는 부끄럽고 슬픈 일들이 저들의 기도와 눈물로 넘겨지는 현실에 슬픔보다는 분노가 일었던 것이리라. 나는 내 나라에 대하여 당당하고 싶었는데, 마음이 아팠다.

우리말을 외국인들에게 가르칠 때도, 2세 동포들에게 가르칠 때도, 우리 문화와 역사가 그들의 기슴에서 살아 숨 쉬도록 하는, 그런 감동을 주려고 애를 쓰지 않았던가. 내 자존심이, 나의 조국에 대한 사랑이 막 그렇게 무너지는 것 같아서, 슬픔보다는 분노와 부끄러움이 범벅이 되어 내 가슴을 먹먹하게 했다.

영화는 끝이 나고, 마음 불편한 시간이 흐르고, 우리는 밖으로 나왔다. 그냥 헤어지기가 왠지 어색하기도 하고, 클라라에게서 뭔가 나와 토론을 하고 싶어 하는 눈빛을 읽을 수 있었다. 나 또한 이대로 집에 가고 싶지가 않았기에 둘은 자연스럽게 가까운 카페로 향했다. 클라라가 더듬더듬 한국말로 내게 이렇게 말하는 것이었다.

"나는 선교사가 되어 한국에 가서, 저들을 돕는 일을 하고 싶어요. 그래서 열심히 한국말과 문화, 그리고 한국의 역사까지도 배우고 있습니다."

나는 또 한번 가슴이 먹먹함을 느꼈다. 처음 클라라가 우리 한글학교에서 한국말을 배우겠다고 했을 때, 나는 약간 놀랐다. 클라라는 나이가 지긋한 중년의 여성이다. 그녀는 한류 영향으로 캐나다 청소년들이 너도 나도 한국말을 배우겠다고 수강 신청을 하는 것과는 동기가 다르다. 그녀가 어린아이들 틈에서라도 한국말을 배우겠다고 하지 않는가. 그녀의 한국어 학습 동기는 어디에 있는가.

클라라의 배움을 향한 열정은 실로 대단했다. 한 번도 빠짐이 없었다. 억지로라도 과세를 딜라고 하여, 집에서도 공부하고, 휴대폰에 녹음하여 가서 듣고 참으로 열심이다. 한국어를 배우면서, 한국 드라마를 보고, 한국 음식을 먹고, 한국 노래를 외워서, 흥얼거리고, 쉴 새 없이 한국어에 매달린다. 그녀의 공부하는 모습은 한글학교 학생들에게 자극을 주었다. 그녀의 한국어 학습 자세는 귀감이 되고도 남았다.

대부분의 한글학교는 거의 주말학교로 이루어지고 있다. 학생들은 월요일부터 금요일까지 현지 학교에서 생활하다 주말이면 놀고도 싶고 쉬고도 싶은데 한글학교에 온다. 재외동포 자녀들은 자의 반 타의 반 끌려오다시피 한글학교에 오는 학생이 대부분인지라 열심히 공부하는 학생이 그다지 많지 않은 것이 현실이기도 하다. 그런 어린 학생들과도 눈높이를 함께하며 어우러져서 뒹굴며 배우는 그녀의 학습 태도는 학기 말에 우등상을 받기에 충분하였다.

그렇게 한국말을 배운 지 1년이 조금 지나면서 클라라는 '나의 꿈 말하기 대회'에 나가서 장려상을 받았다. "나는 열심히 한국말을 배우고 익혀서 한국에 가고 싶습니다."라고 또박또박 자기의 꿈을 말해서 크게 박수를 받기도 한 클라라는 나의 자랑스러운 제자이다.

나는 한국에 있을 때 초등학교 교사를 했었다. 학생들에게 꿈을 갖게 하고, 미래를 개척하는 일에 열정을 쏟았었다. 그런데 이 먼 나라 캐나다에 와서 나는 그때보다 더 열정을 쏟으며 살아가는 것 같다. 한국에서처럼 보수도 없는데 말이다. 가족들은 내게 말한다. 이제 내 아이들은 다 성장하였으니 쉬어도 좋겠다고 말한다.

하지만 나는 캐나다에 살고 있는 한국인이다. 아무도 인정해주지 않는다고 해도 나는 스스로 외교관도 되고 애국지사도 된다. 무엇보다도 외국에 나와서 살고 있는 우리 자녀들이 우리말과 우리의 문화, 그리고 우리의 역사를 잊지 않게 해야 한다. 나는 그런 의식을 소중히 여긴다. 나는 뿌리 교육을 철저히 해야 하는 한글학교의 교사이다. 그리고 그 사실에 자부심을 가진다. 피 한 방울 섞이지 않은 캐나디안들도 우리나라를 위해서, 우리의 자녀들의 미래를 위해서 기도를 해주지 않던가!

비록 아픔을 보여준 영화 〈Drop Box〉 속의 생명 이야기에도, 어느 노목사님 부부가 보여준 따뜻함이 있기에 대한민국은 오늘도 세계 속에서 당당하게 서 있을 수 있는 것이다. 나 또한 작은 밀알이라도 되고 싶은 맘으로 나라 사랑을 이렇듯 외치고 있지 않은가!

승주가 한국으로 돌아가기 열흘 전쯤 나는 승주와 만나서 얘기를 나누었다. 나는 승주에게 선생님도 그 영화를 보았다고 말했다. 승주가 내게 말했다.

"저는 한국으로 돌아가면 〈Drop Box〉 영화에 나오는 아픔을 줄이는 일에 보탬이 되는 삶을 살고 싶어요, 이곳에서 배운 사랑을 클라라와 함께 나누게 해주고 싶어요."

이렇게 말해주는 승주를 나는 따뜻한 마음으로 꼭 안아주었다.

한국어를 알고서, 캐나다에서 살아간다는 것

최 수 연

(전) 캐나다 토론토 한인장로교회 한국어학교 교사
(전) 캐나다온타리오한국어학교협회 부회장

큰아이가 4학년 즈음에 한국을 방문하러 가는 비행기 안에서 한국에 계신 친할머니를 만나는 일정을 이야기한다. 그러자 아들이 뚱딴지같은 말을 한다. "친할머니의 뜻은 할머니와 친하다는 거지?" 자기 해석이 옳다고 생각하는 이 아이는 한국인이다. 다만 캐나다에 살고 있으므로 까만 눈 까만 머리를 가진 코리안 캐나디안(Korean Canadian)이다. 그런 아들을 보며 나는 한국에 가서 겪을 일들이 걱정 반 설렘 반이다.

아들은 캐나다에서 가장 큰 도시인 토론토에서 1시간가량 떨어진 베리라는 변두리 작은 도시에서 태어났다. 베리는 한국으로 치면 '호반의 도시'라 불리는 춘천을 떠오르게 하는 지역이다. 심코 호수를 끼고 둥그렇게 도시가 형성되어 있고 아름다운 호수가 도시에 낭만적인 분위기를 드리운다. 가을이면 형형색색의 단풍이 곱고, 지대가 낮은 특성으로 인해 겨울이면 유난히 눈이 많이 오는 곳이다. 이곳에서 남편의 학업 때문에 신혼 초창기를 보냈다.

베리에서 살기 시작한 이듬해에 큰아이가 태어났다. 로열 빅토리아 병원에서 예정일보다 한달 앞서서 2.9킬로그램의 작은 체구의 아기는 나와 만났다. 태어나기 전날 나이아가라의 무지개를 보며 활보한 것이 첫아이의 탄생을 좀 더 앞당긴 것 같다.

우리 부부는 아이가 태어나기 몇 달 전에 이미 '대니얼 형진 킴'이라고 이름을 지어놨다. '대니얼 형진 킴', 이름부터 남다르다. 한국인으로도 살아야 하고, 태어난 나라인 캐나다 국민으로도 살아야 한다. 이민 2세대라 불리는 대니얼은 세 살이 지나도록 엄마, 아빠, 맘마 등 아주 기본적인 단어로만 의사표현을 했다. 이즈음에 주변의 또래를 보니 간단한 문장으로 말을 하는데 말이다. 나는 아이가 한국어도 영어도 둘 다 능숙하게 말하기를 바랐지만, 현실은 쉽지 않았다.

현실 생활에서 부모와 자녀 사이의 대화로 인한 오해가 빈번하게 발생하기도 했다. 그로 인한 무궁무진한 에피소드들이 있다. 이러한 일을 가까이서 겪다 보니 자식과의 원활한 소통을 위해서는, 내가 영어를 능숙하게 잘하도록 노력하거나 대니얼이 한국어를 열심히 배워야 한다는 것을 알게 되었다.

나는 후자를 선택했다. 캐나다에서는 아이가 네 살이 되면 공립학교 내 유치원에 보낼 수 있다. 주니어 유치원과 시니어 유치원으로 나뉘어서 2년제 유치원을 다닐 수 있다. 주니어 유치원생으로 들어가면서 학교에서는 알파벳을 배우는데, 집에 오면 한국어로 말을 해야 하니 두 언어를 동시에 습득해야만 했다. 여기에 아이의 개인적인 성향까지 더해 언어 발달이 지연되었다. 이러한 상황을 캐나다에서는 '언어 지체(Language delay)'라고 한다.

두 마리 토끼를 쫓다가 한 마리도 못 잡은 격이다. 정부에서 지원하는 언어치료사와 상담도 하고, 언어 지체를 극복하는 방법을 찾아보았다. 극복방법의 하나로 우리는 아들의 한국어 교육을 위해 한국에서 장기 체류해보기를 결정했다. 마침 한국에서 초등학교를 몇 달 다닐 기회를 마련할 수 있었다. 작은아들은 1학년 반으로, 큰아들은 4학년 반으로 들어갔다. 일주일이 지났을까? 학교 운동장에서 아들들을 따라다니는 나에게 한 아이가 묻는다.

"왜 아줌마는 아이들을 따라다니세요?"

아! 그 순간 깨달았다. 내가 캐나다에서의 법을 한국에 와서도 열심히 지키는 중이었다는 것을. 캐나다에는 13세 미만의 아이는 부모나 어른이 어디에서든 꼭 함께 있어야 하는 법이 있는데, 한국에서도 그 습관이 나타난 것이었다.

이런 일들을 겪으면서 몇 년간의 한국에서의 삶이 캐나다에서 겪을 수 없는, 대단히 소중하고 살아 있는 체험이었다는 것을 알았다. 캐나다로 돌아온 그 이듬해에 작은아들은 한국에서 가장 기억나는 음식이 꽈배기라고 말했다. 게다가 전통시장을 터널이라고 기억하며 꽈배기를 추억한다. 나는 가끔 그런 아들의 추억을 위해 집에서 꽈배기를 만든다.

여기 캐나다에서 키우는 아이들은 한국어를 배움에 있어 시기와 동기를 놓치면, 한국어에 대한 흥미를 잃게 된다. 캐나다에 사는 수많은 코리안 캐나디안이 한국어를 들을 수는 있어도, 말할 수 없다. 나는 아이들이 그렇게 되기를 원치 않아서 어린 아들의 손을 잡고 한국으로 떠났다.

언젠가는 이곳의 한 장례식장에서 아주 인상적인 조사를 듣게 되었다. 두 아들이 돌아가신 어머니를 회상하면서 이야기를 한다. 큰아들이 서툰 한국어로 "나의 사랑하는 엄마"라고 말을 시작하는데, 나와는 평소 친분이 많지 않았던 고인이셨지만 순간 그 아들의 엄마를 향한 깊은 사랑이 느껴져 눈물이 왈칵 쏟아졌다. 반면 둘째 아들은 눈물을 흘리며 능숙한 영어로 조사를 하는데도 나는 그것이 덤덤하게 들렸다. 그때 나는 깊은 깨달음과 함께 소중한 바람이 생겼다. 먼 훗날 이런 상황이 온다면 내 아들이 한국어로 엄마를 추억하고 이야기해줄 수 있기를 바랐다. 그 바람에는 나의 간절함이 들어 있었다.

올 8월이면 아들은 18세가 된다. 얼마 전 홀로 되신 할머니와의 전화 통화에서 이렇게 한국어로 말한다.

"너무 외로워하지 마세요. 코로나 끝나면 한국에 갈게요. 식사 잘하시고 건강하세요."

아들아이의 정성 담긴 목소리가 수화기 너머로 전해진다. 이제는 아들이 할머니와 친한가 보다. 어린 시절 함께 떠났던 한국행 비행기에서 친할머니를 할머니와 친하다는 뜻으로 해석하던 모습이 아주 소중한 추억으로 떠오른다.

에드워드 가든에 무궁화꽃이 피었습니다

학교생활에서 소중한 기억 중에는 소풍이 단연코 첫 번째가 아닐까. 꽃 피는 계절이 시작되면 산으로 들로 나가서 자연을 만끽하며 꿀맛 같은 김밥을 먹던 일은 잊을 수 없는 추억이다. 그래서 한글학교에서 몇몇 교사들이 고민하며 캐나다에서 태어난 이곳 2세 아이들에게 소풍이 주는 즐거움을 알려주면서 동시에 한국어 교육의 연장선이 될 수 있는 장소를 찾았다. 지난해 겨울에는 토론토 박물관에 있는 상설 한국관 전시장을 단체로 관람했다.

나는 캐나다에서 살아가는 아이들에게 한국인으로서의 긍지와 자부심을 키워주고 싶은 소망이 있다. 이곳 캐나다에는 많은 이민자가 살고 있다. 특히 중국인 이민자들은 이곳 캐나다 곳곳에 커다란 커뮤니티를 형성하며 자기들 민족성을 펼치며 살고 있다. 우리도 캐나다에서 살아가는 한국인으로서의 긍지와 자부심을 키워주고 싶다. 토론토에 계신 역사학자 이주엽 박사님이 온타리오주 한글학교 홈페이지에 공유해주신 글을 보면, 중국의 동북공정(The Northeast project)에 대한 경각심을 일깨우게 되면서 동시에 우리 하이의 역사 인식이 얼마나 중요한지를 깨닫게 된다.

동북공정이란 중국의 고구려사 빼앗기 사업으로 우리에게 알려진 것인데, 중국 정부는 이를 만주 지역 연구사업이라 한다. 구체적으로는 중국 사회과학원과 중국 동부 3성 학자들이 공동으로 2002년부터 5년간 진행한 만주 지역의 역사·지리 등의 연구 프로젝트로서, 사실상 고구려사를 포함하여 만주 지역에서 전개된 고조선사, 발해사 등 우리 민족의 역사를 중국의 역사에 편입시키는 것을 그 목표로 삼았다.

동북공정의 주장과 의도가 2003년 언론을 통해 국내에 알려진 이후, 우리 국민은 요즘 사드(THAAD, 고도 미사일 방어체계) 배치 문제로 중국 내에서 형성된 반한감정보다 더 강하고 뿌리 깊은 반중감정을 갖게 되었다. 중국을 두고 우리 역사를 도둑질하는 몰염치한 나라로 여기게 되었다. 중국 정부는 2007년 이후 동북공정을 공식적으로는 진행하지 않고 있다. 그러나 동북공정은 현재 일본의 과거사 왜곡과 마찬가지로 우리에게는 아주 중대한 문제이고 해결 과제이다. 왜냐하면 동북공정의 주장과 그것의 배경이 되는 중국의 국수주의적 역사관은 현재 진행형이기 때문이다.

우리는 그렇게 고민하여 지난해 토론토 박물관에 있는 상설 한국관 전시장 방문에 이어, 두 번째 특별한 활동으로 '5월 소풍'을 가기로 했다. 장소는 '에드워드 가든'이다. 이 공원은 레슬리와 로렌스 사거리에 있는, 토론토 부촌으로도 유명한 동네에 자리 잡고 있다. 꽃을 아주 예쁘게 심어놓기로 소문난 공원이다. 대략 20여 개의 작은 규모의 정원이 산책로들로 이어져 있다. 꽃과 이정표도 잘 표시되어 있어서 평소에 궁금해하던 꽃과 나무의 이름도 알 수 있어 교육적으로도 많이 활용하는 장소이다. 그런데 이곳에 몇 해 전에 무궁화나무를 심어서 꽃이 피기 시작했다. 산책로 길에서 언덕 아래쪽 개울가에 피어 있는 무궁화꽃이 유난히 아름답다.

학생들의 단체 방문이라 예약해서 '가든 투어 코스(Garden Tour Course)'도 하기로 했다. 이곳에서 일하시는 전문 가이드의 다양한 역사적 설명이 베풀어져서 좋았다. 우리는 가이드 아주머니에게 무궁화가 한국의 나라꽃이며, 한국의 샤론로즈(Sharon Rose)라고 알려주기도 했다. 로즈 오브 샤론(Rose of Sharon)이 무궁화꽃이라는 것을 처음 아는 아이들도 있었다.

어린 시절 초등학교 교문 옆에 한 그루쯤은 심어져 있던 무궁화나무, 그 무궁화가 에드워드 가든에서 매년 5월에서 6월이면 피어난다. 아이들의 부모와 조부모들은 태평양 건너 이 먼 곳에서 한국의 꽃을 만나면서 소중한 기억과 함께 살아간다. 그리고 감격의 눈물을 흘린다.

토론토에 있는 한국인 양로원의 이름이 무궁화양로원이다. 그곳에 계신 어르신들의 눈가가 촉촉하게 젖어 있다. 그래서 오늘 이곳에 핀 무궁화꽃이 더욱 빛이 난다.

선생님, 재외동포가 뭐예요?

김 택 수

(현) 경희사이버대학교 한국어문화학부 겸임교수
(현) 국제한국어교육자연구회(I.K.E.A) 이사장

첫 인연, 조선족학교 선생님들

음~ 음~ 어느 날 휴대폰 진동이 쉴 새 없이 울려댔다.

"여보세요? 김택수 선생님이시죠? 여기는 외교부 산하 재외동포재단입니다. 한 가지 요청을 드리려고 합니다."

'재외동포재단이 뭐지?' '혹시, 봉사단체인가?' '난 이미 후원을 많이 하고 있는데? 뭘 또 해야 하나?'라는 생각이 먼저 들었다. 그런데 그 전화 한 통이 나의 교육 인생을 이렇게 바꿔놓으리라고, 그때는 생각하지 못했다.

2011년 겨울, 광주문화예술교육 연수에 강사로 참여한 적이 있다. 중국 동북 3성 조선족학교에 근무하시는 재외동포 교장, 교감, 선생님들에게 교육마술 강연을 해달라는 것이었다. 그분들이 한국에 오신 것이다. 연수를 받는 분들이 재중동포 분들이라는 이야기를 듣고 '중국어로 교육마술을 해야 하나?' '중국어로 마술이 뭐지?' '과연 내가 이 연수 강연을 잘할 수 있을까?'라는 걱정과 고민이 앞섰다. 그때까지만 해도 국내 교원들을 대상으로 하는 강연만 주로 해왔기 때문에 이분들을 위해서 내가 할 수 있는 연수 내용이 뭐가 있을까. 갑자기 생각이 많아졌다.

고심 끝에 내 나름대로 맞춤형 연수 내용을 구성하였다. 정성과 긴장은 비례하는 걸까. 나 자신도 최대한 몰두하여 연수를 진행하였다. 그분들에게 어떻게 받아들여졌을까 내심 걱정이 되었다. 다행히 많은 분들께서 즐거운 연수였다고 말씀해주셨다. 안도의 한숨을 쉬었다. 또 다행스럽게도 중국어는 사용하지 않아도 충분히 강연을 할 수 있었다. 지금 생각해보면 중국어라고는 '니하오'와 '셰셰'밖에 몰랐던 나였는데, 대책 없이 무모한 강연자가 아니었나 싶다. 무지하면 용감하다 했던가. 아렇게 해서 나는 재외동포 한글학교의 선생님들을 내 인생의 중요한 인연으로 만나기 시작하였다.

독일에서 그들을 만나다

그리고 이듬해 다시 재외동포재단에서 전화가 왔다.

"다름이 아니라 해외 한글학교 선생님들과 아이들을 위해 선생님께서 강연을 해주셨으면 좋겠습니다."

그때 당시 나는 SBS 〈생활의 달인〉과 〈진실게임〉 등 여러 매체에 마술로 수업을 하는 선생님으로 출연한 적이 있었다. 그래서 그 영상을 보고 여러 봉사기관 또는 기부단체에서 어떻게 내 연락처를 알았는지 내게 이런저런 연락을 해오던 터였다.

그렇게 인연이 닿아 해외 파견 강연을 하러 간 곳이 독일이었다. 재외동포재단에서 해외 파견 강연자로 초등학교 교사가 가는 일은 처음이었다고 한다. 그래서인지 현지에 계신 분 중에는 내가 왜 강연자로 오게 됐는지, 재외동포재단에 문의하는 일도 있었다고 한다. 현지에서 한글학교에 헌신하며 현지 교원 연수의 중요성을 아는 분은 연수 강사의 역량과 전문성을 무엇보다도 중요하게 여기신다. 이처럼 매우 중요한 행사에 현지 담당자분들도 잘 모르는 사람이 강연자로 오게 되었으니 걱정되었을 것이다. 나, 교사 김택수는 내 나름으로 한국에서 꽤 유명한 강연자라고 스스로 생각했는데 역시 탁구선수 김택수를 이길 수는 없었다.(하하)

현지에 계신 분들의 마음을 충분히 이해한 터라, 좀 더 꼼꼼히 준비해서 연수 강의를 해야겠다고 생각했다. 독일의 어느 작은 시골 마을에 100명이 넘는 한글학교의 선생님들이 모이셨다. 나는 첫 개회식의 모습을 지금까지도 잊을 수가 없다. 한국에서는 어떤 행사의 시작이 매우 형식적으로 진행되는 경우가 많다. 그런데 재독 한글학교 관계자 연수의 개회식은 나의 고정관념을 무참히 깨버렸다. 진행 하나하나에 진심을 담아내신다. 애국가를 부를 때는 한 분 두 분 눈물을 흘리는 분들이 점차 늘어났다. 애국가가 거의 다 끝날 때쯤에는 나를 제외하고 대부분의 선생님이 눈물을 흘리고 계셨다.(나는 이런 상황이 살짝 당혹스러웠다. 애국가를 부르며 눈물을 흘려본 경험 자체가 없었으므로.)

이역만리 타국에 온 지 수십 년이 지난 분들이시다. 가슴에 늘 품고 사는 고국 대한민국, 애국가를 부르는 그 자체만으로도 벅차오르는 감정을, 그 감정의 소중함과 고마움을 스스로 이끌어 올리시는 듯하다. 나는 형용할 수 없는 감동에 빠져들었다. 그날 애국가를 부른 뒤 한글학교 선생님이 하셨던 말씀이 생각난다.

"하루 내내 종일 한국말로 이야기하고, 애국가도 부르고 선생님들과도 이런저런 말씀 나눌 수 있어서 정말 행복하고 좋아요."

대한민국에서 흔하게 일상으로 일어나는 일들이 이곳에서는 매우 소중한 일이 되는구나! 한국어가 다시 보였다.

나는 머리를 크게 한 대 얻어맞는 기분이었다. '아, 이분들은 누구인가?' 그런 질문이 내 안에서 자동으로 생성되어 나왔다. 동시에 나는 나를 향해서도 '너는 누구니?' 하는 물음과 만난다. 그래, 이분들은 한국을 떠나 오신 분들이지. 한국을 떠나 왔다는 건 무슨 뜻일까. 그게 무슨 뜻일까. 한 번도 생각해보지 않았던 물음을 나에게 던진다. 나는 '재외동포'를 그저 '제외동포'로만 여기고 살았던 것 아닐까. 안에서 밖을 조금도 보지 못했던 나의 갇힌 시야가 어렴풋하게나마 눈에 들어온다. 내가 이분들에게서 말로는 할 수 없는 소중한 연수를 받으러 온 것이라는 생각이 들었다.

나는 비로소 실존으로서의 '재외동포'를 알게 되는 경험을 하였다. 알지 못하였으므로 어찌 이해하는 자리에 이를 수 있겠는가. 이런 사람이 어찌 나 한 사람뿐이겠는가. 이제 나는 겨우 '아는 자리'에 왔다. 내 마음에서 작은 변화의 씨앗 하나를 그때 나는 독일 한글학교 선생님들을 통해서 심을 수 있었다. 나에게 있어서 '재외동포'가, 그리고 그분들과 관련된 일이 그 어떤 일보다도 소중하게 여겨지는 계기가 된 것은 바로 이때부터였다.

재외동포재단의 아이돌 강사

독일 한글학교를 시작으로 2019년까지 8개국 15개 도시의 한글학교 선생님들과 아이들을 만났다. 그리고 팬데믹 상황에서도 온라인을 통해 현지 선생님들을 만나고 아이들과 만남도 계속해왔다. 갓 서른을 넘긴 나이에 한글학교 선생님들과 아이들을 만나기 시작했던 터라, 각국의 한글학교 선생님들께서 재외동포재단의 아이돌 강사라고 불러주셨다. 마흔을 훌쩍 넘긴 지금도 그렇게 불러주시는 분들이 종종 계신다. 세계 한글학교 선생님들의 인품과 성품이 하늘처럼 높고 바다처럼 넓기에 가능한 일이라고 생각한다.

나는 여러 선생님들의 따뜻한 마음에 보답할 수 있는 일이 무엇이 있을까 생각해보았다. 내가 잘할 수 있는 일로 조금이나마 도움이 될 수 있는 게 무엇이 좋을까. 한글학교에 필요한 교육 관련 콘텐츠를 개발 및 제작하여 안내해드렸다. 여기에 곁들여 한글학교를 잘 알릴 수 있는 각종 홍보 콘텐츠를 개발해드리고 있다.

구체적으로는 이런 일을 했다. ① 재외동포재단 홍보 UCC 공모 및 제작 ② 스터디 코리안 교육마술 온라인 6차시 강좌 개발 ③ 눈으로 보고 바로 배우는 온라인 역사 콘텐츠 3차시 개발 ④ 한글학교 역사교육 보조교재 및 캠프 프로그램 개발 ⑤ 한글학교 학생을 위한 정체성 함양 캠프 프로그램 개발 ⑥ 한국의 이해와 역사 학습 자료 개발 ⑦ 국정 및 검인정 교과서 재외동포 관련 내용 연구 및 개발 ⑧ 청소년 및 대학생 온라인 모국 연수 콘텐츠 16차시 개발 및 보급 등이다. 내가 할 수 있는 모든 능력과 마음을 다 쏟았기에 감사와 보람이 넘치고 나를 더욱 기쁘게 했다.

이런 노력과 경험은 나의 역할을 더 널리 쓰이도록 이끌어갔다. 현재는 한국어, 한국 문화, 한국사를 사랑하는 교육자분들과 함께 '국제한국어교육 자연구회(I.K.E.A)'를 설립하여, 국내 및 전 세계 교육자와 학습자들이 행복하게 배우고 탐구하는 데 도움이 될 수 있는 다양한 교육자료를 제작하여 공유하고 있다.

나는 무슨 일을 하면 그야말로 총력을 다하는 편이다. 내가 좀 극성스럽게 하니까, 주변에서 나에게 이런 말을 하는 분도 있다. 왜 이렇게까지 하냐고? 그러면 나는 그냥 빙긋 웃는다. 그리고 마음속으로 나 자신에게 이렇게 물어본다. '지구촌 각지에 계신 수많은 한글학교 선생님들은 그 어려운 여건에서 왜 그렇게까지 성심을 다하는 걸까?

선생님, '재외동포'가 뭐예요?

5학년 국어 시간 아이들과 수업 중 '재외동포'라는 단어를 만났다. 아이들이 물었다.

"선생님, '재외동포'가 뭐예요?"

"응, 외국에 거주하는 우리나라 동포를 말해요."

"동포가 뭐예요?"

"응, 동포는 원래 '한 부모에게 태어난 사람'을 말하는 것인데, 그 뜻이 넓어져서 같은 나라 사람, 또는 같은 민족을 말하기도 해요. 외국에 사는 한국계 외국인도 재외동포라고 불러요."

그러자 교과서에 등장한 단어 하나로 아이들은 아주 왕성하게 발표를 이어간다. 자기 삼촌이 외국에 산다는 아이, 자기 이모가 이민을 갔다는 아이, 외국에 사는 할아버지가 한국에 오고 싶어 한다는 이야기. 아빠 친구가 해외에서 누군가를 입양했다는 이야기 등등 쉴 새 없이 질문과 대답이 이어졌다.

아이들은 발표를 통해서 우리가 잊고 있었던 사람들을 기억해내었다. 그리고 한국 밖에 있는 한국 사람들에 대한 직간접의 경험을 끊임없이 말하며, 이야기의 꼬리를 이어갔다. '재외동포'라는 단어는 그간 여러 차례 교육과정이 바뀌면서 아예 사라져버리기도 했다. 유관 기관의 의식 있는 많은 분들과 교육 관계자들의 노력으로 2021년 초등학교 교과서에서 다시 만난 '재외동포'라는 단어가 나에게 새삼 눈물 비치게 한다.

지구촌 한글학교 아이들과 선생님들, 그리고 재외동포 분들을 만나며 함께한 시간이 어느덧 13년이 되어간다. 역사를 잊은 민족에게는 미래가 없다고 했던가. 이 말은 다음과 같이 불러도 되지 않을까? "재외동포를 잊은 민족에게는 미래가 없다."라고 말이다.

13년 건, 한 통의 전화가 나를 또 다른 삶으로 안내했듯이, 이 책에 실린 한글학교 선생님들의 글을 통해 글로벌 한국인의 새로운 미래를 그려볼 수

있기를 바란다. 국내외 모든 한국인이 전 세계 지구촌 재외동포들과 더불어
소통하고, 마음을 나누는 미래로 나아가기를 진심으로 소망한다.

K-종이접기 세계화로 새 한류 창조하기

노 영 혜

(현) 종이문화재단 세계종이접기연합 이사장
(현) 종이나라박물관 관장

　동양 삼국(한국 · 중국 · 일본)의 종이문화를 살펴보면, 우리가 그 연원과 활용에서 단연 으뜸입니다. 문 · 벽 · 천장 등은 물론 방바닥에까지 종이(장판)를 사용한 나라는 우리나라가 유일합니다. 그 바탕에는 품질이 세계 제일로 우수한 한지가 있습니다. 그 같은 양질의 종이가 있었기 때문에 우리의 종이문화 역시 생활 깊숙히 파고들어 우리 조상의 얼과 혼이 담긴 훌륭한 전통문화 유산으로 남았습니다. 대표적인 문화유산 중 하나가 ‘K-종이접기(Korea Jongie Jupgi)’입니다.

　조상들은 일찍이 종이접기로 고깔을 만들어 사용했습니다. 고깔은 우리의 민속이며 홍익인간의 이념이 담긴 문화유산입니다. 고깔을 접어 소원을 빌고, 고깔을 머리에 쓰고 춤추며 노래했습니다. 그리고 그 고깔을 한 번 더 접어 종이배를 만들고 소망을 담아 시냇물에 띄워 보내기도 했습니다. 역사학자들은 고깔의 기원을 삼국시대 이전으로 보고 있습니다. 그래서 고깔로부터 종이접기가 출발했다고 보는 이들이 많습니다.

　고깔에서 시작된 종이접기는 다양한 형태로 발전했습니다. 종이를 많이

접으면 지혜로워진다며, '지혜지'라는 별명을 가진 딱지를 접어 '꿈 따먹기' 놀이를 했습니다. 또 방패연과 종이비행기를 접어 희망을 담아 하늘에 날려 보내기도 했습니다.

하지만 유감스럽게도 우리 종이 문화의 현주소는 희미합니다. 일제 강점기 36년 동안 혹독한 문화 말살 정책을 견뎌야 했고, 광복 후에도 한국전쟁 등의 격동기를 거치며 조상들이 이루어놓은 우수한 종이접기 문화를 제대로 전승·발전시키지 못했습니다. 그 사이를 틈타서 일본은 자신들의 종이접기인 '오리가미(Origami)'를 해외에 널리 알렸고, 마치 종이접기 종주국인 것처럼 행세하기에 이르렀습니다.

그렇게 되도록 일본 정부와 국민도 나름대로 노력을 기울였습니다. 그들의 전래 종이접기인 '오리가미'의 발전을 지원하고 해외 보급에 힘썼습니다. 그래서 어떻게 되었을까요? 놀라지 마십시오. 현재 구글 번역 프로그램에서 한글로 '종이접기'를 치면 영어, 스페인어, 아랍어 할 것 없이 지구상 대부분 언어가 '종이접기'를 'Origami'로 번역해놓습니다.

그래서 세계 각국의 종이접기 창작 작가, 그리고 종이접기 예술가를 꿈꾸는 세계 각국의 어린이와 청소년들이 종이접기를 'Origami'로 쓰고 있습니다. 그뿐 아니라, 종이접기 기술로 과학과 산업개발 등에 이바지한 과학자와 공학자들도 종이접기를 'Origami'로 알고 있습니다. 심지어 일부 한글학교의 선생님들조차도 우리나라의 '종이접기'를 '오리가미'라고 표기하는 안타까운 현상이 벌어지고 있습니다.

어떤 한 나라에서 창작된 예술작품과 자국의 과학·기술산업으로 창조해 낸 발명품을 일컬을 때 자국어로 말하고 자국어로 쓰는 것이 마땅합니다. 자국 문화를 그렇게 똑바로 세워나갈 때 국민의 자긍심이 높아지고, 그 나라와 그 민족의 문화적 정체성 또한 올바르게 형성될 수 있습니다. 이치가 그러한데도 '종이접기' 활동이나 문화를 모두 'Origami'라고 일컫는 것은 참으로 잘못입니다.

1987년 '한국 종이접기 부활 재창조 운동'을 시작한 것도 그 같은 현실을 더는 두고 볼 수 없었기 때문입니다. 태권도에서 '차렷' 등 우리말 용어들이 국제적으로 인정받은 것처럼, 'K-종이접기'도 그간의 역사와 문화를 바탕으로 우리말 용어를 정립하고 이를 세계에 보급하는 일이 중요합니다. 그래서 '삼각 접기(SAMGAK JUPGI)', '학 접기(HAK JUPGI)' 등 종이접기 기본형을 우리말 용어로 개발하고 보급하는 일에 나섰습니다.

이런 성과를 바탕으로 『종이접기 강사 지도서』(1990)를 펴냈습니다. 국내에서 종이접기에 대해 그처럼 체계적으로 서술한 책이 발간된 것은 처음 있는 일이었습니다. 그러나 책 발간만으로 만족할 수 없었습니다. 이를 강사 자격 취득 공식 교재로 활용하여, 종이접기 전문 강사들을 배출하는 지도자 양성 교육 프로그램을 운영했습니다.

강사들은 사명감과 열정을 지니고 현장을 누비며 적극적으로 우리 종이접기 문화를 알렸습니다. 그런 노력에 힘입어서 'K-종이접기'는 건전한 생활문화 운동으로 뿌리내리게 됐습니다. 그리고 창의와 인성을 키우는 교육문화의 하나로 국민들도 인식하기 시작했습니다.

'K-종이접기'는 이제 지구촌 전체 한국인이 살아가는 곳, 그리고 한국어를 배우는 우리의 차세대가 자라나는 곳이면 어디건 퍼져 있습니다. 그리고 이를 통해서 차세대들도 우리 종이문화의 정신과 가치를 손과 머리와 가슴으로 익혀가고 있습니다.

나는 지구촌 한글학교의 모든 교실에서 'K-종이접기'가 우리 문화에 대한 정체성 형성은 물론 자존감을 높여주는 활동으로 꽃 피어나기를 기대합니다. 또 한국과 한국 문화를 사랑하는 세계인들이 'K-종이접기'를 통해 서로가 지닌 문화의 다양성을 이해하고 소통할 수 있기를 소망합니다. 이 모든 과정에 지구촌 한글학교 선생님들의 이해와 사랑이 필요합니다. 도와주실 것을 믿습니다. 함께 손잡고 나아갑시다.

저는 이렇게 생각합니다. '종이접기'라는 우리말을 잃어버리는 것은 '독도'를 '다케시마'로 표기하는 것과 같다고 생각합니다. 제가 'K-종이접기' 기본 정신을 바로 알리고 전파하기 위해 해외의 한글학교 선생님들을 찾아나선 것도 그런 믿음과 소명감 때문이었습니다.

제일 먼저 중국 길림성으로 갔습니다. 그리고 길림성 내의 여러 지역에 있는 조선족 학교 선생님 200명을 연변 6·1유치원으로 모이도록 해서 2박 3일 동안 종이접기 세미나 겸 워크숍을 진행했습니다. 그 반응은 무척 뜨거웠습니다. 세미나에 몰입한 그들은 재미있고 유익하다면서 열의를 보였습니다. 수업 마지막 날에는 종이접기 강사들과 조선족 학교 선생님들이 헤어지기 섭섭하여 서로 얼싸안고 울먹였습니다.

민족의 성산 백두산에 올라서는 신비스러운 천지의 모습을 보고, 민족의 정기를 가슴에 함께 품어보기도 했습니다. 북한에서 안내요원으로 온 젊은 여성과 손을 꼭 잡고, 〈우리의 소원은 통일〉을 목이 메도록 함께 불렀습니다. 남한·북한·조선족 동포가 하나의 민족으로서 동질성을 확인하는 뜻 깊은 순간이었습니다. 연수 세미나에서 'K-종이접기' 활동을 하며 형성된 문화적 정체성의 기운이 우리에게 함께 흘러 넘쳤습니다.

그다음으로는 'K-종이접기'를 더 널리 알리기 위해 지구촌에서 한글학교가 가장 많이 있는 미국으로 향했습니다. 2003년 1월 '한인 미국 이민 100주년'을 기념하는 해에 미국의 수도 워싱턴 중앙일보사 문화센터 내에 'K-종이접기' 해외 교두보 1호(한기선 종이문화재단 세계종이접기연합 미국워싱턴연합회장)를 설치했습니다. 그것을 기념하는 뜻으로 워싱턴 한글학교 선생님들을 대상으로 'K-종이접기' 세미나를 개최했습니다.

　　　　　　　　　　　　제4부 디아스포라 한국인의 재발견

세미나에 참가하신 워싱턴한국학교협의회 이인애 회장님께서 그해 7월 하와이에서 열리는 재미한국학교협의회(NAKS) 학술대회에 'K-종이접기' 프로그램을 운영하기로 하고 저를 초대해주셨습니다. 그렇게 해서 처음으로 하와이에서 열리는 학술대회에 이 프로그램으로 참여하였습니다. 여기서 'K-종이접기'가 인기를 끌며 재미한국학교협의회 학술대회에 매년 참가하게 됐습니다. 그 과정에서 한글학교 선생님들을 많이 만났고, 한글학교의 애로사항들도 세세히 알게 됐습니다. 한글학교에 대해 많은 것을 배우고 느낄 수 있었습니다.

한글학교 선생님들은 주중에는 직장에서 일하고, 휴일인 주말에 쉬는 대신 동포 자녀들에게 한민족 정체성 함양에 꼭 필요한 우리말, 우리글, 우리 문화를 가르치고 계셨습니다. 그분들의 헌신적 노력에 큰 감동과 존경을 보내지 않을 수 없었습니다.

지금은 한글학교의 지속 가능한 발전과 미래를 위해 대한민국 정부와 관련 기관에서 꾸준한 지원을 하고 있지만, 그 당시 미국의 한인 이민 사회는 괄목할 만한 성장과 성숙에도 불구하고 2세 교육을 위한 준비와 지원에 어려움이 많았습니다. 한인사회는 교육에 관심을 쏟지 못했고, 정부의 지원에도 한계가 있었습니다.

교과서의 제작과 공급이 원활하지 못해 교재도 부실했습니다. 당연히 교육의 질도 높지 못했습니다. 너무나 안타까운 생각이 든 저는 부족하지만 힘닿는 데까지 돕고 싶었습니다. 제가 할 수 있는 일들을 찾아 동분서주하다 보니 재미한국학교협의회의 한국후원회장까지 맡게 됐습니다. 저는 대한민국 정부와 관련 기관 등에 한글학교를 적극적으로 알리며 지원을 호소했습니다.

4년간 후원회장으로 활동하는 동안 미주 한글학교와 관련한 여러 가지 일이 있었습니다. 그중에 가장 기억에 남는 것은 재미한국학교협의회를 '세종

문화상' 수상 단체로 추천한 일입니다. 여러 인사들의 호응과 격려에 힘입어 저는 추천하였고, 당국의 엄정한 심사를 거쳐 마침내 제28회 세종문화상(민족문화 부문)을 수상하게 되었습니다. 2009년 10월 9일 한글날 세종문화회관에서 열린 시상식에서 상장과 상금을 받았을 때의 기쁨과 보람을 잊을 수 없습니다. 참으로 영광스러웠던 순간이었습니다.

재미한국학교협의회는 매년 미국 50개 주에서 700~800여 명의 한글학교 선생님들을 초청하여, 한글학교 교사들의 교수법 향상을 도모하고, 한글학교의 발전과 미래를 위한 전략을 모색하는 학술대회를 열었습니다. 저는 2010년 대회에 기조강연 연사로 시대의 지성 이어령 초대 문화부 장관을 모셨습니다. 감동적이고 인상 깊었던 그분의 강연은 아직도 많은 한글학교 관계자들의 뇌리에 각인되어 있습니다.

이어령 선생님께서는 단상에 서자마자 바로 김소월의 시 「엄마야 누나야」를 읊으셨습니다. 순간 대회장은 숙연해졌고, 한글학교 선생님들은 조국을 떠난 서러움에 모두 눈시울을 붉혔습니다. 이어령 선생님이 들려주시는 한국어와 우리 언어문화의 우수함에 한글학교 선생님들 모두 깊이 공감했습니다. 강연이 끝나는 순간 모두 기립해 박수를 보냈습니다. 보람과 은혜의 감정이 밀려왔습니다. 왠지 모를 감격에 겨워 기어이 저도 눈물을 흘리고야 말았습니다.

어려운 중에도 저의 간청을 받아주셔서 학술대회의 기조강연을 해주신 분들이 지금도 생각납니다. 그다음 해 학술대회에는 이배용 전 국가브랜드위원회 위원장님(전 이화여대 총장님)에게 간청을 드렸습니다. 이배용 총장님은 애국가 4절까지 부르기와 '역사 잃은 민족은 미래가 없다'라는 주제로 강연을 하셨는데, 이 강연도 잊을 수 없습니다. 또 그 이듬해 학술대회에서 '한국 문화로 한류 창조의 미래를 열자'라는 주제로 참석자들 마음을 뜨겁게 일깨웠던 유인촌 전 문화체육관광부 장관님의 기조 강연도 감명을 주었습니다. 장중의 기립박수를 받으시던 장면이 떠오릅니다.

　재미한국학교협의회 학술대회를 생각하면 이영희 선생님도 잊을 수 없습니다.

　파리에서 '한복 패션쇼'가 열렸던 적이 있습니다. 그런데 프랑스 기자가 아름다운 한국의 미와 색채를 돋보이게 하는 이영희 디자이너를 소개하면서, "바람의 옷 코리아 기모노"라고 대서특필하여 보도했습니다. 비록 이영희 디자이너라는 이름은 널리 알려졌지만, 한국의 '한복'이 일본의 옷 '기모노'라고 표현된 기사를 보고 선생님은 큰 충격을 받으셨습니다. 그래서 그 후 우리 한복을 더 적극적으로 알리시려고 2004년 뉴욕 맨해튼에 '한복 박물관'을 설립하셨습니다.

　그런 이영희 선생님이셨기에 재미한국학교협의회의 학술대회에 꼭 모시고 싶었습니다. 세 번 간청한 끝에 학술대회에 오셨습니다. 학술대회는 한복 패션 디자이너인 이영희 선생님의 진가가 또 한 번 발휘된 자리이기도 했습니다. 선생님은 참가 접수를 하는 현장에서 교사들을 모델로 선발, 이틀간 밤을 새우며 '한복 바로 알고 입기'를 지도했습니다. 그리고 탁월하신 연출력으로 'K-한복'의 아름다움을 알리는 감격스러운 패션쇼를 현장에서 열었고 큰 박수를 받으셨습니다.

　그 후에도 이영희 선생님께서는 한글학교에 대한 애정을 깊이 간직하셨던 듯합니다. 돌아가시기 전에 미리 한복을 정리하면서, 한복을 구하기 어려운 해외 한글학교에 보내달라는 메모를 남기셨습니다. 이 모두가 지금도 가슴 절절한 감동으로 남아 있습니다.

　세계 각국에 흩어져 있는 코리안 디아스포라들의 중요성을 강조하신 고영철 교수님(카잔 연방대학교 한국학연구소장)의 제안으로 대한민국 '종이접기 · 종이문화' 보급 확산을 위해 교사 세미나를 공동 주최한 적도 있습니다. 고영철 교수님은 사할린에서부터 러시아 전역에 분포된 고려인의 후예들인 한글학교 선생님들 60여 명을 모집하여 2013년 10월 러시아 국립경영대학교에서 제1회 교사 세미나를 열었습니다.

먼 곳까지 자원봉사를 나와주신 종이문화재단의 대한민국 종이접기 명인들은 세미나에 참가한 교사 전체를 대상으로 '대한민국 종이접기 강사 자격 취득 장학 과정'을 열심히 알렸습니다. 그리고 '한 · 러 종이접기 문화 작품 대회 시상식'과 '세계평화 기원 소망의 종이비행기 날리기' 등의 행사를 진행했습니다. 말 그대로 '대한민국 종이접기 문화 세계화 한마당'이었습니다.

종이접기를 처음 배워본다는 선생님들은 K-종이접기 문화에 깊은 관심과 흥미를 보였습니다. 종이접기는 우리 역사에 대한 자긍심을 일깨워줄 뿐 아니라 한글 학습에도 도움이 될수 있겠다고 모두 기뻐했습니다. 그뿐만 아니라 정서 함양, 창의 인성 발달, 예술적 감수성 키우기 등에도 종이접기가 유익함을 함께 느꼈습니다. 실제로 연수회 숙소에서 선생님들은 밤잠을 안 자고 몰입했습니다. 새벽이 되도록 종이접기 수업에서 배운 작품을 다시 만들어보며 즐거워했습니다.

선생님들을 지켜보며 역시 우리는 종이접기 DNA를 가진 한민족이구나, 그래서 종이접기로 새로운 한류 물결을 창조해낼 수 있겠구나, 그런 확신이 들었습니다. 그들이 종이접기 강사가 되어 러시아와 중앙아시아 지역에 K-종이접기를 전파하는 주역이 되리라는 믿음도 생겼습니다.

미국, 러시아 등 한글학교 연수회를 통한 K-종이접기 알리기 활동이 지구촌 한글학교 곳곳으로 전해졌습니다. 오세아니아한글학교협의회 고정미 회장님도 한국에 오실 때마다 제게 뉴질랜드 현지 연수를 요청하셨습니다. 마침내 2014년 10월 뉴질랜드 오클랜드에서 개최되는 오세아니아한 글학교협의회 연수회에 참가했습니다. 교사들에게는 'K-종이접기 강사 자격 취득 장학 과정'에 참여하도록 하고, 어린이들에게는 'K-어린이 종 이접기 급수 자격 취득 장학 과정'을 수업으로 진행했습니다.

특히 우리 나라의 무궁화꽃을 접어서 작은 종이 액자에 담을 수 있도록 하는 활동 이벤트에는 교사와 학생들뿐 아니라 현지의 명사들도 함께 참여 했습니다. 연수회에 축사하기 위해서 참석하신 박일호 뉴질랜드 주재 대한 민국대사관 총영사님, 멜리사 리 뉴질랜드 국회의원, 강수환 호주 시드니 한국교육원장님이 교사들과 어울려 나라꽃 무궁화 종이접기로 뜻깊은 시간 을 보냈습니다.

그리고 그 행사와 더불어 고정미 회장님이 '종이문화재단 세계종이접기 연합' 뉴질랜드 와이카토 지부장을 맡기로 했습니다. 고 회장님은 아이들의 창의·인성 발달과 노인의 치매 예방에 도움이 되는 종이접기 행사를 현지 에서 펼치고 있습니다. 최근에도 손자와 손녀, 딸과 며느리, 친정 부모와 시 부모 삼대가 한자리에 모여 우리나라 꽃 무궁화를 종이접기로 만드는 이벤 트를 했다고 합니다. 일흔 살이 넘은 할아버지와 할머니, 다섯 살짜리 손주 들이 함께 종이로 무궁화꽃을 접는 모습은 상상만 해도 평화롭고 아름다운 정경입니다.

손석우 해외동포책보내기운동협의회 이사장님은 세계 각국에 흩어져 살 고 있는 750만 재외동포에게 한글책을 보급해오고 있습니다. 무려 20년 동 안 한결같습니다. 20년 전 브라질 상파울루 한글학교를 방문했을 때, 동포 자녀들이 한글을 깨우쳐도 읽을 책이 없는 현실을 보고 귀국하자마자 '해외 동포 책 보내기 운동'을 시작했다고 합니다. 저도 출판인으로서 여기에 기 쁘게 동참하고 있습니다.

2016년은 한·불 수교 100주년을 기념하는 해였습니다. 그해 3월 한국이 주빈국이 된 파리국제도서전에 'K-종이접기' 책을 가지고 저도 참가했습니다. 책뿐만 아니라, 에펠탑과 태극마크 등을 종이접기 예술작품으로 구현한 여러 작품도 가져가서 '종이나라 부스'를 마련해 함께 선보였습니다.

그때 파리 한글학교(당시 교장 함미연)를 방문한 자리에서 '종이문화재단'은 '대한민국 종이접기 문화의 세계화'를 통해서 새 한류 창조와 발전을 함께 도모해보자는 취지로 파리 한글학교와 상호협약을 체결했습니다. 파리 한글학교는 프랑스의 한 학교 교실을 빌려 운영되고 있었습니다. 학부모들이 한글학교 건립기금을 마련하고 있으나, 당장은 학교의 여건이 어려웠습니다.

학교 관계자들은 우선 한글학교 어린이들에게 좋은 책들을 많이 보게 할 수 있기를 바라셨습니다. 나는 도서전이 끝나는 날, 어린이 책 출판사 부스를 찾아다니면서 도서 기증을 요청했습니다. 고맙게도 도서전에 참가한 국내 출판사들이 좋은 책들을 주셨습니다. 이 책들을 거두어 파리한글학교 학부모 회장님 차에 가득 실어 학교로 보내드렸습니다.

이렇듯, 해외 한글학교에 직접 가서 여러 방면으로 활동하면서, 'K-종이접기' 세계화에 모든 힘을 기울였습니다. 미국 등 해외 24개국 54곳과 국내 146곳에 종이문화재단 세계종이접기연합의 지부와 교육원을 세워 30만 명의 종이접기 강사를 배출하였습니다.

그러나 삼국시대부터 전해 온 우리의 종이접기 문화가 해외에서는 여전히 일본의 '오리가미'로 통하고 있습니다. 이를 극복하기 위해서 한국어 세계화를 위해 헌신적으로 애를 쓰시는 디지털서울문화예술대학교 육효창 부총장님의 제안으로 '대한민국 종이문화와 종이접기 세계화'를 위한 온라인 교육프로그램을 공동 추진하기로 하고, 2018년 1월 디지털서울문화예술대학교와 상호협약을 체결하였습니다.

이후 세계 각국의 한국어 교사와 학생들에게 '대한민국 종이접기 강사 양성 과정'을 온라인으로도 운영하고 있습니다. 재미한국학교협의회의 총회장을 역임하신 심용휴 회장님께서도 세계한국어교육자협회를 만드시고, 세계 한국어 교육자를 대상으로 한국어와 K-종이접기 세계화를 위해 힘써주시고 있습니다. 얼마나 고마운 일인지 모르겠습니다.

세계적으로 유명한 제지 역사가인 미국의 다드 헌터(Dard Hunter, 1883~1966)는 1933년 3월 봄에 우리나라를 방문한 적이 있습니다. 이때 그는 우리 민족이 '세계에서 가장 큰 종이(장판지)를 뜨고, 종이 원료 자체에 색소를 넣어 색종이를 발명한 최초의 민족이며 창의적인 민족'이라고 우리 종이문화를 극찬하는 기록도 남겼습니다.

K-종이접기는 세계에서 질이 가장 우수한 종이인, 우리나라의 닥종이에 바탕을 둔, 오랜 종이문화의 역사적 배경 위에서 탄생하고 발전한 소중한 문화유산입니다. 종이로 접은 모자인 고깔은 종이접기의 모태입니다. 고깔은 상고시대부터 사용된 우리 민족의 상징 표상입니다. 고깔은 천·지·인, 삼신(三神)을 나타냅니다. 거기에는 세상을 널리 이롭게 한다는 단군의 홍익이념이 들어 있습니다. 또 고깔의 형상에는 겸손하게 받들며 기도하는 모습이 담겨 있습니다. 세계 평화를 기원하는 모습입니다. 남북한 국민과 재외동포를 모두 합한 8,000만 한국인이 염원하는 한반도 평화통일의 소망을 고깔에 담을 수 있습니다. 그런 뜻에서, '한반도 평화통일과 세계평화 기원 고깔 팔천만 개 접어 모으기' 운동에도 동참해주시기 바랍니다.

우리 자신을 행복하게 하고, 나아가 남에게 행복을 주는 평화를 달성하기 위해서는 그 바탕에 수준 높은 문화의 힘이 자리 잡고 있어야 합니다. 21세기 문화예술 시대에 K-종이접기 문화가 평화의 근원이 되고 창조력의 모델이 되기를 소망합니다.

종이는 지혜와 평화를 상징하며, 종이접기는 수학이고 과학이며 예술입니다. K-종이접기는 한국의 문화자산입니다. 그러므로 한글학교에서도 K-종이접기 세계화 운동에 나서주시기를 바랍니다. 태권도가 일본 가라테를 물리치고 전 세계에 태권도(Taekwondo)로 우뚝 섰듯이, K-종이접기가 일본의 오리가미를 극복하기를 바랍니다. 세계 각국에서 활약하고 계시는 한글학교 선생님께서 'K-종이접기 세계화'로 새 한류 문화 창조에 앞장서 주시기 바랍니다.

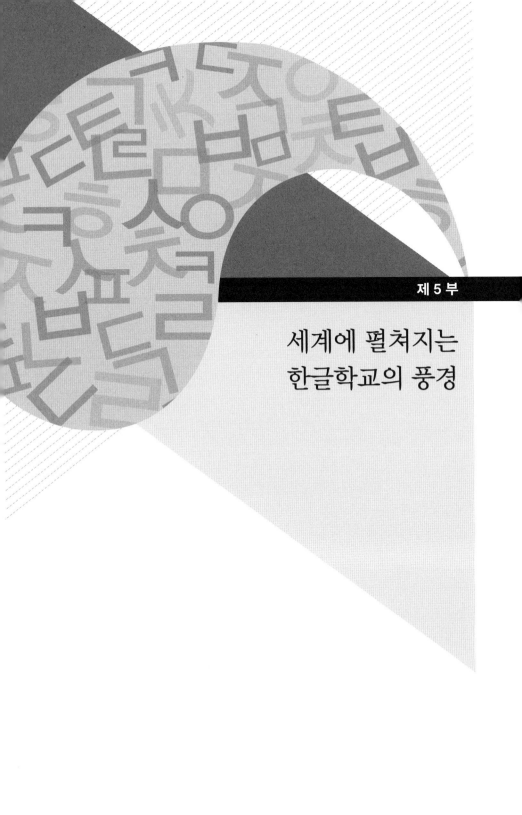

제 5 부

세계에 펼쳐지는
한글학교의 풍경

오늘, 한글학교가 처음 문을 연 것 같은
그런 묘한 기쁨이 설레는 교실
오늘, 한글학교가 이제는 그만 문을 닫을 것 같은
그런 묘한 긴장이 감도는 교실

이 기쁨과 긴장 사이의 숱한 감정 스펙트럼으로
오대양 육대주 수많은 한글 학교들이
가르치고 배우는 나날들을 채색해갑니다.
사연마다 울고 웃는 풍경의 파노라마 피어납니다.

보람은 보람대로 홀로 앞서지 아니하고
좌절은 좌절대로 홀로 주저앉지 못하여
세계의 한글학교가 서로 등을 토닥거려
눈물 뒤에 웃음이 움트고
웃음 안에 눈물이 고입니다.

— 「한글학교 교실에서 온 편지」(박인기)

탄자니아 한글학교 이야기

김 태 균

(현) 탄자니아 한글학교 한국사 특강 강사
(전) 탄자니아 한글학교 교장

"어떡하죠? 어떡하죠?"

탄자니아의 아침과 저녁은 황홀합니다. 적도 가까이 인도양 바다 위 떠오르는 태양과 달은 더욱 크고 붉어 보입니다. 더운 하루의 열기를 식혀주는 바닷바람은 포근하기까지 합니다. 어느 날 도시를 벗어나 바다 풍경이 좋은 호텔의 카페에서 주문한 커피를 기다리고 있었습니다. 20대 여성 직원이 주문을 받더니 갑자기 제게 질문을 합니다.

"혹시 한국 사람이에요?"

"네, 한국 사람입니다."

그 직원은 미소를 띠며 잠시 머뭇거리더니, 자기 말을 들어달라고 합니다. 그리고는 그 입에서 갑자기 선명한 한국말이 튀어나옵니다.

"어떡하죠, 어떡하죠~"

순간 내 머릿속이 복잡해집니다. 현지인이 갑자기 한국말을 하는 것도 그렇지만, 나보고 '어떡하죠?'라고 말합니다. 무얼 어떻게 해달라는 걸까요? 그가 계속 말합니다.

"어떡하죠 어떡하죠 그대가 떠나가네요 어떡하죠~"

들어보니 노래입니다. 놀라서 쳐다보는 내게, 그는 잔뜩 상기된 표정으로 자신이 부른 한국 노래가 어떠냐고 질문해 옵니다. 솔직히 말하자면 이 직원의 노래 실력과 음정이 별로였기에 저는 이것이 노래인 줄도 인식하지 못했습니다. 다만 또렷한 한국말로 "어떡하죠"라고 했기에 경청하고 있었습니다.

다시 영어로 대화를 나눕니다. 내가 그에게 물어봅니다.

"나는 처음 듣는 노래인데, 누가 부른 노래인 줄도 알아요?"

"내가 좋아하는 드라마(〈미남이시네요〉)에 나온 노래여서 혼자 연습했는데 들려줄 사람이 없었어요. 그런데 이렇게 한국 사람을 만나서 너무 좋아요."

한류의 바람은 아프리카 시골 마을까지 도착해 있습니다. 이 대화를 나누었던 2014년 당시에는 탄자니아의 인터넷 환경이 아주 열악하고, 요즘도 비싸 일반인들은 인터넷 사용이 어려웠습니다. 대도시도 아닌 한적한 바닷가 호텔에 근무하며 그녀는 한국 드라마 DVD를 사서, 무수히 돌려보며 노래를 반복해서 불러보고, 스스로 터득했던 겁니다.

"한국인들, 삼겹살 없는 눈이 예뻐요"

함께 한국어를 공부하는 엘리자베스와 노라엘리는 탄자니아의 20대 초반의 대학생 쌍둥이 자매입니다. 한국어로 이야기를 하다가 제가 그 둘의 크고 맑은 눈을 보며 "너희는 큰 눈이 아주 멋있어."라고 했더니, "저는 한국 사람들 삼겹살 없는 눈이 아주 예뻐요."라고 말합니다. "삼겹살 눈이 뭐야?"라고 묻자 자신의 눈 위에 반원을 그리며 "저는 삼겹살 있어요. 삼겹살 없는 플랫(flat)한 눈이 예뻐요."라고 말합니다. 그제야 이해가 갑니다. "아하 쌍꺼풀 없는 눈!"

2020년 12월, 탄자니아의 쌍둥이 자매들이 한인교회에 찾아왔습니다. 한국말로 자신들은 BTS를 너무 좋아하는 학생들이라고 소개하며 한국어와 한국 문화를 알고 싶어서 한인교회에 찾아왔다고 했습니다. 몇 년 전부터 유튜브로 BTS를 알게 되었고, 그들 노래의 한국어 가사를 이해해보려고 스스로 한국어를 공부해왔다고 합니다. 그러다가 한국어 공부에 한계를 느끼고 주탄자니아 한국대사관에 연락하여 도움받을 곳을 알아보았다고 합니다. 대사관을 통해 한국 사람이 많이 있는 곳이 어딘지를 물어보았고, 마침내 한인교회에까지 찾아온 것입니다. 그 후로 계속 꾸준히 한인교회에 출석하며, 일요일 외에도 토요일엔 한국 NGO의 봉사자로, 화요일엔 재외동포 자녀의 과외 선생님으로 봉사하며, 한국인보다 더 열심히 한국 커뮤니티에서 활동하고, 한국어 수업도 듣고 있습니다.

한글학교가 사랑방이 되고

아프리카 대부분의 나라가 그렇듯이 탄자니아도 광대한 영토를 가지고 있습니다. 대한민국의 8배나 되는 영토에서 5,700만 명의 사람들이 살고 있습니다. 탄자니아 다레살람 한글학교는 다레살람시에 사는 재외동포 자녀를 대상으로 하고 있습니다. 탄자니아 최대 도시인 다레살람에는 300여 명의 한인이 살고 있습니다.

한글학교 수업을 하는 날에는 학부모님들끼리의 모임도 자연스럽게 형성됩니다. 학생들을 차로 데려다주는 학부모님들이 모여서 자녀들이 수업하는 동안 사랑방 나눔을 하는 날이 되기 때문입니다. 한 주간 동안 각자의 소식과 탄자니아 관련 이야기, 그리고 자녀들에 관한 이야기를 나누는 시간입니다. 이렇게 해서 매주 진행되는 한인 커뮤니티 '토요 사랑방'이 됩니다. 그래서 한글학교는 학생들만을 위한 시간을 운영하는 곳이 아닌 셈이 되었습니다. 이곳 한인들의 모임이 이루어지는 학교이기도 합니다. 학부모가 아니어도 지나가다 들러서 함께 커피 한 잔을 나누는 만남의 장소가 됩니다. 아이들을 매개로 한, 이를테면 '지역사회 학교'의 기능을 갖는 셈입니다.

선생님 찾기 어려운 중에 찾아온 도움의 기회

한인 커뮤니티가 크지 않은 탄자니아에서는 교사를 모집하는 일도 쉽지 않습니다. 한인들 직업 분포가 선교사와 NGO 종사자가 많습니다. 이분들은 시간적 여유가 많지 않아 토요일에도 선교사역과 NGO 일을 이어나가는 경우가 많습니다. 그러니 토요일에 문을 여는 한글학교는 선생님을 구하기가 정말 어렵습니다.

그 대신 작은 커뮤니티여서 대부분 서로의 상황을 알고 계십니다. 한인들과 공관 근무자들까지도 서로 좋은 관계를 유지하고 계십니다. 따라서 한글학교의 사정을 잘 알고 계신 공관과 한국 정부기관들도 특별한 관심을 보여 주십니다.

한글학교 수업 중에 '한국 현대사'와 '경제' 등에 관한 과목은 대사관, KOTRA, KOICA, 한국수출입은행 등에서 특강을 해주십니다. 상당히 전문적이고 균형 잡히고 수준 높은 강의를 듣고 있습니다. 그리고 온-택트(on tact) 시대를 맞게 되어서. 한국의 여러 기관에서 탄자니아까지 오지 않고도 온라인을 통하여 강의를 할 수 있게 되었습니다.

한국의 유명 강사님과 온라인 멘토링(online mentoring)을 진행합니다. 유럽과 미국에 있는 대학생·청년들과도 만나 진로 상담을 하고, 국제기구 종사자들과도 만날 기회가 생겨서, 학생들이 자신의 꿈을 구체적으로 구상하고, 각 분야 전문가들을 더 가까이 대할 수 있게 되었습니다. 온라인 강의 시대가 가져다주는 새로운 이점이 이곳 아프리카 탄자니아 한글학교에 새로운 가능성을 비추어줍니다.

탄자니아 한글학교, 통일시대의 일꾼을 꿈꾸며

저 또한 언젠가 한반도에 영구적인 평화와 통일이 오기를 꿈꾸는 사람입니다. 그래서 생각해봅니다. 그런 날이 온다면 어떤 사람이 필요할까. 한민족으로서의 정체성이 명확하면서도 다른 문화권의 사람들과 마찰 없이 잘 어울릴 수 있는 사람이 필요하다고 생각합니다. 그리고 이웃과 상대방을 돕고자 하는 선한 마음을 갖춘 사람이 필요하지 않을까 생각합니다. 그 리더들이 아프리카에서 자라고 있다는 결론에 도달했습니다.

이유는 이렇습니다. 우선 한국을 사랑하는 탄자니아 한글학교 아이들입니다. 탄자니아 한글학교에 다니는 재외동포 자녀들은 자신들이 한국 사람이라는 정체성이 명확하다는 공통점이 있습니다. 한국과 비교하면 이곳은 부족한 것이 많은 환경이어서 한국을 그리워하는 마음을 가지고 자랍니다.

아프리카에서 빠른 속도로 퍼지는 한류의 바람을 타고, 한국은 문화 산업의 강국이라는 인식 덕에 한국의 위상은 높습니다. 그래서 아프리카 재외동포 자녀들은 자신들이 한국인이라는 것에 자부심이 높고 한국어 배우는 것을 게을리하지 않습니다. 한글학교에 나와서 한국을 공부하며 한국인 친구들과 어울리는 것이 그들에게는 큰 기쁨입니다. 토요일이면 아침 일찍 일어나서 한글학교에 가기 위해 부모님에게 보채는 아이들, 한글학교 수업이 끝났지만 조금이라도 더 있으려고 하는 아이들이 많습니다.

둘째, 탄자니아 한글학교 학생들은 봉사를 잘합니다. 학생들은 대개 선교사 자녀 혹은 NGO 분야 종사자들의 자녀입니다. 봉사를 위해 아프리카에 오신 부모님을 따라온 아이들은 어려서부터 남을 섬기고 봉사하는 일이 자연스럽게 체화된 학생들입니다.

셋째, 탄자니아 한글학교 학생들은 리더십이 뛰어납니다. 본인이 다니는 학교에서의 성적도 우수하며 부모님을 따라 봉사도 경험도 많기에, 학교에서 뛰어난 리더십을 발휘하는 경우가 많습니다. 여기에 아프리카에 불어온 한류를 학교에 전파하며 공공외교의 역할까지 자연스럽게 수행하고 있습니다.

넷째, 타 문화권에서의 삶이 자연스럽습니다. 이것은 전 세계 한글학교 학생들의 공통점이겠지만, 특별히 이곳 한글학교 학생들은 이질적인 문화권에서 융화되고 조화를 이루는 방법을 더욱 열심히 터득해온 학생들입니다.

한국에 대한 애정이 높고, 봉사의 마음을 가지고, 리더십을 발휘하며 다양한 사람들과 조화를 이루는 데에 매우 자연스럽게 역량을 쌓아가는 사람들이 바로 아프리카와 제3세계 한글학교 학생들입니다. 봉사의 마음과 나라를 사랑하는 마음을 가진 세계시민이 바로 이 학생들입니다.

바로네즈의 사계

서 지 연

(현) 러시아 바로네즈 한글학교 교장
(전) 러시아한글학교협의회 회장

봄의 바로네즈 : 한류 강타

3월 1일은 러시아 봄의 첫날이다. 러시아는 이를 공식적으로 인정한다. 물론 지난 13년 동안 단 한 번도 한국인이 생각하는 봄의 느낌을 이날에 받은 적은 없다. 이날 많은 러시아 지인들은 봄맞이 축하 카드를 보낸다. 문득 내다본 창문 밖에는 함박눈이 내린다. 온도는 영하 11도. 그래도 3월은 러시아의 봄이다. 즉, 러시아는 봄에도 눈이 내린다.

바로네즈는 모스크바에서 정남쪽으로 530킬로미터에 위치한 도시이다. 인구 100만 명이 살고 있는 러시아 14위의 도시이다. 여기에 한국인 5명이 장기 거주하고 있다. 이 도시에 처음 왔을 때 나는 좀 먹먹했다. 12시간 동안 기차로 황량한 벌판을 내달릴 때, 시베리아로 유배를 떠나던 영화 한 장면이, 지금 나의 현실과 겹쳐졌기 때문이다.

다행히 기차역까지 마중 나온 사람들을 대하면서 그 먹먹함이 조금씩 사라졌다. 그들이 준비해준 보르쉬(러시아 전통 수프)가 몸과 마음을 녹여주었다. 부슬부슬 비가 내리던 토요일 아침이었다. 바로네즈에서의 첫날을 받아들이며, 여기가 유배지가 아닌 것에 감사했다.

생존을 위해 러시아어를 배워야만 했다. 부모의 학업을 위해 이곳까지 온 아이들은 현지 유치원에 어렵게 입학했다. 우리 아이들도 낯설어했지만, 그들에게도 우리 아이들은 낯설었다. 그들에게 50년 역사상 최초의 외국인이 었기 때문이다. 다른 별에서 온 듯 신기한 존재들이었으며, 긍정적 의미이든 부정적 의미이든, 이 동양 아이들은 이곳 모든 이들의 관심을 한몸에 받았다.

다행히 우리 아이들은 셋이라 서로 다독이며 유치원 생활에 적응해갔다. 하루는 유치원에 갔더니 낯선 발음의 한국말이 들렸다.

"야, 이리 와!"

한 러시아 아이가 한국말을 하는 것이다. 신기했다. 가만히 보니, 우리 아이들이 러시아 친구들에게 간단한 한국말을 가르쳐주면서 유치원 친구들과 소통하고 있는 것이 아닌가. 그야말로 웃픈 광경이었다. 그날 깨달았다. 이 아이들은 여기서 살아남겠구나. 부모나 잘하자.

수많은 시행착오를 거치면서 이곳 바로네즈에서 삶은 계속되었다. 바로네즈의 봄은 그렇게 무심히 우리를 찾아왔고 또 떠나갔다.

이곳에 살면서도 배추를 구해 김치를 담그고 된장국을 끓여 먹는 토종 한국인들이었지만, 한국을 누릴 여유는 전혀 없었다. 이런 삶 속에서 자녀들에게 한국인 정체성과 한국어를 가르친다는 것은 부담스러운 희망 사항일 뿐이었다. 그렇게 한국을 내려놓고 러시아에 혹독하게 적응하며 계절과 함께 시간이 흘렀다. 한동안 우리는 한국인도 러시아인도 아닌 모호한 정체성을 가진 사람들로 바로네즈에서 살아갔다.

2013년 4월 봄, 날이 좋아 방문한 공원에서 아이들이 갑자기 소리쳤다.

"앗! 엄마, 한국 노래가 나와요."

걸음을 멈추고 스피커에 가까이 다가갔다. 전 세계를 강타한 싸이의 〈강남스타일〉이 여기까지 찾아온 것이다. 한국 노래를 이 공공장소에서 듣는 것만으로도 놀라운데, 주위 청년들이 순식간에 뭉치더니 그 노래를 따라 부르면서 말춤을 추는 것이 아닌가. 순간 온몸에 전율이 흘렀다. 그리고 결심했다. 이곳에서 한국을 찾고 전할 때가 되었다. 이 도시 유일한 한국인인 우리 가정의 사명이다. '바로네즈 한글학교' 설립 열망은 그해 봄, 그렇게 피어났다.

여름의 바로네즈 : 글로벌 한국인

러시아에 대한 몇 가지 오해가 있다. 예를 들면, 러시아 거리에는 곰이 어슬렁거린다는 오해가 대표적이다. 지난 13년간 길에서 곰을 만난 적은 아직 한 번도 없다. 러시아인들은 서유럽 사람들이 와인을 마시듯 보드카를 즐긴다는 생각도 대표적인 오해 중 하나다. 실제로 보드카를 입에도 대본 적 없는 러시아인들도 많다. 내 주변 러시아 지인 중에는 호기심에 마신 보드카로 인해 심장이 타는 줄 알았다고 한다.

러시아가 1년 내내 겨울이라고 생각하는 것도 오해이다. 지금까지 여기 바로네즈에 살면서, 가장 뜨겁던 여름날 온도는 영상 41도였다. 그해엔 견디다 못해 거실에 에어컨을 놨다. 그리고 매년 여름 잘 사용 중이다.

러시아의 여름방학은 3개월이다. 한글학교를 열면서 이 3개월이 아깝기도 했다. 9개월 동안 정성스럽게 가르쳤던 것이 이 3개월 동안 사라질 수 있다는 생각이 들었기 때문이다. 그래도 이 쉼의 시간은 솔직히 너무 좋다.

이 여름방학 동안에 러시아에서는 '한국 캠프'를 연다. 광활한 러시아의 스케일을 그대로 반영한다. 너무도 먼 거리에서 여러 한글학교가 이 캠프에 참가하다 캠프에 참석하는 한글학교 간의 거리는 가깝게는 약 500킬로미터, 멀게는 약 2,000킬로미터이다. 2020년 여름, 코로나19 사태에도 한글학교 캠프가 열렸다. 러시아 시골 청정지역으로 들어가 '한국 문화역사 캠프'를 열었다. 주제는 '우리는 한국인, 우리는 글로벌'로 정했다. 러시아 재외동포 한국 학생들만을 대상으로 한 캠프이다. 이 교육 프로그램을 통해, 러시아에서 성장하는 재외동포 자녀들에게 건강한 한국인 정체성을 넘어 세계를 바라보는 글로벌 정체성을 심어주고 싶었다.

첫날 캠프파이어를 잊을 수 없다. 모닥불 앞에서 향수에 젖은 교사들이 모국을 그리워하며 〈모닥불 피워놓고〉 〈세월이 가면〉 〈아침이슬〉 등 1970~1980년대 대표적인 가요를 선창하기 시작했다. 놀랍게도 학생들이 함께 따라 부르는 것이 아닌가. 요즘은 가요 리메이크가 유행이라 학생들과 교사들은 마치 같은 시대, 같은 세대를 사는 사람처럼 함께 목청껏 노래를 불렀다. 우리가 부른 노래들은 러시아 산골의 밤하늘을 한국 노래로 수놓았다. 그해 여름, 캠프의 경험은 모든 참석자들에게 진정 살아 있는 한국 문화를 체험하는 소중한 시간으로 남아 있다.

가을의 바로네즈 : 김치 담기, 한국 품기

바로네즈의 유일한 한국어 교육기관인 바로네즈 한글학교는 2013년 9월에 문을 열었다. 혼자서 교장, 교사, 행정 직원, 식당 아줌마 등 일인 다역을 감당하느라 학생 모집 광고도 제대로 못 했다. 그러나 소문을 듣고 그동안 '한국'에 목말랐던 학생들이 몰려오기 시작했다. 러시아 중학생, 고등학생, 대학생, 직장인 등 연령대도 다양했다.

무엇보다 우리 한글학교를 찾아온 고려인 학생들이 반가웠다. 이들은 1937년 스탈린 강제이주 정책으로 극동에서 중앙아시아로 강제로 실려 온 우리 선조 세대의 3~4대 후손들이다. 한국어는 큰 힘을 발휘했다. 바로네즈 한글학교에 모인 모두를 하나로 연결하는 공동의 언어가 되었다. 그동안 가족, 친구들과 나누고 싶었지만, 누구도 공감해주지 않던 한국 문학, 한국 역사, 한국 드라마, K-POP 등 공통 관심사를 이곳에서는 마음껏 나누고 누릴 수 있었다.

바로네즈 한글학교에서 가을에 실시하는 가장 중요한 연례행사는 '김치의 날'이다. 보통 1년 중 배추값이 가장 저렴한 10월 말에 열린다. '김치의 날'은 학생들과 가족들, 고려인들이 가장 기다리는 바로네즈 한글학교의 대표 행사다.

'김치의 날'은 아예 처음부터 작정하고, 김치로 한국 인심을 마음껏 베푸는 날이다. 김치 담기 경험을 통해 한국을 품는 사람들이 의외로 많다. 행사 참석자들은 그 매운 김치에 돼지고기를 싸서 입 한가득 넣고 먹는다. 엄지를 추켜드는 제스처를 하며 한국에 대한 사랑과 존경심을 표현한다. 바로네즈의 한국 김치 사랑은 상상을 초월한다.

그 사랑에 보답하고 싶어 애정을 가지고 이 행사를 준비한다. 바로네즈에서 구할 수 있는 모든 재료를 총동원해서 만든 김치로 손님들을 맞는다. 매년 선보이는 김치 종류는 백김치, 파김치 등을 포함 대여섯 가지이다. 김치와 함께 준비하는 요리로 김치찌개는 필수이고, 여기 사람들에게 가장 인기가 많은 김치전을 포함 네댓 가지를 내놓는다.

개교 이후 해마다 진행된 행사라 이제는 제법 널리 알려졌다. 2019년에는 바로네즈 지역 신문 기자들도 참석했다. 한국 김치가 이 조용한 러시아의 지방 도시에서 큰 관심을 받고 퍼져나간다는 사실이 흐뭇하고 뿌듯하다. 비록 이 행사 후에 남편과 나는 며칠 몸살을 앓아야 하지만 말이다. '김치의 날'이 성황리에 끝나면 어느새 한 해를 마감할 시간이 훌쩍 다가온다. 바로네즈 가을은 짧고 짧아서 더 강렬하고 아쉬운 계절이다.

겨울의 바로네즈 : 회복과 열정이 필요한 계절 그리고 삶

바로네즈 겨울 6개월은 녹록하지 않다. 가장 추운 겨울날 수은주는 영하 31도였다. 그날 차 시동이 걸리지 않아, 그 혹한을 온몸으로 감당하며 진짜 러시아를 느껴봤다. 몸이 느끼는 추위보다 마음에서 느껴지는 추위가 더 힘들다. 이곳 바로네즈에 와서 다섯 번째 겨울을 지내기까지는 참 힘들었다.

나는 이곳 바로네즈에 정착하자마자 러시아 언어를 배우고, 세 남매를 양육하면서 정신없이 바쁘게 살았다. 그러나 늘 내면에 채워지지 않는 2퍼센트 부족한 그 무엇이 있었다. 그것은 나의 성장을 가치 있게 추구하고 싶은 것이기도 하고, 내 자아를 정서적으로 의미 있게 채우고 싶은 것이기도 했다. 이곳 바로네즈에 오기 직전까지 한국 대학에서 학생들을 가르치며, 학생들과 호흡하고 나누면서 나를 성장시켰던 그 시간, 그 시절이 간절히 그리웠다.

바로네즈의 봄에 한류 강타를 경험하고, 여름을 거쳐 가을에 한국어 교사가 되었다. '한국어 교사', 선물처럼 받은 그 이름이 내 삶에 새로운 활력을 주었다. 러시아는 겨울방학이 없다. 그래서 한글학교 교사 역할은 겨울 동안에도 바쁘게 계속되었다. 한국어 교사라는 역할을 가진 이후 겨울에 우울할 시간조차 없었다. 지난 8년간 가르쳐온 한국어는 단순히 나와 학생들 사이의 목표언어가 아니다. 나는 학생들의 교사이고 동시에 엄마이자 친구다.

러시아는 소련 해체 이후 역사적으로 큰 과도기를 거치면서 삶의 열정과 희망을 잃어버린 나라다. 특히, 청소년들이 그렇다. 상담학이 전공인 나는 종종 주변 아이들에게 장래 꿈을 물어본다. 거의 다들 뜬금없다는 표정으로 나를 쳐다본다. 많은 아이들이 미래에 대해 생각도 기대도 없다. 내 학생들도 처음에는 대부분 그랬다. 그저 단순한 호기심으로, 주변과 공감대를 형성할 수 없는 외로움으로 한글학교를 찾았다. 이랬던 학생들의 변화를 보는 것은 교사로서 가장 큰 보람이며 기쁨이다.

나자는 러시아어도 조용히 우물거리며 말하는 수줍음 많은 열여섯 살 학생이다. 우연히 유튜브를 통해 들은 한국 노래에 매료되어 한글학교를 찾았다. 3년 동안 한국어를 배웠다. 한국어는 나자를 성장시켰다. 한국어 실력이 향상되면서 목소리가 커졌다. 자신감과 동시에 꿈이 생겼다. 당시에는 그저 막연한 꿈일 뿐이었지만, 나자는 한국에서 공부하고 싶다고 말했다.

매년 12월 첫 번째 토요일, 러시아 타타르스탄 공화국 수도 카잔에서 한국어 말하기 올림피아드가 개최된다. 지난 3년 동안 매해 겨울마다 바로네즈에서 1,000킬로미터나 떨어진 그 도시를 찾았다. 나자의 꿈은 이 대회에 참가하겠다는 마음을 먹었을 때 비로소 구체화되었다.

나자가 이 대회에 나가고 싶다고 했을 때 나는 당황했다. 나자의 한국어 실력도 실력이지만, 그보다도 나자가 많은 사람 앞에 과연 떨지 않고 설 수 있을까 염려가 되었다. 그런데 대회 당일 나자는 다른 사람 같았다. 단상에 오른 나자는 한국 전래동화에 대해 차분히 이야기를 시작했다. 목소리는 조금 떨렸지만, 무사히 잘 마쳤다. 고등부 2등을 차지했고 그 덕분에 6개월 한국 대학 무료 언어연수 기회를 가질 수 있었다. 현재 나자는 광운대학교에서 공부 중이다. 한국어를 만나기 전까지 한 번도 꿈꿔보지 못한 지금 자신의 열정적 모습에 스스로 감탄하는 나자! 그 여정에 한국어 교사인 내가 있다고 말해주어 나까지 감동을 하게 한다.

혹독한 러시아 겨울에도 길가의 자작나무는 고귀한 자태를 잃지 않는다. 그래서 러시아인들은 '베료자'라 불리는 이 나무를 특히 사랑한다. 자작나무는 영하 20~30도 혹한을 견디며, 보온을 위해 껍질을 겹겹으로 만들고 그 안에 풍부한 기름을 저장한다. 이 자작나무에 기생해서 성장하는 약용 버섯인 차가버섯은 항암에 뛰어난 효과를 가지고 있어 러시아 현지보다 한국에서 몇 배 높은 가격에 팔린다.

러시아의 긴 겨울에는 베료자 같은 존재가 필요하다. 한국어와 러시아 곳곳에 세워진 한글학교들이 이 동토의 땅에 희망을 주는 베료자가 되기를 기대한다. 특히, 더 많은 러시아 재외동포들이 지금 살아가는 삶의 현장에서 나와 나자처럼 한국어를 통해 회복과 열정을 경험할 수 있기를 바란다.

겨울을 견뎌내야 황홀한 봄을 맞을 수 있다. 가끔 러시아의 봄에는 눈발이 날리지만 그래도 봄은 봄이다. 그 봄을 넘어야 쉼의 계절 여름을 만난다. 여름을 잘 보내야 결실의 계절 가을에 맛있는 김치도 대접할 수 있다. 바로네즈 사계는 삶의 다양한 사건과 함께 시간을 잘 견뎌내는 법을 알려준, 세월이 내게 선사한 특별한 네 개의 선물이다.

나에겐 두 개의 텃밭이 있어요

신 영 숙

(현) 미주한국어교육장학재단 이사
(전) 미주한국학교총연합회 회장

1

집터에 딸려 언제나 부담 없이 달려 나갈 수 있는 밭을 텃밭이라고 하지요. 우리 집 텃밭은 울안에도 있고 울 밖에도 있습니다. 채소를 심는 열 평 남짓한 울안의 채소밭이 있고, 울 밖의 계곡에 넉넉한 텃밭이 있지요.

아침이면 새들의 지저귐과 갓 피어난 꽃들, 그리고 캘리포니아의 밝은 햇살이 어우러져서 생동감이 넘쳐나지요. 이곳의 좋은 날씨와 나의 정성이 서로 도와서 식물들이 잘 자랍니다. 아욱은 기린의 목보다도 길게 자라서 집 처마에 닿을 정도입니다. 머위는 캉캉 춤을 추는 댄서들의 치마폭을 연상케 할 정도로 넓습니다. 그리고 고추는 너무나 인물이 출중하여 된장찌개에 들어가기에는 아까울 정도로 매끈하게 자랐지요. 정성과 노력을 쏟은 덕분으로 만나게 되는 풍경입니다.

아침에 눈을 뜨면 제일 먼저 목마름을 달래주고, 그리고 샤워를 시키지요. 돌아서려 하면 예쁜 옷으로 갈아입혀달라고 아우성을 칩니다. 제 눈에는 그렇게 보입니다. 일른 들러가서 시든 잎을 똑똑 따주니, "질 살려줘서 고마워!" 도닥거리는 심정으로 아침 인사를 건넵니다. 식물들도 감정이 통하고 마음이 통합니다. 내가 "그렇지"라고 하면 그들도 고개를 끄덕끄덕합니다. 싱싱한 텃밭 관리를 위해 관심과 사랑이 최선이라는 걸 터득하고 있습니다.

텃밭의 채소들이 자라는 데에도 시절마다 적당한 때가 있어요. 한글학교 아이들의 성장도 마찬가지입니다. 오랫동안 아이들과 함께하면서 느낀 것이 바로 그 점입니다. 아이들에게도 다 때가 있음을 알게 되지요. 텃밭의 채소를 기르며 똑같이 씨앗을 뿌려도 크고 작은 게 있듯이, 아이들이 한글을 익히는 속도도 아이들마다 다 다르지요.

한글을 처음 접하는 네 살 다섯 살 아이들은 하얀 종이에 그림을 그리듯이 글자를 그리게 되지요. 그러던 어느 날 자모 글자의 형태를 다 알고 글자를 읽기 시작하면, 학부모님들께서는 "아하! 내 새끼가 천재야."라고 합니다. 하지만 그 천재성의 이면에는 "아이고 속 터져!" 하고, 나오는 한숨을 꾹꾹 누르며 인내와 정성으로 한글 읽기를 지도하는 선생님들이 있습니다. 이렇게 익히고 배운 한글로 부모와 한국말로 대화를 하며, 엄마 아빠에게 드릴 생일 카드에 "Thank You"라고 적지 않고, 한글로 "생신 축하해요"라고 적어 보냅니다. 정말 얼마나 대견할까요.

민들레 씨가 바람에 날아와 떨어지면 그 떨어진 장소에 뿌리를 내리고 밭을 이루듯이, 우리 한글학교도 꼭 그렇답니다. 한글학교는 우리의 이민 역사와 함께 우리가 정착한 곳에서 뿌리를 내리지요. 그렇게 해서 한국인 이민자가 살아가는 지구촌 각지에 퍼져, '세계 속의 한글학교'를 이루고 있지요. 한글학교 교사들의 특별한 사명감과 봉사가 없었다면 불가능하지요. 교사들은 한 시간의 수업을 위하여 온갖 자료를 수집하고, 어떻게 하면 쉽고 재미있게 아이들을 가르칠 수 있을까 고민하고 연구하는 데 시간을 쓰고, 열정을 쏟고 있지요.

방학도 학생들을 위해 반납합니다. 교육 학술대회에 참가하여 새로운 교수법을 익히고 개발하는 데 시간을 할애하지요. 이런 열정과 헌신이 거름이 되어 지구촌 각지에서 우리말이 살아나고 이어지고 있다는 사실을 본국에 있는 우리 한국인들이 얼마나 알고 있을까? 이름도 빛도 없이 누가 알아주지 않아도 묵묵히 이 길을 걷고 있는 교사들을 위해 어깨를 토닥토닥 두드리며 힘을 불어넣어주고 싶어요.

2

어느 날 아침 텃밭에 토끼 손님이 찾아왔어요. 내년을 위해 씨를 받으려고 고이고이 모셔놓은 제일 잘생긴 아욱의 정강이를 뚝 잘라버린 거예요. "이놈의 토끼야 차라리 내 정강이를 물 것이지 왜 죄 없는 아욱의 정강이를 부러뜨렸니." 학교에서 아이들이 휴식시간에 놀다가 넘어져서 다친 광경을 볼 때처럼 내 마음이 쓰리고 아팠어요. 토끼 소탕 방법이 뭐가 있을까 고민하다가 울타리 안에 토끼를 못 들어오게 망을 쳤어요.

안심 반 걱정 반으로 잠자리에 들었다가 이른 아침 동이 트자마자 텃밭으로 달려갔지요. 나와봤더니 토끼란 놈이 '나 잡아봐라' 하는 식으로 약을 올려놓고 갔어요. 아욱을 송두리째 갉아 먹고 해치웠어요. 이 쓰라린 마음을 뭐로 달래야 하나요. 토끼와 며칠간 사투를 벌이며 속상한 나의 마음을 어떻게 알아차렸는지, 밤에 코요테가 나타나 토끼가 심장이 오그라들어 기절할 정도로 호령을 쳤어요. 코요테 덕에 토끼는 다시 오지 않았어요. 토끼에게 뜯어 먹힐 뻔했던 나머지 아욱들은 캘리포니아의 태양 아래 씨가 톡톡 여물고 있지요.

울 넘어 텃밭에는 봄기운과 함께 누가 보냈는지 땅이 보이지 않을 정도로 붉은 갓이 빼곡하게 났어요. 이렇게 자란 붉은 갓을 보고 있노라니, 추석날 전교생이 운동장에 모여서 강강술래를 하던 생각이 떠올랐어요. 운동장에 빼곡히 수를 놓은 몇백 명 학생들이 모여서 강강술래를 한다는 것은 쉬운 일이 아니지만, 학생들에게는 이렇게 서로 어울려 몸으로 하는 활동이 정말 필요하지요.

학생들과 학부모 그리고 보조 선생님들까지 초록색 잔디밭에 오색 빛 한복을 입고 손에 손을 잡고 강강술래를 할 때 외국인들이 발걸음을 멈추어서 우리를 바라보던 그때 생각이 가끔 납니다. 학부모님들께서 한국에서도 해보지 못한 강강술래를 미국에서 해보다니 가슴이 뭉클하였다고 말씀하시며 감사의 마음을 전했던 게 큰 행복이지요.

놀이든 활동이든 전자기기에 크게 의존하고 있는 요즘 아이들에게 부모 세대가 익혀왔던 전통놀이를 체험하게 하여 서로서로 협력하며 단결하는 모습을 보여주고 싶었지요. 해외에서 한글학교를 운영하면서 한글을 익히는 것과 더불어, 꾸준히 나의 사람됨을 갈고닦아 평생을 지니고 가는 성품을 길러주는 것이 더 중요하다고 생각했기 때문에 인성교육에 비중을 더 두었지요.

학기 초에는 전교생에게 우리 한국인만이 지닌 '정'에 대해 얘기하며 배꼽 인사하기 운동을 하기도 하고, '고미사(고마워요, 미안해요, 사랑해요)' 운동도 했어요. 우리의 고유 명절인 설에는 떡국을 먹고, 웃어른께 세배하면 덕담과 함께 세뱃돈을 주면서 한국의 돈에 대해 알게 하지요. 또 '전통놀이 체험 한마당'을 하면서 우리의 예절을 함께 나누기도 했어요. 모든 활동과 체험이 어우러져서 우리 아이들에게 한국인으로서 정체성을 심어줄 수 있게 되었어요.

학생들은 폭풍이 휘몰아치고 세찬 바람이 불어와도 흔들림이 없는 '코리안 아메리칸'으로서 든든한 재목으로 자라났어요. 졸업생들로부터 지금까지도 학교에서 배웠던 특별활동 행사들이 생생하게 머리에 남는다며 고맙다는 이야기를 들으면 힘들고 지친 마음도 햇볕에 눈 녹듯이 싹 녹아나지요.

3

날마다 텃밭에는 누가 누가 더 빨리 자라나, 누가 누가 제일인지를 자랑하는 채소들의 경연이 펼쳐져요. 아욱은 지붕까지 닿을 것이라며 지붕 높은 줄 모르고 큰소리치고, 머위는 땅 넓은 줄 모르고 내 치마폭이 제일 넓다고 으스대고, 고추는 뭐니 뭐니 해도 된장찌개에 내가 없으면 안 된다며 서로 뽐내지요. 경기의 종료를 위해 벌과 나비 그리고 옆집에 마크 아저씨까지 참여했지요. 불현듯 울 너머에서는 갓이 뻐쭉 얼굴을 내밀며 "애들아, 내가 없으면 안 되지. 내가 제일이야." 하고 참견을 하는 거예요. 갓이 이렇게 말합니다.

"애들아, 너희들 들었니? 옆집 마크 아저씨가 나한테 이름이 뭐냐고 물었어. 근데 처음 듣는 소리라 내가 얼른 대답을 못 했어. 그때 샐리(필자의 영문 이름)가 내 이름을 영어로 Mustard라고 마크 아저씨에게 말하고, 한국말로는 '갓'이라고 가르쳐주었어. 갓이 신선한 김치를 만드는 채소라는 것도 알려주었어. 애들아, 너희들 나처럼 미국 사람들 관심을 끌 수 있어? 그러니 내가 최고야. 미국 사람이 내 이름을 '갓(god)' 하고 부르던걸……."

이런 자랑 다툼이 아침마다 일어나지요. 오늘은 갓이 이긴 듯합니다. 미국 사람들도 다 자기를 부를 때 '갓(God, 신)'이라고 한다잖아요. 그러나 또 다른 날에는 다른 승자가 있어요. 모두가 다 자기만의 개성을 가지고 맡은 역할에 최선을 다하기에 아침 텃밭 채소들의 자랑 대회는 결국 다 무승부로 끝나고 평화가 찾아들지요.

텃밭은 계절에 따라 등장인물이 바뀐답니다. 봄철에는 상추, 고추, 깻잎, 쑥갓, 가지, 토마토, 딸기, 아욱, 머위가, 가을이 되면 배추, 파, 당근, 무가 자란답니다. 그러나 나에겐 채소를 키우는 텃밭만 있는 것이 아니에요. 정말 중요하고 자랑스러운 것은 사시사철 계절에 상관없이 자라는 소중한 한글학교 텃밭이 있다는 거예요.

어렸을 적에 한국에 살 때는 동생들과 텃밭에서 숨바꼭질하고 놀다가, 부모님께서 애써서 가꾸어놓은 텃밭을 망가뜨려서 손을 들고 벌을 서기도 했어요. 그런데 그 텃밭을 미국까지 들고 와서 이제는 텃밭 없이는 못 산다고 하는 지경까지 됐어요.

내가 텃밭에서 갓을 솎을 때면 옆집에 사는 파란 눈동자와 노란 긴 머리를 가진 날씬한 낸시와 파란 눈동자의 갈색 머리에 부드러운 웃음을 지닌 마크 아저씨도 뭐 저런 풀을 먹을까 의아한 눈빛으로 기웃기웃 고개를 내밀지요. 이렇게 미국 이웃들이 한국에 관심을 가지며 반한국인으로 흠뻑 젖어들어 한국의 케이크(떡)를 좋아하는 사람으로 변해갔지요. 함께 살아가는 세계인이 되어가는 것이지요.

이곳 LA에서 나는 오랜 이민자의 삶을 살아오면서, 두 개의 텃밭을 일구었어요. 그 두 개의 텃밭은 나의 생활 공간이 되며, 나를 여물게 만든 곳이기도 해요. 그 텃밭에서 현지 사회의 여러 경험을 쌓고 여러 사람과 더욱 친밀해져갑니다. 눈치채셨겠지만 두 개의 텃밭을 말씀드릴게요. 하나의 텃밭은 한국의 채소를 기르는 텃밭이고요, 다른 하나의 텃밭은 한글학교라는 이름의 텃밭이지요. 나는 날마다 나의 두 텃밭을 통해 이곳 만리타국에서 살아가는 삶의 지혜를 터득하며 작은 행복을 누린답니다.

선물

오 재 청

(현) 영국 코벤트리 한글학교 교장
(현) 재영국한글학교협의회 회장

영국 중서부에 '코벤트리'라는 곳이 있다. 인구 약 30만 명의 도시이다. 옛날에는 영국에서 큰 도시 세 개를 꼽으라고 하면 그 안에 들어가던 도시였다. 하지만 제2차 세계대전 때 독일의 폭격을 받아 완전히 폐허가 되었고, 전후 급작스럽게 복구하는 과정에서 예전의 아름다운 모습을 잃어버려서, 이제는 겉모습이 흉측해 보이는 도시를 꼽으라면 역시 세 손가락 안에 들어가는 곳이다.

한글학교는 여기에도 있다. 얼마나 감사한 일인지 모르겠다. 매주 토요일이면 한인 가정 아이들이 즐거운 모습으로 이곳으로 모여든다. 코벤트리 한글학교 수업이 있기 때문이다. 가장 어린 학생은 만 4세, 그리고 가장 나이가 많은 학생은 만 18세. 14살이나 되는 나이 차이에도 같은 학교에 다니는 풍경, 어쩌면 한글학교에서만 볼 수 있는 것이 아닐까.

나는 현재 12년째 이곳 한글학교에서 교사로 있으면서 학교와 학생과 학부모를 섬기고 있다. 2010년 당시 코벤트리 한글학교 교장 선생님께서 나에게 교사로 일해달라는 요청을 하셨다. 나는 자격증이 있는 교사는 아니지만, 한국과 영국에서 교회에 다니는 동안 교회 학교에서 아이들을 대하며 교사로 근 20년 동안 봉사하였기에 흔쾌한 마음으로 받아들였다.

잘 가르치는 교사는 학식이 깊고 풍부한 것도 중요하지만, 자신이 가르칠 아이들을 깊숙이 이해하는 것이 더 중요하다. 나는 코벤트리 한글학교에 교사로 오면서 우리 아이들을 잘 살펴보았다. 아이들마다 서로 다른 이유로 영국에 왔고, 영국에 산 햇수도 다르기에 한국어 수준은 그야말로 천차만별의 차이가 났다. 한국에 있었으면 도저히 같은 반에 있을 수 없는 아이들도 여기서는 같은 반으로 편성할 수밖에 없는 경우가 다반사이다. 나는 이런 사실을 재영 한글학교 교사 연수회에서 다른 한글학교 선생님들과 대화를 해본 이후에 더욱 확실히 알게 되었다.

12년 동안 한글학교에 있으면서 나는 유치부에서 중ㆍ고등반에 이르기까지, 그리고 다문화반까지, 아주 다양한 반을 맡아 가르쳐왔다. 호기심과 의욕이 넘치고 하루하루가 다르게 실력이 쑥쑥 자라는 유치반 어린이들, 아직은 호기심과 의욕이 많은 유년반 아이들, 의욕도 호기심도 사라져버린 것 같은 초등반 소년들, 이런 것을 굳이 해야 하나 하는 것 같은 표정을 하고 앉아 있는 중고등반 청소년들, 그리고 영어와 우리말을 반반씩 섞어가면서 얘기해야 이해할 수 있는 다문화반 어른들까지 각반 별로 서로 다른 특색을 갖고 있음을 피부로 체험하였다.

나는 이 모든 학생층을 다 가르쳐 보았다. 지금은 한 바퀴를 모두 돌아 작년부터 다시 유치부 아이들을 가르치고 있다. 만 5세 반인데 그야말로 의욕이 차고도 넘친다. 내가 한마디를 하면, 서로 말을 하고 싶어서 고사리 같은 귀여운 손을 높이 든다. 얘기할 기회를 주면, 많은 경우 내가 기대하는 말과 상관없는 자기가 겪었던 일에 대해 말을 한다. 참 순수하고 귀여워서 학습과 상관없는 말을 해도 예쁘기만 하다.

첫 수업을 끝내고 그다음 주에 한글학교에 가니, 우리 반 아이 한 명이 나에게 카드를 건넨다. 받아서 주머니에 넣어두고, 기다리고 기다렸다가 집에 돌아오자마자 바로 열어보았다. 그랬더니 그 카드에는 아이의 손으로 직접 그린 그림과 함께 "오재청 선생님, 감사해요, 사랑해요."라는 글귀가 적혀 있다. 내 딸과 아들이 직장으로, 대학교로 품을 떠난 지금, 꼬마 아이를 통해서 듣는, "사랑해요"라는 말은 정말 내 입에 꿀과 같이 달게 느껴진다. 학부모 카톡방에 수업과 관련된 메시지를 보내면, 아이들이 엄마의 스마트 폰에 녹음을 해서 나에게 하고 싶은 말을 한다.

쉬는 시간이 되면 아이들은 가만히 있지를 못하고, 나와 함께 놀고 싶어서 나를 끌어낸다. 우리는 '무궁화 꽃이 피었습니다'라는 놀이를 자주 한다. 그게 뭐 그리 재미있을까 싶지만, 내가 "무궁화 꽃이 피었습니다" 하고 돌아보면, 걸리지 않으려고 갑자기 멈춰 선다. 또 내가 벽을 보고 서 있으면 발소리를 내면서 나에게로 다가온다. 나이 차이가 40살이 더 나는데도 나와 신나게 놀아주는 아이들이 내 옆에 있다는 것이 너무나도 감사하다. 이런 정경은 초등반이나 중·고등반 등 다른 반에서는 느끼기 힘든 유치반만의 독특한 모습이라 할 수 있을 것이다. 지구촌 다른 지역의 한글학교에는 또 어떤 정경이 있을지 궁금하기도 하다.

초등반을 맡았을 때는 교과서와 지도서가 있어서, 이에 따라 정해진 교수·학습 과정을 준비해서 비교적 수월하게 수업을 운영할 수 있었다. 그러나 정해진 교과서가 없는 유치반 아이들을 지도할 때는 사정이 달랐다. 초등반에 비교하면 교사가 상대적으로 챙겨야 할 것이 많고, 준비하는 데 시간이 많이 들어간다. 어떨 때는 내가 내 생업의 자리를 잠시 잊을 때도 있다. 월요일에서 금요일까지 전일제 풀 타임(full time)으로 직장생활을 하는 내가 이 토요일 한글학교 수업 준비에 너무 많은 시간을 투자하는 것이 아닌가 하는 생각이 들기도 했다.

하지만 이렇게 준비해서 막상 수업에 들어가면 준비하는 과정에서 느꼈던 부담은 모두 사라진다. 나도 모르게 아이들과 일체가 되어 아주 신나게 수업하게 된다. 아이들의 순수함과 그 즐거워하는 모습에 나도 모르게 흠뻑 동화된다. 그리고 하루가 다르게 실력이 자라고, 지적 정의적 발달을 이루어가는 모습을 보는 것이 교사인 나에게도 성취의 큰 기쁨을 준다. 아이들이야말로 나에게 아주 큰 에너지를 전해 준다. 물론, 아이들의 성취와 발달 성장에는 학교와 늘 훌륭한 협력을 해주시는 학부모의 역할이 더 크다는 점도 나는 잊지 않는다.

이제는 나도 상당히 긴 교사 경력을 쌓았다. 적지 않은 나이가 되었다. 요즘은 한글학교에 새로 오는 학생의 학부모 나이가 나와 열 살 이상 차이가 난다. 내 마음은 그렇지 않지만, 그만큼 내가 나이를 많이 먹었다는 것이다. 그래서, 내가 언제 한글학교 교사와 교장의 자리를 내려놓아야 좋은가에 대해 자주 생각한다. 내가 가르치는 욕심을 버리지 않다 보니, 아이들이 더 좋은 선생님에게 배울 기회를 앗아가는 것은 아닌지 모르겠다. 더 젊은 선생님이 교장을 맡아, 더 새롭고 활기차게 한글학교를 이끌어 갈 수 있는데, 내가 우리 한글학교를 정체하도록 만들고 있는 것은 아닐까 하는 생각이 들기 때문이다.

언젠가는 그날이 올 것이다. 내가 우리 한글학교에서 교장과 교사의 역할을 마치는 그날이 올 것이다. 그렇지만, 그때까지는 내가 하는 이 일에 최대한 성실하고, 그럼으로써 또 최대한 즐기려고 한다. 사랑스러운 우리 아이들을 만나는 일을 무엇보다 기쁘게 기다리려 한다. 그리고 수업을 준비하고, 준비한 것을 아이들과 만나서 내 열성을 다해서 가르치려고 한다. 내 경험을 나누어서, 아이들이 더 밝고 행복하게 자라는 데 도움을 주고 싶다.

2022년 3월, 아직도 우리 학교는 온라인 수업과 대면 수업을 병행해서 진행하고 있다. 코로나에 대해 걱정하는 선생님들이 몇 분 계시기 때문이다. 조금 있으면 우리 유치반 아이들을 온라인으로 만난다. 지난주에 숙제를 내주었는데 잘 기억하고 있을까? 숙제를 잘 해 오겠지. 오늘은 몇 분이나 일찍

들어올까? 어떤 새로운 소식을 가지고 올까? 내가 준비한 것을 아이들이 재미있게 받아들일까? 내 마음속에 아이들과의 만남에 대한 기대와 궁금함이 가득하다.

　일주일에 한 번씩 이런 기대와 즐거움이 가득하니, 나는 행복하다. 한글학교 선생님, 특히 유치반 한글학교 선생님은 정말 해볼 만한 좋은 일이다. 나는 참 행복한 사람이다. 이 아이들은 도대체 어디서 온 선물일까.

기다려지는 5월 가족운동회

이은경

(현) 오세아니아한글학교협의회 회장
(현) 호주한글학교협의회 회장

호주에서 태어나고 자라는 한인 자녀는 한국적 외모와 달리 문화와 정서는 호주의 영향을 받으며 살고 있다. 일주일에 3시간만 운영하는 한글학교 수업으로는 이들에게 충분한 정체성 교육을 해주기에는 무언가 부족하여 항상 아쉬울 뿐이다.

내가 근무하는 이곳 호주 시드니 한글학교에서는 한인 자녀들에게 재외동포 공동체의 유대감과 친밀감을 높이고, 매년 늘어나고 있는 다문화가정 자녀들이 한국 문화를 좀 더 쉽게 접할 수 있도록 하는 체험성 강한 프로그램을 실천하고 있다. 그중의 하나가 매년 5월 가족의 달을 맞아 옛 추억으로 남아 있는, 한국에서의 가을운동회를 생각하며 아이들과 부모님들이 함께하는 가족운동회이다.

오늘이 바로 모두 기다리던 한글학교 가족운동회 날이다. 올해 새로 입학한 유치반(Kindy) 아이들과 다문화가정 학부모님들은 처음 해보는 행사라서 많은 기대를 하는 듯하다. 기존의 학생들은 작년 운동회를 즐겁게 회상하며 이번에 꼭 이기겠다고 승리를 다짐하는 모습이 눈에 선하다. 몇 주 전부터 어떤 게임 종목을 해야 아이들이 재미있어할지 선생님들과 함께 고민한다. 나는 학부모님들께서 얼마나 많이 참여하실까를 두고 선생님들과 걱정을 하며 운동회 준비를 했다.

수요일 오후부터 오기 시작한 비는 금요일 아침까지 계속 내려 운동회를 취소해야 하나 고민하며 일기예보를 계속 보았다. 다행히도 운동회 당일은 언제 비가 왔냐는 듯 화창했고, 부모님의 손을 잡고 아이들이 하나둘 도착하기 시작했다. 오늘 있을 운동회에 대한 기대감이 가득 찬 초롱초롱한 눈들, 과연 운동회에서는 어떤 재미난 일들이 일어날지…….

예전 내가 초등학교 다닐 때의 운동회가 생각이 난다. 아이들과 학부모들뿐 아니라 할아버지, 할머니까지 집안의 식구들 모두에게 이날 하루는 축제이다. 어릴 적 운동회와는 너무나도 비교되는 조촐한 운동회이지만, 조국을 떠나 와 이곳 호주에서 가족들과 함께하는 운동회이므로 아이들뿐만 아니라 함께하신 학부모님들 또한 한껏 들떠 보였다.

올해 두 번째 참여하게 된 다문화가정의 올리버 부모님과 할머니께서는 서로 자주 만나지 못하는데, 한글학교 가족운동회 덕분에 가족들이 함께 시간을 보낼 수 있어 정말 고맙다는 인사를 하셨다. 올리버의 아버지는 호주인이고 어머니는 한국인이다. 올리버의 할머니께서는 "작년 운동회에 와서 손자, 아들 그리고 며느리와 게임을 함께하며 좋은 추억도 만들고, 며느리의 나라 한국의 문화를 함께 체험해 볼 수 있는 귀하고 유익한 시간이었다." 라고 하시며 올해도 기대가 된다고 하신다. 올리버 아빠도 이 운동회가 재미있고 인상적이라고 한다. 특히 운동회가 끝날 무렵에 참가자 모두 손에 손을 잡고 둥글게 원을 그리면서 노래를 부르며 돌았던 '강강술래'가 가장 인상이 깊었다고 하신다.

운동회 시작을 알리는 선생님이 안내방송에 모두 한글학교 교실 뒤쪽에 있는 운동장으로 모였다. 오전 10시에 모인 아이들과 부모님들은 청팀과 백

팀으로 나누어 응원단장을 뽑는다. 그리고 중간중간 학부모 게임을 진행하고, 할아버지와 할머니와 함께하는 게임도 진행할 것이다. 또 선생님 종목 등을 추가로 하기도 한다. 운동장 한쪽에 자리를 잡은 학부모들의 모습이 보인다. 몇몇 엄마들 사이에서는 경기 시작 전부터 벌써 주거니 받거니 수다가 이어지고 있다.

드디어 준비체조로 운동회가 시작된다. 엄마 아빠와 함께 커다란 원을 만들고 선생님의 구령에 맞추어 체조를 시작한다. 부모님과 함께여서 그런지 아이들은 더욱 열심히 체조에 임했고, 그들을 바라보는 선생님들과 부모님들의 얼굴에는 미소가 절로 지어졌다.

첫 경기는 저학년을 위한 '손수건 돌리기'이다. 선생님의 간단한 경기 규칙 설명 후 동요에 맞추어 다 같이 박수를 치면서 경기는 시작되었다. 혹여나 자기의 뒤에 수건이 놓이지는 않을까 초조해하며 수건을 들고 달리는 친구에게서 눈을 떼지 못하는 아이도 있고, 간혹 수건을 놓은 친구에게 잡히기도 하고, 앉아야 하는 자리를 잊어버리기도 하며 경기는 계속되었다.

다음 경기로는 협동이 중요한 종목 중 하나인 '2인3각 경기'이다. 부모님과 아이가 발 한쪽씩 함께 묶고 구령에 맞춰 팀별로 출발선 앞에 모였다. 청백 팀으로 나뉘어 열띤 응원이 시작되었다. 2인3각 경기를 해보는 것이 처음인 성현이는 경쟁심에 쫓겨 빨리 가려고 하지만 계속 넘어지며 "엄마, 빨리 좀 걸어, 이러다 우리가 꼴찌야."라고 하며 엄마를 재촉한다. "성현아, 오른발 먼저 나랑 맞춰야지. 그냥 빨리만 가려고 하니 자꾸 넘어지잖아." 서로 아웅다웅하며 결승선에 도착한다. "에이, 꼴찌. 엄마 때문이야!" 하며 성현이는 볼멘소리를 한다. 성현이 누나가 다가와 성현이가 좋아하는 음료를 주며 "괜찮아, 다음 경기에서 이기면 되지." 하며 성현이를 달랜다.

단체경기에 이어 개인 장애물 달리기에 출전한 성현이는 친구들과 누나의 응원에 힘입어 1등을 하고 드디어 함박웃음을 되찾았다. 성현이 엄마는

"휴, 아들 기분을 다시 살아나게 해준 장애물 달리기가 정말 효자 종목이네요."라며 안도의 한숨과 함께 환한 미소를 지었다.

선생님이 함께 참여했던 '선생님을 이겨라!'는 아이들 모두 선생님과 가위바위보를 하여 이겨야만 바통을 다음 주자에게 넘겨줄 수 있으며, 가위바위보에서 지면 돌아가서 다시 출발해야 하는 아주 혹독한 경기였다. 앤드루는 선생님과의 가위바위보에서 이기지 못해 계속 돌아가고 다시 출발을 반복해야만 했다. 그 모습을 보며, 우리는 모두 배꼽을 잡고 웃었다. 그래도 포기하지 않고 열심히 한 앤드루가 결승선을 마지막으로 끊으며 들어올 때 모두 격려 박수를 보냈다. 나는 앤드루에게 "앤드루, 잘했어, 정말 멋지다!"라며 엄지를 올리며 격려하였다.

뒤이어 유치반 학생들의 릴레이 달리기가 이어졌다. 모든 부모가 아이를 응원하느라 내 편 네 편이 없이 한마음이 되었다. 바통을 떨어뜨리거나 열심히 달리다가 넘어질 때는 보는 사람이 더 안타까워했다. 그래도 포기하지 않고 악착같이 뛰는 아이들을 보니 귀엽고 진지한 모습이 대견해 보였다.

고학년을 위한 100미터 미션 수행 달리기가 이어졌다. 청팀 백팀 대표들이 나와 미션 달리기가 진행되었다. 수줍음이 많은 리지가 제 미션을 제대로 얘기하지 못해서 뒤늦게 뛰는 모습을 보니 내가 다 안타까워진다. 그 옆에서 청백으로 나뉘어 열심히 응원하던 엄마들이 먼저 외친다. "미션이 뭐니?" 잠깐 팀별 게임인 것도 잊은 채 하나같이 내 아이 같은 자녀들이어서 조금이라도 도움이 되고 싶어하는 마음이 여기에서도 나타난다. 참으로 고맙고 보기 흐뭇한 광경이었다.

다음 경기로는 학부모들이 아이들과 함께하는 이어달리기가 진행되었다. 아이들과 함께 호흡을 맞추며 청팀과 백팀으로 나누어 이어달리기를 한다. 이 경기에 참여했던 부모님 중에는 경기 승패와는 상관없이 자신의 어린 시절을 추억해볼 수 있었다며 즐거워하는 분도 있었다.

이어달리기에 이어 운동회의 하이라이트인 단체 줄다리기가 진행된다. 단체 줄다리기는 오늘 운동회에 참가했던 아이들, 학부모와 선생님들까지 모두 참여한다. 청팀 백팀이 서로 마주 보며 줄을 잡고, 줄다리기를 하는 것이다. 먼저 아이들 팀 경기가 시작된다. 아이들은 너 나 없이 얼굴에는 환한 웃음을 띠고 모두들 우승을 하기 위해 상기되어 구령에 맞춰 영차영차 줄을 당긴다. 키가 크고 덩치가 좀 있다는 이유로 맨 앞줄에 서게 된 제임스는 줄 중간에 매달려 있는 끈을 보며 승패를 눈으로 직접 보고 있다. 그는 뒤에 있는 친구들보다 더 큰 힘을 쓸 수밖에 없었으니 간발의 차로 질 때는 혼자 분통을 터뜨려야 했다. 삼판양승으로, 제임스팀은 첫판에는 지고 두 번째 판에 이겨 무승부 상태로 마지막 승부에서 꼭 이겨야 하는 상황이었다. 마지막 판을 남긴 제임스는 지칠 만도 한데 얼굴이 온통 땀으로 범벅이 되어 팀원들에게 "파이팅!"을 외치며 격려했다. 그 결과 승리의 짜릿한 기쁨은 승부욕이 강한 제임스가 속해 있는 청팀에게 주어졌다.

아이들과 학부모, 어르신들 그리고 선생님들 모두 참가하는 단체전 줄다리기가 아이들 경기에 이어 진행되었다. 참가자 모두의 얼굴에는 우리 팀이 이겨야 한다는 굳은 의지와 식지 않은 열기가 가득하였다.

오늘 함께 참여한 가족들 그리고 각 팀의 단합된 모습을 보여주는 단체 OX 게임을 끝으로 모든 경기는 끝났다. 그리고 많은 사람이 기대하는 우승팀, MVP 선수, 가족 시상을 한 후 운동회 행사를 모두 마쳤다.

이번 운동회에 처음 참여한 에이든 어머님은 "다른 분들 하는 것을 봤는데 생각보다 너무 열정적이셔서 깜짝 놀랐어요. 우리 팀이 경기에서 져서 너무 아쉽지만, 내년을 기약해봅니다."라고 의지를 보이기도 했다. 상수 아버님께서는 "내가 초등학교에 다닐 때는 운동회가 동네 잔치였는데 요즘은 한국에서도 핵가족 중심 사회와 맞벌이 부부들이 많아 부모들의 참여도 높지 않아 운동회를 하지 않는 학교가 많다고 하더라고요. 그래도 이렇게 호주에서 가족들과 운동회에 함께 참여하여 게임을 하다 보니 마치 어린 시절로 돌아간 기분이었고 아들과 함께 좋은 추억도 만들 수 있는 시간이었습니다."라고 하시며 운동회를 준비하느라 수고한 한글학교 선생님들께 감사를 표했다.

서로 자기 팀을 응원하며 목소리를 높이던 아이들의 순수한 모습이 뇌리에 남는다. 새로운 것에 도전하며 즐거워하는 모습들도 눈앞에 어른거린다. 그곳에 모인 많은 부모님과 선생님도 상수 아버님 말씀처럼 자신의 어린 시절을 추억해볼 수 있었던 시간을 누렸으리라.

5월 가족운동회는 다민족 국가인 호주에 사는 우리 아이들과 학부모 그리고 다문화가정이 모두 한자리에 모여 게임 등을 함께 하면서, 서로 다름을 인정하면서 친숙해지고 서로를 존중하며 알아가는 데 도움이 되는 특별한 행사이다. 우리 한글학교의 가족운동회는 이제 아이들뿐만 아니라 가족과 선생님들 모두 기다리는 프로그램이 되었다.

운동회에 참가했던 많은 학부모는 '온 가족 구성원들이 모두 모여 함께 열띤 응원과 박수로 아이들과 함께 적극적이고 즐겁게 경기에 참여할 수 있었다. 가족 간 서로 소통하고 공감하는 귀한 시간이었다.'는 피드백을 학교에 주셨다. 나는 운동회를 통해 우리 모두에게 다양한 가족에 대한 이해와 소통을 경험할 수 있기를 바란다. 특히 다문화가정 부모님들과의 문화적 다양성과 그 가치를 실현할 수 있는 화합의 장이 되었기를 기대해본다. 오늘 즐겁게 가족들과 함께했던 운동회가 우리 아이들에게 훗날 그리운 추억으로 남을 수 있는 시간이 되었으면 하고 바라본다.

한글학교가 있는 두바이 풍경

정 해 경

(현) 두바이 한글학교 교장
(현)중동 한글학교협의회 회장

풍경 하나 : 세상에서 가장 맛있는 식은 커피

등교 시간이 다가오면 아이들을 내려주는 자동차 줄이 길게 늘어서고, 저학년 친구들은 부모님의 손을 꼭 잡고 교문을 들어온다. 일주일마다 만나는 아이들은 서로 반갑게 인사를 하고, 나는 혹시라도 한눈 파는 학생이 없는지 1분 1초 눈이 바삐 움직인다. 왁자지껄한 현관 입구에서 아이들과 학부모님을 맞이하고 8시 30분 종소리에 교무실로 들어온다.

아직 복사를 마치지 못하신 이 선생님이 보조교사 선생님에게 나머지 복사 일을 맡기고, 종종걸음으로 교실을 향하고 나니 주변이 조용해진다. 2평 남짓한 공간에 복사기, 캐비닛 여덟 개, 긴 테이블 한 개, 의자 여덟 개를 들여놓은, 또 그것이 전부인 이곳이 교무실이다. 믹스커피 한 개를 뜯어 끓는 물을 부어놓고 앉아 있으려니 동우가 들어온다.

"선생님, 우리 선생님이 5학년 국어 교과서 한 권만 가져오래요."

"동우야, 학교 마치면 동우가 책임지고 교무실에 다시 가져다 놔야 해."

교육부에서 매년 교과서를 보내주는데, 때때로 부족해서 진급하는 상급

학년 학생들에게 헌 책을 물려받는다. 하지만 아이들은 너 나 할 것 없이 새 책을 원한다. 그런 마음을 아는지 모르는지 아이들은 오늘도 교과서를 깜빡하고 놓고 온 모양이다. 5학년 캐비닛에서 교과서 한 권을 꺼내 동우에게 주고 커피 한 모금을 마신다.

"선생님, 보드마카 좀 주세요."

"너, 지난주에도 가져갔는데……."

"선생님이 가져오래요."

희명이가 시큰둥하게 대답한다.

"빨강, 파랑, 초록 어떤 거?"

희명이는 손바닥에 올려진 세 개를 다 집어 들고 뒤도 안 돌아보고 간다. 머쓱 무안해진다. 무안함도 잠시, 밝게 웃으며 은빈이가 들어온다.

"선생님, 이거 음……. 쓰리 피스 카피 플리즈."

아마도 오늘은 아이들이 교무실을 찍는 릴레이 놀이를 하나 보다.

"세 장 맞아요?"

"네."

"은빈아, 이렇게 따라 말해봐. 세 장 복사해주세요"

잠깐의 틈을 이용해 두바이에서 태어나 영어가 더 편한 은빈이에게 한국어로 말하게 해본다.

"선생님, 세 장 복사해주세요."

"은빈아, 잘했어. 영은 보조 샘한테, 이거……."

보조 선생님에게 복사를 부탁하려 했는데, 좀 전에 교실로 올라가며 인사를 하던 모습이 그제야 머리를 스친다.

"아 참, 중1 교실에 올라갔지." 나 혼자 중얼거린다.

"뛰지 말고 천천히 가."

복사해서 나온 인쇄물을 1학년 은빈이의 고사리 같은 손에 쥐여주며, 신신당부한다. 은빈이의 발은 걷는 법이 없이 늘 겅중겅중 뛰어다니기 때문에 다짐을 받아야 한다.

조금 있으니 동우가 또 내려왔다.

"선생님, 교실이 너무 추워요. 온도 좀 높여주세요."

"응, 알았어. 동우야."

기본 온도 설정이 낮아 기본적으로 교실이 춥기는 한데, 1교시부터 내려오는 걸 보니 날씨가 시원해져서 서서히 활동하기에 좋아지는 계절이 오는 신호인가 보다. 다음 주에는 1교시부터 에어컨을 꺼도 될 것 같다.

"그런데 동우야! 오늘은 다섯 번만 얼굴 보여주기로 약속할까?"

눈을 찡긋하며 웃음 섞인 소리로 장난스레 말을 건넸다.

"네……."

실망한 듯 마지못해 대답하고 돌아서는 동우의 등을 보며 웃음이 난다. 수업에 흥미를 못 느끼지만, 친구가 좋고 선생님이 좋아 한글학교에 나오는 동우는 반에서 궂은일을 잘 도와준다. 특히 담임 선생님의 심부름을 잘하는 해맑은 아이다.

빌려 쓰고 있는 학교의 시설 관리 담당자에게 전화해서 온도를 높여달라고 말하고 나니 1교시 끝나는 종이 울린다. 오늘도 식은 믹스커피를 원샷한다.

"으…… 달다!"

조용해진 교무실에서 마시는 식은 믹스커피는 늘 너무 달다.

풍경 둘 : 무지갯빛 아이들

2교시 후, 20분의 간식시간은 아이들에게 체육대회 다음으로 한글학교를 좋아하게 만드는 중요한 시간이다. 일주일 만에 만난 여자아이들은 삼삼오

오 그늘에 앉아 엄마가 싸주신 간식을 먹으며 수다를 떨거나, 무슨 비밀 이야기를 하는지 속닥거린다. 남자아이들은 너 나 할 것 없이 '기-승-전-운동'이다. 축구공을 쫓아다니는 아이들, 농구 골대 밑에서 공을 서로 잡으려는 아이들, 이유 없이 무조건 뛰는 아이들. 두바이에 겨울이 오고 있다고 해도, 아직도 낮 기온이 34~35도로 조금만 뛰어도 땀이 나는 날씨인데, 짧은 20분 동안 아이들은 참 즐겁고 마냥 행복한 표정으로 뛰고 있다. 매주 아이들은 자기들만의 체육대회를 하고 있다.

3교시가 시작되는 종이 울린다.

"얘들아~ 이제 들어가자."

운동장 담당 신 선생님이 아이들을 재촉한다.

"형, 다음 주에 이 팀 그대로 다시 붙어요."

땀을 연신 닦아대며 벌건 얼굴의 승부사 승후는 다음 주에 농구 재시합을 신청한다.

복도에서 서성거리던 동우가 나를 보더니 씨익 웃고 천천히 계단을 올라간다. 동우는 내가 무슨 말을 하려는지 이미 알고 있다. 나는 교실에 안 들어간 아이들이 없는지 복도와 운동장을 둘러보고, 교무실로 돌아와 비로소 노트북을 열어 2교시 중에 작은 다툼이 있었던 아이들의 부모님께 메일을 쓴다. 메일을 거의 다 써갈 무렵, 매주 잊지 않고 찾아오는 석훈이가 오늘은 가방까지 챙겨서 평소와 달리 웃는 얼굴로 내려왔다. 담임 선생님께서 오늘은 석훈이가 수업을 너무 잘 받고 심지어 친구를 도와주기까지 했다며, 학교 마칠 때까지 좋아하는 그림을 맘껏 그리도록 상을 주신 것이다.

석훈이와의 만남은 1년 전쯤으로 거슬러 올라간다. 단체 생활에서 규율을 잘 따르는 아이들도 있지만, 표현이 서툴고 잘 어울리지 못하는 아이들도 있다. 신입생이었던 석훈이는 날이 지날수록 교실을 서성대며 친구들에게 장난을 걸어 수업을 중단하게 하거나, 장난의 도가 넘어 교무실에 와 있는 날이 많아졌다. 그날도 세상 억울한 얼굴로 화가 잔뜩 나서 씩씩거리며 여기저기를 기웃거리다가 말을 걸어왔다.

"선생님, A4용지 써도 돼요?"

"응, 써도 돼."

말이 끝나자마자 A4용지를 한 움큼 가져오더니 뭔가를 그리기 시작했다. 글씨를 쓰는 것도 아니고 형체가 있는 그림을 그리는 것도 아닌, 여하튼 알 수 없는 그림을 그려대기 시작했다. 어떤 날은 무채색으로, 어떤 날은 차가운 색으로, 또 어떤 날은 따뜻한 색으로 여전히 알 수 없는 그림을 그렸다. 자신만의 세계를 표현하고 있는 석훈이는 낙서만으로도 마음을 가라앉히고 즐거워하는 것 같았다. 그러다가 마음이 내킬 때는 간혹 그림 설명도 해주었다. 그렇게 몇 주를 지켜보다 사인펜과 색연필로는 부족한 것 같아 물감과 크레파스, 찰흙 등을 주었다. 그랬더니 더욱 신나 했다.

그렇게 시간이 흘러 학기가 끝나갈 무렵부터 석훈이의 그림에는 형체가 보이기 시작했다. 그림을 보며 무슨 그림인지, 무슨 의미인지, 이건 어떻게 표현한 것인지, 이것저것 물을 때마다 석훈이는 환하게 웃으며 신나게 대답해주었다. 그렇게 시간을 보내다 보니, 어쩌다 석훈이가 결석을 하거나, 학급에서 별일 없이 잘 지내서 교무실에 안 오는 날이면 아쉬운 마음이 들 정도까지 되며 한 학기를 보냈다.

풍경 셋 : 내 삶의 행복한 순간

"어제 새벽부터 서울과 경기 지역에 눈이 내리고 있는데요."

리포터 뒤로 흩날리는 눈발은 강한 바람을 동반한 듯 춤을 추고 있다. 한국의 추운 날씨 뉴스에 따뜻한 두바이에 있다는 게 실감이 나는 순간이다.

제5부 세계에 펼쳐지는 한글학교의 풍경

두바이의 12월은 야외에서 활동하기 좋은 계절이다. 한국 초가을처럼 높고 파란 하늘과 하얀 구름을 볼 수 있고, 멀리 부르즈 할리파까지 보일 정도로 맑고 화창한 날씨이다. 1년 중 3~4개월 정도 되는 이 시간을 즐기기 위해 매일 작은 것일지라도 밖에서 할 일을 찾아 만들곤 한다.

1년에, 손에 꼽을 정도로 적게 비가 내리고, 초록의 풀 한 포기가 자라기 힘든 사막 땅에 인공으로 잔디를 깔고 나무와 꽃을 심는다. 그리고도 스스로는 살 수 없기에 일정한 시간이 되면 물이 나오는 호스를 땅속으로 연결해 공원을 조성한다. 이런 공원들은 1년 내내 같은 얼굴을 하고 있다. 그리고 뜨거운 공기를 시원하게 조절하기 위해 구름을 모아 인공 비까지 내리게 하는 이곳에서 여름을 맞다 보면, 한국의 여름 어디에서건 볼 수 있는 초록이 무성한 산과 숲은 늘 그리운 곳이다.

오늘은 알바샤 폰즈 공원에서 한글학교 야외 그리기 및 글쓰기가 있는 날이다. 10여 년 전 야외 수업 중 사상자가 생겨 잠시 멈춘다는 게 이렇게 시간이 훌쩍 지나고 말았다. 오랜만에 있는 야외 수업이 살짝 긴장되기도 하지만, 아이들이 즐거워하겠다고 생각하니 간식과 물, 그리고 의약품을 챙기는 손길이 바빠진다.

토요일이라 많은 부모님이 아이들과 함께 오셨는데 손에 돗자리와 도시락이 들려 있는 걸 보니 아마도 아이들이 글을 쓰고 그림을 그리는 동안 바람이 솔솔 부는 그늘에서 가까운 지인들과 이 소중한 시간을 즐기시려는 것이리라. 230여 명의 전교생이 모이니 운동을 나온 외국인들이 무슨 일인가 하고 모두 한 번씩 쳐다보고 지나간다.

인원을 점검하고, 드디어 글쓰기 제목을 뽑는 시간이다.

두두두두두.

6학년 민영이가 뽑은 글쓰기의 주제는 '내 삶의 행복한 순간'이다. 여기저기서 "아~" 하는 탄식의 소리와 "앗싸!" 하는 기쁨의 소리가 들렸다. 1·2학년은 그리기, 3·4학년은 시화, 5·6학년과 중등 학년은 글쓰기를 진행하기로 되어 있다. 전체 사진 촬영을 마친 후, 일주일 전에 미리 답사해두고, 아침 일찍 가방 하나씩 던져 맡아둔 장소로 이동하였다. 학년끼리 또는 반끼리 메이플라워 아름드리나무가 만들어준 그늘에 옹기종기 모여 그림을 그리거나 글을 쓰기 시작했다. 가져온 돗자리에 배를 깔고 글쓰기를 시작하는 아이들, 제법 진지하게 생각에 빠진 아이들, 떨어진 나뭇잎을 주워다가 도화지에 붙이는 아이들, 오늘의 행사에는 전혀 관심이 없이 그저 공부 안 하고 야외에서 노는 것이 그냥 좋은 아이들, 거기에 공원에 상주하는 길고양이들까지. 한 폭의 풍경화가 따로 없다.

학교 안에서는 '뛰지 마라' 하는 말을 입에 달고 있는데 밖으로 나오니 참 좋다. 초록이 주는 안정감과 여유로움일까, 아이들의 모습이 어떠하든지 참 아름답다. 내가 이렇게 좋은데 아이들은 얼마나 좋을까. 하지만 잠깐의 방심이 사고로 이어질 수 있기에 긴장감을 늦출 수 없다.

행사가 거의 끝나갈 무렵, 석훈이가 쭈뼛거리며 나에게 온다. 그리고 정성스럽게 그린 그림을 내밀며 어깨를 으쓱한다.

"와! 석훈아, 이거 정말 네가 그린 거야?"

나의 반응을 살피던 석훈이가 칭찬하는 소리에 긴장이 풀렸는지 그림을 설명해준다.

"이건 얼굴을 간질이는 바람이고, 이건 꽃 속에 숨어 있는 씨앗이고, 이건 나무에 붙어 있는 벌레예요."

잘 알아볼 수 없는 형태지만 석훈이의 설명을 듣고 보니 그렇게 보인다. 보고 느낀 것을 자기 방식대로 해석해서 그림으로 표현한 것이다.

"석훈이는 선생님이 볼 수 없는 상상의 눈을 가졌구나."라고 말하며 엄지손가락을 치켜드니 더욱 신이 나서 설명한다. 한참 석훈이의 그림 설명을 듣다 주변을 둘러보니 저학년 아이들은 그림을 제출하고 '무궁화꽃이 피었습니다' 놀이를 하고 있다.

"석훈아, 우리도 가자."

종종 자신의 고집대로 안 되면 서서 지켜만 봤던 석훈이도 이제 곧잘 어울린다.

연결된 새끼손가락을 끊자 도망가는 아이들, 술래에게 잡힌 희명이가 넘어지면서도 까르르 웃는다. 평상시 같으면 '친구가 자기만 잡는다', '친구 때문에 넘어졌다'라고 투덜거리며 선생님께 와서 자기의 억울함을 얘기했을 희명이다. 동생들의 노는 모습이 부러웠는지 동우는 '수건 돌리기'를 제안한다. 또 다른 곳에서는 누군가 말하지 않아도 이미 여러 명이 함께 할 수 있는 '꼬리 잡기' 게임이 시작되었다.

이제부터는 글쓰기와 그리기 행사는 중요하지 않다. 그저 아이들이 뺨을 쓰다듬는 바람을 느끼고 형형색색의 꽃과 나무가 어우러진 분위기를 즐기길 바란다. 나중에 다시 '내 삶의 행복한 순간'을 이야기할 때 그 순간이 바로 오늘이기를 바랄 뿐이다.

풍경 넷 : 기우제와 인공강우

얼마 전 두바이의 국왕이 자국민들에게 그들의 신인 알라에게 '비를 내려달라고 기도해달라'는 당부를 했다. 이를테면 기우제인 셈인데 이 기우제를 아랍어로 'Salaat Al Istisqaa(살라앗 알 이스티스까)'라고 한다.

두바이는 연평균 강우량이 100밀리에 불과한 사막 기후로, 비가 잘 오지 않는다. 아니 일 년이 지나도 비 한 방울 못 보는 해도 있다. 그래서 2010년경부터 두바이 정부는 인공강우로 가뭄을 해결하기 위해 강우 증진 프로젝트를 실시하고 있다. 구름 속에 염화칼슘을 뿌려, 그것이 물을 빨아들이고 작은 물방울이 맺히게 해서, 인공적으로 비를 내리게도 한다. 오일머니의 위력이 느껴진다.

오늘은 금요일 밤인데 심상치 않게 비가 내리기 시작한다. 비의 양 조절에 실패했을까. 금세 그치겠지. 내일(토요일) 한글학교 수업이 있는데 어쩌지. 여러 생각에 밤잠을 설쳤다. 새벽에 일어나 학교 주변을 둘러보기 위해 집을 나섰다. 비가 거의 내리지 않기 때문에 배수로 시설이 제대로 갖추어져 있지 않고, 있어도 모래바람에 배수로가 잘 막혀서 그 기능을 제대로 하지 못한다. 그래서 한두 시간 내리는 비로도 거의 홍수 수준이 될 때가 있다.

새벽녘에 비가 그치긴 했지만, 예상대로 곳곳에 어제 없었던 물웅덩이가 생겼고, 도로가 차단된 곳이 많다. 길을 우회해서 겨우 학교에 도착했는데 학교 입구 또한 도로에 물이 가득 차 있다. 빨리 결정을 내려야 한다. 수업 시작은 8시 30분부터라 3시간의 여유가 있지만 도로에 가득한 물을 빼기까지는 시간이 좀 걸린다는 걸 알기에 이미 마음속으로 휴교를 결정했다.

집으로 돌아오는 길도 역시나 험난한 길이다. 아침 신문에 한 빌라 단지 사이로 고무보트를 타고 다니는 사람의 사진이 실린 것을 보며 실소했다. 한국이라면 상상도 할 수 없는 일이 세계 최대, 최고, 최초를 지향하는 나라에서 간혹 일어나기도 한다. 이른 새벽부터 한바탕 난리를 치르고 나서 올려다본 하늘은 얄밉지만, 뿌연 먼지를 거둬내고 투명한 하늘을 만나게 해서 싫지는 않았다.

풍경 다섯 : 현지 학교 사정 '인샬라'

한글학교 수업이 매주 토요일이라 늘 목요일 오후까지 긴장 상태로 메일을 체크한다. 한글학교 자체 건물이 없어 현지의 일반 학교 건물을 임대해서 사용하고 있는데, 한 학기에 한두 번씩 그 학교의 사정으로 예기치 않은

돌발 상황이 생겨 휴교해야 하는 일이 생긴다. 그래서 매 학기 학사일정은 '현지 학교 사정에 따라 변동될 수 있습니다'라는 단서가 붙는다. 이번 주에, 우려했던 메일이 도착했다. 다음 주에 있을 시험을 위해 이번 주에는 학교를 빌려줄 수 없다는 내용이었다.

지난 학기에 우리가 빌려 쓰는 현지 학교에서 학생들 기말시험을 위해 책상에 수험번호와 이름이 써진 스티커를 붙여놨는데, 우리 아이들에게 그렇게 주의를 시켰건만, 몇몇 유치반 꼬맹이들이 스티커에 낙서를 한 것이다. 그날 우리가 수업을 마친 오후에 현지 학교 시설 담당자는 낙서한 스티커 사진을 찍어 'urgent(긴급)'이라며 이메일을 보냈고, 나는 '미안하다, 정말 미안하다'를 반복하며 "다시는 이런 일이 없게 하겠다."라고 사과해야 했다. '한 주 빠진다고 렌트비를 돌려주는 것도 아니고, 지난주에 미리 알려주면 휴교라도 빨리 결정할 수 있었을 텐데……'라는 아쉬움이 남는다. 민감한 기질을 지니고 있으며 기쁨, 슬픔, 분노 등 마음속 감정을 솔직하게 표현하는 아랍인의 특성을 생각해보면 이해가 안 되는 것도 아니다.

학기 초 학사일정을 결정할 때, 늘 현지 학교에 교실 사용 여부에 대해 문의를 하지만 돌아오는 대답은 한결같이 "Inshallah"이다. '인샬라', 좋은 일을 바라는 경건한 말인데, 어떨 땐 변명과 핑계처럼 들려 야속해지기도 한다.

급히 선생님들께 이번 주 긴급 휴교를 알리며 학생들과 학부모님들께도 전달하시기를 부탁드린다. 이러니저러니 해도 해마다 건물을 임대할 수 있어 아이들과 매주 만날 수 있다는 것에 감사할 따름이다.

지금은 코로나19로 인해 온라인 수업을 하고 있다. 쉬는 시간 떠들썩하던 복도가 그립고, 아이들의 웃음소리가 가득했던 운동장의 모습도 그립다. 무엇보다 교무실 문을 열며 얼굴을 내밀던 아이들이 보고 싶다.

신밧드의 고향

이승환

(현) 오만 무스카트 한글학교 교장/교사
(전) 오만 부레미 한글학교 교장/교사

한 번쯤 들어본 듯한 나라였지만, 사업을 위해 이곳까지 올 줄은 꿈에도 몰랐다. 오만은 신밧드의 신비한 모험의 무대가 되었던 아라비아(걸프) 지역에 있다. 정확하게는 사우디아라비아반도 남동단에 붙어 있는 사막과 해안이 만난 나라다. 그런데 살아갈수록 모든 지형과 자연의 모습이 조금씩 아름답게 눈에 들어온다. 이건 이 나라 사람들이 내 속으로 들어온다는 것일지도 모르겠다.

이상하게 낙서한 듯, 마치 쓰기를 포기한 듯 생긴 아랍 글자들, 그리고 검은 피부의 사람들, 검은 수건을 온몸에 걸치고 눈만 내어놓고 다니는 여인들 모습이 처음엔 낯설었다. 인사하러 다가가면 여자들은 대문을 걸어 잠그고 숨어버린다. 그래서 처음 5년간은 앞집 마님의 얼굴도 모르고 지냈다. 집에 초대받아 가도 남자와 여자의 거실이 분리되어 있다. 그래서 그 집 안주인을 볼 기회도 주지 않는다. 식당에 가도 남녀 자리가 다르고 가족 방이 분리되어 있어서 여자들의 음식 먹는 모습은 늘 수수께끼로 남게 된다.

거리에 나가면 풍겨오는 이상한 향료 냄새가 있다. 예전엔 해양무역의 주

제5부 세계에 펼쳐지는 한글학교의 풍경

요 품목이었다던 유향이다. 유향은 5천 년의 역사를 자랑하며 인류 최초의 무역로(Incense Road)를 만들고, 그 무역로에 있는 바빌로니아, 로마 제국, 이집트 등 고대 도시와 오만은 향료 교역을 이루었다고 하니 참으로 그 역사가 오래된 셈이다. 하지만 내겐 그 향료가 역겹고 거북했다.

바쁜 회사 일에 틈을 내어 3년 전에 시작한 한글학교에서 한국 학생들과 오만 현지 대학생들을 대상으로 한국어 수업을 했는데, 의외로 현지인들에게 호응이 좋았다. 이미 알려진 K-POP과 몇 년 전 방영된 드라마 〈대장금〉과 〈태양의 후예〉는 한글학교보다 먼저 이곳에 와서 멍석을 깔아준 셈이다.

오만의 두 번째로 큰 도시(살랄라)에서 시작한 한글학교는 그해 오만 관광부 주최로 열린 5일간의 세계문화축제에서 한껏 한국을 소개하는 역할을 하였다. 그런 기회를 처음으로 가진 것이다. 이 문화축제에 참여하면서 우리말과 우리 문화의 위대성에 우리 학생들은 스스로 탄복하기도 하였다. 참가국들은 미국, 독일, 인도, 파키스탄, 방글라데시, 필리핀, 이란, 터키, 아랍에미리트, 오만과 한국이었는데 우리가 소개한 문화는 한국어와 태권도, 사물놀이, 전통 부채춤, K-POP 공연 영상, 그리고 한국 음식으로 김밥, 불고기, 잡채, 김치, 호떡 등이었다. 포토존도 마련해서 누구나 한복을 입어보고 사진 촬영을 하는 기회도 제공했다. 정말 대박이었다.

특별히 초·중학생으로 구성된 태권도부가 태권도를 시연하자, 관중들은 '브라보'를 연발하며 탄성을 내질렀다. 한국 음식은 장을 연 지 한 시간 만에 동이 나기도 했다. 이 문화축제 행사를 마쳤을 때는 한국을 알고자 하는 오만인의 관심이 더욱 높아졌다. 그 영향으로 그곳 대학교에서 한글을 가르칠 기회가 만들어졌다.

재외동포가 많지 않은 오만에서, 처음에 나는 아내와 함께 유치부, 초등부, 중등부반을 가르치며 운영하였다. 그러다가 뒤에 외국인반을 열게 되었다. 학급이 늘어나면서 몇 분의 선생님들이 더 충원되었다. 2021년 현재, 오만의 무스카트 한글학교는 코로나 사태로 인해 모든 수업을 온라인으로 운영하였다.

한국 생활문화와는 너무도 다른 아랍 여성들, 온몸을 검은 천으로 두르고 다니는 이들에게 한글을 가르치고 있는 나를 몇 년 전만 해도 상상이나 할 수 있었겠는가. 내가 생각해도 지금의 내가 이상하게 느껴질 정도다. 한번은 쇼핑몰에서 만난 학생으로부터 "선생님!" 하는 소릴 들은 적이 있는데, 이 사람 많은 쇼핑몰에서 누가 내 이름을 부른단 말인가. 그때 나는 마치 내가 연예인이 된 것 같은 착각에 빠지기도 했다.

저들 오만인에게 있어서 한국 문화란 무엇일까. 저들의 삶에서 한국 문화는 어떤 의미를 지니는 것일까. 특히 여성이 외부 세계에 진출하는 것을 억압하는 이들의 문화에서 보면, 외부 세계로서의 먼 한국은 가보고 싶은 나라가 될 수도 있을 것이다. 직접 가보지는 못해도, 그나마 이런 학교를 통해 외부의 문화를 이렇게 간접으로 경험할 수 있다는 것이 이들에겐 색다른 성취감이 될 수도 있으리라.

말이 나온 김에 살펴보면, 남녀 간 접촉을 통제하는 오만의 문화는 정말 특이하다. 외부 남성은 여성의 얼굴을 쳐다보아서는 안 된다. 특히 상대가 남편과 함께 있는 상태라면, 아예 시선을 돌린 채, 바닥이나 다른 곳을 보면서 상대 여성에게 말을 건네야 한다. 한번은 너무 특이해서 가까운 야채 가게를 갔을 때 유심히 보았다. 그곳 점원 역시도 가게에 들어온 여성 손님의 얼굴을 보지 않고 다른 곳을 보면서 장사를 하는 것을 쉽게 목격할 수 있었다. 이들의 이런 문화를 아는지라, 오만 여성에게 한글을 가르치는 나도 얼굴을 밑으로 깔고 말해야 하나 하는 의문마저도 들었다. 그러나 어쨌든 나는 오만 여성들에게 한글을 가르치면서 저들의 얼굴을 똑바로 보며 가르친다. 예외의 대우를 받는 셈이다. 다행이라 하지 않을 수 없다.

그럼 이것이 과연 여성을 우대하는 문화일까. 나는 이 물음을 한글학교

한 여대생에게 던져보았다. 그 여대생은 이렇게 대답했다.

"우리나라에서 남자는 부인을 네 명까지 얻을 수 있어요. 능력만 된다면 더 많은 여인과 살 수도 있지요. 하지만 만약 제가 결혼한다면, 그리고 저의 남편이 만약 두 번째 여자를 데려온다면, 전 남편을 죽일 거예요!"

그녀는 이 말을 웃으면서 쉽게 얘기한다. 이런 전통문화를 이곳 여성들이 무조건 순응하는 시대는 점차 변할지도 모른다. 이 나라는 100퍼센트가 무슬림이다. 하지만 우리가 알고 있는 시아파, 수니파도 아닌 이바디라는 분파에 속하는 무슬림이다. 이들은 과격한 이슬람주의를 배격한다. 그리고 공산주의도 배격하고, 종교 분파주의를 경계한다.

1500년이 넘도록 소수 이바디파로서 자신들의 정체성을 지켜온 이들은 친절하고 부드럽지만 절대 다른 종교를 받아들이지도, 인정하지도 않는다. 이들은 쿠란 경전을 많이 읽고, 그걸 공부하는 것을 자랑스럽게 생각한다. 일부다처의 문화는 무슬림의 일반적 습속인데, 이 종교의 창시자인 무하마드가 네 번의 결혼을 했던 것과 연관이 있는 걸까. 그래서 남자는 여성을 여럿 취해서 결혼할 수 있도록 하는 문화를 지켜온 것일까.

하지만 과거와는 많이 다르게 요즘 젊은 세대들은 일부일처를 선호하는 것 같다. 우리 옆집의 알리도 신혼부인데 본인도 부인은 한 사람이면 족하다며, 나만 보면 '안녕하세요'라고 인사한다. 알리는 대가족이 있는 전기공사에서 일하는 공무원 친구이다. 형제자매가 모두 열두 명이다. 다섯 명의 남자 형제에, 자매가 일곱 명이다. 12남매 전 가족이 한 번씩 모이는데, 그때 다 모이면 조카들만 30명이라고 한다. 어머니는 세 분이다. 알리는 이곳 현지인이지만, 출신이 잔지바르이다.

이곳 오만의 원주민은 아랍인이지만 오만 인구의 30퍼센트는 노동을 위해 인도나 파키스탄에서 온 이주민들이다. 고대부터 원주민들은 농업과 어업에 종사했던 해양 지역의 아랍인과 사막의 베두윈족이 대부분이다. 하지만 아프리카 탄자니아에서 이주해온 잔지바르 흑인들과 파키스탄(옛 오만령)에서 온 발루치인들도 오래전부터 오만에 들어와 소수민족으로 살고 있다. 이들은 정서적 차별을 받으며, 사회적으로도 낮은 신분의 직업을 가지고 있다.

잔지바르는 페르시아어로 '검은 해안'('흑인의 땅'이라는 상징성을 띤다)이란 뜻이다. 동아프리카 탄자니아의 자치령으로, 이 섬은 옛날 아랍의 무역상들에 의해 발견되어 아라비아, 인도와 아프리카 사이의 항해를 위한 항으로 이용되었다고 한다. 1503년부터 200년간 포르투갈에 의해 점령되었고, 그 이후 오만인들이 다스렸다가, 다시 19세기 중엽 영국이 점령하게 되어 1850년에 오만에서 분리된 나라이다. 1840년 무렵 오만 제국의 술탄은 이곳 잔지바르의 아름다움에 매료되어 수도를 이곳으로 옮기기도 했다고 한다. 그때 그곳에 있던 잔지바르는 어떤 이유에서인지 오만과 왕래를 했고, 이 과정에서 자손이 퍼져나갔다.

당시 잔지바르는 동부 아프리카의 최대의 노예무역항이었다. 거대한 노예시장이 있었고 그것이 역사적 유물이 되어, 현재 그곳에서 관광 수입을 만들어내기도 한다. 노예박물관의 관람객도 대부분이 백인들이다. 서부 아프리카에서 엄청난 노예를 아메리카로 수출했던 그 유럽인의 후손이다. 그래서 그런지 잔지바르 사람들의 생김새도 이곳 현지인보다 피부색이 더 검고 머리털은 더 오그라들어 있다.

하지만 옆집 친구인 알리의 할아버지는 자수성가하여, 자손들에게 선진 외국에 나가게 해서 좋은 교육을 받을 수 있게 해주었다. 그 덕택으로 그의 자녀들은 이곳 오만에서 상당히 좋은 직업을 가지고 살고 있다. 이와 비슷한 잔지바르 출신 학생이 우리 한글학교에 있다. 허윤정 선생님의 반 아이들의 짧은 이야기를 들어본다.

한국이 좋아요

아프리카 탄자니아의 잔지바르 출신 현지인 다섯 자매를 만나게 된 것은 2011년이었다. 그해 필도스와 이스라 두 자매가 먼저 한글학교를 찾아와서 한글을 배우고 싶다고 했다. 지금까지 만났던 오만 여학생들은 얼굴이 희고 고급스러운 아바야(아랍 여성들이 입는 검은 옷)를 입은 부유한 느낌의 학생들이 많았는데, 이 두 자매는 아프리카 흑인의 신체적 특징을 갖고 있어, 얼굴은 검고 마른 몸매의 골격이었다. 전형적인 오만 사람만 대하던 나로서는 생소하고도 이국적인 느낌이 났다.

필도스와 이스라는 수업료를 제대로 못 냈지만, 항상 수업 시간에는 두 눈을 반짝이면서 배우는 자세가 늘 다른 이들을 압도할 만큼 열심이었다. 그런 저들을 보며 나 역시도 가르치는 데에 큰 보람을 느껴서 더 열심히 가르쳤다. 잔지바르 출신 사람들은 오만 사회에서 차별을 받고 있었고, 노상 판매나 서빙 같은 힘든 일을 도맡아 하면서도 월급을 제대로 못 받는 경우가 허다해서 안타까운 마음이 들었다.

그렇게 몇 년간 그들을 가르쳤는데, 몇 년 후에는 같은 집의 다른 세 자매가 한글학교를 찾아와서 한글을 배우기 시작하였다. 그들은 일주일에 수업을 두 번씩 받으면서 열심히 배웠다. 그런데 이 자매들 사이에는 서로에 대한 불신과 미움이 심각했고 소통 부재의 문제가 있음을 나중에야 알게 되었다. 교사로서 나는 이들을 도와주고 싶었지만, 이 문제를 해결할 방법이 없어서 답답한 마음만 들었다. 이들이 서로에게 블랙 매직을 가지고 서로를 저주하고 있다는 사실도 알게 되었다.

블랙 매직이란 일종의 정령(精靈) 숭배 사상이다. 정령이란 육체를 떠나간 죽은 사람의 혼백이다. 오만에서는 정령을 '진'이라고 한다. 오만인은 무슬림이지만, 이슬람 종교가 생기기 이전 민간신앙으로 지녀왔던, '진'을 숭배

하는 사상이 있다. 그래서 오만인은 이 '진' 숭배 사상과 이슬람교가 혼합된 '민족 이슬람' 성향을 가지고 있다.

우리가 알고 있는 진은 아마 요술램프 속에 살면서 소원을 들어주는 요정 정도일 것이다. 진은 알라가 만든 창조물로 결혼도 하고 출산도 하고 사망도 한다. 주변에서 진을 보았거나 그 소리를 들었다는 사람을 만나는 것은 어렵지 않다. 진은 옛날이야기에 나오는 귀신 같은 존재가 아닌, 동시대 같은 공간에서 살아가는 실존으로 오만 사람들은 믿고 말한다. 갑자기 누군가 아프거나 문제가 발생하면, 진의 저주를 받았다고 생각한다. 진이 살 법한 큰 나무를 베거나 땅을 팔 때 진을 달래기 위해 소금을 넣지 않은 음식(진은 소금을 싫어한다고 함)을 준비해놓은 것도 진으로부터 보호하기 위한 행동들이다. 진의 기분을 상하게 하면 무슨 보복을 당하게 될지 모르기 때문이다.

진은 화장실이나 사람이 오랫동안 살지 않은 장소에 머물러 있기에, 이러한 장소에 들어갈 때는 '비스밀라(알라의 이름으로)' 쿠란을 읽어 진의 위협으로부터 보호를 요청한다. 해 질 무렵은 진의 활동이 가장 활발한 진의 시간으로, 혹시나 동물이나 곤충으로 변한 진을 다치게 할까 봐 특히 조심한다. 주술사들은 진의 도움으로 사람을 저주하기도 하고 치료도 한다. 진의 저주를 막기 위한 부적도 사용한다.

그래서 이러한 것에서 나온 것이 바로 블랙 매직이다. 평소에 적으로 생각하는 사람의 인형을 만들어 주문을 외우면서 바늘로 계속 인형의 몸을 찌르면 그 상대가 고통과 병에 시달리며 저주를 받게 된다는 주술적인 행위이다. 우리에게도 옛날 전통 시대에는 민간의 주술적 습속으로 이와 유사한 풍속이 있었으니, 문화란 그 원형을 들여다보면 세계 보편, 인류 보편의 그 무엇이 있는 것 같다.

잔지바르 출신 자매들을 오만 한글학교에서 만나고 그들 자매 사이의 갈등에 다가가면서, 나는 오만의 민속 문화를 이해하고, 실제로 진 숭배의 모습을 간접적으로 경험하게 되었다. 그러다가 언제부터인가 시간이 지나면서 이 자매들이 갑자기 사이가 좋아지면서(정확히 무슨 이유인지는 아직도 모른다) 새로운 경험을 하게 되었다. 2018년에 나는 이들 다섯 자매와 함께 10박 11일의 한국 여행을 하게 된 것이다.

오만 사회에서는 소망이 없고 절망밖에 없고, 결국 결혼도 할 수 없다고 생각했을 다섯 자매는 한국 여행을 다 마치고 오만으로 떠나기 전날 나에게 이렇게 고백한다.

"저희는 오만에 가기 싫어요. 한국이 좋아요."

한국에 와서 지내보니, 한국과 한국 문화와 한국 음식을 더욱 좋아하게 되었다는 것이다. 그때부터 이들은 두 번째 한국 여행을 위해서 다시 돈을 모으고 있다. 처음에 한국을 가기 위해 3년 동안 돈을 모아서, 항공료 빼고 한 사람당 20만 원 정도 쇼핑을 하였는데, 아주 만족스러워했다. 한국에서는 멀리 떨어진 중동 오만의 젊은 여성들이 무언가 한 가닥의 희망을 읽어내는 듯했다. 소외 계층 신분인 자매들이 여러 해 동안 저축하여서 겨우 장만한 삼성 스마트폰을 이용해 한국에서 사진을 찍고, 몇 년 동안 배운 한국어 실력으로 지금도 나와 한국어로 대화를 하고 문자를 보낸다.

오만에서 한글학교 교사로서 지낸 덕분에 쇼핑센터에서나 한국 식품점에서 한국어를 알아듣는 현지인들이 먼저 '안녕하세요!'라고 인사를 하고 반가워하며 한국 드라마와 김치 얘기를 할 땐 한국인으로서 자부심을 품게 된다. 이젠 오만의 문화에 익숙해지는 자신이 신기하고, 우리 선생님들의 또박또박한 목소리에 토끼 같은 눈망울로 옹기종기 나를 바라보는 아이들을 보며 이곳에서 펼쳐질 저들의 미래를 그려본다.

아빠 엄마를 따라 중동이란 나라에 온 우리 아이들에게 한글학교는 그야말로 작은 꿈이다. 이곳에 오면 아이들은 자신들이 단순히 한국인이라는 인식에서 더 나아가, '세계 속의 한국인'이란 생각을 하게 되는 것 같다. 2020

년에 한국대사관 주최로 진행된 온라인 말하기 대회에서 최우수상을 받은 5학년 장원진 학생이 코로나 바이러스를 예방하는 대안을 얘기했던 기억이 난다. '코로나 바이러스는 나 자신뿐만 아니라 우리 모두의 노력이 함께 있어야만 극복할 수 있다며 서로를 배려하고 격려하며 함께 노력하는 자세만이 코로나를 종식할 수 있는 백신'이라고 외쳤다.

이런 생각이 들었다. 한국과 전혀 다른 문화 속에서 오만 학생들과 함께 공부하는 이들 꿈나무는 진정한 애국자들이구나. 미래 한국을 깨울 수 있는 소중한 거인들이구나. 그런 거인들을 키우는 우리 선생님들은 결국 황금알을 낳는 거위이구나! 나는 어찌하여 이곳 오만에까지 흘러와 한글학교 선생님이 되었는가. 나의 의지는 어디서 생긴 것일까. 지구촌 한글학교의 선생님이 된다는 것은, 내 의지 이전에 하늘이 불러서(calling) 되는 것이라는 데에 생각이 도달한다. 내가 하고 싶어서 하는 경지를 넘어선다. 그러므로 나는, 더더욱 진정한 한국인으로 부름을 받았구나. 그래서 나는, 더더욱 진정한 한국인으로 다시 태어나고 있다는 생각이 든다.

제 6 부

가르치며 배우고
깨달으며

그게 서로 같은 것이었습니다.
처음에는 몰랐습니다.
가르치는 일이 곧 배우는 일이라는 것
가르치고 배우는 일이 곧
어떤 깨달음에 가닿는 길이라는 것

디아스포라 코리안으로 살아갈 아이들
글로벌 코리안으로 나아갈 아이들
향해서
위해서

내 마음에 등 하나 걸고
가르치려고 다가갈수록
외려 내게로 많은 배움이 찾아옵니다.

가르치는 일
배우는 일
깨닫는 일
그래서 마침내 내 삶을 사랑하는 일
그게 서로 같은 것이었습니다.

—「그게 서로 같은 것이었습니다」(박인기)

땅콩이라구요?

김 한 권

(현) 중국 운남성 곤명한글학교 교장
(전) 재중국한글학교협의회 회장

땅콩이라구요?

땅콩이라구요? 왜요? 우리들 키가 작다고 놀리시는 거예요? 사실 그랬다. 아이들 대부분이 키가 작아서 오해할 만했다. 그렇지만 키가 작아서 땅콩이 아니었다. 백인, 흑인을 망라하여 모든 사람에게 존경을 받은, 땅콩으로 경제를 살린 흑인 박사 조지 카버 박사의 이야기 때문이었다. 나는 아이들에게 이렇게 땅콩 이야기를 하였다.

"잠시 땅콩 이야기를 해보자. 〈바람과 함께 사라지다〉의 배경이 되는 미국 남부지역은 면화 재배로 유명하단다. 그러나 그 면화 재배는 땅을 황폐하게 만들어서 3, 4년 지나면 다른 땅으로 옮겨서 면화를 재배해야만 했단다. 면화 재배로 황폐해진 땅에 땅콩을 심으면 수확도 잘 되고, 땅도 다시 살아난다는 것을 알게 된 카버 박사는 사람들에게 땅콩을 심게 하였단다.

박사님 말대로 땅콩 재배는 땅도 살리고, 경제도 살리고, 사람들의 마음도 살리는 결과를 가져왔단다. 게다 박사님 손에 들러 250여 가지의 식용품, 실용품으로 탄생한 땅콩을 보아라. 땅을 살리고 경제를 살리고 사람들 마음까지 살린 땅콩처럼, 난 너희가 그 땅콩처럼 세상을 살리는 사람들이 되라고 우리의 이름을 땅콩이라고 하는 거란다."

2008년 9월 1일 중국 운남성 곤명에서 한인 청소년 동아리 '땅콩'은 이렇게 시작되었다. 한인 커뮤니티의 어르신들을 모시고 '땅콩' 동아리에 속한 아이들의 첫 발걸음을 축하해주었다. 처음 이 아이들을 만난 것은 한인이 많이 거주하는 지역의 작은 골목길이었다. 어느 날 길거리를 지나가다가 우연히 만나게 된 아이들의 눈 속에서 나는 그 어떤 슬픔과 불안을 발견하였다.

아이들의 이야기를 들어보았다.

"우리의 미래에는 중국어 하나만 잘하면 된다고 해서 한국에서의 삶, 친구들과의 우정을 멀리하고 여기까지 왔는데 희망이 보이지를 않아요."

말을 마친 아이들이 펑펑 울기 시작하였다. 이런 상황에서 내가 해줄 수 있는 것이 무엇일까? 아이들의 친구가 되기로 마음을 먹었다. 아이들과 어울려 함께 놀고, 함께 먹는 것이 내가 할 수 있는 일이었다. 이제는 보호자들의 원성이 들려왔다. 아이들과 합법적으로 어울려 놀 시간을 만들었다. 즉 보호자의 허락을 받은 상태에서 아이들과 함께할 수 있는 시간을 만든 것이다. 그것이 바로 영어 동아리, 한인 청소년 영어 동아리 '땅콩'이었다.

우리 만남은 우연이 아니야

신이 났다. 콧노래가 저절로 흘러나왔다.

"우리 만남은 우연이 아니야."

영어 동아리를 하기로 한 뒤, 얼마 안 되어 인생을 참으로 멋있게 산 한 청년을 만나게 되었다. 어렸을 때 호주로 이주하여 살다가 갓 곤명으로 건너온 한인 청년이다. 인생을 살아오며 어려움의 사연을 겪었던 청년, 허드슨과의 만남이 이루어졌다. 이 청년에게 동아리 '땅콩'의 취지를 말하고 동참을 요청하였다. 어떤 답을 줄까 궁금했는데, 그는 흔쾌히 시간을 내겠다고 한다. 허드슨이 아이들과 함께하기로 한 것이다. 그는 영어회화 수업을 맡았다. 수업도 수업이지만 그의 인생 이야기는 우리의 '땅콩' 동아리 학생들에게 신선한 충격으로 다가왔다. 우리의 땅콩들은 자신들의 미래를 새롭게 설계할 수 있었다.

한글학교는 이런 인연과 우정으로 학교 운영의 어려움을 타개해나가기도 한다. 문제를 해결해보겠다고 발버둥치며 찾아 나서다 보면, 하늘의 뜻이 도움을 준다. 지구촌 저 허허롭고 넓은 공간에서 코리안 디아스포라들이 만나고 인연을 맺고, 또 기약 없는 이별을 한다. 그 청년 역시도 우리 땅콩들과의 만남이 인생의 전환점이 되었다고 말한다. 땅콩들을 만난 후 어떤 인생을 살아야 할지를 생각하고, 인생의 목표가 생겼다고 한다. 지금은 허드슨도 결혼하고 가정을 이루어 싱가포르에서 행복한 삶을 살고 있다는 소식에 그저 감사할 뿐이다.

땅콩 동아리와 함께한 지 만 5개월째, 위기와 기회가 동시에 찾아왔다. 다른 생각 없이, 그저 아이들을 향한 열정으로 시작한 일이지만, 그간 고민도 많이 했고 눈물도 많이 흘렸다. 포기하고 싶은 적도 많았다. 그러는 사이에 땅콩 동아리 학생들이 자리를 잡아가고 그들을 향한 내 마음도 더 깊어져가고 있었다. 땅콩들, 장차 이 땅 구석구석에 자리 잡아 죽어가는 땅을 살리는 삶을 살아가길 바란다. 미래의 그들을 상상해보면 그저 기분이 좋기만 하다.

이들과 함께하는 시간이 아깝지 않다. 이들은 먹이는 것이 아깝지 않다. 잘 먹여야 잘 크지 않겠는가? 땅콩 덕분에 좋은 사람도 많이 만났다. 땅콩 덕분에 좋은 경험도 많이 했다. 그러면서 나도 땅콩이 되어가고 있다. 자연스럽게 나도 땅콩이라는 이름으로 알려져갔다. 이 땅에서 살리는 삶을 살아가는 땅콩, 바로 '곤명 땅콩'이다. 나의 삶의 목적도 오직 하나이다. 바로 '땅콩 키우기'이다. 오직 땅콩 키우기에 내 삶을 드리련다. 이런 다짐으로 나의 마음을 추스를 때, 또 하나의 만남이 이루어졌다. 바로 한글학교와의 만남이다. 현재 함께하는 13인의 작은 땅콩들뿐만이 아니라, 또 다른 땅콩도 키우라고 나를 한글학교에 보내시나 보다.

이 시기에 우리 곤명 지역에 있는 한글학교가 위기에 빠졌다는 소식과 더불어 학교를 정상화할 수 있는 사람으로 내가 선택되었다. 나는 교육자도 아니고, 행정가도 아니기에 몇 번을 고사하였지만, 아이들을 사랑하는 그것 하나면 충분하다는 설득에 결국 그렇게 3년을 약속하고 한글학교에서의 봉사가 시작되었다. 그렇게 시작한 한글학교 섬김이 10년이 지난 지금도 그 봉사는 아직도 진행형이다. 이 모든 것이 땅콩 때문이었다. 땅콩이 만들어준 한글학교와의 만남이었다. 우리 아이들을 이렇게 사랑하는 사람이라면, 한글학교도 사랑해주리라는 주변의 기대 속에 첫 업무를 시작하였다.

한글학교 업무를 시작한 지 얼마 되지 않아 한 학생을 만났다. 이름은 량자성, 한국인 어머니와 중국인 아버지를 둔 다문화가정의 학생이다. 량자성과 같은 유치반에 있는 또 다른 한 아이가 있는데, 그 아이 역시 중국인 아버지를 둔 다문화가정의 아이이다. 나는 이 아이의 중국인 아버지를 평소부터 친동생처럼 잘 알고 지냈다. 그래서 이 아이에게 네 아빠가 나의 동생이니 나를 큰아빠라고 부르라고 하니, 자기에게는 진짜 큰아빠가 있어서 못 부르겠다고 대답을 한다. 그러자 옆에 있던 자성이가 그 아이에게 말한다.

"너 선생님을 진짜 큰아빠로 안 부를 거야? 그럼 지금부터 선생님을 내가 큰아빠라고 부른다."

나는 그때부터 자성이의 큰아빠가 되었다. 이후로도 나는 많은 아이의 큰아빠가 되었다. 나는 오늘도 아이들의 큰아빠로서 한글학교에 근무한다. 이것이 내가 아이들에게 해주는 일 중에 가장 잘하는 일인지도 모르겠다.

그러나 나는 안다. 내가 원하는 것이 진짜 무엇인지를 안다. 나의 학생들이 진정으로 무엇을 원하는지를 안다. 그것은 행복이다. 그 행복은 활짝 웃을 수 있는 학교생활에서 온다. 나는 아이들의 학교생활이 행복했으면 좋겠다. 어떻게 그 행복을 만들어줄 수 있을까. 나는 이것을 고민한다. 그래서 아이들이 먼 훗날 기억할 좋은 추억들을 많이 만들어주는 학교를 운영하고 싶었다. 일주일 내내 일반 학교의 경쟁 속에서 힘들어하는 우리의 아이들이 한글학교에서까지 그런 경쟁과 갈등, 그리고 긴장 속에서 지내지 않기를 바랐다. 그래서 한글학교의 방향을 '행복 충전 & 추억 만들기'로 정하였다. 그렇다고 한글 교육을 소홀히 한다는 의미가 절대로 아니다. 다만 학교가 재미있고 교사가 행복하면 학생은 크게 웃을 수 있고, 학생이 즐거우면 학업 성취도는 자연스럽게 좋아질 것이라는 확신이 있었다.

일주일에 한 번 수업하는 학교에서 가능한 것이 무엇일까? 한 학기 동안 시간을 내어 학예발표회를 준비하였다. 주변에 반대하는 분들도 많았고 비협조적인 교사와 학생들도 있었다. 그러했지만, 최선을 다해 학예회를 준비했다. 학예회가 열리던 날, 그렇게 반대했던 그분들이 오셔서 축하해주셨다. 감동이 일었다. 우리 학생들은 일생 최고의 추억을 만들 수 있었다.

우리 학교에는 아픔이 있었다. 새로 부임하신 교장 선생님은 아이들의 정서 함양을 위해 음악, 미술 수업을 시행하겠다는 계획을 세웠다. 그런데 이사회가 제동을 건 것이다. 한글학교는 한글만 가르치는 곳이라는 이유에서다. 교장 선생님을 비롯한 교사들과 이사회의 갈등이 너무 깊어 결국 모두가 사임하고, 학교는 문을 닫을 위기에 처했다. 이런 학교에서 한 학기 내내 준비한 학예회를 발표하는 날, 그토록 반대했던 그분들이 오셔서 눈물로 손수건을 적시며 함께해주셨다. 추억을 만들고, 행복하고, 환한 미소가 있고,

학교란 바로 이런 곳이다.

학예발표회 당시에 한 아이의 활짝 웃는 모습이 한인 커뮤니티 신문에 크게 실렸다. 그 아이의 부모님은 아이가 이렇게 웃는 모습을 그동안 본 적이 없었다고 말씀하시면서, 한글학교의 적극적인 지지자가 되었다.

사랑으로 짓는 '땅콩' 농사

15년 전 중국에서 가장 낙후된 지역으로 알려진 이곳으로 나는 삶의 터전을 옮겼다. 세 아이를 이런 곳으로 데리고 오는 부모의 마음은 어땠을까? 둘째인 딸의 저항은 상당하였다. 당시 6학년이었던 딸의 요구는 단순했다. 한국에 남아서 초등학교를 졸업하고 싶다는 것이었다. 유치원 때부터 줄곧 함께했던 친구들을 떠나오는 것이 그렇게도 싫었나 보다. 아이들의 교육을 위해 이곳에서 찾은 곤명한국국제학교는 한국의 초등학교에 비하면 귀족학교였다. 학비도 엄청났다. 그런 대가를 치르고 이곳 학교에 전학을 시켰는데 그런 아빠의 마음과 희생은 몰라주니 섭섭하였지만, 사실 나는 아이들의 행복이 무엇인지를 몰랐다. 그저 좋은 환경과 여건을 만들어주면 된다고 생각하였다.

그러나 참행복은 아이들의 마음에 있었다. 우리는 종종 아이들의 마음과는 상관없이 우리가 원하는 대로 아이들을 이끌어갈 때가 있다. 교육에서 부모의 역할은 아이들이 자기의 방향을 따라 잘 가도록 동행해주는 것이 아닐까? 아이들은 한국학교에서 행복했었다. '행복 바이러스 가족'이라는 별명을 얻을 정도이었다. 태어나 처음으로 중국의 문화와 중국어 학업을 해야 하는 아이들에게 나는 이곳 곤명한국학교에서 1년을 지내도록 했다. 한국학교는 아이들이 한국과 중국 두 문화 사이의 차이에서 오는 충격을 흡수해주는 스펀지 역할을 하였고, 아이들은 중국에 순조롭게 적응할 수 있었다.

그렇게 적응한 이후로 중국을 사랑하고, 중국인을 사랑할 줄 아는 아이들이 되어갔다.

학교 교육의 목적은 바로 이것이 아닐까? 사랑을 받고 사랑을 할 줄 아는 사람이 되도록 돕는 것이 바로 교육의 목적이라는 확신이 들었고, 이러한 당시의 확신은 이후 한글학교 운영자가 된 나에게 큰 영향을 끼쳤다. 이 글을 쓰는 지금 불현듯 심수봉이 부른 노래 〈백만 송이 장미〉가 생각나서 흥얼거려본다.

> 미워하는 미워하는 미워하는 마음 없이
> 아낌없이 아낌없이 사랑을 주기만 할 때
> 수백만 송이 백만 송이 백만 송이 꽃은 피고
> 그립고 아름다운 내 별나라로 갈 수 있다네

우리 학교에는 '사랑을 받을 줄 알고 사랑을 할 줄 아는 사람이 되자'라는 교육목표가 있다. 이기적인 욕심은 인생을 복잡하게 만들지만 사랑은 참 단순하다. 나는 아이들의 등교 시간에 아이들 한 명 한 명의 이름을 부르며 등을 쓰다듬어준다. 하교 시간에 아이들의 이름을 부르고 손을 흔들어 배웅해준다. 이것이 내가 아이들을 향하여 할 수 있는 최고의 사랑 표현이다. 또한, 사랑은 서로를 있는 그대로 받아주는 것이다. 10여 년 전 땅콩 동아리에서 아이들이 한 아이를 따돌리는 행위를 하며 내 속을 썩일 때 그 아이들에게 이런 말을 하였던 기억이 났다.

"나는 너희를 사랑하는 맘, 이것 하나로 너희와 함께한단다. 나도 예쁜 아이만 사랑하고 싶을 때가 있다. 나도 마음에 안 드는 아이는 관심을 끊어버리고 싶을 때가 있다. 그러나 그게 아니지, '그러니 하늘이 내게 ㄱ 아이를 보냈지', 하며 다시 마음을 고친단다. 너희들도 너희 마음에 안 든다고 친구를 따돌리지 마라. 그 아이와 함께 가는 것 때문에 너희가 손해를 볼 수도 있다. 그러나 그 아이와 함께 가는 것이 하늘이 우리에게 원하는 삶이란다. 우리는 앞으로 이러한 상황을 계속해서 마주하며 살아갈 것인데, 그때마다 등 돌리고 어떻게 살겠니? 우리는 우리의 마음에 안 드는 사람과 마음에 안 드는 환경도 수용할 줄 아는 사람이 되어야 한단다. 나는 너희가 서로 어울려 함께 가는 그런 땅콩이 되기를 바란다. 나는 땅콩을 통해 우리 주위에 행복이 넘쳐났으면 좋겠다." 이후 땅콩 동아리에서 왕따는 사라졌다. 아이들은 그렇게 서로를 있는 그대로 용납하며 함께 살아가는 멋진 청년들이 되어갔다. 이것이 사랑이다.

나는 오늘도 한글학교를 향한다. 학교에 농사를 지으러 간다. '땅콩' 농사이다. 나는 사람 농사꾼이다. 장차 세상을 살릴 '땅콩'들을 바라보며 행복한 미소를 짓는 행복한 농사꾼이다. 농사꾼의 역할은 식물이 열매를 잘 맺도록 제때 영양분을 공급해주는 것이다. 농사꾼의 삶은 매우 단순하다. 아낌없이 주고 또 주는 것이다. 이것이 우리 학교의 모습이다.

주고 또 주어도 절대 마르지 않는 깊은 샘이어라!

곤명한글학교는 최근 몇 년 사이에 학생 구성원에 큰 변화가 찾아왔다. 몇 년 전까지만 해도 순수 한인 가정의 자녀들이 대부분이었는데, 지금은 다문화 가정의 자녀가 주를 이루고 있다.

하윤이는 한국인 어머니와 중국인 아버지 사이에서 태어난 5학년 학생이다. 하윤이 오빠는 유치원 때부터 한글학교를 다녔고, 초등부를 졸업하기까지 8년 동안을 빠지지 않고 다녔다. 하윤이 어머니는 쿤밍의 한 대학교에 교수로 재직하면서, 피부 미용실을 운영하는데, 열성적으로 한글학교를 지지해주는 학부모 중 한 분이다.

태오 역시 한국인 엄마와 중국인 아빠 사이에서 태어난 아이로 현재 우리 학교의 유치부를 다니고 있다. 태오네 엄마 아빠는 뉴질랜드 유학 시절에 만나 결혼하게 되었고, 현재는 이곳에서 뉴질랜드식 식당을 운영하고 있다.

은혜는 조선족 동포 자녀이다. 요나단은 한국인 엄마와 네덜란드 아빠를 둔 3학년 학생이다. 자겸이는 중국인 엄마와 조선족 동포 아빠를 둔 한글반 학생이다. 이처럼 학생 대부분이 다문화가정의 자녀들이다. 나는 한글학교 학생 구성원이 순수 한인 가정의 자녀에서 다문화가정의 자녀로 변화될 때 상당히 당황스러웠다. 그러나 '다문화 자녀'라는 말에 편견을 갖지 않고, 학생들을 한 인격체로, 한 존재로 보기 시작하였다.

존재 그리고 생명 자체가 아름답다는 것을 샹그릴라의 야생화에서 배웠기에, 한 학생 한 학생이 아름답게 보이기 시작하는 데에는 그리 긴 시간이 필요하지 않았다. 물론 '다름'의 문제로 부딪히는 일들도 여전히 공존한다. 교사들에게 그 다름을 조화롭게 묶어갈 역할과 책임이 있다. 꽃 하나하나도 아름답지만, 꽃들 전체가 더욱 아름다운 모습으로 조화의 자태를 드러내는 것을 볼 수 있어야 한다.

지구촌 가장자리에서 한국어와 한국 문화를 지켜서 전하는 수많은 한글학교의 여러 애환을 조용히 들여다본다. 겪어내는 어려움이 첩첩하지만, 마음 안으로 끌어들여 조용히 응시하노라면, 아름답다고 할 수밖에 없다. 다름은 경계나 갈등이나 분열의 이유가 아닌, 조화를 빚어내고 아름다움을 만들어내는 바탕을 제공한다. 내가 일하는 곤명한글학교, 규모는 작지만, 다름의 문화들이 모여 아름답게 조화를 이루고 있다. 나는 오늘도 내 마음을 향하여 묻는다. 세상에서 가장 아름답고 행복한 곳은? 우리 곤명한글학교가 아닐까요?

더 큰 원을 그려라

송 성 분

(현) 캐나다 서리 한국어학교 교장
(전) 캐나다서부한국학교협회 회장

까치까치 설날은 어저께고요

"올 설날에는 우리 모두 한복을 입고 어른들께 세배를 드리게 되었습니다."

한글학교에서 보내온 가정통신문에 적힌 글을 읽으며 학부모, 학생, 선생님 모두는 다소 상기된 얼굴로 서로를 바라보며 즐거워하였다. 빨강반의 어린 친구 하루는 고사리손으로 만든 예쁜 복주머니를 내게 자랑하며 세뱃돈을 넣겠다고 하였지! 그래, 하루에게도 예쁜 한복을 입히고 복주머니를 달아주자, 그리고 멋진 폼으로 세배를 하게 해야지.

2017년 설날을 열흘 앞두고 한국에서 온 두 박스의 한복이 우리 한글학교로 전달되었다. 그때부터 나와 선생님들은 바쁘게 움직였다. 나이별로, 성별로, 그리고 체형까지 고려하여 학생들과 학부모들의 한복 대여 상황을 파악해야 했다. 우리 한글학교 학생들은 약 100여 명이지만 학부모 할아버지 할머니 동생 등, 어느 가족은 여섯 명 모두에게 한복을 대여해야 하기에 바빴다. 하지만 그 일은 힘들지 않았고 마냥 즐거웠다.

한복이 주는 의미는 한국 그 자체이다. 어릴 적 엄마가 나를 업어줄 때 꼭 꼭 싸매주던 포대기와 같이 포근하게 정겹고, 애정이 듬뿍 담긴, 한국을 향한 그리움 그 자체다. 설레는 마음으로 한복이 든 상자를 뜯어본 나는 이렇게 귀한 일을 추진해주신 한국의 관계자분들과 한복을 기증해준 학생과 학부모님들께 감사하였다. 한복에 동봉된 한복 기증 학생들의 손편지는 눈시울을 촉촉이 적셨다.

한불 수교 130주년 기념 및 대구-프랑스 루앙 교육청 간 협약 갱신에 따른 외국 학생에게 보내는 한복 기증식 시행

이곳 내가 있는 캐나다 한글학교가 한국에서 보내주는 한복을 받게 된 것은 위의 글에서 보듯이 프랑스에 한복을 기증하는 행사에서 시작하였다. 물론 처음부터 이를 알게 된 것은 아니었다. 이런 일이 있는 줄 모르고 나는 우연히 한국에서 함께 근무했던 초등학교 교장 선생님과 연락을 하게 되었는데, 그분이 위의 외국 학생 한복 기증 운동에 관여하시는 분이었다. 나는 이곳 캐나다 한글학교의 사정을 이야기하게 되었고, 한국에서 캐나다로 한복을 보내줄 수 있는지를 묻게 되었다. 이렇게 연결된 사연과 사랑이 무르익어서, 마침내 태평양을 건너서 이곳 캐나다 밴쿠버까지 한복이 오게 되었다.

우리 우리 설날은 오늘이래요

한국에서 살 때는 한복이 이렇게 귀한 줄 몰랐었다. 캐나다에 와서 살면서 한글학교를 설립하고 한복의 정신적 가치에 눈뜨게 되었다. 나는 동포 2세와 3세, 그리고 한국에 대해 알고자 하는 현지 외국인들에게 한국의 문화와 역사를 가르치고 한국인의 정체성을 교육하고자 했다. 한국을 잘 알리고 싶어서 해마다 명절 때가 되면 전통놀이 체험학습을 해왔는데 한복을 구할 수가 없어서 반쪽 수업이 되는 것이 아쉬웠다.

그동안 사진과 동영상으로 간접체험을 했었지만, 이번 설날에는 직접 한복을 곱게 차려입고 세배를 할 수 있었다. 윷놀이를 하고, 떡국을 함께 나눠 먹었던 그해 설날은 한 폭의 아름다운 사진으로 남아 있다. 부스별로 마련된 팽이 돌리기, 투호 던지기, 딱지치기, 공기놀이 등 신나고 재미있는 전통놀이 체험학습도 즐거웠지만, 무엇보다도 가족사진 촬영 부스는 종일 붐볐다. 이민 와서 한복을 한 번도 입어보지 못했던 어머니 아버지들도 오랜만에 한복을 입고 눈시울을 붉히면서 자녀와 함께 병풍을 배경으로 사진을 찍었다. 다양한 모습으로 가족들과 함께 사진을 찍으며 웃는 모습에서 행복과 아련한 그리움이 교차하는 듯했다.

캐나다 여성인 헬렌은 한복을 차려입고 드라마 〈대장금〉에서 보았다며 궁중의 왕비 흉내를 내었다. 캐나다 남성인 데릭은 윷놀이를 하면서 어눌한 발음으로 '모가 나왔네, 윷이 나왔네' 외치며 함께 시끌벅적 어울렸다. 학부모 닭싸움이 시작되었을 때는 "엄마 이겨라! 아빠 이겨라!"고 외쳐대는 아이들의 함성이 학교 운동장 가득 온종일 울려 퍼졌다.

글로벌 나눔으로 사랑이 피어나다

다음 날 이곳 캐나다의 동포 학생들은 그동안 한글학교에서 배운 한글로 정성껏 편지를 썼다. 편지봉투 안에 편지와 함께 한복을 입은 사진을 동봉해서 한국으로 보냈다. 한복을 기증해준 학생들에게 보내는 편지에는 고맙다는 말이 가득했다. 그리고 덕분에 즐거운 전통놀이 체험학습을 하게 되었다는 말도 빠뜨리지 않았다. 이 아이들은 지금도 좋은 인연으로 한국과 연락을 주고받는다. 이렇게 한국에서 보내온, 누군가의 장롱 속에서 잠자던 한복은, 이곳 캐나다 한인 동포들에게 따뜻한 사랑으로 전해져서 큰 감동을 준다. 이렇게 한복은 세계 곳곳에 한류를 전하고 있다.

우리 한글학교 학생 대부분은 한국인의 자녀들이다. 부모 모두가 한국인이거나 한 부모가 한국인인 경우는 모두 재외동포이고, 그렇지 않은 학생은 외국인이다. 외국인반 학생은 한국이 좋고 한국 문화가 좋아서, 그래서 한국어를 배우고 싶어서 한글학교에 다닌다. 그래서인지 열정이 대단하다. 한국에서 보내온 한복을 입는 것도 너무 좋지만, 그보다 한국에서 보여준 사랑에 더욱 감탄한다. 이번 일은 한국에 대한 이미지를 더 긍정적으로 바꾸는 계기가 되었다. 한복 기증은 한류를 알리는 일이 되고, 한국인의 사랑이 여러 사람에게 깊은 인상을 남겼다.

이번 한복 이벤트를 계기로 글로벌 생태를 사는 우리 자녀들은 세계시민 공동체를 모국과 함께 만들어갈 것이다. 이곳 캐나다에 사는 한글학교 학생들과 교사 그리고 학부모들은 그런 비전과 소망으로 한국의 학생들과 뜻을 나누려 한다. 어찌 우리만 그렇겠는가. 전 지구촌 1,600여 개의 한글학교에서 공부하고 있는 우리의 꿈나무인 동포 자녀들도 모두 함께하며 미래를 향해 나아갈 것이다.

더 큰 원을 그리고 싶어!

나는 이런 말을 자주, 아니 정말 지겹도록 많이 들어왔다. 한국 사람들은 이민을 와서도 서로 뭉쳐서 협력하지 못하고 시기하고 질투하는 민족이라는 말이 바로 그것이다. 나는 외쳤다. 그 말은 틀렸다고. 이는 극히 일부를 보고 일반화한 것이며, 그 말은 틀렸다고 나는 자신 있게 외칠 수 있다.

처음 이곳에 와서 한글학교에 봉사하게 되면서부터 겪은 많은 시련을 어떻게 다 열거할 수가 있을까? 시련은 무에서 유를 창조하는 것과 다름없는, 한글학교를 만들고 이끌어가는 데서 생기는 것이었다. 우선 열악한 환경의 한글학교라도 주먹구구식 운영을 탈피하고 체계적인 운영 체제를 만드는 과정은 시련의 연속이었다. 그래도 나는 교육 전문가이지 않은가. 알찬 수업 내용으로 기존의 틀을 깨고 학교를 운영해야 한다고 스스로 다짐하였다. 이런 노력은 점차 학생과 학부모들에게는 큰 호응을 얻었지만, 주변 다른 한글학교로부터는 칭찬은 고사하고 돌멩이를 많이 맞았다. 굴러온 돌이 박힌 돌을 뺀다는 것이다. 하지만 누가 굴러왔고 누가 박혔다는 것인가! 모두가 조국을 떠나 이 먼 나라에 와서 어떤 형태로건 힘겹게 살아가는 이민자들인데 말이다.

'그래, 한복을 우리 학교 학생들에게만 입힐 것이 아니라, 필요한 곳에 여기저기 보내고 나누자' 이렇게 마음을 먹었다. 한복을 이웃 학교 행사 때 빌려주었고, 또 더 많은 한복을 구하고자 한국으로 편지를 띄웠다. 나에게 이렇게 멋진 조국이 있다는 것은 정말로 행복한 일이다. 나의 부탁은 그들에게도 기쁨이라고 하면서 한국에서는 또다시 많은 한복을 보내주었다. 나중에 보내온 더 많은 한복은 토론토한글학교협의회로, 그리고 중동 지역 오만 한글학교로 각각 보내주었다.

이 운동은 아주 작은 움직임에서 출발했다. 대구 강동초등학교 김원식 교장 선생님은 학부모들에게 가정통신문을 보내, 작아서 입지 않고 장롱 속에 넣어둔 한복을 해외에 있는 한글학교 친구들에게 보낼 것을 권장했다. 이에 학부모와 학생들의 뜨거운 호응이 이어졌고, 이를 대구교육청에서 협력하여 많은 한복을 캐나다 밴쿠버로 보내주었다. 그렇게 시작되어 대구교육청과 연계하여 더 많은 나라와 학교에 한복을 보내게 되었다. 남미, 아프리카, 서남아시아 등의 먼 나라에까지 닿게 되었다. 이 얼마나 자랑스럽고 보람 있는 일인가! 더 큰 원은 이렇게 조금씩 그려지고 있음을……

인권운동가 폴리 머레이(Pauli Murray)가 말했다.

"그들이 나를 따돌리려고 자기들만의 원을 그리려 할 때, 나는 그들을 포함하는 더 큰 원을 그릴 것이다."

아이들 해바라기

신영숙

(현) 미주한국어교육장학재단 이사
(전) 미주한국학교총연합회 회장

이른 토요일, 남들은 쉬는 주말이면 이민 보따리보다 무거운 교수 · 학습
자료 가방을 차에 가득 싣고 아침도 거른 채 집을 나선다. 곧장 학교로 향하
기에 앞서 꼭두새벽부터 봉제공장에 나가서 일해야만 하는 지인의 딱한 사
정 이야기를 전해 듣고 그 댁 아이들 세 명의 등 · 하교를 도와주기로 하였
다. 오늘도 여느 토요일 아침처럼 늦지 않게 집을 나섰다. 집 모퉁이를 돌아
언덕길을 내려와서 전화를 꺼내어 차가 도착하였음을 알리려고 번호를 찍
고 있을 때였다. 저쪽에서 숨 가쁘게 달려오는 눈이 큰 아이, 카밀라이다.
숨을 몰아쉬면서 "하이! 티처." 하고 영어로 인사를 한다.

"안녕! 카밀라, 그동안 잘 지냈어요?" 나는 한국말로 천천히 또박또박 인
사를 건넨다. 테리와 토마스는 어디에 있는지 묻자마자 집 쪽에서 두 아이
가 어슬렁어슬렁 걸어온다. 아직도 눈에는 잠이 한가득, 머리는 부스스, 가
방은 열린 채로이다. 이마에는 '저 학교에 가기 싫어요. 더 잘래요.'라고 적
혀 있는 듯하다. 일주일 동안 정규학교에서 바쁘게 지내다가 토요일이면 늦
잠도 자고 싶고 게으름도 피우고 싶은데 부모님의 권유로 가야만 하는 학

교이니 발걸음이 얼마나 무거울까? 남들은 다 쉬는 토요일에도 한글학교에 가야 하는 아이들의 심정을 누구보다도 잘 알고 있기에 안쓰러운 마음이 든다. 하지만 아가들아, 조금만 참자. 우리의 속담에 '고생 끝에 낙이 온다'고 했지. 조금만 참고 견디자. 지금은 힘이 들어도 조금만 참으면 분명코 기쁜 날이 찾아온다. 나는 세 아이를 토닥인다. 그리고 다시 액셀러레이터를 밟는다.

학교까지는 자동차로 40분, 프리웨이 두 개를 갈아타고 가야 한다. 오늘따라 파란 하늘에는 하얀 뭉게구름이 솜털처럼 피어나고, 아스라이 보이는 산등성이 너머로는 살며시 '나 좀 봐주세요' 하고 얼굴을 내미는 햇살이 밝은 미소로 아침 인사를 한다. 파란 하늘에서 유유히 날갯짓을 하는 갈매기 떼가 우리의 학교 가는 길을 안내한다.

프리웨이까지는 신호등이 즐비해 있어 늦는 날이면 가슴이 콩닥콩닥, 방망이질을 한다. 그럴 때마다 '주님, 저는 한글학교에 봉사하러 가는 길이니, 빨간 신호등에 걸리지 않게 도와주시옵소서'라고 기도를 한다. 하나님께서 나의 깊은 속마음을 아시는 듯이 파란불로 나를 위로하여주신다.

그 후 7년의 세월이 흐르고 카밀라가 12학년이 되었다. 여느 때처럼 토요일 아침에 함께 등교하고 있었는데, 카밀라가 다음 주는 학교에 못 온다고 한다. 무슨 일이냐 묻자 "SAT 시험을 보러 가요." 하고 말한다.

"그래, 대학에 가서 무슨 공부를 하고 싶어?"

"간호학이요. 교장 선생님을 돌봐드리려고요."

지금까지 등교를 함께 하며 자신들을 돌봐주었으니, 이제 내가 나이가 들면, 나를 돌보아주어야 하므로 간호학을 전공하겠다는 것이다. 순간 나는 눈물이 핑그르르 돌았다. 감격스러웠다. 이렇게 생각이 자란 아이들이 정말 멋있어 보였다. '하이! 굿모닝'으로 아침 인사를 하던 아이가 '안녕하세요, 교장 선생님.' 하고 한국말로 인사를 건네더니! 이제는 대학을 가기 위해 SATII 한국어 시험까지 치게 되었구나! 졸음을 참으며 학교에 갔던 아이들이 콩나물시루에서 콩나물이 자라듯 한국어 실력이 쑥쑥 자라서 일상의 한국어는 물론 존댓말까지 구사하니 얼마나 대견한 일인가. 그냥 한국어를 아는 정도를 훨씬 넘어서 있다. 그들의 마음속에는 한국인만이 느낄 수 있는 '정'이라는 씨앗이 움터 자라고 있음을 느낄 수가 있었다.

어느 날 이런 일도 있었다. 한글학교를 졸업하고 대학생이 된 멋진 청년이 와인 한 병을 들고 찾아왔다. 한글학교에 다닐 적 아주 씩씩하고 유머 감각이 뛰어나서 선생님들과 학부모들 사이에서도 인기가 많았던 학생이다. '나의 꿈 말하기 대회'에서 자기는 장차 미국의 대통령이 되겠다고 한, 큰 꿈을 가진 아이였다. 그 큰 꿈을 가진 아이는 동부의 뉴욕주립대학으로 진학을 하였다. 그동안 대학에서 겪었던 이야기를 구수하게 털어놓았다. 그의 유머 감각은 여전히 살아 있었다. 그리고 벌써 남다른 학교생활을 즐기고 있었다. 유럽의 대학은 어떤가를 알고 싶어서 현재 이탈리아에 있는 분교에 가서 공부를 하고 있다고 한다.

그 아이는 한글학교에 뒤늦게 발을 들여놓았지만, 열심히 공부하여 한국어를 곧잘 하였다. 그 결과 외국 친구를 한국 식당에 데리고 가서, 한국 음식을 종종 즐기며 음식에 대한 설명까지 곁들이며 알려준다고 한다. 이제는 현지 외국 친구들이 한국 음식 마니아가 되었다고 한다. 그의 도움이 없어도 자기네들끼리 한국 음식점을 찾는 수준에까지 이르게 되었단다.

나는 이탈리아에서 민간 외교관 역할을 톡톡히 하는 그가 너무나 자랑스러웠다. 아울러 함께 한글학교에 다녔던 친구들의 소식을 내게 전해주며, 지나간 시절 한글학교에 대한 추억이 그립다고도 했다. 간식시간만을 기다리며 한글 공부를 소홀히 하였던 지난날의 아쉬움을 털어놓기도 하였다.

그렇지만 교장 선생님 덕택에 한글을 잘 배웠단다. 너무나도 고마워서 찾아오게 되었노라고 이야기한다. 나는 이때 우리만의 단어 '정'이란 말을 떠올린다. 한국인의 정을 다시 한번 느끼게 된다. 훌륭한 인성을 지닌 멋진 큰 나무로 자라준 우리 아이들에게 고마움을 느끼며, 강산이 세 번이나 바뀌는 시간을 '아이들 해바라기'로 살아온 나 자신에게 어깨를 토닥토닥 두드려준다. 나는 나에게 감사를 드린다. 그리고 그것이 하늘의 은혜임을 고한다.

그의 눈빛에서 미래가 보였다

원 혜 경

(현) 미국 뉴저지 훈민학당 글로벌 한국학교 교장
(현) 재미차세대협의회(AAYC) 상임고문

2017년 가을, 뉴저지에서는 한인들의 분노를 사는 사건이 일어났다. 이곳 최고의 특목고인 버겐 아카데미 고등학교에서 한 교사가 한국인을 싫어한다는 발언을 수업 시간에 한 것이다. 이에 한인 단체들이 모이기 시작했고, 이를 항의하기 위한 움직임이 여기저기서 시작되었다.

교육자인 나의 가슴을 아프게 했던 건 가장 똑똑한 학생들이 모였다는 학교에서조차 그 누구도 교사에게 항의하거나 자신들의 목소리를 내지 않는 한인 2세들의 모습을 현실로 목격한 것이다. 그즈음 들려오는 이야기가 있었다. 한 학생이 교장에게 서한을 보내고 서명운동을 하고 있다는 것이었다. 나는 그 학생이 누구인가 궁금했다. 만나서 응원과 격려를 해주고 싶었다.

학교 당국이 개최하는 월례회 날이 되었다. 단상에는 교육감, 교육의원을 포함하여 학교 관계자들이 열 명 넘게 객석을 바라보며 앉아 있었다. 객석에는 백 명이 넘는 한국 사람들이 참석하고 있었다. 분위기는 엄숙했다. 그 자리에서 누군가 우리의 뜻을 전달해야 한다. 이는 결코 쉬운 일이 아니었다. 월례회가 시작되었고 아직 앳되어 보이는 남학생이 양복을 입고, 손에는 커다란 서류 봉투를 들고 단상 앞으로 나갔다. 전혀 기죽지 않고 당당하게 본인 소개를 하고, 해당 교사의 인종차별을 조목조목 설명한 후 1,500명이 서명한 종이를 학교 측에 전달하였다. 그 학생이 바로 브라이언이었다.

회의가 끝난 후 나는 브라이언에게 다가가 교육자로서 미안함과 감사한 마음을 전했다. 그때 또 한 번 나를 놀라게 한 것은 너무나 완벽한 브라이언의 한국어 실력이었다. 한국어를 교육하는 교육자로서 브라이언과의 첫 만남은 나에게는 자랑스러움을 넘어선 그 이상의 것이었다. 이제 막 고등학교를 입학한 어린 학생이 얼마나 어깨가 무거웠을까 생각하니 마냥 기쁘지만은 않았다.

그 후 브라이언을 한인 단체에서 다시 만나게 되었다. 나는 한인 차세대 단체를 만들어 뜻있는 한인 고교생들을 모아 위안부 기림비 홍보, 선거 독려 운동 등 다양한 활동을 통해 한인 학생들에게 그들의 정체성을 고양하는 일을 해왔다. 2년 동안 한인 차세대를 성공적으로 이끈 후, 이에 그치지 않고 더 나아가 아시아 사람의 목소리를 대변하는 단체인 AAYC(Asian American Youth Council)를 만들었다. AAYC 창립식에는 이례적으로 미 주류 정치인들이 대거 참석하여 많은 관심을 보여주었다. AAYC는 창립 1년 만에 미국 전 지역과 한국으로까지 뻗어나갔다. 최단 시간 유권자 등록 1,000명을 달성하고, 전 세계의 이목을 집중시킨 조지아주 상원의원 존 오스프(Jon Ossoff), 라파엘 워녹(Raphael Warnock) 후보 선거운동에 참여하여 두 의원이 당선되는 쾌거를 이뤘다.

또한, 세계 최대 검색 사이트인 구글에 김치의 기원을 중국(China)으로 해놓은 것을 수천 명이 동시다발적으로 항의해 한국으로 변경하도록 힘쓰기도 했다. 하버드 램지어 교수가 '일본군 위안부'를 '자발적 매춘부'로 묘사한 것에 대한 항의 성명을 발표하며, 200명의 세계 언론인들에게 역사를 왜곡하는 일본의 잘못됨을 알리는 일에 앞장서고 있다. 한반도 종전 선언 문제에 앞장서는 유일한 차세대 단체이기도 하다.

브라이언을 4년 동안 지켜보며, 나는 그에게서 감응된 것이 많다. 젖살이 통통하기만 했던 어린 학생의 추진력과 행동이 교육자인 나에게는 자극이 되었고, 내가 하고자 하는 일에 그 어떤 동기로 작용했다. 그런 맥락에서 책을 낼 것을 권했을 때 브라이언은 "내가 명문대에 입학한 것도 아니고, 아직 고등학생인데 누가 제 책을 읽겠어요."라며 겸손하게 거절했다. 그런 브라이언을 설득해 『나는 브라이언이다』라는 영어와 한글판 책을 출간하게 했다. 그의 책을 많은 정치인과 인권운동가, 그리고 교육계 종사자들이 읽고 있으며 브라이언은 그 책 수익금을 코로나 희생자 가족에게 기부했다.

교육자로서 나는 많은 학생을 만나고, 그들이 성장하는 모습을 지켜봐왔다. 그들 중 여러 방면에서 특출한 학생들은 종종 있었다. 그러나 브라이언처럼 언어적으로 뛰어나고 정의감과 정체성까지 확고한 학생을 만난 적은 드물었다. 브라이언을 만나고 그를 겪어보면서, 그의 자존감이 누구보다 높다는 것을 알았다. 그리고 그 자존감이 든든한 부모님이 있어, 그 후원에 힘입어 길러진 것이 아니라는 것을 알게 되었다. 그는 아빠의 얼굴도 모른 채, 한 살 때부터 한부모가정으로 싱글맘인 엄마 손에서 자랐다. 세상의 기준으로는 낮은 자존감과 열등감으로 가득했어야 하는 환경이다.

그런데, '무엇이 이 학생을 이렇게 특별하게 만들었을까?' 하는 궁금증이 생겼다. 어쩌면 내가 교육자이기에 브라이언에 대한 나의 호기심이 더 컸을지도 모른다. 그래서 더 관심 있게 지켜보게 되었는지도 모른다. 또한 고등학교를 막 입학한 학생이 선후배를 모아 차세대단체를 만들고, 이를 잘 리드해나가고 있다. 이는 단순한 리더십만으로 되는 것이 아니라는 걸 나는 잘 알고 있다. 그는 흔히 자존감과 리더십이 뛰어난 학생들이 부족하기 쉬운 '겸손함'과 '예의 바름'까지 잘 겸비하고 있었다. 브라이언의 자서전을 보면 이런 일화가 나온다.

"잔소리라고는 하지 않는 엄마가 유일하게 강요한 것이 하나 있습니다. 왼손잡이인 나를 유치원 입학하기 전부터 오른손으로 글씨를 쓰게 한 것입니다. 덕분에 지금은 양손을 편하게 사용하지만, 그 당시엔 이미 왼손으로 모든 생활이 익숙한 나에게 오른손 글씨 쓰기는 어린 나이에도 굉장한 스트레스였습니다. 엄마가 무섭게 오른손 쓰기를 가르친 이유는 간단했습니다. 수업 시간에 오른손잡이인 친구들에게 방해가 되면 어쩌나 하는 것이었습니다. 이렇듯 엄마는 남에게 작은 부분이라도 피해를 주는 것을 원치 않으셨습니다."

일화에서 볼 수 있듯 훌륭한 자녀 뒤에는 훌륭한 엄마가 있었다. 브라이언이 한국어를 유창하게 하는 것도 엄마의 영향이었다. 미국에 살고 있지만, 모국어를 먼저 제대로 구사해야 한다며 어릴 때부터 영어보다 한국어를 먼저 가르쳤다. 2세들이 당연시하는 어눌한 한국어 발음을 용납하지 않으시고 브라이언이 말할 때마다 바로잡아주셨다. 브라이언은 누가 봐도 한국에서 대학을 나온 청년처럼 발음과 어휘에 조금도 손색이 없는, 매우 자연스러운 한국어를 구사한다.

30년 동안 재외동포 학생들에게 한국어와 한국 문화와 역사를 가르치고 정체성 교육에 헌신해왔던 교육자로서 브라이언과 그의 엄마를 만난 건 나에게 보람이었고, 앞으로의 큰 도전과 희망이었다. 학생들 가르치는 일을 좋아하는 나는, 다음 세대의 리더를 육성하기 위한 교육사업 활동을 하면서, 많은 한인 단체들을 후원해왔다. 가끔 자기네 단체의 한 부분으로 차세대를 활용하는 모습을 보며 안타까웠다. 또 1세대와 2세대 간의 협력이 이루어지지 않는 것을 보며 늘 고민해왔었다.

한인 커뮤니티 안에서 자기 자리를 찾지 못하는 동포 2세와 차세대를 보며 어떻게 하면 비전을 보여주고 미 주류사회의 리더가 된 수 있는 계기를 마련해줄 수 있을지 고민해왔다. 이 문제는 언제나 막연하기만 했는데, 브라이언을 만나 확실한 비전을 설정해볼 수 있었다. 현재 나는 AAYC 상임고 문을 맡고 있으며 앞으로 AAYC가 내 인생의 마지막 꿈이자 내 미션의 완성 품이 될 거라 확신한다.

브라이언과 같이 한민족 정체성과 세계 시민성을 조화롭게 갖춘 차세대들이 자기의 목소리와 역할을 당당히 나타낼 수 있기를 바란다. 이곳 미국에 있으면서도 조상의 나라 대한민국을 마음에 품고, 대한민국을 위해, 민간 외교의 역할을 자랑스럽게 해내는 수많은 브라이언이 동포사회에 나타나기를 기대한다.

호주 다문화사회를 감당하며

이은경

(현) 오세아니아한글학교협의회 회장
(현) 호주한글학교협의회 회장

호주에 와서 살게 되면서 개인적으로 애착이 많은 활동은 다문화사회인 호주에서 우리말과 한국 문화와 역사를 가르치며 한국인의 뿌리를 함께 찾아가는 한글학교에서 우리 아이들과 함께 하는 일이다. 매주 토요일 한글학교가 기다려진다는 학생들……. 꼬박꼬박 한 번도 빠지지 않고 출석하려고 노력하는 학생들을 생각하면 피곤했던 심신에 마구 힘이 솟곤 한다.

호주에서 태어난 학생도 있고, 부모님의 직업을 따라 호주로 부모님과 함께 온 학생도 있고, 호주로 유학을 와서 공부하는 학생도 있고, 한국에서 입양된 아이들도 있다. 이처럼 한글학교를 찾아오는 학생들은 다양한 부류로 나뉜다. 호주에서 태어나거나 어릴 때 호주로 온 아이들의 대부분은 한글보다 영어를 더 자연스럽게 구사한다. 이 부류의 학생들은 부모님의 영향으로 한국어를 듣고 말하는 데는 어려움을 느끼지 않지만, 한글을 쓸 때 맞춤법, 띄어쓰기 등에 어려움을 느끼게 되어 부모님은 자녀의 한국어 공부를 위해 한글학교에 보낸다.

내가 사는 시드니 지역의 한글학교에서는 학생들 상황에 따라 교육을 달리 진행한다. 예를 들면 주재원 자녀인 경우, 부모님의 임기가 끝나면 다시 한국으로 돌아가야 하기에 한국의 교육과정에 맞는 교육을 제공한다. 입양 아를 가르치는 한글학교에서는 입양아들이 한인사회에서 친구들과 잘 사귀며 적응할 수 있도록 양부모님들과 한국을 방문하는 프로그램을 통해 한국 문화를 체험하도록 하여 한국어 학습 동기를 부여하고 있다.

한국 경제가 발전하고 대중문화 보급이 활발해지며 우리의 한류가 전 세계적으로 인정받고 큰 인기를 구가하고 있어 최근 현지인 호주 학생들의 한국어 강좌 문의도 많아졌다. 요즘에는 현지인 호주 학생들을 위한 교육 프로그램을 제공하는 한글학교도 늘어나고 있다. 시드니 채스우드초등학교 내에 있는 우리 학교도 예전에는 주재원 자녀들, 한인 자녀, 현지인 비율이 10 : 85 : 5이었으나, 최근에는 그 비율에 변화가 생기기 시작했다. 한인 자녀 중에 다문화가정 학생 수가 눈에 띄게 증가하였음을 볼 수 있고, 현지 호주인 학생들과 현지 호주 성인들 또한 늘어나는 추세이다.

특히 우리 학교는 다른 지역보다 더 많은 다문화가정의 학생들이 등록하여 수업을 받고 있다. 우리 학교의 기초반(Early Stage 1)의 경우 새로 등록한 학생들까지 포함하면 모두 10여 명의 다문화가정 학생들로 수업을 진행하였다. 이처럼 계속 늘어나는 다문화가정 학생들을 가르치며 소수일 때는 별도의 학급을 구성하지는 않았으나, 매년 다문화가정 학생 입학이 증가함에 따라 이들을 위한 효율적인 한국어 교육방안이 무엇일지 고민하게 되었다. 그래서 그들을 위한 교재와 교육 프로그램 개발의 필요성을 절실히 느끼게 되었다. 더불어 다문화가정 학생들만의 특별반 편성, 부모님과 함께하는 활동, 새로운 연구 자료 등도 찾아보며 여러 가지 수업 방식을 시도해보고 있다.

많은 한글학교가 시간 부족과 여러 가지 사정으로 한글 중심의 수업을 할 수밖에 없었으나, 최근 몇 년 사이에 한국의 역사와 문화 교육도 병행하는 학교가 많아지고 있다. 우리 한글학교는 특별한 자격을 갖춘 선생님들을 찾아서 모시고 있다. 아동국악교육지도사 자격증 소지자로서 한국에서 아이들을 교육하셨던 선생님과 청소년 인성 예절 교육을 전문적으로 하셨던 선생님 덕에 다른 학교들보다는 좀 더 일찍부터 다양한 한국 문화 체험학습으로 전통 등 만들기, 예절교육, 한복 입고 절하기, 탈 만들어 탈춤 추기, 학부모들과 함께 한복 입고 패션쇼 하기, 전통 혼례, 다도와 다식 만들기 등을 하고 있다.

그리고 연중 세시(歲時)에 맞추어 다양한 교육 프로그램을 운영한다. 예컨대 5월 가정의 달을 맞이하여 부모님과 아이들이 함께하는 운동회 등 다채로운 활동을 한다. 의사소통으로서의 한국어 교육을 강화하고 한국 전통문화를 직접 체험할 수 있도록 기회를 제공하는 데 초점을 두고 수업을 진행하고 있다. 이러한 수업방식은 다문화가정 학생뿐만 아니라 다른 학생들에게도 좋은 결과를 가져다준다. 물론 학부모들의 만족스러운 피드백을 들을 수 있었다.

추석을 맞이하여 우리 아이들은 한복을 곱게 차려입고 등교하여 한복 바르게 입기 활동을 한다. 그리고 전통문화 체험으로 예절교육을 강조한다. 서너 명씩 나누어 절하는 법도 배운다. 장난꾸러기 저학년 아이들도 언니 오빠들 하는 것을 보며, 모두가 두 손을 곱게 모으고 조심스럽게 따라 하는 의젓한 모습을 본다. 참으로 기특하다.

그리고 2교시에는 송편과 알록달록 오방색 꼬치전 만들기를 하고, 한과 등을 나누는 시간을 가진다. 학교 측에서 쌀가루는 준비하고, 아이들에게 미리 각자 좋아하는 소를 준비하도록 하여 할머니, 아빠, 엄마 가족들이 한 자리에 모두 모여 송편을 빚는다. 누구는 쌀가루를 반죽하여 송편 만들 준비를 하고, 또 누구는 꼬치전 준비를 위해 식품 재료를 씻고 자르는 일도 바쁠 때, 우리 아이들과 아빠들은 송편 빚을 테이블과 각자 준비해 온 송편 소를 준비한다.

처음 이 활동에 참여하는 다문화가정의 외국인 부모님들께서는 신기한 듯 바라만 보시고 무엇을 어떻게 해야 할지 몰라 우왕좌왕하셨다. 한두 번 추석 명절을 함께하셨던 외국인 부모님들께서는 솔선수범하여 새로 오신 부모님들께 설명하고, 역할 분담까지 하기도 한다. 아이들은 신이 나서 반죽한 쌀가루에 쑥 가루와 단호박 가루 등을 섞는다. 그리고 밤, 깨, 콩 등 자기들이 좋아하는 소를 넣어 색깔과 모양이 다양한 자기만의 독특한 모양으로 눈사람, 하트, 농구공, 똥 등의 개성 넘치는 송편을 만든다.

다른 테이블에서는 다양한 재료를 이용한 꼬치전을 만들기 위해 아이들이 열심히 맛살과 햄, 버섯 등을 꼬치에 끼우느라 분주하다. 부엌에서는 다양한 모양의 송편을 찜통에서 찌고, 아이들이 끼운 꼬치전을 부치느라 바쁘다. 송편과 꼬치전을 처음 만들어본 신입생 이완의 아빠는 추석 행사를 함께하는 동안 어린아이처럼 마냥 싱글벙글하며 이런 활동이 자주 있으면 좋겠다고 했다. 송편보다는 꼬치전이 더 맛있다며 혼자 꼬치전을 다 드시더니 "Wow! What is this? It's one of the most delicious foods I've ever eaten."이라며 엄지손가락을 계속 들어 올리며 빈 꼬치 전 접시를 들고 천진스럽게 또 주방으로 향한다. 이 모습을 본 이완 엄마는 이완 아빠를 잡아 세우며 "It's enough Daring, Oh my God, You eat it all by yourself?"라고 하시면서 제지를 하셨다. 다른 테이블에 송편과 꼬치전을 나르던 나와 눈이 마주친 이완 엄마는 "선생님, 죄송해요. 어린아이마냥 왜 저러는지……. 송편보다는 처음 맛보는 꼬치전이 정말 맛있다며 혼자 다 먹네요." 라며 멋쩍은 듯 미소를 띠었다. 나는 "괜찮아요, 어머니, 많이 드시라고 하세요."라며 이완 아빠 테이블에 꼬치 전 한 접시를 넌지시 더 드렸다. "Thank You, Agnes." 하며 엄지손가락을 들어 올리던 이완 아빠는 소년 같은 미소를 지었다.

이렇게 서로 함께 만든 음식을 다정하게 나누어 먹다 보면 마치 한국에 있는 것이 아닌가 하는 착각에 빠지곤 한다. 오래전에 한국을 떠나 오신 부모님들께서는 가족들 모두 모여 북적북적하며 떠들썩하던 한국에서의 추석 명절 추억을 떠올리고, 학생들은 학교 수업 시간에 배웠던 다양한 추석 음식 등을 열심히 만들어 가족과 나누며, 즐겁게 시간을 보낸다. 특히 다문화가정의 학생들과 외국 부모님들은 색다른 경험을 할 수 있었다고 한다. 한국 문화를 잘 이해하는 데 큰 도움이 되었다고 하며 한국어에 관심을 나타낸다. 몇몇 다문화가정 외국 학부모께서는 한국어를 배우고 싶다고 하신다. 나는 한국문화원의 세종학당을 소개해드린다. 꾸준히 한국어 공부를 하신 매튜 엄마는 토요일 아침 등교 시간에 만나면 "선생님, 안녕하세요. 한 주일 동안 잘 지냈어요? 오늘도 좋은 하루 보내세요."라고, 그동안 배운 한국어로 인사를 함께 나눈다.

영국 아버지와 한국인 어머니 사이에서 태어난 제임스는 우리 학교에 유치원 과정부터 입학하여, 이제 어엿한 하이스쿨 7학년 학생이 되었다. 제임스의 어머니는 한인 2세로 한국어를 잘하지 못한다. 어머니가 그러하니 집에서는 당연히 영어만을 사용하던 아들 제임스는 한국어를 접할 수 있는 곳이 유일하게 일주일에 한 번 한글학교에 올 때뿐이다. 그런데다 축구 시즌이 되면 축구 경기에 나가야 하는 사정 때문에 한 학기 동안 한글학교에는 오지 못한다. 그러다 보니 당연히 한국어 실력은 다른 학생들보다 많이 뒤처질 수밖에 없다.

제임스는 어린 동생들이 많은 Early stage반의 한국어 수준을 한동안 벗어나지 못하고 끙끙거리며 제자리걸음만 반복했다. 워낙 소극적인 성향의 제임스는 더욱 과묵한 학생이 되어가고 있었다. 보통 한인 자녀 하이스쿨 학생들은 저학년 동생들과 수업하는 것이 창피하기도 하고, '내가 왜 굳이 한국어를 배워야 하지?' 하며 포기를 하는 학생들이 많은데 다행인 것은, 제임스는 축구 시즌 때를 빼고는 매주 한글학교에 빠지지 않고 성실히 와주었다.

아침 일찍 등교하는 제임스를 보며 "제임스, 안녕! 한 주간 잘 지냈어?" 하고 선생님이 먼저 인사를 건네면 수줍게 머리를 푹 숙이고 "예~"라고 짧게 대답한다. 어떨 때는 대답도 하지 못하고, 마치 누가 잡으러 오는 것처럼 뒤도 돌아보지 않고 도망가듯 자기 교실로 쏙 들어가던 제임스였다.

여름방학이 지나고 'Term 1' 단계 학습을 시작하는 첫날, 제임스가 달라졌다. 다른 때와는 다르게 환한 얼굴로 운동장에서 만났다. 제임스가 내게 다가와 수줍게 "선생님 안녕하세요?"라며 먼저 인사를 건네지 않겠는가? '아니! 이게 웬일' 하고 속으로 놀라며, 나는 "어 그래, 제임스구나! 방학 재미있게 보냈니?"라며 반갑게 맞자 제임스는 수줍은 듯 미소를 띠며 "선생님 우리 Korean School Camp 때 만났죠?" 하며 친근함을 표했다. "그래, 선생님은 제임스를 한글학교 청소년 캠프에서 볼 수 있어서 정말 반가웠어, 넌 어땠니?" "Um… It was fun. 나, 다른 친구(다른 한글학교 학생)도 많이 만나고 friends 많이 만들었어. 나 방학 동안 인터넷에서 Korean Study 하고 Camp New friends도 만났어요."라며 다른 때와는 다르게 신나서 대화를 이어갔다. 그 모습을 바라보며 흐뭇해하던 제임스 엄마는 내게 다가와 조금은 서투른 한국어로 감사를 표했다. "선생님 고마워요, 제임스가 방학 동안 한국 친구들도 만나고 한국어도 열심히 했어요."

다문화가정 자녀들은 학습에 필요한 한국어 구사 능력이 부족하여 학업 성취도가 낮다. 그리고 한국 문화에 대한 이해가 부족하여 한국어를 배우는 데에 다른 한인 자녀들과 차이가 난다. 더군다나 제임스의 경우는 어머님도 한인 2세라서 영어권이다 보니 한국어 습득하는 데 오랜 시간이 걸릴 수밖에 없었다. 제임스는 한국어를 습득하기 어려운 환경에 있었지만, 부모님이 포기하지 않으시고 계속 믿고 응원해주신 덕분에 꾸준히 한글학교에서 학습을 이어나갈 수 있었다. 캠프 활동을 통해 학교 수업 시간에 책에서만 본

가야금, 장구, 징, 단소 등의 전통악기를 직접 보고 배우며, 또래 친구들과 소통을 하는 가운데 자신감도 생기고 자연스럽게 한국어로 대화를 하는 데 용기를 낼 수 있는 수준에 도달한 것이다.

이번 캠프가 제임스에게 한국어 학습 능력을 기르는 데에 큰 동기를 갖게 해주었으니 앞으로 더 향상된 제임스가 기대된다. 이중언어 교육은 아이들 스스로 이중언어가 '필요한 언어'라고 인지해야 하고, 이중언어로서 한국어를 즐길 수 있어야 한다. 제임스와 같이 자연스럽게 흥미를 갖도록 유도하는 것이 필요하다고 생각된다.

이제는 한글학교와 인연을 맺은 지 어언 30년, 어느덧 가르치는 일이 나의 천직이 되어버린 느낌이다. 오늘도 나는 더 효과적인 프로그램 개발을 위해서 노력해야겠다는 다짐을 해본다.

H 선생님의 방송 무대 이야기

김 수 진

(현) 뉴욕교회 한국학교 교장
(전) 재미 한국학교 동북부협의회 부회장

사실은 봄부터 CBS의 〈세바시〉(세상을 바꾸는 시간, 15분) 뉴욕 특집이 있다는 소식을 알았다. 3년 전 김 PD님이 말씀하셨다.

"다음번에 뉴욕 가면 꼭 H 선생님 이야기를 담을게요."

그 약속이 정말로 이루어질 줄 난 몰랐다. 그냥 하는 말, 그냥 인사처럼 남기는 말인 줄 알았다. 그런데 누군가가 지나가듯 남긴 말이 실제로 이루어지고, 그 일이 책임 있게 만들어져가는 모습을 보며 나는 다시 자신을 돌아봤다. 그동안 나는 공중에 공허하게 남긴 말들이 얼마나 많았는가.

H 선생님의 기록을 남기겠다는 약속을 실행하는 사람들이 한국에서 뉴욕으로 건너와서 선생님께 마이크를 채워드린다. 선생님이 긴장하신다. 사전 인터뷰 촬영에서 "이게 이렇게 힘든 거구나." 하고 걱정을 하신다.

"준비했던 말이 생각 안 나면 어쩌지? 시간을 못 지키면 어떡하지? 중요한 내용을 잊어버리면 어떡하지?"

강연 순서도 맨 처음이셨던 선생님은 처음 마이크를 몸에 달고서 그렇게 긴장하셨고 나는 선생님께 괜스레 죄송했다. 구순이 되신 선생님이 긴장하는 것이 안타까워 혹시라도 순서를 바꿀 수는 없을까 제작진에게 여쭤보려

했으나, H 선생님은 그런 나를 말리신다.

"이런 데선 여기서 계획한 대로 해야 하는 거야. 일하는 사람들 고생하잖니. 복잡하게 만들면 안 돼. 그냥 하는 대로 하면 되지."

선생님은 이번에도 명료한 답을 주셨다. 선생님보다 더 피가 바짝바짝 마르는 것 같은 나는 선생님이 무대에 오르시기 직전 선생님 강연의 슬라이드를 담당하느라 선생님 곁에서 자리를 옮긴다.

아, 발걸음이 떼어지질 않는다. 이 순간 나는 아이를 미국 학교에 보냈던 나의 이민 첫날 아침이 떠오른다. 교실로 들어가야 하는 아이의 손을 놓아야 했던 그 조마조마하고 마음이 짠하게 아려왔던 그 순간으로 돌아간 듯하다. 이 순간 한글학교 교사 경력 10년 차를 막 지난 내가 감히, 한국어 교육 70년 경력의 H 선생님의 보호자가 된다. 보호자의 마음이 된다.

선생님은 무대에 오르신다. 나는 저 관객석 뒤 조정대의 컴퓨터 앞에 선다.

"태어나보니 일본이었습니다. 저는 엘리자베스 여왕과 동갑입니다, 엘리자베스 여왕은 영국에서 태어났고, 저는 일본에서 태어났습니다. 그런데 일본이 아니에요."

아, 선생님이 태어난 곳은 어디였을까.

"35년 동안 일본이 우리나라를 강제 점령한 기간 중, 태어난 후 스무 살이 될 때까지 일본 문화 속에서 일본 말을 배우며 살았습니다. 학교에서 단 한 시간도 한국말을 배운 적이 없었습니다. 해방이 되었습니다. 저는 한 번도 배워보지 못한 한국말을 배우러 이리저리 뛰어 다녔습니다. 그때 조선어학회 선생님들에게 열심히 배우고 한국말을 배웠습니다. 이렇게 학교에서 한국말을 배우지 못했다는 것이 저의 약점입니다. 여러분이 약점은 무엇입니까?"

H 선생님은 시대가 만들어낸 선생님의 약점을 자신의 개인적 약점으로 말씀하시며, 우리의 약점이 무엇인지 물으신다. 지금 이 시대 이곳에서, 나의 약점은 무엇인가. H 선생님의 질문을 뒤로하고 다시 이어지는 H 선생님의 이야기가 무대 위에 채워진다. 70년의 시간이 어떻게 15분 남짓한 방송 시간에 다 담길 수 있을까. 그 작은 체구의 선생님이 서 계시는 무대가 신기하게 꽉 채워진다. 무대는 체격으로 채워지는 것이 아닌가 보다. 스무 살부터 시작한 한글 교육 70년이 무대 위를 떠나, 관객석을 떠나, 온 세상을 채워나간다.

선생님의 이야기 흐름에 맞추어, 준비한 자료화면을 기도하는 마음으로 한 장 한 장 넘긴다. 때로는 준비했던 원고에 없는 이야기들도, 때로는 준비했던 원고의 내용을 건너뛰기도 하며, 선생님의 이야기는 퍼져간다. 관중들과 다 함께 읽기로 했던 H 선생님의 시 「같은 지구에서」도 시간이 모자랄까 봐 생략하신다. H 선생님은 그렇게 무대 위에서 시간 약속을 지키시려 노력하시고, 나는 무대 밖에서 선생님 메시지가 혹여라도 덜 전달될까 전전긍긍한다.

그런데 H 선생님은 한 단어 한 단어에 나무와 같은 힘을 실어, 나무와 같은 생명을 담아 이야기를 이어 나가신다. 놀랍다는 느낌을 나는 받는다. 5분 남았다는 제작진의 신호를 보자마자 H 선생님은 얼른 "결론은" 하고 이야기를 마무리 지으신다. 선생님의 70년 한글 교육의 '결론'은 무엇일까. 관객들의 눈과 귀가 선생님을 향했다. 무대 위 조명이 선생님께 더 선명히 맞추어졌다.

"70년 동안 아이들을 위해서 봉사했다고 자부하고 있었어요. 하지만 지금 와서 생각하면, 그 학생들이 저를 지켜줬어요. 제가 사람답게 살 수 있도록 지켜준 건 어린이들의 순수한 예쁜 마음이었습니다. 그래서 지금은 학생들에게 감사하는 마음뿐입니다. 어린이들, 노래 부르겠어요?"

자신의 이야기를 멈추고 진행을 이어가신다. 무대 위에서 선생님의 뒷모습을 보며 대기하고 있던 한글학교 학생들과 교사들의 노래 순서로 바로 넘기신다. 조명이 쏟아지는 무대 한가운데를 떠나서 아이들에게 다가가신다. 조명이 선생님 대신 아이들을 비춘다. 관중들은 이제 H 선생님 대신 아이들을 본다. 피아노 반주가 흐르고 마이크를 손에 든 아홉 살 S가 노래를 시작한다. 카메라가 선생님 대신 아이들을 화면에 담는다.

"산에 산에 진달래꽃 피었습니다"

Y, H, J도 다 함께 피아노 반주에 맞추어 산에 핀 진달래꽃을 노래한다. H 선생님은 산이다. 이 아이들은 그 산에 핀 진달래꽃이다. H 선생님의 후배인 우리 모든 한글학교 교사들도 산이다. 교실 안에 있는 아이들은 모두 산에 핀 진달래꽃이다. 꽃이 핀 산이어서 그 산은 아름답다. 그 꽃들은 나중에 또 거름이 되고 산이 될 것이다. 그 산에 또 그들이 키워내는 진달래꽃이 피어날 것이다.

이제 녹화가 끝났다. 카메라도 꺼지고 조명도 꺼진다. 그러나 산에 산에 피어난 진달래꽃의 불빛은 다시 켜진다. 여기 이곳에.

* 이 이야기의 H 선생님은 뉴욕 지역 한국학교를 평생 가꾸신 허병렬 선생님이십니다.

특별 기고   시를 잊지 않은 그대에게 정재찬
발문   몸으로 쓴 지구촌 한글학교 보고서 김봉섭

참여한 필자들

시를 잊지 않은 그대에게

정재찬

한양대학교 국어교육과 교수, 『시를 잊은 그대에게』 저자

1

명색이 국어교육과 교수이면서 한국어교육에 대해 별다른 책무성을 지려하지 않고 살아왔습니다. 한국어교육 붐이 일어날 때에도 저것은 전문성이 다른 분야이니 욕심조차 부리지 말자며 아예 눈길을 주지 않으려 했던 것도 사실입니다. 국어교육, 그중에서도 시 교육, 그것만이 내가 맡아야 할 온전하고 온당한 사명이라 여겼던 것 같습니다. 그때는 나름대로 정직하고 순박한 태도라 했겠지만, 다시 보니 그것은 달란트를 땅에다 묻어둔 게으른 종만도 못한 짓이었습니다. 시의 달란트를 말입니다.

시는 생각보다 더 힘이 셌고 더 아름다웠습니다. 그걸 깨달은 건 중년 이후의 일입니다. 대학원 시절부터만 따져도 스무 해 넘게 시 공부를 전공이랍시고 해온 사람이 말이죠. 더구나 그걸 깨닫하게 된 곳은 엉뚱하게도 머나먼 미국 땅이었답니다.

사십 대 중반을 보냈던 미국 남기주대학의 교환교수 시절, 처음에는 정말 모처럼 맞이한 안식을 있는 그대로 즐겼습니다. 먹고, 마시고, 기도하고, 골

프하고. 맞아요. 행복했어요. 아니, 행복해야 했어요. 그런데 이상하게 노을만 지면 외로워지고 밤이 깊으면 답답해지는 건 어인 까닭일까요.

눈치채셨겠지만 한국말이 고팠던 탓입니다. 늘 말하고 쓰는 걸 업으로 삼으며 살아온 사람이, 게다가 말과 강연으로 사람 웃기는 걸 평생 낙으로 살아온 사람이 이토록 묵묵히 살아가야 하다니, 그건 천형과도 같았습니다. 마치 목소리를 잃어버린 인어공주가 되고 만 것 같았습니다. 미국이라는 별천지에 온다고 비자를 얻은 대신 목소리를 버리고 온 셈은 아니었던가요. 굳이 이름 붙이자면 언어적 우울증, 모국어 영양실조, 문화적 파산 상태라 해도 좋았을 것입니다.

그때 다시 시가 찾아왔습니다. 짐 무게 많이 나간다고 책도 다 놓고 떠나온 터라 인터넷만이 친구였을 때, 인터넷 그 망망대해 가운데, 갖은 시들을 잘 모아놓고 정성껏 갈무리해둔 블로그들이 아름다운 섬처럼 둥둥 떠 있는 것을 발견한 것입니다. 80년대 학창시절에는 이념에 가려 보지 못했던 시들, 90년대 해체주의 이후에는 난해함이 극에 달해 쳐다보지도 않았던 시들, 그래서 연구나 공부의 대상으로만 바라보아 왔던 시들 너머로, 나를 위로해주려고 오랜 시간 다소곳이 기다려준 시들과 만나게 된 것입니다.

사람은 역시 배가 고파야 제대로 맛을 아는 것 같습니다. 시를 일컬어 왜 한국어의 정수(精髓)요, 꽃이라 일컫는지 그제서야 알겠더라고요. 아, 그때 제가 만난 것은 새로운 한국어, 진짜 우리말이었어요. 그저 의사만 주고받는 도구가 아니라 사람의 정신을 성찰로 이끌고 영혼을 위무해주며 가슴을 맑게 하고 몸을 따뜻이 덥혀주는, 존재로서의 언어 그 자체로 시가 다가왔단 말입니다. 그렇게 나는 다시 시와 대화했습니다. 시를 먹고 마시며 영혼의 기갈을 해소했습니다. 심령은 여전히 가난하되, 문화적으로는 다시 부자가 된 기분이 들었습니다.

2

    그런즉 그 좋은 걸 어찌 혼자 가질 수 있었겠습니까. 그때 제 심정이 바로
이러했더랍니다.

> *가장 아름다운 것은*
> *손으로 잡을 수 없게 만드셨다*
>
> *사방에 피어나는*
> *저 나무들과 꽃들 사이*
> *푸르게 솟아나는 웃음 같은 것*
>
> *가장 소중한 것은*
> *혼자 가질 수 없게 만드셨다*
>
> *새로 건 달력 속에 숨 쉬는 처녀들*
> *당신의 호명을 기다리는 좋은 언어들*
>
> *가장 사랑스러운 것은*
> *저절로 솟게 만드셨다*
>
> *서로를 바라보는 눈 속으로*
> *그윽히 떠오르는 별 같은 것*
>
>   — 문정희, 「혼자 가질 수 없는 것들」(『양귀비꽃 머리에 꽂고』, 민음사, 2004)

    가장 아름다운 것은 나무와 꽃들 사이의 푸른 웃음이랍니다. 진짜 아름다

운 것은 손에 쥐어지지 않습니다. 귀한 것, 가치 있는 것도 마찬가지입니다. 진짜 아름답고 귀하고 가치 있는 것은 아기의 환한 미소, 당신의 사랑스러운 목소리, 다시는 돌아올 수 없는 그리움 같은 것들입니다. 그런 것은 어느 누구도 손에 쥘 수가 없습니다. 그러기에 역설적으로 누구나 누려도 닳거나 사라지지 않습니다. 가장 아름다운 것은 손으로 잡을 수 없게 만드셨기에 소유나 독점의 대상이 될 수 없는, 되어서는 안 되는 탓이기 때문입니다.

시인은 바로 그 손으로 잡을 수 없는 것들, 즉 언어로 포착하려 하면 그 순간 사라져버리는 존재들을 어떻게든 언어로 잡아보려는 사람들일지도 모릅니다. 어리석거나 욕심쟁이라서가 아니라 현실의 언어에 절망을 거듭하며 그 아름다운 존재의 본질을 새로운 언어로 담아보려는 순진한 예술가인 셈이지요. 그러니 시가 어려운 것은 시인의 악취미 탓이 아니라 우리 존재의 본질이 난해하기 때문이요, 우리가 시를 통해 깨달음을 얻는 것은 그 본질을 언어화하려는 시인의 분투 노력 덕분이 아니겠습니까.

문학평론가 신형철은 이렇게 말한 적이 있습니다. "말은 미끄러지고 행동은 엇나간다. 말에 배반당하기 때문에 다른 말들을 찾아 헤매는 것이 시인이다. 시인들은 말들이 실패하는 지점에서 그 실패를 한없이 곱씹는다. 그 치열함이 시인의 시적 발화를 독려한다".

쉽게 풀어보겠습니다. 시인도 아닌 일상인인 우리조차 '시적인 것'을 원할 때는 언제이던가요? 과연 우리는 언제 시인이 되던가요? 말이 미끄러지고 말에 배반당할 때입니다. 일상의 언어로는 도저히 의사를 전할 수 없어 불가피하게 시인이 되어야 할 바로 그때 말입니다.

연애하면 누구나 시인이 된다는 말에는 진실의 요인이 들어 있습니다. 이 점을 가르치기 위해 강의시간에 저는 〈사랑이란 말은 너무 너무 흔해〉라는 가요를 들려주곤 합니다. "사랑이란 말은 너무 너무 흔해. 너에게만은 쓰고 싶지 않지만, 달리 말을 찾으려 해도 마땅한 말이 없어 쓰고 싶지만 어쩔 수가 없어". 연애편지를 써본 사람은 압니다. '사랑해'라는 말로는 도저히 자신의 감정이 제대로 표현될 수 없다는 것을, '사랑해'와 같은 일상언어는 투명하긴커녕 자신의 섬세한 사상과 감정의 결을 표현하기에는 턱없이 부족하고 뭉툭하고 부정확하기 짝이 없다는 것을. 아니, 어떻게 우리 둘만의 이 귀하고 독특한 사랑이 아무나 쓰는 저따위 사랑이라는 단어로 퉁칠 수 있단 말입니까. 우리 사랑에 대한 모독이 아니겠습니까. 언어는 추상이고, 추상은 — 비슷한 것은 동일하다고 간주하는 점에서 — 일종의 폭력이 되기 때문입니다. 그래서 '사랑해' 같은 일상의 뻔하고 무례한 언어가 아닌, 자신의 사랑에 딱 들어맞는 다른 말을 찾으려 하지만, 시를 제대로 배우지 못한 탓일까, 이 노래의 화자는 도무지 마땅한 말을 찾지 못해 고생만 합니다. 시인처럼 실패를 곱씹고 치열하게 난공불락의 발화를 찾는 일이 어디 쉬울 리가 있겠습니까. 결과적으로, 너에게만은 그토록 쓰고 싶지 않았던 그 '사랑'이란 말을, 양(量)에서 질(質)로의 전화(轉化)를 믿으며, 세상 어느 노래보다 많이 내뱉어야 하는 아이러니를 향해 이 노래는 치달아갑니다. 이 노래의 마지막 가사가 이렇게 끝나는 것은 그런 점에서 희극적이고 동시에 비극적이랍니다. "사랑해 너를 너를 사랑해 사랑해 사랑해 어느 누구도 아닌 너를 사랑해 사랑해."

그러므로 시는 가장 아름다운 것들, 가령 "사방에 피어나는/저 나무들과 꽃들 사이/푸르게 솟아나는 웃음 같은 것"들, 손으로도 언어로도 잡히지 않는 것들을 최대한 가까이 잡으려 하는 인간적 노력의 산물입니다. 그러니 시가 어찌 아름답지 않을 도리가 있겠습니까.

그에 이어 문정희 시인은 다시 노래합니다. 이번엔 "가장 소중한 것은 혼자 가질 수 없게 만드셨다."라고 말이죠. 조상님들은 이미 익히 잘 알고 깨닫고 몸소 실천하신 경지겠지요. 이런 멋진 시그가 괜히 나있겠습니까.

십년(十年)을 경영(經營)하여 초려삼간(草廬三間) 지여내니

나 한 간 달 한 간에 청풍(淸風) 한 간 맛져두고

강산(江山)은 들일 듸 업스니 둘러두고 보리라

— 송순

우리말에서 '십 년'이란 딱 십 년이라기보다는 충분히 오랜 세월을 이르지요. 특히 '십년 수절'처럼 작정하고 지낸 세월의 경지라 이해해도 좋을 겁니다. 그렇게 본다면 이 시인은 가난하려고 작정하며 산 셈이지요. 안빈낙도(安貧樂道)란, 가난해도 좋다는 소극적인 경지를 넘어선 자리, 도를 즐기려면 적극적으로 가난해야 한다는 정도를 가리킴이 아닐까요. 십 년을 경영해 고작 초가삼간 지었답니다. 초가삼간이란 지금 식으로 하면 원룸이나 반지하 신세 같은 것. 하지만 조상님들은 그마저도 넉넉하다 여겼습니다. 세 칸 가운데 나는 한 칸만 차지하고, 다른 한 칸은 저 달, 그리고 남은 한 칸은 시원한 바람에게 공짜로 임대를 주시지 않았겠습니까. 달과 바람 같은 자연은 소유하려 해도 소유할 수 없거니와, 아무리 탐해도 줄어드는 일 없고, 남에게서 빼앗거나 남의 향유를 막지도 않는 법, 그러니 자연을 사랑하는 이런 욕망은 물질적 소유욕을 억제하는 소극적인 바람보다 훨씬 더 적극적인 것이겠지요. 그럼에도 불구하고 조상님은 집 안에 남은 칸이 없어 들일 길 없는 강산은 그저 둘러두고 보겠다며 너스레 섞인 겸양을 보이십니다.

시 또한 이처럼 소중한 자연과도 같은 겁니다. 시는 달, 청풍, 강산 같은 소중한 존재입니다. 시를 탐하는 것 역시 소중한 일입니다. 이 소중한 존재를 어찌 혼자 독점하겠습니까. 그건 죄입니다. 소통하고 전파하고 공감하고 공유해야지요.

시는 독백의 언어요, 우리 독자들은 그것을 엿듣는 거라고 말하지만, 실

은 시인 자신도 이미 자기 노출과 타인과의 공유를 의식하지 않을 리 없습니다. 따라서 시인도 소통을 위해 분투 노력해야 하는 것이지요. 다만 시인은 모호한 것을 분명하게 설명해주는 해설가가 아닙니다. 때로 존재의 모호한 본질은 모호한 언어로써만 소통될 따름입니다. 그러니 아무래도 더 노력을 요하는 쪽은 독자입니다. 시는 필연적으로 독자로 하여금 경청(傾聽)의 자세를 요구합니다. 모호하기 때문에 오히려 더더욱 경청하지 않으면 안 되는 것이지요. 경청이란 단순히 의미만 전달되면 그만인, 주제와 요지만 보고하고 이해하면 그만인 유형의 소통과는 거리가 멉니다. 경청이란 그 목소리와 음성의 어조와 결까지 온전히 들어주는 것을 의미합니다. 진정한 경청은 미처 말하지 않은, 차마 말하지 못한, 말할 수 없어 지키고 있는 침묵에까지 귀 기울이는 것입니다. 가뜩이나 함축적인 언어로 이루어진 시가 행과 연까지 나누어 공백을 만들며, 때로는 시가 다 끝난 자리에서마저 여백과 여운까지 느끼게 하는 것은 경청이 드문 이 시대에 매우 귀한 경험을 우리에게 허여해 줍니다. 그 말 안에 담긴 진정한 뜻이 무엇일지 귀담아듣고, 듣고 나서도 한참 그 의미를 궁구하며, 그 깨달은 바를 가슴에 담아 무시로 꺼내어 암송(暗誦)하는 것, 그런 점에서 시는 실로 공안(公案)이요, 시를 읽고 새기는 일은 명상(冥想)에 가깝다 해도 지나치지 않을 겁니다.

아마 그 이상(理想)이 잘 이루어지면 그것이야말로 문정희 시인의 세 번째 단계, 곧 "가장 사랑스러운 것은 저절로 솟게 만드셨다."라는 경지에 해당할 것입니다. "서로를 바라보는 눈 속으로/그윽이 떠오르는 별 같은 것"을 저절로 나눌 수 있게 된다면, 그것이야말로 염화미소, 심심상인, 이심전심의 경지가 아니겠습니까. 해설도 필요 없이 돈오(頓悟)에 이르는 시 교육의 이상향이 바로 그런 것이겠지요

안타깝게도 거기서 막히고 말았습니다. 아무리 시가 아름답고 소중하고

사랑스럽다 한들, 어찌 저절로 솟게 만들 수 있단 말입니까. 시를 교육한다 하면서 학생들로 하여금 시와 멀어지게 만들고, 시를 해설한다 하면서 대중들로 하여금 거리를 두게 만든 현실 앞에서, 어떻게 해야 시와 인생과의 연관을 회복하고, 어떻게 해야 시가 지닌 인문학적 가치와 예술성을 전달하며, 그러면서도 학생과 대중들의 흥미와 감동을 불러일으킬 수 있을 것인지, 캘리포니아의 다락방에서 외로이, 그러나 열렬히 고뇌를 거듭하며 글을 쓰기 시작했습니다. 막힌 길을 뚫으며 그렇게 매달 한 꼭지씩 쓴 글을 이메일을 통해 고국의 잡지사에 보내 연재를 했습니다. 『시를 잊은 그대에게』의 초고는 그렇게 만들어졌던 것입니다.

3

그것은 시 텍스트를 중심으로, 그 시와 연관된 노래, 그림, 사진, 영화, 광고 등등 여러 문화 예술 텍스트와 교직하면서 거기에 필자 자신의 경험과 기억, 사유와 성찰을 더한 인문학적 에세이에 가까웠습니다. 저는 그것을 시 에세이라 부르곤 했는데, 시를 바탕으로 하여 때론 주제별로, 때론 소재를 따라, 때론 정서별로, 다양한 매체의 상호텍스트적 융합과 나 자신의 생(生) 체험으로 이루어진 에세이라고도 할 수 있을 것입니다.

고국에 돌아와 저는 그 텍스트들을 교육에 접목했습니다. 특별히 공대생을 대상으로 실험을 시작하게 됐지요. 강단에서 저는 문자로 이루어진 필자의 시 에세이를 화면에 올려놓고 내레이터처럼 읽어 나가다가 그와 연관된 내용들을 이야기꾼처럼 풀어댔습니다. 때로는 가요와 가곡을 틀어주는 디제이(DJ)를 하기도 하고, 영화와 광고와 갖은 인터넷 동영상을 연결해주는 브이제이(VJ)를 겸하기도 했습니다. 학생들의 오감을 자극해서라도 문학과 예술과 문화에 대해 함께 공감하고 소통할 수 있게끔 이끌고 싶었고, 매개로서의 교사의 위치는 여전히 필요하다고 판단했기 때문입니다. 강의용 텍스트를 제작하고, 실제 강의를 준비하면서 저는 고급문화와 대중문화의 위계와 경계를 넘어서고, 문학적 상호텍스트는 물론 각종 문화적 콘텐츠와의 상호텍스트성의 힘을 극대화하는 데 힘을 기울였습니다. 무엇보다도 시와 삶의 만남, 그 과정에서 즐거움과 감동을 함께 맛보도록 설계하는 데 중점을 두었죠.

나아가 학기 말 과제로 필자의 글쓰기 텍스트를 하나의 모델로 삼되, 필자의 텍스트와 다른, 아니, 다른 누구의 텍스트와도 다른, 자신의 삶과 문화적 체험과 자신만의 상호텍스트들로 이루어진 텍스트를 만들어보라고 학생들에게 요구했습니다. 자신의 문화적 기억과 인터넷이라는 도구의 결합을 통해 보다 유연하고 창발적인, 모쪼록 진솔한 이야기를 써볼 것을 권했지요. 겁먹지 말라고, 수준을 생각하지 말라고, 정답을 찾지 말라고, 문학 텍스트를 바탕으로 하여 자신의 언어로 자신의 삶을 풀어놓으면 된다고 격려했습니다.

결과는 기대 이상이었어요. 많은 학생들이 훌륭하게 해냈습니다. 문화 예술적 레퍼토리는 필자의 세대와 상당 부분 달랐지만 충분히 소통 가능했고, 개성적이며 매력적인 콘텐츠의 결합이 다양하게 제출되었습니다. 무엇보다도 학생들은 자신들이 이런 텍스트를 쓴다는 행위 자체에 고무되었고, 놀랍게도 강의 중 필자가 단 한 번도 입에서 내어본 적이 없는 '힐링'이니 '치유'니 하는 단어들이 그들의 강의 평가에 달려 나오곤 했습니다. 비록 의도하지는 않았지만, 필자의 강의가 인생을 위한 시 치료의 일환일 수 있음을 어렴풋이 깨닫게 된 것도 그때부터였죠.

그렇게 탄생한 졸저 『시를 잊은 그대에게』가 그 뒤로 소위 베스트셀러의 반열에 오르면서 방송과 강연의 길이 열리게 되었습니다 뮤첫 시절도 없었고, 부끄럽게도 중년이 넘어서야 그것도 낯선 이국땅에서 모국어 시의 가치를 깨달은 자가 어쩌다 보니 대중들과 시를 나누는 자리에 서게 된 것이죠. 텔레비전 방송 프로그램에서 시를 읽게 해주는 시대, 시를 소재로 드라마가 만들어지는 시대, 시집 판매가 늘고 시집 필사본이 팔리는 시대에 살고 있다는 사실이 잘 믿어지지가 않았습니다.

이러한 현상에 관해서는, 복잡다단한 근대에 대응하기에는 짧은 글이라는 시의 장르적 특성이 단점으로 작용했지만, 탈근대에는 SNS라는 미디어의 특성에 가장 적합한 양식으로 시의 가치가 재평가된 결과라는 분석도 있습니다. 아닌 게 아니라 오늘도 SNS에는 무수히 많은 이미지가 올라옵니다. 풍경이든, 인물이든, 음식, 반려견이든 그 사진들은 저마다 모두 일상의 서정적 순간에 촬영된 것들이죠. 시는 아니어도 시적인 것을 표현하고 소통하고자 하는 욕망은 늘 존재하고 있었던 것입니다. 무엇보다도 시는 공유가 쉽습니다. 매체의 공간적인 측면에서만 그렇다는 것이 아니라 시간적으로도 그렇습니다. 아무리 인기 많은 소설, 영화나 드라마라 해도 그것을 공유하기 위해서는 꽤 많은 시간과 노력의 투입이 요구됩니다. 하지만 시는 아주 잠시만 시간을 내어주면 그 감동을 그 자리에서 공유할 수 있습니다. 실제로 저의 시 강연 현장에서는 스크린에 시를 띄우고 낭송하는 순간, 여기저기서 핸드폰 셔터 소리가 자연스레 터져 나옵니다. 참 과분한 보람입니다.

그럼에도 아직도 남은 꿈 혹은 소명이라 여기는 것이 있다면 그중 하나는 모국어 시의 힘과 아름다움을 국내를 넘어 재외국민들과 함께 나누는 것입니다. 학창 시절에 시를 배웠던 이민 세대를 중심으로 모국어의 향수를 함께 누리는 한편, 인생에 대한 위로와 성찰을 모국어의 정수를 통해 얻게 해드릴 수 있기를 소망해보는 것입니다. 나아가 젊은 세대의 재외동포는 물론 외국인 한국어 학습자들까지도 다양한 문화 예술적 콘텐츠를 통해 한국어의 최전선 수준이라 할 시를 즐겁고 감동적으로 향유할 수 있도록 해보고도 싶습니다. 아마도 가능할 것입니다. 한국어 교육의 최전선, 한글학교가 있으니까요. 성원의 마음을 이렇게 전합니다. 시를 잊지 않아주신 그대들에게 진심으로 감사드립니다.

몸으로 쓴 지구촌 한글학교 보고서

김봉섭
재외동포재단 전문위원, 문학박사

1

이번 『한글의 최전선, 지구촌 한글학교 스토리』 출간은 "외형적 체제의 학교로만 한글학교를 인식하는 단선적 이해를 넘어서서 역동적이고 다면적인 현상 즉, 한글학교를 '한글학교 현상'으로 인식해야 지구촌 한글학교의 진면목을 이해할 수 있다"라는 박인기 교수의 문제의식에서 시작됐다.

이 책을 기획한 박인기 교수는 2015년 8월 7일 경인교육대학교 인천 캠퍼스에서 거행된 'CIS 지역 한국어 교사 초청 연수' 때 첫인사를 나눈 이후, 재외동포 및 한글학교와 관련한 일을 꾸준히 해왔다. 재외동포와 한글학교에 대한 가치를 품지 않고서는 다가가기 힘든 일이었고, 또 그것을 뒷받침하는 역량 없이는 잘 해낼 수 없는 일이기도 했다.

그는 중국 조선족 학교에 도서를 보급하는 용역을 심의하고 평가하는 일로 시작하여, 재외동포와 한글학교 지원 활동에 힘을 쏟았다. 한글학교 교장·교사 무국 초청 연수와 아시아 한글학교 협의회의 현지 연수에 강사로 참여하고, 이후 코로나-19 팬데믹 상황에서는 독일, 영국, 네덜란드, 캐나다 등지의 한글학교 연수를 비대면 강의로 진행하면서 선생님들을 만났다. 한편으로는 국내외에 재외동포 이해 교육을 위해서 애를 썼다. 2015 개정 교육과정에 따른 초등학교 국어 교과서에 재외동포 인물을 기술하는 일로 관계 인사들을 설득하고, 또 중·고등학교용 인정 교과서 『세계 속의 한인』 공동개발에 힘을 쏟았다. 그리고 재외동포문학상 심사, 『재외동포의 창』 교 정·감수, 재외동포재단 자문위원, 재외동포교육문화센터의 국민참여예 산 신청·채택 등의 미션을 수행하였다. 재외동포재단에 '한글학교의 역사 적·문화적·교육적 기능과 미래가치 연구'를 제안하기도 하였다.

코로나-19가 한창 기승을 부리던 2021년 2월 3일 박인기 교수가 제안한 '가칭 『한글학교 이야기』 공동산문집 출판계획안'은 줌(zoom)으로 서로 얼굴 을 마주한 김성민, 김수진, 김경호, 남일, 노선주, 송성분, 신영숙, 원혜경, 이은경, 이하늘, 조운정, 함미연, 그리고 마음으로 함께 한 양재무, 최윤정 등의 적극적인 지지와 동의 속에 첫발을 내디뎠다.

2

며칠 전, 초교 편집본 원고의 목차를 받아본 순간 당황했다. 이름과 얼굴은 익숙한데 글 제목이나 내용은 하나같이 낯설었기 때문이다. 그 전에 반나절 이상씩은 대화를 나눴거나 함께 식사 자리를 함께했던 분들이지만, 일일이 읽지 않고는 도저히 알 수 없는 이야기, 진짜 인생이 담긴 이야기가 담겨 있 었다. 그래서 처음부터 끝까지 무조건 읽어야 했다. 한 분 한 분 이름과 얼굴 을 연상하면서 제목과 내용을 꼼꼼히 살폈다. 처음에는 눈으로만 읽었다. 그 러다 어떤 부분은 소리 내어 읽어보기도 했고, 또 어떤 부분은 감정을 이입하 여 가슴으로 읽기도 했다. 내가 직접 찾아갔던 나라와 도시와 학교와 관련된 내용이 조금이라도 나올 때면 눈앞에 그림들이 스쳐 지나갔다. 남의 이야기가 아니었다. 바로 우리 이야기였다.

지난 봄, 여름, 가을 그리고 겨울, 코로나-19 팬데믹이 기승을 부릴 때 줌(zoom) 너머로 서로의 얼굴을 바라보며 자그마한 목소리 하나라도 놓치지 않으려고 귀 기울였던 당시를 생각하면서 한 분 한 분 아름다운 이름들을 불러봤다. 25명이 써 내려간 6막 42장의 대하 드라마, 『한글의 최전선, 지구촌 한글학교 스토리』가 드디어 빛을 보게 됐으니 감사할 따름이다.

그런데 살짝 고민이 생겼다. 어느 분 글부터 읽어야 하나? 매도 먼저 맞는 게 낫다고 가장 먼저 글을 올렸던 송성분, 노선주의 글부터 읽어야 하나? 아니면 가나다순? 아니면 나이순? 그것도 아니면 가본 나라순? 아무렴 어떠랴? 결국 『한글의 최전선, 지구촌 한글학교 스토리』가 전개하는 순서대로 읽기 시작했다.

먼저, 제1부 '한글의 최전선 세계시민의 길'에서는 러시아(서지연)·프랑스(노선주)·미국(김태진)·일본(이은숙)·독일(이하늘)·멕시코(장혜란)·미국(김수진) 등 일곱 분의 이야기로 시작한다. 지금 BTS, 〈미나리〉, 〈파친코〉 등 K-팝, K-영화, K-드라마 등 한류(K-move)가 전 세계인들의 심금을 울리고 있다는 사실은 비교적 널리 알려져 있다. 그러나 전 세계 120여 나라에서 우리 동포사회가 자생적으로 조직한 주말학교가 2021년 코로나-19 시국에도 불구하고 1,500여 개나 운영 중인 사실은 대부분 모르고 있다.

그런 점에서 제1부는 학령기 동포 자녀들의 정체성 함양과 뿌리 의식 계승을 위해 자발적으로 시작한 주말학교인 한글학교의 우리말·문화·역사 교육이 이제 혈통과 국적, 민족과 인종의 경계를 넘어 세계로 번어가고 있음을 잘 보여준다. 한국계로서의 자긍심 교육은 물론, 현지인들과 더불어 살아가는 데 필수적인 '세계 시민성'까지 배우고 익히는 미래 교육의 전당으로 한글학교가 진화해나가고 있음을 보여준다.

제2부 '지구촌 한글 교사의 초상화'에서는 남아공(조운정)·네덜란드(최윤

정)·뉴질랜드(고정미)·미국(김태진, 남일, 원혜경)·베트남(공일영) 등 일곱 분이 동포사회 현장에서 겪었던 이야기가 소개된다. 누가 강요한 것도 아닌데 외국에 살다 보면 마치 자석이 끌어당기듯 주말마다 열리는 '한글학교' 또는 '한국학교'에서 다음 세대를 위한 봉사를 시작하게 된다.

그런데 이런 분들이 얼마나 될까. 2021년, 미국을 포함한 전 세계 118개 국에 한글학교 교사가 13,000여 명이나 있다. 이들 중 20%는 단순 봉사자나 보조교사에 머물지만, 나머지 80%는 강한 소명 의식으로 무장된 분들이다. 소명 의식이란 무엇인가. 어떤 절대자가 이 자리로 나를 불러내었다(calling, 召命)고 스스로 믿는 의식이다. 이런 의식으로 동포 자녀는 물론 외국인 학습자에게 한국어와 한국문화·역사를 가르칠 수 있는 자격증과 전문교사로서의 역량을 갖추고 있는 한글학교의 주류 교사들이 있다. 이들 선생님의 존재는 한글학교가 어떤 풍파를 만나도 헤쳐나가게 한다. 이들 중 극히 일부는 무보수 교장으로 자원하여 학생 안전, 교사 관리, 학부모 응대, 동포사회 소통, 교실·학교 임차까지 신경 쓰고 있다. 그런 점에서 제2부는 주말마다 한글학교와 동포사회 현장에서 한글학교 관계자들이 일상으로 경험하는 7정(情) 즉, 희·노·애·락·애·오·욕(喜怒哀樂愛惡慾)을 생생하게 보여준다.

제3부 '한글학교는 무엇으로 사는가'에서는 뉴질랜드(고정미)·브라질(김성민)·미국(남일)·독일(이하늘)·멕시코(장혜란)·캐나다(최수연)·중국(김한권) 등 일곱 분의 이야기가 소개된다. 2021년 현재, 한글학교는 미국·캐나다 등 북미 2개국에 731개교, 일본·중국·베트남 등 아시아 19개국에 300개교, 러시아·CIS 등 10개국에 139개교, 독일·프랑스·네덜란드 등 유럽 28개국에 112개교, 호주·뉴질랜드 등 대양주 4개국에 70개교, 브라질·멕시코 등 중·남미 21개국에 69개교, 오만·탄자니아 등 아·중동 32개국에 43개교가 있는데, 한국정부는 재외동포재단을 통해 학생 수·교원 수·지

역 물가·시설 임차 여부·학교운영 평가 등을 고려하여 임차료·교사 봉사료·교육 행사비의 일부(전체 운영예산의 40% 수준)를 지원하고 있다. 그래서 한글학교마다 학부모가 부담하는 수업료, 동포사회 후원금, 자체 모금, 재외공관·교육원 등의 도움으로 매 학기 겨우겨우 학교 살림을 꾸려나가고 있다. 이들을 '21세기 독립군'이라고 부르는 이유가 여기에 있다. 그런 점에서 제3부는 왜 그곳에 가게 되었는지를 비롯하여 왜 한글학교 일을 하게 되었는지, 왜 한글학교와의 인연을 아직도 못 끊고 있는지 등등 한글학교가 갖고 있는 독특한 매력과 함께 한글학교의 미래지향 가치와 그 발전 가능성을 보여준다.

제4부 '디아스포라 한국인의 재발견'에서는 브라질(김성민)·프랑스(노선주)·네덜란드(최윤정)·캐나다(송성분, 최수연)·한국(김택수, 노영혜) 등 일곱 분이 자신들의 삶에 영향을 끼친 소중한 분들을 차례차례 소개한다. 브라질 이민 1세 최공필, 프랑스 입양인 디디에, 네덜란드인 하멜과 박연, 입양인단체 아리랑, 캐나다 한글학교 귀국반, 미혼모 영화, 자녀의 한국 초등학교 체험, 무궁화꽃과 무궁화양로원 등의 사연이 디아스포라 코리안을 모르고 지냈던 국내 독자들에게는 감동을 줄 것이다.

재외동포재단으로부터의 전화 한 통과 현지 교사 연수 강사파견 이야기는 지구촌 각지에서 디아스포라로 살아가면서 차세대의 정체성 교육에 어려움을 감당하며 노심초사하는 사연에 마음이 움직인다. 이들 사연을 통해 그들 '지구촌 한국인'을 다시 발견하게 된다. 그런가 하면, K-종이접기 운동을 펼치면서, 중국, 미국, 러시아, 뉴질랜드, 브라질, 프랑스 등지의 한글학교와 교육적 협력 관계를 쌓아가는 과정에서 생긴 다양한 에피소드들도 실타래처럼 풀어진다.

특히 얼마 전 세상을 떠난 이어령 전 문화부 장관이 미국 현지 한글학교 교사 연수에서 김소월의 시 「엄마야 누나야」를 암송하며 한국인의 고유하고도 오묘한 정서를 감동적 어조로 풀어내었다는 이야기는 읽는 순간 내게 도 바로 와닿았다. 당시 현장에서 느꼈을 시적 환상과 감동을 극대화하기에 충분하다. 그런 점에서 교과서에 나오는 '재외동포'가 뭔지 전혀 몰라 선생 님에게 물어보는 초등학교 5학년 아이들뿐만 아니라 재외동포에 대해 어느 정도 알고 있다고 자부하는 사람들에게까지 '한글학교'라는 창(窓)을 통해 재외동포의 다양성을 재발견케 한다.

　제5부 '세계의 표정과 한글학교의 정서적 풍경'에서는 탄자니아(김태균)·러시아(서지연)·미국(신영숙)·영국(오재청)·호주(이은경)·아랍에미리트(정해경)·오만(이승환) 등 일곱 분이 한글학교를 통해 갖게 된 자신의 꿈과 비전을 소개한다. 일반적으로 현장에서 듣게 되는 이야기는 대체로 이러하다. 즉, 교과서를 제때 보내주고 충분히 보내라, 한글만 가르치는 곳이 아니니 한글학교라는 명칭은 맞지 않는다, 재외국민 자녀들도 고등학교까지 의무 교육을 적용해달라, 제대로 된 교육시설에서 안정적으로 공부할 수 있게 인 프라를 확충해 달라, 지원금이 너무 적어 학교 경영이 어렵고 자체 교사 연 수도 힘들다, 한국에서 보내온 교육내용들이 현지 실정에 맞지 않는다 등 등. 물론 이런 지적들이 틀린 것은 아니다. 그렇다고 이것으로 문제가 일거 에 해소되는 것도 아니다. 왜냐하면 꿈과 소망을 가진 사람은 그런 식으로 말하지 않기 때문이다. 그런 점에서 제5부는 현실의 어려움과 역경을 자신 만의 뚝심과 노하우로 풀어나가고 있는 작은 영웅들의 이야기로 들려온다.

　제6부 '가르치며 배우며 깨달으며'에서는 중국(김한권)·캐나다(송성분)·미국(신영숙, 원혜경)·호주(이은경)·미국(김수진) 등 여섯 분이 한글학교를 기 반으로 전개되는 새로운 관심사를 소개한다. 최근 들어 다문화 가정 급증, 차세대단체 육성, 리더십 교체 등의 현상이 나타나고 있으며, 현지인들과의 접촉 빈도가 부쩍 늘고 있는데 한글학교도 예외가 아니다. 그런 점에서 제 6부는 사람을 대할 때나 사물을 대할 때 따뜻한 마음과 세심한 배려가 얼마

나 중요한지를 잘 드러내고 있다. 물론 따뜻함은 절로 나오지 않는다. 사랑과 존경으로부터 나온다. 세심함도 마찬가지다. 관심과 지극한 정성만이 세상을 변화시킬 수 있다. 오늘로 한글학교 현장에서는 '교학상장(敎學相長)'이 실천되고 있다.

3

이번 기회에 한글학교를 좀 더 이해할 수 있었다. 지구촌 한글학교가 걸어온 역사적 발자취는 물론 미래동포 사회를 발전시켜 나갈 주춧돌로서의 가치도 재확인했다. 한글학교는 '상상의 공동체'가 아닌 '실재하는 공동체'이기에 추상적인 수사(修辭)나 말의 성찬(盛饌)으로는 결코 크고 넓고 깊고 튼튼하게 자랄 수 없다는 것도 알게 됐다. 구체적인 계획과 전략으로 미래 세대와 현 세대와 과거 세대를 하나로 잇는 '연결고리'로 육성시켜야 한다.

등록 학생 수가 1,000명을 훌쩍 넘는 미국의 모(某) 한글학교에서부터 학생 수가 10명이 채 안 되어 존립 자체가 어려운 형편의 한글학교에 이르기까지, 어느 곳 하나 예외 없이 자신만의 특색과 사명을 가지고 있다. 한글학교는 앞으로도 미래 세대에게는 배움터이자 놀이터로서, 교사들에게는 일터이자 삶터로서, 학부모들에게는 쉼터이자 장터로서 제 역할을 다해야 한다. 그리고 미래 세대에게는 가장 편안하고 즐거웠던 시간으로, 교사들에게는 가장 보람되고 소중했던 시간으로, 학부모들에게는 가장 고마웠고 감사했던 시간으로 기억되어야 한다.

『한글의 최전선, 지구촌 한글학교 스토리』는 한국을 떠나 전 세계 180개국에 흩어져 살고 있는 우리 재외동포들, 특히 한글학교 관계자라면 누구나 공감할 수 있는 내용과 정서를 최대한 담으려고 노력했다. 혹시라도 빼먹었거나 사실과 다른 부분이 있으면 즉각 알려주길 바라며, 자신의 이야기를 솔직담백하게 공개한 필진들에게 사랑과 존경의 마음을 전한다.

끝으로 오늘도 이름 없이 빛도 없이 재외동포 교육의 큰 기둥을 부여잡고 있는 1,500여 한글학교 교장들과 마냥 아이들이 좋아 살림하랴 직장 다니랴 바쁜데도 가르치는 일에 온 힘을 다하는 13,000여 한글학교 교사들, 학교 가기 싫어 이 핑계 저 핑계 대지만 훗날 가장 기억에 남는 시간이었다고 고백할 8만5천여 한글학교 학생들, 그리고 이제나저제나 자식 잘되기를 바랐던 지나간 시대 우리네 부모들처럼, 가기 싫다는 자식들 매주 어르고 달래서 한글학교에 데려다주고 데려오는 15만여 한글학교 학부모님들 모두에게도 감사의 마음을 전한다.

고정미(뉴질랜드 와이카토 코리안문화센터 이사장, 전 뉴질랜드 와이카토 한국학교 교장)

1997년 뉴질랜드 이주. 2000년 와이카토 한국학교 유치반을 시작으로 이후 교감, 교장, 외국인반 교사, 특별활동 교사를 거쳐 현재 종이접기 교사로 20년째 근무. 2007년 뉴질랜드한글학교협의회 설립하여 총무, 부회장, 회장 역임 후 현재 자문위원. 2011년 호주 지역 한글학교와 함께 오세아니아한글학교협의회 설립. 2014년 세계한글학교협의회 대표 역임. 와이카토한인회장 역임, 예닮 한복과 10년간 전 세계 한글학교 무료 한복 지원 사업. 현재 뉴질랜드 민주평화통일 자문위원, 종이접기문화재단, 나의꿈국제재단, 바른댓글실천연대 뉴질랜드 지부장, 한뉴우정협회 회장, 와이카토 다민족협회 부회장으로 활동.

공일영(청소년역사문화연구소장, 전 호치민토요한글학교 중등부장)

베트남 토요한글학교에서 중등반, 학부모반, 부장교사로 5년 근무. 새로움에 도전하고 긍정적 경험을 쌓아 넓어진 지경으로 다른 이를 돕고 사는 삶을 추구. 기회는 있지만, 누구나 실천할 수 있는 것이 아닌 해외 근무와 외국 생활 경험으로 새로운 시야를 갖게 됨. 한국인으로서의 정체성을 잃지 않고 세계 속에서 한국의 자랑스러움을 배우고 나눌 수 있도록 학생과 학부모를 위한 프로그램을 구안함. 세계사 속에서의 한국사의 의미를 찾고 위상을 높이기 위해 연구하고 나눔을 실천

김성민(브라질한글학교연합회 회장, 전 남미한글학교협의회 회장)

1958년생으로 1973년 중학교 졸업 후 15세에 목회자인 부친을 따라 아르헨티나로 이주. 미국 LA에서 9년 거주. 결혼 후 브라질로 이주하여 11년 거주. 이후 미국과 브라질 사이를 오가다 현재 브라질에서 18년째 거주 중인 이민 48년 차. 한 나라에서 다른 나라로 다섯 번의 이민을 경험. 2003년 브라질에서 한글학교 교장으로 근무를 시작하여 17년째 재직. 브라질한글학교연합회장 5년 역임. 중남미한글학교협의회장 4년 역임. 한글학교의 운영과 교사 양성을 지원하고 지역 한글학교들의 연대를 중시하며 연합 행사와 교사연수회 진행. 2021년 디지털서울문화예술대학교 한국어교육학과 졸업. 이민을 한 번 떠날 때마다 많은 것을 버리고 가듯, 결국 빈손으로 이 세상을 떠나야 함을 알기에 소유하지 않는 삶을 연습하는 중.

김수진(뉴욕교회한국학교 교장, 전 재미한국학교 동북부협의회 부회장)

중학교 시절 짝사랑 남학생에 대한 가슴 시린 이야기를 일기장을 통해 담임 선생님과 공유. 누군가를 사랑한다는 것이 얼마나 소중하고 아름다운 것인지 선생님께서 써주심. 그 일 이후 학생들의 마음을 읽는 선생님이 되고자 함. 1992년 국어국문학 석사취득 후 고등학교 국어 교사로 근무. 2002년 미국 이민. 2003년 한국학교 교사 시작. '학생들의 얼굴에 웃음과 생명을 찾아주자'라는 교육의 실천철학을 마음에 새김. 2014년 뉴욕한국교육원과 함께 '퀸즈 공립도서관'에 공립도서관 사상 최초로 한국어 프로그램 개설. 2022년까지 10군데 이상의 퀸즈공립도서관 지점에서 한국어 프로그램 운영. 2014년부터 2018년 12월까지 뉴욕 브롱스 지역의 초등학교에서 외국 학생들을 대상으로 만 6년을 한국어 한국어 교사로 근무. 2019년 9월부터 전교생에게 필수교과과정으로 한국어를 교육하는 데모크라시 프렙 할렘 고등학교에서 한국어 교사로 근무 중.

김태균(탄자니아한글학교 한국사특강 강사, 전 탄자니아한글학교장)

'제3세계 청소년들에게 교육과 문화의 기회를 제공하자.'라는 꿈을 꾸며 북한에 염소 보내기 프로그램 참여했던 20대, 한국에서 5년간 대기업 생활. 30대에 티베트 여행에서 순례 행렬을 목격하며 편안한 일상을 넘어서는 가치 추구와 더 큰 부르심에 응답하자는 주제로 생각을 채움. 아프리카 12년 차로 사회적 기업, 의료 NGO, 한글학교 운영. 아프리카의 문화 선도국 나이지리아에서 필름아카데미를 운영하며 영화 제작자 육성. 2016년 서아프리카 요루바 부족의 아데레미 왕에게서 추장 BOBAGUNWA(왕의 오른팔)라는 작위를 받음. 나이지리아 이도오순 킹덤 추장, 케냐 올림픽 위원회 아시아 홍보대표, NOW Ltd. 대표, 전 탄자니아 관광청 한국친선대사, 아프리카의 대자연과 그곳 영혼들의 반짝임을 사랑으로 관찰하는 사람.

김태진(삼육보건대학교 연구교수, 전 맨해튼 한국학교 교장)

23년을 오직 한 길, 재외동포교육을 위해 일하는 이. 이화여대에서 역사교육 전공. '작은 풀잎 사랑하고 넓은 세상 볼 줄 아는' 학생들을 키우겠다는 꿈을 갖고 10년간 교사직. 결혼 후 1999년 미국 생활 시작. 뉴욕 맨해튼 한국학교에서 교사, 교장, 한국학교협의회직 수행하며 재외동포교육 전문가라는 꿈을 키움. 귀국 후 이화여대 한국학과에서 석사와 박사 과정 밟으며 재외동포재단과 협력하여 한국어 교재 개발, 학술대회, 차세대 모국 방문 캠프를 운영. 재외동포 한국역사 · 문화교육 관련하여 기초 연구부터 교재 개발, 현장 적용 및 검토까지 5년간 지속적인 연구 중. 앞으로 현장 맞춤형 역사교육 실시와 입양 동포에 대해 연구하고자 함. '재외동포 차세대 역사교육'에 사명감과 책임감을 가진 역사와 재외동포교육 전문가.

김택수(경희사이버대학 한국어문화학부 겸임교수, 국제한국어교육자연구회 이사장)

풍부한 현장 교육 경험을 지닌 20년 차 초등학교 교사로서, 경희사이버대학교에서 겸임교수로 재직하고 있으며, 경인교육대학교에서 예비교사들을 가르치고 있음. 또한 재외동포재단 해외파견 강사로 10년 넘게 세계 여러 나라를 다니며 다양한 수업 진행으로 약 5만 명의 학생과 선생님들을 만남. 대한민국 초 · 중등 선생님들과 함께 국제한국어교육사연구회(I.K.E.A) 및 전국교사교육마술연구회(S.T.E.P MAGIC)를 조직하여 한국어, 한국문화, 한국사 교육콘텐츠를 연구, 개발하여 무료 배포 중. 이 땅의 모든 아이들이 마술 활동을 할 때처럼 걱정과 두려움을 내려놓고 설렘과 기쁨으로 행복한 학교생활을 할 수 있도록 노력하는 교육 전문 실천가.

김한권(중국 운남성 곤명한글학교장, 전 재중국한글학교협의회장)

1967년 전북 진안군 정천면 갈용리 722번지에서 4형제 중 셋째로 출생. 시골에서 성장하여 도시보다 정겨운 시골이나 산골의 삶을 좋아함. 27세에 결혼하여 2남 1녀를 둠. 2007년부터 중국 곤명에서 거주. 한인 청소년들과 영어 동아리 '땅콩' 설립 후, 곤명한글학교 시작. 재중국한글학교 협의회장 3년 역임. 사람을 얻는다는 영업 윤리와 사랑으로 나눔을 실천한다는 영업 목적으로 중국 운남성 특산품인 보이차 보급 사업. 중국 푸얼 지역 산속 마을에 중국 현지 고아들을 위한 주말 돌봄학교 '사랑의 교실' 설립 후 현재 장학금 지원. 중국에서 만난 학생들과 행복한 식사와 커피 한 잔을 나누며 함께 어울리며 멋지게 늙어가고 싶다는 소망.

남일(뉴잉글랜드 한국학교 교장, 재미한국학교뉴잉글랜드지역협의회 회장)

'남일'이라는 이름을 '남의 일 하는 사람'의 뜻으로 여기며 살아온 미국 거주 30년 차. 한국에서 군사정권 하에 매일 대학교 문을 뛰쳐나가던 대학 시절을 보냄. 세 살 위 형이 수도권 군대에 있을 때 그런 동생 때문에 늘 완전군장으로 출동 준비를 한 채 잠을 자야 했다고 만날 때마다 군밤 세례를 받곤 함. 음악 다방에서 DJ에게 신청곡 쪽지를 건네던 세대. 복학 후 목회자 가정의 장녀인 아내를 만남. 1993년 자녀를 한국학교에 보내며 교사 생활을 시작하여 1999년부터 21년 차 교장으로 근무. 교사들 사이에서 '거절하지 못하는 교장 선생님'이자 '큰언니'라는 애칭으로 불림. 재미한국학교협의회 사무총장과 부회장 역임. 이중언어학급용 쉬운 한국어-기초편, 중급편 등 두 권의 교재 편찬.

노선주(프랑스 디종한글학교장, 한불교육교류협회 대표)

'100프로 한국인, 100프로 프랑스인, 200프로 세계인'을 모토로 프랑스 중소도시 디종의 유치학교부터 초등학교, 중학교, 고등학교, 대학교에서 한국어 교사로 활동. 불어불문과 졸업 후, 프랑스 유학 중에 프랑스 남편을 만남. 딸과 친정어머니 사이에서 언어 소통의 필요를 느끼고 한글 공부에 주목하며 한글학교 설립. 국어 선생님이 되고 싶다는 어릴 적 꿈을 한글학교에서 실현하며 3세부터 70세까지 학생을 대상으로 활발히 활약. "중요한 것은 눈에 보이지 않아요. 오직 마음으로 볼 수 있지요."라는 어린 왕자의 말처럼 마음으로 볼 수 있는 이야기가 가득한 한글학교를 소개하고자 함.

노영혜(종이문화재단 이사장, 세계종이접기연합 이사장)

유구한 역사를 지녔음에도 폐허가 되었던 우리의 우수한 종이 문화와 종이접기 전통을 부활하고, 재창조하는 운동을 펼쳐서, 이를 교육·생활문화·산업·예술 등 각 분야로 전파, 발전시키는 데 힘을 바쳐옴. 특히 새 한류의 발흥을 위해, 해외 한글(한국)학교·세종학당 등 글로벌 한류 거점기관에 K-종이접기와 종이 문화 세계화 운동을 전파하고 전개하는 데 진력하는 'K 종이접기 전도사'. ㈜종이나라 창립(1972), (사)한국종이접기협회 설립(1989), 종이나라박물관 관장(1999), (재) 종이문화재단 이사장(2005), 재미한국학교협의회(NAKS) 한국후원회장(2008), 세계종이접기연합 이사장(2012), '국민훈장 석류장'(2014), 제23회 대한민국을 빛낸 인물 대상 '한류 문화공헌 부문'(2017), 해외 24개국 100개소, 국내 101개소의 종이문화재단 및 세계종이접기연합 지부와 교육원 설립.

서지연(러시아 바로네즈한글학교 교장, 전 러시아한글학교협의회 회장)

1970년 서울 태생으로 한국의 산업화 과정을 집안 가전제품의 변화로 경험한 세대. 88 서울 올림픽을 계기로 글로벌을 꿈꾸기 시작. 톨스토이나 도스토옙스키 등 러시아의 문호를 좋아했던 친정어머니의 영향으로 러시아에 1994년 남편과 함께 건너가 4년간 거주. 귀국 후 2008년부터 바로네즈에 재정착하여 현재에 이름. 한국인이 없는 지역에서 고려인들과 교제하며 한글 교육의 동기를 얻어 2014년 바로네즈한글학교 설립. '행사의 여왕'이라 불릴 만큼 다양한 한국 관련 행사로 한국을 홍보하며 거주 지역 주민에게 배움과 즐거움을 제공. 바로네즈 국립대학 언어학과에 한국어과정 개설을 위해 학업 수행 중.

송성분(캐나다 서리 한국어학교장, 전 서울문정초교사, 밴쿠버 한인회총무이사, 캐나다서부한국학교협회장)

대구 출신으로 6년간 대구에서 교사 생활. 1988년부터 18년간 서울에서 교직. 캐나다 이주 후 밴쿠버에 한글학교 설립. 15년 차 한글학교 교사 및 교장, 캐나다 서부지역 한국학교협회장 4년 역임. 제43대 밴쿠버한인회 총무이사 역임. 캐나다 이민 역사 최초로 한국인 연방하원의원 배출에 협력. 젊은 한인 청년들이 캐나다 주류사회에 진출하여 정치와 사회문화에 기여할 수 있도록 지원. 대구를 떠날 때 대구 교육은 어찌하라고 떠나느냐는 동료 교사들의 우스개 반 전별 인사를 듣고, 서울을 떠나 캐나다로 올 때 서울의 교육은 또 어찌하라고 대한민국을 떠나느냐는 말을 들었던 이민 20년이 넘은 천생 교사.

신영숙(미주한국어교육장학재단 이사, 전 미주한국학교총연합회 회장, 전 남가주 어바인 한국학교장)

1985년 남편의 미국지사 발령으로 6개월 된 아들과 김치 2통 그리고 "낯설고 물 선 곳에서 건강하게 잘 지내다 오너라" 하는 시모의 당부를 가슴에 담고 6개월 아들과 함께 미대륙을 밟은 지 37년째(2022년 기준). 가을이면 황금벌판을 이루는 농촌 마을에서 1남 5녀 중에 첫째로 출생. 5년 만에 얻은 귀한 아이로 어머니께서 손수 지으신 색동저고리와 치마를 입고 귀여움을 독차지하며 성장. 1976년 동아리 봉사활동 중에 남편을 만남. 첫째가 4살이 된 해에 둘째를 낳은 후, 로스앤젤레스에서 주말 한국학교를 시작. 순수한 아이들에게 매료되어 오랫동안 꿈꿔온 교사 생활에 매진. 이민자로서 유대인들의 교육 방법을 한글학교에 접목. 미국 서남부에 무궁화를 심고 가꾸는 마음으로 코리안 아메리칸인 차세대 교육에 힘써 옴.

오재청(영국 코벤트리한글학교 교장, 재영국한글학교협의회 회장)

1970년 태어나서 서울대학교 공과대학 금속공학과에서 공부. 2000년 6월부터

2008년 7월까지 다쏘시스템 한국 지사에서 근무. 2008년 8월 영국에 건너와서 지금까지 다쏘시스템 영국 지사에 근무하며, 이후 영국에 거주하고 있음. 차분하고 이지적인 성품이면서도 동심과도 같은 부드럽고 따뜻한 마음을 지니고 있음. 어린이 같은 얼굴의 소유자. 한글학교 일이나 한글학교협의회 일은 신중하고도 성실하게 수행하는 한편, 아이들을 사랑하고 좋아하는 마음이 각별함. 2010년 9월부터 현재에 이르기까지 영국 코벤트리한글학교 교사로 봉사하면서, 2011년 9월부터는 이곳 코벤트리한글학교 교장을 맡고 있음. 2018년 2월부터는 재영국한글학교협의회 회장을 맡고 있음.

원혜경(훈민학당 글로벌 한국학교 교장, 재미차세대협의회 'AAYC' 상임고문)

어릴 때부터 책과 그림을 좋아했으며 중학생 때 선물 받은 카메라로 사진을 찍기 시작. 손바느질과 요리가 취미였던 청년. 32세 되던 해에 남편의 캐나다 유학으로 한국 땅을 떠남. 이후 미국으로 이주하여 남편과 아들의 지지를 받으며 30년 넘게 교육자의 길을 걸어옴. 차세대를 위한 꿈을 향해 한글교육과 사회활동을 병행. "우리는 필요한 만큼만 땅에서 취하고 취한 만큼 돌려주었다. 우리가 가진 것 자연으로부터 받은 것에 대해 잊지 않고 감사의 기도를 올렸다. 어떤 것이든 헛되이 쓰지 않았으며 우리에게 꼭 필요하지 않은 것은 남에게 나누어주었다."(삶의 지표로 삶는 책 『나는 왜 너가 아니고 나인가』 중에서)

이승환(오만 무스카트한글학교 교장, 전 오만 부레미한글학교 교장)

부산에서 60년대 생이면 다 안다는 완월동에서 출생. 파란 눈의 아저씨들에게 '헬로~ 쪼꼬래또!'를 외치고, 짧은 치마 차림의 누나들에게 새총을 겨누던 어린 시절을 보냄. '사람은 자고로 최선의 삶을 살아야 한다'라는 가훈을 배경으로 성장. 한국일보 출판사 홍보실에서 광고 영업 담당. 20대 후반에 결혼하여 1997년 출판사 해외 지사로 발령받아 서남아시아로 출국. 10년간 첫 지사국에서 지내는 동안 건물 나싯 동, 킹딩, 수영장 시설을 짓춘 국제사립학교 설립. 동시에 한글학교를 시작. 네팔, 미국, 방글라데시, 인도, 캐나다의 국공립 학교를 방문하여 바른 교육

방법을 찾고자 함. 현재 오만의 무역회사에서 근무. 가정에서, 직장에서, 또 자신에 대해서 '지금 최선을 다하고 있나'라는 질문의 답을 찾아가는 중.

이은경(오세아니아한글학교협의회장, 호주한글학교협의회장)

대학 졸업 후 가족과 함께 호주에 정착. NSW대학 단기 영어 코스를 밟으며 시드니 생활 시작. 호주 국세청 공무원 시험 합격 후 3년간 근무. 현재 교육자와 카운슬러로 일하며, 호주 정부의 다민족 프로젝트 사업에 참여하여 한인들을 지원. 1988년 한글학교를 시작하여 교장, 고등부 교사, 상담 교사로 활동. 2019년 한인들과 자녀들을 위한 자선단체 한호드림재단을 설립하여 운영. 2002년 호주한글학교협의회 총무와 부회장 역임 후 현재 회장. 2010년 오세아니아한글학교협의회 발족에 협력 후 부회장과 회장 역임. '배워서 남 주어라'는 돌아가신 어머니의 말씀을 따라 Australian Born as Korean에게 꿈과 비전을 심어주는 일에 힘쓰고 있음.

이은숙(오사카온누리한글학교 교장, 재일본한글학교관서협의회 회장)

1990년 일본에서 유학 생활 시작. 대학에서 일본어와 국제관계학 전공. 한국의 통일 문제와 주변국과의 관계에 대한 석사 논문 집필. 1998년 김대중 대통령과 오부치 총리의 한일정상회담 후, 욘사마 열풍이 불며 한국어를 배우려는 일본인이 늘어나 보다 전문성을 갖고자 경희사이버대학교에 편입하여 한국어교원 자격 취득. 현재 석박사 과정으로 동포 자녀들의 계승어 교육 연구 중. 아르바이트로 한국어 강사를 시작하여 현재 대학과 한글학교에서 한국어를 가르침. 오사카온누리한글학교에서 교사와 교장으로 8년째 근무. 재일본한글학교관서지역협의회 5년 차 회장. 일본인에게 한국어를 가르치는 일과 동포 자녀의 정체성 형성을 위해 한국 문화를 전파하는 일을 사명으로 삼고 있음.

이하늘(독일 비스바덴한글학교 교장, 유럽한글학협의회장, 전 재독한글학교교장협의회장)

올림픽 학번으로 일명 88 꿈나무. 아날로그 감성으로 디지털 세계에 발을 들인 중간 세대. 중학교 때부터 독일 문학을 좋아해 독일 유학의 꿈을 키움. 독일에서 교회 음악을 전공했으며 현재 독일 교회에서 kantorin으로 근무. 부드러운 카리스마라는 별명, '행복을 추구하는 교육'이라는 목표로 유럽의 선진 교육을 한글학교에서 이루리라는 소망으로 한글학교 운영. 1989년 안 될 것이라 생각했던 독일이 통일되는 모습을 보며 꿈은 꼭 이루어진다는 마음으로 한글학교를 이끌어 나가는 중. 독일 비스바덴한글학교 20년 차 교사 및 10년 차 교장. 재독한글학교협의회 청소년부장 2년 역임, 재독한글학교협의회장 5년 역임, 유럽한글학교협의회 감사 2년 역임, 유럽한글학교협의회부회장 3년 역임, 현재 2년 차 유럽한글학교협의회장.

장혜란(멕시코 한글학교 중등교사, 전 1대 중미카리브한글학교협의회장 겸 2대 멕시코한글학교협의회장)

1남 2녀 중 장녀로 부산에서 태어나서 대학 졸업 후 스페인어과 전공을 살리기 위해 대학 때 1년 정도 어학연수를 왔던 멕시코에 있는 한국전자회사 지사에서 첫 직장 생활 시작. 결혼 후 멕시코시티에 있는 삼성엔지니어링에서 영업 및 사업부서에서 근무. 둘째 출산을 앞두고 회사를 그만두었다가 자녀들을 돌보며 KOTRA 통역원으로 일함. 첫째 아이가 다섯 살 때 한글학교에 가기 싫다고 하여 이유를 알고자 방문한 계기로 한글학교를 시작. 2006년도부터 초등 교사, 교무, 교장 대리, 교장, 제2대 멕시코한글학교협의회장, 초대 중미카리브한글학교 협의회장 역임 후 현재 중등반 교사로 근무. 가르치는 일이 행복하고 아이들과 동료 교사들에게서 많은 것을 배우는 것도 참 좋은 한글학교 교사.

정해경(두바이한글학교 교장, 중동한글학교협의회 회장)

2004년 사우나의 습기와 텁텁한 모래 냄새를 느끼며 두바이 도착. 한국에서 '창의적인 탐구'라는 교육 가치를 중요시하던 초등학교 미술 전담 교사. 다양한 소재와 재료로 자유로운 공동 창의 수업을 통해 협업의 의미와 다양성을 경험하게 하는 수업에 관심. 2009년 작은 아이의 모국어 교육을 위해 두바이 한글학교 시작. 국어와 역사교육 중심이었던 한글학교 교과과정에 교과목 수업의 확장으로 초등

저학년 미술 수업을 시도. 계절에 따른 대표적인 절기의 색, 변화 등을 다양하게 표현하는 수업과 세시 풍습과 전통 문양 등을 알아보고 미술과 접목하여 한국문화를 이해하는 수업을 진행. 2017년부터 두바이 한글학교 교장으로 근무. 2019년부터 중동 한글학교 협의회 회장으로 활동.

조운정(현 남아공 요하네스버그한글학교 교사, 전 아프리카한글학교협의회 사무국장)

대한민국 X세대이며 첫 수능 세대. 서울에서 유년 시절을 보내고 학부 시절을 마치며 IMF 시기를 맞음. 결혼과 동시에 아프리카 대륙 남아프리카공화국에 1999년 2월 22일 처음 발을 디딘 후, 23년째(2022년 기준) 거주. 남아공 요하네스버그에서 네 자녀의 엄마로, 2010년부터 한글학교 근무. 초등 6학년과 특별활동 기타 연주반을 지도했으며, 초중등 학생 대상으로 한국역사문화 과목 담당. 2019년부터 현지 고등학교에서 남아공 학생 대상으로 한국어 수업 시행. 불어불문학과 교직을 전공했으며 이후 한국어교육학 수학. 현재 교육공학 분야 연구 중. 남반구 삼월 드라켄즈버그산맥의 물든 가을 나무를 좋아하고 시월 봄날의 보랏빛 자카란다를 좋아하지만, 여전히 한국의 개나리와 진달래를 그리는 이방인이자 나그네.

최수연(전 캐나다 토론토 한인장로교회 한국어학교 교사, 전 온타리오한국어학교협회 부회장)

7080세대로 1971년 돼지띠 해에 3남 1녀 중 막내로 출생. 세 오빠의 심부름꾼이자 바쁜 어머니를 대신하는 살림꾼으로 어린 시절을 보냄. 1994년 캐나다 토론토에서 유학 생활. 이후 28년 동안 캐셔, 바리스타, 웨이트리스, 오퍼레이터, 제빵사 등의 직업을 두루 경험. 결혼 후 두 아들의 엄마가 된 후 아이들의 학교, 교회, 한글학교에서 10여 년 동안 자원봉사자로 활동. 온타리오주 한국어학교협회에서 임원 활동. 풍선 아트와 K-POP 댄스를 배우고 방과 후 지도 교사 자격증을 획득하는 등 더 나은 가르침을 베풀기 위해 노력. 현재 떡을 만들며 세계에서 가장 긴 길인 영스트리트 ○○번지에 위치한 카페에서 바리스타로 일함. 하늘 위 비행기를 보면 한국에 홀로 계신 어머니가 그리워 눈물을 훔치는 딸.

최윤정(전 로테르담한글학교 교장, 전 유럽한글학교협의회 서기)

부산의 한 중학교에서 교직 생활을 시작하여 30년 가까이 가르치는 일을 업으로 삼아, 이탈리아를 거쳐 현재 네덜란드에서 한국어와 한국문학을 가르치는 교육자. 딸의 결혼식 전에 돌아가신 아버지 뒤로 홀로 남은 어머니의 지지를 받으며 한국에서 바쁜 직장맘 생활 중에 2003년 이탈리아 밀라노에서 해외 생활을 시작. 밀라노한글학교에서 4년간 국어교사로 일함. 귀국 후 2년 뒤 2009년부터 네덜란드 생활 시작. 로테르담한글학교에서 교사와 교장으로 7년간 근무. 유럽한글학교협의회 임원으로 활동. 현재 IB 한국문학 교사 및 채점자이며, 네덜란드 라이덴대학과 로테르담대학에서 한국어 강사로 재직.

엮은이

박인기 朴寅基

대학에서 국어교육과 한국 언어문화 연구에 관심을 쏟아온 국어교육학자이다. 한국어 교육의 미래 지형과 생태 변화에 대한 담론 생산에 앞장서왔으며, 이런 기조 위에서 재외동포 정체성 교육과 재외동포 이해 교육에 힘을 쏟아왔다. 서울대학교에서 교육학박사를 받았고, 한국교육개발원 연구원, 청주교육대학교 · 경인교육대학교 교수를 거쳐 현재 경인교육대학교 명예교수이다. 한국독서학회 회장, 재외동포재단 자문위원, 교육부 교육과정심의위원, (사)유라시아 포럼 이사 등을 역임했다. 저서로『국어교육학개론』(공저)『문학교육의 구조와 이론』『교사와 책』(공편)『한국인의 말 한국인의 문화』『스토리텔링과 수업기술』(공저)『토론교육』(공저)『언어적 인간 인간적 언어』등이 있다.

김봉섭 金奉燮

재외동포가 글로벌 한민족공동체 네트워크의 소중한 자산임을 믿고 실천하는 재외동포정책 전문가이다. 한국학중앙연구원에서 박사학위를 받았고, 현재 재외동포재단 전문위원이다. 삼일문화재단 3 · 1문화상 특별상 심사위원, 3 · 1운동기념사업회 회장, 해외교포문제연구소 연구위원, 재외한인학회 이사, 재외동포재단의 조사연구 · 교육지원 · 홍보문화 · 연구소통 · 홍보문화조사부장, 서울사무소장을 역임했다. 저서로『재외동포가 희망이다』『재외동포 강국을 꿈꾼다』『한민족 공동체 연구』(공저)『세계 속의 한인』(공저) 등이 있다.

한글의 최전선, 지구촌 한글학교 스토리

초판 인쇄 · 2022년 7월 26일
초판 발행 · 2022년 8월 6일

엮은이 · 박인기 · 김봉섭
펴낸이 · 한봉숙
펴낸곳 · 푸른사상사

주간 · 맹문재 | 편집 · 지순이 | 교정 · 김수란, 노현정 | 마케팅 · 한정규
등록 · 1999년 7월 8일 제2-2876호
주소 · 경기도 파주시 회동길 337-16 푸른사상사
대표전화 · 031) 955-9111~2 | 팩시밀리 · 031) 955-9114
이메일 · prun21c@hanmail.net 홈페이지 · http://www.prun21c.com

ⓒ 박인기 · 김봉섭, 2022

ISBN 979-11-308-1936-5 03300
값 32,000원